KB059916

뼈의 증언

WRITTEN IN BONE

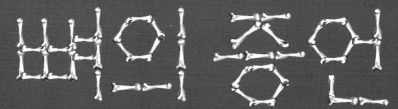

뼈의 증언

수 블랙 지음 | 조진경 옮김

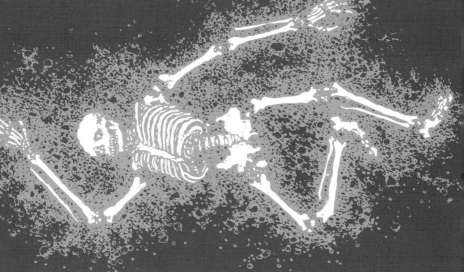

WRITTEN
IN BONE

세종

톰을 위해

나의 평생은 당신으로 시작해서

당신으로 끝납니다.

PART 1 머리 THE HEAD

1. 뇌 상자 인간임을 가장 분명하게 보여주는

2. 얼굴 14개의 뼈가 만들어내는 가장 고유한 특징

PART 2 몸통 THE BODY

3. 척추 나이와 사망 방식을 추정하는 33개의 뼈

4. 가슴 장기의 보호벽이자 가장 빈번하게 공격받는

5. 목 조른다고 다 골절되지는 않는다

PART 3 사지 THE LIMBS

뼈에는 한 사람의 인생이 새겨져 있다

삶에 대한 기억은 뇌에만 쌓이는 것이 아니다. 내 몸속 뼈 하나하나에 고유의 이야기가 담겨 있다. 성인을 기준으로 하면 인간의 골격은 200개가 넘는 뼈로 구성되어 있다. 묻는 사람에게 기꺼이 이야기를 해주는 뼈가 있는가 하면, 능숙한 과학자들이 끈기 있게 달래서 진실을 털어놓으라고 할 때까지 경계하며 지키는 뼈도 있다. 뼈는 우리 몸의 발판이며, 피부와 지방, 근육 및 장기가 다 썩어 흙으로 돌아간 뒤에도 오랫동안 살아남는다. 뼈는 정말 견고하다. 우리를 똑바로 서게 해주고, 형태를 갖추게 하기 위해 설계되었다. 그러니 죽음으로 끝날 수밖에 없는 삶에서 우리가 살았던 방식을 증언할 마지막 파수꾼이어야 한다.

우리에게 익숙한 뼈의 모습은 사실 건조하고 죽은 상태다. 하지만 뼈도 살아 있다. 뼈를 자르면 피가 나고, 부러뜨리면 상처가 난다. 상처가 나면 원래 모양을 되찾기 위해 스스로 치료하려고도 한다. 뼈는 우리와 함께 성장하면서 라이프스타일이 변하는 대로 적응하고 변화한다. 인간의 골격은 살아 숨 쉬는 복잡한 기관이다. 장에서 오는 영양분을 골격 주변에 있는 거대한 동맥그물을 통해 공급받고 관리받는다. 모든 불순물은 복잡한 정맥그물과 림프관그물을 통해 제거된다.

인체 거의 모든 부위의 연조직과 경조직에는 그 사람의 경험, 습관 및 활동이 반영되어 있다. 우리는 그 흔적을 복구하고 해독하고 해석하는 데 사용할 도구만 알면 된다. 예를 들어, 알코올 중독은 간에 흉터로 기록되고, 코카인crystal meth 중독은 치아에 흔적을 남긴다(그 증상을 '메스마우스meth mouth'라고 한다). 고도비만의 식단은 심장과 혈관, 심지어 피부, 연골, 뼈에도 자국을 남긴다. 이 때문에 심장이 손상되면, 외과의는 빨리 흉벽을 열고 심장에 접근해야 한다.

이러한 기억 중 많은 부분이 골격 안에 간직되어 있다. 채식주의 식단은 뼈에 새겨져 있고, 산악자전거에서 떨어졌던 일은 치유된 흔적이 남은 빗장뼈가 보여준다. 체육관에서 근육 운동을 하며 보낸 모든 시간은 증가된 근육량으로 남고, 결과적으로 뼈에 근육이 부착되는 부위가 강화된다.

이렇게 우리가 행동하는 모든 것은 삶이라는 사운드트랙에 정직하고 믿을 수 있는 음악을 새긴다. 그 음악의 대부분은 우리에게는 들리지 않는다. 그러나 의료 영상을 통해 우리를 면밀하게 조사할 때, 또 예기치 않게 죽게 되어 우리가 누구였고 죽을 때 무슨 일이 있었는지를 파악하기 위해 유해를 검사할 때 그 음악을 들을 수 있다.

이 작업을 위해서는 그 음악을 알아들을 수 있도록 훈련을 받은 사람들이 필요하다. 곡 전체를 뽑아낼 수 없다면, 때로는 멜로디만 파악해도 된다. 이 작업은 짧은 선율만 듣고 곡명을 알아내야 하는 퀴즈와 비슷하다.

법의인류학자forensic anthropologist*의 일은 마치 뼈가 레코드인 것처럼 축음기 바늘을 옮겨가면서 삶이라는 노래 중 그 단편들을 찾아내고, 오래전에 기록된 선율의 단장을 이끌어내어 골격의 뼈를 읽으려고 애쓰는 것이다. 법의인류학자들의 관심은 그 삶이 어떠했고, 그 사람이 누구였는가를 알아내는 것이다. 또 뼈에 기록된 그 사람의 경험을 찾는 것이다. 우리는 뼈로 그 사람의 사연을 알아내고 죽은 자에게 이름을 되찾아줄 수 있다.

법의인류학 분야에서는 신체 또는 신체의 일부와 마주했을 때 해결해야 하는 네 가지 문제가 있다.

우선, 첫 번째 던져야 할 질문은 '유골이 인간의 것인가'다. 예상치 못한 상황에서 뼈가 발견되었을 때, 이 질문에 대한 답이 나오지 않으면 경찰이 수사를 시작하더라도 아무 의미가 없다. 발견된 뼈가 나중에 동물의 것으로 판명되면, 인간의 뼈라는 가정 하에 경찰에 조언한 모든 것이 전부 소용없어지기 때문이다. 법의인류학자

---

* 법의인류학은 의료법적 목적을 위해 인간 또는 인간의 유골을 연구하는 학문이다.

는 앞에 놓인 자료의 출처에 대하여 확신이 있어야 한다. 즉, 자신이 작업 중인 국가에서 볼 수 있는 동물들의 다양한 뼈에 대하여 잘 알아야 하고 접해본 경험이 있어야 한다는 뜻이다.

영국은 바다로 둘러싸인 섬나라이기 때문에, 온갖 종류의 동물 사체가 해변으로 밀려온다. 이런 사체가 해양동물의 것인 경우가 종종 있기 때문에, 우리는 바다표범이나 돌고래, 고래의 다양한 부분들이 살아 있을 때, 죽었을 때, 부패하고 있을 때 각각 어떤 모양인지를 모두 알고 있어야 한다.

또 말, 소, 돼지, 양과 같은 농경 동물, 개와 고양이 같은 반려 동물, 토끼, 사슴, 여우 등의 야생동물에서 발견되는 모든 뼈의 다양한 특징에 대해서도 잘 알고 있어야 한다. 동물의 뼈는 조금씩 미묘하게 다르지만, 그 형태는 기능과 관련이 있기 때문에 공통점이 있다. 말이든 토끼든, 넓적다리뼈(대퇴골)는 넓적다리뼈처럼 생겼다. 단지 크기가 다르고 형태가 약간 다를 뿐이다.

공통의 조상을 가진 종들 간에는 뼈를 구분하기가 더 어려울 수 있다. 예를 들어 어떤 척추뼈가 있다면 그게 양의 것인지 사슴의 것인지 알기 힘들다. 조사자가 기본적인 해부학 지식을 갖고 있다면 인간의 뼈와 헷갈릴 동물의 뼈는 거의 없다. 하지만 아무리 법의인류학자라도 주의해야 할 동물의 뼈가 있다. 돼지의 갈비뼈는 인간의 갈비뼈와 아주 비슷하다. 또 말의 꼬리뼈는 사람의 손가락뼈와 비슷하게 보일 수 있다. 우리를 혼란스럽게 할 가능성이 가장 높은 것은 우리와 조상의 연결고리가 같은 종, 즉 영장류다. 이 문제가 자주 발생하지는 않는다. 하지만 법의학의 황금률 중 하나는 아무것도 가정하지 않는 것이다. 앞으로 살펴보겠지만, 그런 일의 전례가 없지는 않다.

유골은 지표면이나 지하에서 발견될 수 있다. 매장된 시신이 발견되었을 때, 우리는 매장이 고의적인 행위였으며 일반적으로 인간이 했다는 점을 고려해야 한다. 우리는 인간이 인간의 시신을 묻기를 기대하지만, 자신에게 중요한 동물, 주로 반려동물도 묻는다. 사람들이 반려동물을 묻을 때는 자기가 좋아하는 곳, 종종 자신의 집 정원이나 숲을 선택하는 경향이 있지만, 다른 사람의 시신을 묻을 때는 그 장소가 적절한 곳, 그러니까 묘지였으면 좋겠다. 따라서 땅 위에서 시신을 발견하거나 뒷마당 또는 들판처럼 예상치 못한 곳에 매장된 시신을 발견하면 왜 그런 것인지에 대해 조사해야 할 것들이 많다.

두 번째 질문은 '법의학적 관련성이 있는가'다. 최근에 발견된 시신이라고 해서 꼭 최근에 매장된 것은 아닐 것이고, 로마시대의 유골에 대하여 살인사건 수사를 시작한다고 해서 사건이 해결될 것 같지는 않다. TV 범죄 드라마에서 의사나 병리학자, 인류학자가 가장 먼저 묻는 질문은 언제나 같다. '죽은 지 얼마나 되었나요?'다. 이 질문에 대답하기가 항상 쉽지만은 않지만, 아주 노골적으로 말해서 시신에 아직 살점이 붙어 있고, 지방이 있고, 고약한 냄새가 난다면, 최근에 매장된 것일 가능성이 있고 따라서 법의학 조사를 할 가치가 있다.

뼈가 건조하고 연조직이 모두 없어진 경우라면 어려움이 생긴다. 이 단계에 이르기까지 걸리는 시간은 세계의 여러 지역마다 다 다를 것이다. 벌레들의 활동이 왕성한 더운 기후 지역에서는 매장되지 않았을 경우, 시신이 해골이 되기까지 몇 주밖에 안 걸린다. 매장된 경우에는 땅속이 더 서늘하고 벌레들의 활동이 제한되기 때문에, 부패 속도가 느려지고 해골화에 걸리는 시간은 조건에 따라 2주에서 10년 이상 될 수 있다. 아주 춥고 건조한 기후 지역에서는 시신의 해골화가 전혀 안 될 수도 있다. 이렇게 가능한 시간의 범위가 넓다는 것을 경찰은 이해하지 못하지만, 사후경과시간의 판단은 정확한 과학과 거리가 멀다.

그럼에도 불구하고 일반적으로 사람의 유해가 더 이상 법의학적 관심 대상으로 간주되지 않는 합리적인 기준점을 설정하는 것이 중요하다. 물론 시간의 경과와 상관없이 뼈가 법의학적으로 관련성이 있을 수 있다고 밝혀지는 경우가 있다. 예를 들어, 잉글랜드 북서부의 새들워스 무어에서 어린이 뼈가 발견되면 1960년대에 이안 브래디와 마이라 힌들리가 저지른 늪지 살인사건과의 연결고리가 있을 가능성 때문에 언제라도 조사될 것이다. 피해자의 시신이 모두 발견되지 않았고 두 범인이 범죄에 대한 정보를 더 이상 진술하지 않고 사망했기 때문이다.

그러나 정상적인 상황에서 해골의 주인이 사망한 지 70년이 넘는다면, 어떤 조사로도 사망 정황을 입증할 가능성이 낮고 유죄 판결로 이어질 가능성은 더 낮기 때문에 기술적으로 그런 유해는 고고학적인 유골로 간주될 수 있다. 그러나 이 기준은 순전히 인위적으로 설정된 경계이며, 인간의 수명과 관련하여 책임에 대한 기대를 근거로 한 것이다. 사후경과시간과 관련하여 충분하고 구체적으로 결정할 수 있는 과학적인 방법론은 없다.

간혹 주변 상황이 도움이 될 때가 있다. 오래된 유물이 많이 발견되었다고 알려진 곳에서 로마시대 동전 옆에 묻혀 있다가 발견된 해골은 경찰의 관심을 끌지 못할 것이다. 스코틀랜드 북부에 있는 오크니의 모래언덕에서는 폭풍우가 불어도 해골이 발견되지 않는다. 그러나 해골이 발견되면 만약을 위해서 모두 조사해야 한다. 법의인류학자가 초기 평가를 할 것이고, 그 평가가 확실하지 않으면 샘플 테스트를 보낼 수 있다. 나무와 뼈 같은 유기물체에서 C14(대기에서 자연적으로 발생하는 탄소의 방사성동위원소) 수치를 측정하는 것은 1940년대 이후로 지금까지 고고학자들이 중요한 발견을 했을 때 연대 측정을 위해 사용하는 방법이다. 식물이나 동물이 죽으면 그때부터 C14 수치가 감소하기 시작하기 때문에, 기본적으로 오래된 뼈일수록 C14 수치는 낮아진다. 이 특정한 방사성동위원소가 완전히 분해되기까지는 수천 년이 걸리기 때문에, 방사성탄소연대측정법은 분석 시점에서 유골이 오백 년 이상 된 것일 때만 도움이 되고, 현대에 가까워지면 사용할 수 없다.

그러나 지난 세기에 인류는 지상 핵실험을 실시함으로써 은 방사성 탄소 수준을 교란시키는 원인이 되었고, 이로 인해 반감기가

30년 정도밖에 안 되는 스트론튬90 같은 인공 동위원소가 소개되었다. 핵실험 전에는 스트론튬90이 존재하지 않았기 때문에 뼈의 기질 내에서 이 동위원소가 검출된다면 개인이 핵실험 이후에 살아 있었다는 표시다. 그러면 사망 날짜를 최근 60년 정도 이내로 좁힐 수 있다. 그러나 시간이 경과하면 이 방법론도 효과가 없어질 것임이 자명하다. TV 쇼에서 병리학자가 나와 해골이 땅속에 11년 동안 있었다고 하는 말을 믿어서는 안 된다. 완전히 허튼 소리다.

세 번째 질문은 '이 사람은 누구인가'다. 유골이 인간의 것이고 최근에 사망한 사람의 것이라고 확인되면, 그 사람이 살았을 때 누구였는지 알아내야 한다. 물론 우리의 실제 이름이 뼈에 새겨져 있지는 않지만 뼈에서 가능성 있는 신원을 알아낼 실마리를 찾아내는 경우가 종종 있다. 일단 실마리가 있으면, 그것들을 사망 전 자료, 의료와 치과 기록, 가족의 생활사와 비교할 수 있다. 법의인류학자의 비판적인 과학 전문 지식이 가장 빈번하게 힘을 발휘되는 곳이 신원 확인이다. 뼈에 담겨 있는 정보를 추출해내는 것이 우리의 일이다. 이 사람은 남성이었는가 아니면 여성이었는가? 사망했을 때 몇 살이었는가? 민족적 기원 또는 조상의 기원은 어디인가? 키는 얼마였는가?

이러한 질문들에 대한 답을 구하면 우리는 모든 사람을 네 가지 기본 변수(성별, 연령, 민족성 및 키)에 따라 분류할 수 있다. 그 변수들을 구성하여 개인의 생물학적 프로필을 만든다. 예를 들어 '나이 20~30세, 키 182~190센티미터의 백인 남성' 이렇게 말이다. 실종자 명단에서 이 프로필에 맞지 않는 사람은 자동으로 제외함으로써 가능성 있는 사람의 수를 줄인다. 최근 사건에서 그 수가 어느 정도인지 알아보기 위해 위에 언급된 생물학적 프로필로 검색하니, 경찰이 조사할 수 있는 이름이 1,500개 넘게 나왔다.

우리는 뼈에서 알아낼 수 있기를 바라면서 그 밖에도 온갖 종류의 질문을 한다. 시신이 여성일 경우, 아이가 있었는가? 관절염이 걷는 방식에 어떤 영향을 주었는가? 엉덩관절(고관절) 치환술을 받은 곳이 어디인가? 팔에 있는 노뼈radius는 언제 어떻게 부러졌는가? 왼손잡이였는가 아니면 오른손잡이였는가? 신발 사이즈는 어떻게 되는가? 우리 몸에서 이런 이야기를 하나도 알려주지 않는 부위는 거의 없으며, 오래 살수록 이야기는 더 풍부해진다.

물론 DNA 식별은 사망자에게 이름을 되찾아주는 일의 판도를 바꾼 커다란 사건이었다. 하지만 이 방법은 사망자의 DNA와 비교 가능한 자료를 구할 수 있는 경우에만 도움이 될 수 있다. DNA와 비교 자료가 일치하려면 사망자가 이전에 DNA 샘플을 제공하고 그것이 기록으로 남아 있어야만 한다. 경찰, 군인, 법의학자처럼 직업상의 이유로 그렇게 기록으로 남긴 소수 중의 하나가 아니라면, 이런 비교는 기소되어 유죄 판결을 받은 사람에게만 할 수 있다. 그 사람이 누구인지 경찰이 알 것 같으면, 경찰은 그 사람의 집이나 사무실, 자동차에서 DNA 자료를 수색할 수 있으며 그것을 부모나 형제자매, 자손의 DNA와 비교할 수 있다. 때로는 친척이 이미 범죄자 데이터베이스에 포함되어 있을 수도 있으며 순환 경로를 통해 링크가 이루어질 수 있다.

분자 법의학이 도움이 될 수 없을 때에는 뼈에 초점을 맞추는 법의인류학이 도움을 청할 수 있는 최후의 수단이 되는 경우가 종종 있다. 사망자의 이름을 알게 될 때까지, 수사 당국은 수사할 필요성이 있는 범죄가 발생했는지 여부를 판단하기가 매우 어렵다. 하물며 형사사법체제와 사망자의 유족이 납득할 만한 이야기의 결론을 내리는 것은 엄두도 낼 수 없다.

마지막 질문은 '사망의 방식과 원인을 뒷받침할 수 있는가?'다. 법의인류학자는 과학자이며 영국에서는 일반적으로 의학적인 자격은 없다. 사망의 방식과 원인을 판단하는 것은 법의병리학자의 전문성과 책임에 속하는 것이 분명하다. 예를 들어, 사망의 '방식'은 피해자가 둔기로 머리 근처를 얻어맞은 것이고, 사망의 '원인'은 출혈일 수 있다. 그러나 이것은 병리학과 인류학의 파트너십이 조화롭게 작용할 수 있는 영역이다. 때때로 뼈는 그 사람이 누구인지 뿐만 아니라 그에게 무슨 일이 일어났는지도 알려준다.

우리는 사망 방식과 원인을 다룰 때 다양한 질문을 한다. 이 아이의 부상이 너무 많고 이미 치유된 것을 볼 때 학대 외의 다른 원인은 있을 수 없지 않은가? 이 여성은 자신을 보호하려고 했기 때문에 사망 당시에 골절되었는가?

전문가들은 자기 목적에 따라 신체의 여러 부분을 읽는 법을 배운다. 임상의는 질병의 징후를 찾기 위해 연조직과 기관을 살펴보고, 임상병리학자는 병리 또는 질환의 특성이나 진행을 확인하기 위해 세포의 변화를 분류하거나 종양에 대해 생검 검사를 한다. 법의병리학자는 사망 원인과 방식에 초점을 맞추는 한편, 법의독성학자는 약물이나 알코올 섭취 여부를 판단하기 위해 혈액, 소변, 눈의 유리체액, 뇌척수액 등의 체액을 분석한다.

대다수의 과학 분야가 그 세부분야에만 집중하기 때문에, 근시안적인 사고로 큰 그림을 제대로 보지 못하는 일들이 종종 있다. 임상의와 병리학자에게 뼈는 내부 장기에 도달하기 위해 집게나 전기톱으로 부수어야 하는 것에 불과할지도 모른다. 외상이나 명백한 병리가 있는 경우에만 뼈를 한 번 더, 그것도 대충 본다. 법의학 생물학자들은 뼈 안의 공간에 숨어 있는 세포에 더 관심이 있다. 그들은 뼈를 자르고 가루로 만들어서 깊이 숨겨진 핵 코딩을 얻으려고 할 것이다. 법의학 치과의사는 치아에는 열중하지만 치아가 고정된 뼈에 대해서는 별로 흥미가 없다.

그러면 뼈가 들려주는 노래가 들리지 않을 수 있다. 그러나 뼈는 우리 몸에서 가장 내구성이 강한 구성 요소로, 수백 년이 흘러도 존재하면서 연조직이 들려주던 이야기가 사라진 후로도 오랫동안 그 기억을 안전하게 지킨다.

DNA나 지문, 치아 일치로 신원을 확인할 수 있다면, 다른 모든 작업이 완료되고 전문가들이 새로운 대상으로 옮겨갈 때까지 아무도 뼈에는 관심을 두지 않는다. 시신이 발견된 후, 법의인류학자가 등장하고 드디어 뼈가 소환되어 그 속에 새겨진 기억을 드러내기까지 몇 달, 때로는 몇 년이 걸릴 수도 있다.

물론 과학자는 조사 대상을 어떻게 할 수 없다. 유골이 더 최근의 것이고 더 온전할수록 밝히고자 하는 이야기가 더 많지만, 불행히도 사람의 시신이 항상 온전하게 또는 좋은 상태로 발견되는 것은 아니다. 시간이 흐르면서 폐기되었거나 은닉되었거나 매장된 파괴된 시신이 드러난다. 동물은 뼈를 먹고 파괴하며, 날씨, 토양 및 화학의 물리적 힘은 살아 있던 생명체의 노래를 보존하지 못하게 방해한다.

법의인류학자는 모든 것에서 선율의 일부를 찾아낼 수 있어야 하며, 그렇게 하려면 무엇을, 어디에서 찾아야 하는지 알아야 한다. 여러 개의 뼈가 들려주는 이야기가 비슷하다면, 우리는 자신의 의견에 확신을 가져도 좋다. 단 하나의 뼈만 회수되었다면, 그 이야기를 해석하는 방법에 대해 더 신중할 필요가 있다. 허구일 수도 있는 대상물과 달리, 우리는 실질적인 태도를 취해야 한다.

법의인류학은 역사적 과거가 아닌 가까운 과거의 기억을 다루는 학문이다. 골고고학이나 생물인류학과는 다르다. 우리는 적대적 법적 절차의 일환으로 법정에서 우리의 생각과 의견을 제시하고 변호할 준비가 되어 있어야 한다. 따라서 우리의 결론은 항상 과학적으로 엄격하게 뒷받침되어야 한다. 우리는 우리의 가설을 연구하고, 시험하고, 재시험해야 하며, 우리가 발견한 결과의 통계적 확률에 완전히 정통해야 하며 그 내용을 잘 전달할 수 있어야 한다. 그리고 전문 증거에 관한 형사소송규칙 Part 19와, 공개, 미사용 자료 및 사건 관리에 관한 CPS(공공기소국) 규칙을 잘 알고 준수해야 한다. 우리는 당연히 탄탄하게 교차 조사할 것이다. 피고의 유죄 또는 무죄를 결정할 배심원단이 우리 증거를 고려한다면, 우리는 과학적 이해와 해석을 철저하게 해야 하며, 명확하고 이해하기 쉽게 진술해야 하고, 프로토콜과 절차가 정확해야 한다.

아마도 예전에는 법의인류학을 흥미로운 법의학의 세계에 다가가는 쉬운 길 중 하나로 여겼을 것이다. 확실히 범죄소설에는 거부할 수 없는 수사의 매력이 있다. 그러나 더 이상은 아니다. 영국에서는 왕실 인가를 받은 전문 기관에 의해 관리되는 전문직이다. 우리는 유효하고 신뢰할 수 있는 공인 전문가 증인 자격을 얻기 위해 시험을 치르고, 이를 유지하기 위해 5년마다 재시험을 봐야 한다. 이 분야에 아마추어 탐정이 들어갈 자리는 없다.

이 책은 현실에서 적용되는 해부학과 법의인류학의 렌즈를 통해 인체를 검토했다. 독자들이 인체를 이해하는 데 도움이 될 것이다. 인체 부위를 장별로 살펴보고, 해부학적 훈련을 받은 법의인류학자가 사망자의 신원 확인에 어떤 방법으로 도움을 줄 수 있는지, 사망 방식과 원인을 판단하는 병리학자나 발견한 내용을 자기 분야와 관련하여 해석하는 치과의사나 방사선전문의를 어떤 식으로 지원할 수 있는지를 설명할 것이다. 우리가 살아가면서 겪은 이야기가 뼈에 기록되는 방식, 그리고 그 이야기를 풀어갈 때 과학을 어떻게 사용하는지를 고찰할 것이다. 종종 현실의 삶이 허구보다 더 놀라울 때가 있는데, 나는 뼈에 대한 지식을 어떻게 이용하면 특별한 사건이 되도록 서로 이어 맞출 수 있는지 보여주고 싶다.

예시로 사용된 법의학 사건은 모두 실제 사건이지만, 다수의 경우 사망자와 그 유가족을 존중하는 의미로 이름과 장소를 바꾸었다. 단, 사건이 재판으로 이어져서 이미 언론에서 자세한 인적 사항이 보도된 경우에는 실명을 포함시켰다. 죽은 사람에게도 프라이버시권은 있으니까.

CRANIAL BONES

머리뼈는 두개골이라는 이름으로 잘 알려져 있다.
머리뼈는 뇌를 보호하는 부분과 얼굴 부분으로 나뉜다.
두개골로는 인종, 성별, 나이 등을 알아낼 수 있으며,
두개골을 토대로 디지털 몽타주를 만들어
얼굴 생김새를 재현해 사건 수사에 도움을 줄 수도 있다.

PART 1

머리

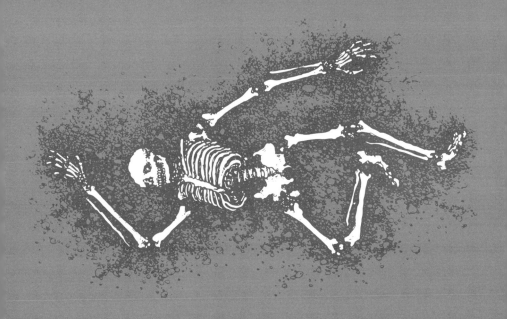

THE HEAD

THE BRAIN BOX

$$1$$

뇌 상자
인간임을 가장 분명하게 보여주는

죽음을 나타내는 형상 중 사람의 두개골skull만 한 이미지는 없다. 보는 순간 누구나 바로 죽음을 떠올릴 수 있다. 아주 오래전부터 두개골과 그 이미지는 대부분의 문화와 문명에서 종교 의식의 목적으로 사용되었다. 또 두개골은 핼러윈을 상징하는 이미지와 헤비메탈로커나 바이커, 고대 해적들의 로고로 사용되었다. 국제적으로는 독극물을 상징하는 이미지로 널리 쓰이며, 티셔츠에도 잘 사용하는 모티프다.

빅토리아 시대에는 사람의 두개골을 화려하게 장식해 예술품처럼 사고팔았다. 수정을 조각해 만든 '수정 두개골' 역시 마찬가지였는데, 그것은 처음에 아즈텍 문명이나 마야 문명의 것으로 알려져 골동품으로 거래되었다. 그러나 그중 다수는 부유한 수집가들에게 사기를 치기 위해 19세기 말에 만들어진 가짜 공예품으로 밝혀졌다. 이런 가짜 두개골은 과학 이론을 홍보하기 위한 증거 조작에도 이용되었다. 1912년에 있었던 필트다운 조작 사건이 대표적이다. 사건은 다음과 같다. 영국 잉글랜드 남동부에 있는 이스트서식스 주의 필트다운 근처 자갈층에서 인간의 것과 비슷하게 생긴 두개골이 발견되었다. 발견자들은 이것이 진화 단계 중 유인원과 인간 사이의 '잃어버린 고리'라고 주장하며 학계를 설득하려고 했다. 그러나 1953년에 이것은 위조된 것임이 밝혀졌다. 두개골 중 뇌 상자 부분인 뇌머리뼈neurocranium는 체구가 작은 현생 인류의 것이었으며, 아래턱뼈mandible는 오랑우탄의 것이라고 발표되었던 것이다. 영국 과학자들은 진실하다는 인식에 큰 오점을 남기는 역사적인 순간이었다.

• • •

2007년에 데미언 허스트Damien Hirst가 백금을 주조해 만든 두개골에 다이아몬드를 촘촘히 박아 만든 〈신의 사랑을 위하여For The Love of God〉라는 대표 작품을 제작하면서 두개골은 아주 비싼 예술 작품이 되었다. 이 작품명에는 비하인드 스토리가 있다. 허스트의 어머니는 항상 그에게 '제발For the love of God, 다음에는 뭐를 할 거니?'라고 물었다고 한다. 그래서 이번에는 이 작품을 만든 뒤 그 제목을 붙였다. 이 두개골에는 8,600개가 넘는 다이아몬드가 촘촘히 장식되어 있고, 특히 이마 중앙에 박힌 서양배 모양의 커다란 핑크 다이아몬드 한 개는 제3의 눈, 즉 만물을 꿰뚫어보는 눈을 상징한다. 메멘토 모리 memento mori *라는 꼬리표가 붙은 이 작품은 죽을 수밖에 없는 인간의 운명에 대한 진실을 깊이 생각하게 만들고, 영속적인 아름다움을 통해 부패에 대한 승리를 기록함으로써, 삶이 실패한 곳에서 예술은 어쩌면 성공할 수도 있음을 암시하도록 디자인되었다. 이 작품의 제작비는 약 1,400만 파운드, 호가는 5,000만 파운드였다. 천문학적인 금액임에도 이 작품은 판매되었다. 다만 누구에게 팔렸는지, 애초에 정말로 팔리긴 한 것인지는 모두 미스터리로 남아 있다.

허스트의 이 작품을 보면서 나는 두 가지 문제에 관해 고민할 수밖에 없었다. 작품의 가치가 어떻게 매겨질지 알 수 없는 상황에서 다이아몬드를 아낌없이 사용했다는 점? 아니다. 그건 내 관심 밖이었다. 문제는 작가가 두개골 원형을 런던 북부의 이즐링턴에 있는 박제상점에서 구입했다는 사실이었다. 유골을 사고팔 수 있다는 점에 윤리적 문제를 제기해야 한다. 유골들은 한때 살아 있던 사람이고 누군가의 아들, 딸이었다. 만약 누군가가 내 가족의 유골을 판매한다면 대부분 화가 나지 않을까? 그렇다면 당연히 다른 유골에도 마찬가지로 예의를 갖춰야 한다.

두 번째 문제는 작품 속 치아가 진짜라는 것이다. 진짜 두개골에 있던 치아를 뽑아서 백금 주형에 끼워 넣었다. 이것은 예술이라는 이름으로 유골의 원형을 침해했다는 것을 뜻한다. 내가 걱정하

---

* '죽음을 기억하라'는 뜻의 라틴어.

는 부분은 두개골과 치아의 분리다. 그래서 또 다른 차원에서 작가가 치아 일부의 위치를 잘못 잡았다는 의심을 하게 된다.

어쩌면 두개골 상징의 매력은 두개골이 유골에서 인간의 것임을 가장 분명하게 알 수 있는 부분이고 '우리, 사람'의 핵심이라는 사실에 있다. 두개골은 우리의 뇌가 안치된 장소이자 우리의 지능과 힘, 성격, 감각, 일부 사람이 믿는 것처럼 영혼까지 자리하는 곳이다. 우리는 사람들을 무릎의 슬개골kneecaps 같은 것이 아니라 얼굴로 인식하는 경향이 있다. 두개골은 우리가 다른 사람과 상호작용을 할 때 가장 일반적으로 사용하는 부분이며, 우리의 양심과 지성, 인간성, 자아까지 저장되는 곳이다. 사람들이 골격skeleton과 두개골에 계속 끌리는 원인은 아마 좀 더 단순할 것이다. 우리는 모두 사람의 몸을 취하고 있지만, 우리의 뼈는 대부분 보이지 않고 그에 따라 미스터리로 남아 있기 때문이다.

법의인류학자들이 경찰 수사에 동원될 때는, 시신의 특정 부분이 온전하지 못한 데에는 어떤 이유가 있을 거라고 여겨질 때다. 우리 대부분은 완전한 형태로 태어나지만 예외는 있다. 예를 들어 자궁 안에서부터 손과 발, 손가락과 발가락이 제대로 형성되지 않았을 수 있다. 원인은 아마 자궁 안에서 손, 발 또는 손가락, 발가락의 절단을 일으킬 수 있는 희귀 질병인 양막대 증후군amniotic band syndrome 때문일 것이다. 사는 동안 상해를 입거나 수술 때문에 사지를 잃는 경우도 있고, 사후에 일부가 사라지는 경우도 있다. 대부분은 시신을 먹는 동물들 때문이지만, 유골을 일부러 잘라내거나 별도로 처분했기 때문인 경우도 가끔 있다. 이 경우 법의인류학자들은 열린 마음을 유지하면서 가장 작은 조각에서도 가능한 한 많은 정보를 얻어낼 준비가 되어 있어야 한다.

창고 속의 머리 살인사건

몇 년 전, 런던의 어떤 교회 지하실에 있는 납관에서 시신을 발굴하면서 나는 동료에게 이렇게 말했다. "왼쪽 다리가 안 보여." 동료는 좀 더 자세히 살펴보라고 말했다. 사람의 다리는 항상 두 개이기 때문이다. 하지만 이 경우에는 그렇지 않았다. 존 프레이저 경은 1782년 지브롤터 대 포위전에서 대포에 맞아 한쪽 다리를 잃었기 때문이다. 여기에서 우리는 한 가지 분명한 사실을 떠올릴 수 있다. 사지 한쪽, 손가락 한두 개 없이는 살아갈 수 있지만 머리 없이는 살 수 없다는 것 말이다. 그러므로 모든 유골에는 반드시 두개골이 있을 수밖에 없다. 그리고 우리가 정말 찾고 싶어 하는 건 바로 이 부분이다.

런던에서 인류학자로서 일한 지 얼마 되지 않았던 때, 유골 한 세트를 보고 의문이 생긴 적이 있다. 나는 어느 날 아침 경찰의 연락을 받았다. 그는 '약간 특이한' 사건의 도움을 구하고 있었다. 솔직히 말하자면 이쪽 일에는 전형적인 사례라는 것이 없다. 조사를 나가면 거의 모든 경우 비정상적이거나 이상한 요소가 있다. 경찰은 내게 물었다. 정원에서 유골을 회수하는 작업에 대해 조언을 해주고 현지의 시신안치소에서 유골을 검사해줄 수 있느냐고.

법의학 전략팀은 경찰 본부의 한 사무실에서 만났다. 회색의, 별다를 것 없는 흔한 사무실이었다. 그곳에는 항상 차가 가득 준비되어 있었고, 운이 좋으면 베이컨 샌드위치도 먹을 수 있었다. 선임 수사관이 설명해준 사건의 배경은 다음과 같았다.

원숙한 나이의 쾌활한 여자가 약간 흥분한 상태로 갑자기 관할 경찰서로 들어와서, 내근경사에게 인근 1층 건물의 뒷마당에 있는 파티오(중정) 석판을 들어 올리면 시체가 있을 것이라고 말했다.

경찰은 여자를 구금한 뒤 그 건물에 수색팀을 보냈다. 그사이 여자를 조사했다. 여자의 말에 따르면, 약 20년 전 여자는 그 주소에 살던 노부인을 돌보는 일을 하던 간병인이었다. 간병인은 어느 날 그 집에 죽은 채로 바닥에 쓰러져 있던 노부인을 발견했다. 겁이 난 간병인은 어떻게 하면 좋을지 몰랐고, 경찰과 문제를 일으키고 싶지 않아서 시신을 묻었다. 집주인에게는 노부인이 아파서 요양원에 갔다고 말한 뒤 집을 치우기 시작했다.

여전히 이 진술만으로는 해명되지 않는 부분이 있었다. 나중에 밝혀졌지만, 간병인은 노부인이 사망한 후에도 2년 동안 노부인의 연금을 계속 수령했던 것이다. 그 사실만으로도 주의를 끌기에 충분하지 않은가?

현재 그 집에는 다른 세입자가 살고 있었고, 법의학팀이 수사를 하는 동안 그는 임시 거처에 거주했다. 수사팀은 정원으로 이어지는 유리 미닫이문을 통해 회색 콘크리트 석판으로 포장된 파티오로 갔다. 석판은 쉽게 들렸다. 15센티미터도 안 되는 깊이에서 첫 번째 뼈가 발견되었다. 바로 그 시점에 경찰이 내게 전화를 했다.

본격적인 발굴과 시신 회수 작업이 시작되었고 온전한 상태의 유골이 발굴되었다. 그런데 유골에 머리가 없었다. 그 사실을 알리자 경찰은 나에게 확실하냐고 물었다. 그건 마치 내가 머리를 알아보지 못했을 수도 있다는 말처럼 들렸고, 나는 말할 수 없을 만큼 분노를 느꼈다. 나는 간결하게 대답했다. "축구공만 한 것을 어떻게 못 봐요? 나는 빠뜨리지 않았어요." 4번 목뼈(경추) 아래의 것은 모두 있었지만, 머리, 그리고 1~3번 목뼈는 확실히 그곳에 없었다.

시신안치소에서 나는 이 머리 없는 해골이 나이 든 여성의 것임을 확인할 수 있었다. 손과 발의 관절염과 엉덩관절 치환술까지 여자의 설명에 부합했다. 바지가 내려가지 않도록 착용한 노부인의 벨트도 확인했다. 벨트는 원래 노부인의 죽은 남편의 것으로 독특한 군대 버클이 달려 있었다. 병리학자는 사망 원인이나 방식을 알려줄 구체적인 증거는 없다고 보고했고, 시신의 신원에 대해서는 의심의 여지가 없다는 것에 동의했다.

노부인의 의료기록에는 몇 년 전 오른쪽 엉덩관절 치환술을 받았다는 기록이 남아 있었다. 안타깝게도 임플란트 개수에 대한 기록은 남아 있지 않았다. 그건 유용한 확인 수단이 될 수 있었다. 노부인의 치아를 치료했던 치과의사는 노부인이 틀니를 꼈다고 말했지만, 우리에게는 머리가 없으니 확인할 치아도 없었다. 또 생존해 있는 친척이 없었기 때문에, 가족들 대상으로 DNA 검사도 할 수 없었다.

나는 남아 있는 목뼈의 윗면을 보고 두개골이 제거된 때는 사망했을 즈음일 거라는 의견을 냈다. 강제 분리를 암시하는 외상과 골절의 증거도 충분했다. 그래도 두개골을 찾아야 했다.

구금된 여자의 자백에 뭔가 빠진 부분이 있는 것 같다는 의문이 들었을 때였다. 결국 여자는 도저히 머리는 묻을 수 없었다고 고백했다. 노부인이 자신을 쳐다보고 있는 것 같은 느낌이 들었다고 했다. 그래서 삽날로 머리를 잘라 비닐봉투에 넣었다. 봉투를 남겨두면 누군가가 발견하게 될까 봐 자신의 집에 숨겼다. 그리고 그것을 이사할 때마다 갖고 다녔다고 했다. 그렇다면 머리는 대체 어디에 있는 걸까? 답은 간병인의 정원 창고 안이었다. 화분 더미 아래에 비닐봉투가 있었고, 그 속에 노부인의 머리가 있었다.

간병인의 정원 창고로 경찰팀이 파견되었다. 적어도 그녀가 이 부분에서 진실을 말했다는 점은 높이 살 만했다. 경찰팀은 슈퍼마켓 비닐봉투에 담긴 두개골을 갖고 시신안치소로 돌아왔다. 내가 가장 먼저 해야 할 일은 그 두개골이 노부인 시신의 일부가 맞는지를 확인하는 것이었다. 당시는 DNA 연구가 아직 초기 단계였던 시대다. 그래서 뼈 간에 해부학적 접합anatomical articulation, 그리고 머리 부분의 성별과 연령이 시신의 것과 일치하는지에 의거하여 '적합' 판정을 내려야 했다. 우리에게는 두개골과 아래턱뼈, 1번과 2번 목뼈가 있었지만 3번 목뼈는 없었다. 그렇다면 분명 이 부분이 바로 절단된 곳이며, 3번 목뼈가 없다는 것은 우리가 해부학적으로 시신과 두개골을 연결할 수 없다는 뜻이었다. 하지만 두개골과 아래턱뼈의 해부학적 특징으로 보아 나이 많은 여성의 것일 가능성이 높았다. 두개골은 사망할 당시에 치아가 하나도 없었던 것으로 드러났다. 그녀의 틀니는 발견되지 않았을 것이다.

놀라운 건 이게 끝이 아니었다. 먼저 머리뼈바닥base of skull(두개저)과 2번 목뼈에 잘린 자국이 분명했다. 이것은 실제로 삽이 사용되었다면 삽 외에도 예리한 날이 있는 도구, 아마도 고기를 자르는 큰 칼 같은 것이 사용되었음을 보여준다. 더 중요한 건 두개골에서 골절의 패턴이 확인되었다는 점이다. 둔기(아마도 삽)로 머리에 최소두 번 이상의 타격이 가해져서 여러 개의 골절선fracture lines이 생겼다. 병리학자는 두개골 뒤쪽의 둔기외상blunt-force trauma이 사망 원인이었을 가능성이 가장 높다는 것, 그리고 사망 방식을 숨기기 위해 머리는 아마 사후에 제거했을 것이라는 의견에 납득했다. 간병인이 이사할 때마다 노부인의 머리를 갖고 다닌 진짜 이유는 아마이 때문이었을 것이다.

노부인은 실종자 명단에 오른 적이 없었다. 그녀를 보고 싶어하는 가족도 없었다. 그리고 그녀가 왜 그렇게 폭력적인 최후를 맞이하게 되었는지 또한 알 수 없다. 그것도 친한 사람으로 추정되는 누군가에게 말이다. 그게 어떤 상황이었든, 간병인은 노부인을 살해했을 수 있다는 혐의로 기소되었다. 아마도 두 번, 삽으로 쳐서. 그리고 그때 노부인의 머리를 제거하려고 했다. 하지만 잘 되지 않자 간병인은 아마 부엌으로 갔을 것이다. 그리고 적당한 도구를 찾았다. 결국 노부인의 머리를 잘라내는 데 성공했고 간병인은 파티오에 구덩이를 파서 머리를 제외한 시신을 묻었다. 그러고는 머리를 비닐봉투에 넣어 집으로 가져간 것이다.

간병인은 직접 대청소부터 한 뒤, 주의를 돌려 자신의 범죄를 은폐하고, 집을 정리하고, 추측하건대 피해자의 연금과 함께 소유품도 챙겼을 것이다.

살해 동기는 아마 돈이었을 것이다. 범죄는 냉혹하게 치러졌다. 말다툼을 하다가 순간 발끈했거나 아니면 간병인이 그저 노부인을 더 이상 견디지 못하고 갑자기 폭발하면서 사건은 일어났을 것이다. 나는 간병인이 어떤 설명을 했는지에 대해선 들은 바 없었다. 논란의 여지가 없는 것은 그녀가 20년 넘게 자기 마음대로 다하고 산 것 같지만 결국 양심 때문에, 아니 거짓말에 대한 부담감이 커져서 경찰서의 접수처에 와서 깜짝 놀랄 자백을 하게 되었다는 것이다. 그녀는 마침내 살인, 시신훼손, 은닉, 그리고 피해자의 연금 청구와 관련된 사기죄를 인정하고, 얼마 남지 않은 여생을 감옥에서 보내게 되었다. 특히 가중 살인의 경우는, 노령이라도 감형 받지 않는다.

대부분의 사건에는 별칭이 붙는다. 이 사건은 '창고 속의 머리' 살인사건으로 알려졌다. 내가 범죄소설 작가들에게 자주 하는 말이지만, 우리가 현실에서 접하는 사건들을 글로 쓴다면 아무도 그들을 믿지 않을 것이고, 그 내용은 터무니없고 말도 안 되는 것으로 치부될 것이다.

이 사건은 뼈가 모든 것을 알려주었다. 시신의 머리가 고의로 제거되었을 뿐만 아니라 살해당했다는 것까지. 그러나 뼈에서 인간다운 이야기를 찾기 전에 가장 먼저 해야 할 일은 따로 있다. 바로 그것이 진짜 뼈가 맞는지 확인하는 것이다. 간혹 다른 물체가 사람의 뼛조각처럼 보일 수 있고, 찾는 게 뭔지 잘 모르면 속을 수도 있다. 어린이의 골격 일부는 종종 동물의 뼈로 오인되는 경우가 있다. 심지어는 작고 둥근 자갈처럼 보여 돌로 오인되기도 한다. 그러나 일반적으로 뇌머리뼈에 한해서는 이런 문제가 없다. 뇌머리뼈는 대개 출생 전부터 잘 발달되어 있기 때문이다. 하지만 다음과 같은 혼란이 일어나는 경우도 있다.

오드라가렝 고아원과 코코넛

영국령 저지 섬에 있던 고아원인 오드라가렝Haut de la Garenne에서 어린아이의 두개골 파편이 발견되었다는 주장이 나왔고, 2008년에 아동학대가 있었는지에 대한 수사가 이루어지면서 세계적인 관심을 불러일으켰다. 이 두개골 파편의 존재는 유죄의 증거로 보였고 수사는 보강되었다. 고아원에서 아이들을 괴롭히고 죽였으며 그 시신을 은닉했다는 무서운 추측까지 나왔다. 아이의 연령을 판단하기 위해 두개골 조각으로 실험실에서 테스트를 했다. 그 결과 이것은 뼈가 아니라 코코넛 껍질일 가능성이 높은 것으로 드러났다.

결국 경찰은 오드라가렝에서 살인사건이 일어났다는 증거가 없다고 인정해야 했다. 현장에서 뼛조각으로 의심되는 것이 170개 발견되었는데, 그중에서 인간의 뼛조각은 3개에 불과했다. 그마저도 수백 년 전에 사망한 사람의 것으로 추정되었다.

시신이 없다고 해서 잔인한 일이 없던 것은 아니었다. 수사 결과 오드라가렝과 저지 섬의 다른 고아원에서 가행되었던 끔찍한 학대 목록이 밝혀졌다. 그 시기는 1940년대 말까지 거슬러 올라간다. 당시 가해자 중 일부는 유죄 선고를 받았지만, 그보다 많은 사람이 재판을 면했다. 시간이 많이 흘러 이미 사망한 뒤였기 때문이다. 당시 이러한 거짓된 단서를 추적하느라 시간과 노력, 공적 자금이 낭비되었다는 점 때문에 경찰과 법의학 전문가들은 혹독한 비판을 받았다. 중대 수사는 위기에 놓였다.

저지 섬에서 일어난 일은 어떤 것이 찾고 있던 증거처럼 보이더라도 그게 아닐 수 있다는 것을 잘 보여주는 사례다. 아이들의 유골을 찾고 있는데 코코넛을 발견하리라고는 생각하기 어렵다. 이것은 확증 편향(자신의 확신이나 이론과 맞는 증거를 찾고, 그것을 편견을 갖고 해석하려는 경향)의 폐해다. 우리는 확증 편향을 적극적으로 경계해야 한다. 앞에서처럼 '뼈'인 줄 알았는데 '코코넛'이었던 경우가 종종 있기 때문이다. 결론을 내리기 전에 돌이나 나뭇조각, (특히 화재 현장의) 플라스틱 조각 같은 것들까지 철저히 조사하는 것이 중요하다.

· · ·

　사람의 두개골은 임신 2개월 말부터 형성되기 시작한다. 7개월
이 더 지나 아기가 태어날 무렵에는 사실상 두개골의 모든 뼈를 알
아볼 수 있는데, 심지어 따로따로 발견되어도 찾고 있는 것이 무엇인
지 알아볼 수 있다. 성인의 두개골을 형성하는 28개 정도의 뼈가 성
장하고 서로 연결되면서 두개골은 사람의 골격 중 가장 복잡한 골
격이 된다. 그 조각들을 이해하고 재구성하려고 해도 쉽지가 않다.

　출생할 때 아기의 두개골은 약 40개의 뼈로 구성되어 있는데,
그중 다수는 크기가 몇 밀리미터밖에 되지 않는다. 두개골은 발달
하는 뇌를 수용하기 위해 자궁 내에서 불균형적으로 크게 성장한
다. 엄마의 엄청나게 작은 골반관pelvic canal을 안전하게 통과하려면
반드시 유연성을 가져야 한다. 아기의 머리에는 '부드러운 부분' 즉
숨구멍fontanelle이 있어서 출산 과정에서 머리뼈가 서로 얹혀 있을
수도 있고, 뼈보다 빨리 성장하는 뇌를 수용하기 위해 늘어날 수도
있다. 그래서 신생아의 두개골은 가끔씩 기형으로 보이다가 나중에
결국 뼈들이 제자리로 돌아가고 6개의 숨구멍은 닫히게 된다. 생후
2~3개월에 시작되는 이 과정은 최대 18개월에 걸쳐서 완료된다.

　아기가 태어날 때부터 두개골이 해야 하는 주요 기능은 네 가
지인데 다음과 같다.

두개골의 주요 기능

1. 아주 부드럽고 연약한 뇌와 뇌를 둘러싸는 것들을 보호해야 한다.

2. 신경과 혈관이 안전하게 지나갈 수 있는 구멍foramina이 있어야 한다. 특수 감각기관(눈, 귀, 코, 입)이 최적으로 기능하고 주변 환경과 효율적으로 상호작용할 수 있게 하는 외부 구멍이 있어야 한다.

3. 물고 씹을 수 있도록 치아를 위한 공간이 있어야 한다. 또 치아가 서로 맞부딪치며 음식물을 소화할 수 있도록 양쪽 턱의 턱관절이 발달해야 한다.

4. 치아로 씹은 음식물이 통과하는 소화관과 호흡하기 위한 기도를 수용할 수 있어야 한다.

두개골은 기본적으로 두 부분으로 분할된다. 가장 큰 부분은 뇌머리뼈 또는 원개vault로, 성인의 경우 8개의 뼈로 구성된다. 단단한 두개 공간의 역할은 거의 연약한 뇌 조직을 보호하고 지원하는 것이다. 두개골의 작은 부분은 얼굴머리뼈viscerocranium이며, 성인이 되면 14개의 뼈가 추가되어 구성된다. 얼굴머리뼈는 두 번째부터 네 번째 기능을 대부분 수행한다. 신생아의 얼굴머리뼈는 상대적으로 훨씬 작다. 부피 면에서 뇌 상자의 약 7분의 1이다.

따라서 신생아의 머리는 상대적으로 크고(출산이 그렇게나 힘든 이유다), 눈은 뇌에서 직접 발생한 것이기 때문에 신생아 두개골의 안와orbit 역시 불균형적으로 크게 보인다. 디즈니와 워너 브라더스에서 캐릭터를 만드는 만화가와 애니메이터들은 '선'과 '악'의 특징을 잠재적으로 전달하려고 이러한 어린이와 성인 머리의 차이점을 과장하여 표현했다. 예를 들어 벅스 버니의 적수인 엘머 퍼드처럼 귀엽고 위협적이지 않은 인물은 키가 작고 땅딸막한 몸집에 커다란 대머리, 작지만 토실토실한 얼굴, 커다랗고 둥근 눈, 무턱으로 그려졌다. 본질적으로 외관상 어린아이 같은 모습으로 묘사된다. 이와 대조적으로 애니메이션 〈알라딘〉에서 악역으로 나오는 '자파'나 〈잠자는 숲속의 미녀〉에 나오는 마녀 '말레피센트'처럼 사악하거나 위협적인 캐릭터는 키가 크고 호리호리하며 상대적으로 작은 머리, 약간 위로 올라간 눈, 큰 턱, 불균형하게 길고 홀쭉한 얼굴로 묘사된다. 오늘날의 좀 더 정교해진 만화와 컴퓨터생성화상CGI 속의 캐릭터에서도 이런 특징은 여전히 명확하게 드러난다.

아기의 모습이 이렇게 눈에 띄는 이유는 두개골의 비율이 다른 두 조직과 관련되어 있기 때문이다. 바로 뇌 조직과 치아 조직이다. 뇌는 치아보다 훨씬 일찍부터 발달하기 때문에 그 성장 필요조건은 아주 어릴 때 더 뚜렷하게 나타난다. 태아의 신경계는 평평한 시트 모양의 조직으로 시작해서 나중에 빨대 모양의 관으로 접힌다. 나중에 뇌가 될 부분의 끝에서 몸통의 중심을 따라 꼬리 끝으로 뻗어 내려간다. 자궁 내 발달 4주 차에는 뇌 끝이 뇌간brain stem이 될 부분에서 앞으로 구부러지고, 빨대 모양의 관 끝에서 풍선처럼 부풀기 시작한다.

뇌가 될 영역의 신경은 빠른 속도로 계속 확장할 것이며 뇌머리뼈의 보호 골격이 공고해지기 전에 상당히 발전한 발달 단계에 이를 것이다. 뇌 조직, 그것도 일반적으로 신경 조직은 뇌를 보호하기 위해 뼈를 올려놓으라고 재촉하는 신호를 보낸다. 그래서 아주 초기에 발달한 뼈의 일부가 두개골, 특히 뇌머리뼈의 영역에 있다는 사실이 놀랍지 않다.

머리뼈바닥의 정중앙에는 나비 모양의 뼈가 있다. 이것을 나비뼈sphenoid bone라고 한다. 나비뼈의 발달 정도를 보면 그 두개골이 태아의 것인지 아니면 신생아의 것인지 구별하는 데 도움이 된다. 나비뼈는 접형골이라고도 부르며 6개 부분으로 구분할 수 있다. 즉 본체 두 부분과 작은 날개 한 쌍, 큰 날개 한 쌍으로 이루어져 있다. 임신 5개월이 되면 본체 정면과 작은 날개가 서로 합쳐진다. 8개월에는 이 조각이 본체의 뒷면과 합쳐진다. 따라서 출생 시 대개 나비뼈는 세 부분, 즉 본체와 작은 날개가 합쳐진 부분과 분리된 큰 날개두 개로 구성된다.

나비뼈의 모든 요소가 마침내 결합되는 것은 생후 첫 해가 될 때다. 합쳐졌든 합쳐지지 않았든, 인류학자는 나비뼈의 작은 부분까지 모두 확인할 수 있다. 나이에 따른 나비뼈의 변화 패턴과 순서를 안다면, 나비뼈 하나만 가지고도 아이의 나이를 상당히 정확하게 알아낼 수 있다. 나비뼈 외에도 두개골에는 나이를 상당히 구체적으로 알려주는 뼈들이 많이 있다. 이와 같이 두개골은 그 사람에 대한 정보를 풍부하게 담고 있다.

예를 들어 임상적으로 무뇌증anencephaly처럼 뇌의 대뇌반구가 발달하지 못하면, 두개골의 성장은 촉진되지 않는다. 그렇게 되면 아기는 살아서 태어날 수는 있지만 눈을 위한 공간인 안와가 잘 형성되지 않을 것이고, 그것이 얼굴에서 명확하게 드러나 보일 것이다. 또 단단한 뇌 상자의 보호를 받지 못하는 아주 미숙한 뇌를 갖게 될 것이고, 머리는 마치 바람 빠진 풍선처럼 보일 것이다. 이런 장애를 갖고 태어난 아기는 생후 몇 시간 또는 기껏해야 며칠밖에 살지 못한다. 뇌가 없고 뇌 상자가 없으면 비극적이게도 오래 살지 못한다.

뇌머리뼈를 이루는 뼈는 특별한 막에서 형성된다. 발달 중인 뇌를 감싸고 있는 막이다. 그래서 다른 종류의 뼈들과는 다르게 보인다. 이 뼈는 주로 판장골diploic bone로 구성된다. 판장골은 '이중층'이라는 뜻의 그리스어에서 유래한 이름이다. 이름처럼 판장골은 상아를 닮은 단단한 두 층의 뼈 사이에 다공질의 얇은 뼈가 껴 있으며, 이것은 마치 샌드위치처럼 보인다.

간혹 이 샌드위치 구조가 정상적으로 발달하지 않고 얇은 부분이 생길 수 있는데, 이렇게 되는 경우 두개골이 쉽게 손상될 수 있다. 캐틀린 마크catlin mark라고 알려진 이 유전병은 두개골 뒤쪽의 정수리뼈에 커다랗고 둥근 구멍 두 개가 나타나며, 이 때문에 '뒤통수의 눈'이라고 알려져 있기도 하다. 이 병명을 명명한 미국의 생물학자 윌리엄 M. 골드스미스 박사는 캐틀린 일가에서 다섯 세대에 걸쳐 태어난 16명에게서 이 결함을 관찰하고 그 내용을 1922년에 발표했다. 이 영향을 받는 곳이 두개골의 작은 부분에 불과하기 때문에 기대수명과는 관계가 없는 것으로 보인다. 그러나 머리부상을 입을 경우 그 부분은 더욱 취약할 것이다.

캐틀린 마크는 머리에 구멍을 뚫는 '천공술'로 생기는 후천적 구멍과는 아주 다르다. 천공술은 세계 많은 지역에서 행해졌던 역사적이고 문화적인 활동으로, (대개 의식이 있는 상태에서) 환자의 두개골에 송곳으로 구멍을 뚫거나 끌로 파거나 긁어내어 구멍을 낸다. 조잡한 이 수술을 하는 이유는 극심한 두통을 치료하기 위해서, 혹은 정신병을 치료하기(또는 두 질병의 원인일지도 모르는 '영혼 풀어주기') 위해서였을지도 모른다. 이런 악습이 대부분의 문화권에서는 중세 시대 말에 폐지되었지만, 아프리카와 남태평양의 폴리네시아 일부 지역에서는 1900년대 초까지도 행해졌다는 기록이 있다. 마취제의 도움이 없었다면 그 통증은 거의 상상할 수 없을 정도로 고통스러웠겠지만, 그 과정에서 '높은' 도취감euphoric을 느낄 수도 있다는 설이 있다. 사람들이 이렇게 잔인한 개입에서 살아남았다는 것이 믿기 어려울 정도다. 하지만 천공 주변이 잘 치유된 많은 두개골은 그들이 생존했다는 사실을 보여준다.

18세기의 한 도구를 보면 나중에 어떻게 조처를 했을지 알 수 있다. 핸드 브레이스hand brace●는 핸드 드릴처럼 생겼고 끝부분은

● 작은 구멍을 뚫을 때 사용하는 손기계.

중간에 긴 못이 있는 끌처럼 생겼다. 현대의 목수들이라면 금방 알아볼 수 있는 드릴의 플랫 우드 비트* 같았다. 그러니 요즘 정형외과에서 사용되는 기구들이 이런 목공 도구들처럼 보이는 것은 우연이 아니다. 영국 남서부의 웨일즈에서 일하던 한 외과 수련의에 대해 그와 유사한 이야기를 들은 적이 있다. 그 수련의는 건설 현장의 목수 밑에서 일주일 동안 배우면 수술 기술을 연마할 수 있을 것이라고 판단했다. 실제로 그의 기술은 확실히 숙달되었다고 한다.

법의인류학자는 다양한 이유로 구멍이 난 두개골을 마주하게 된다. 구멍은 그 사람의 죽음과 관련되지 않은 경우도 많고, 죽음에 이르게 한 경우도 있다. 노련한 전문가에게는 캐틀린 마크 때문에 생긴 구멍과 천공술로 생긴 구멍을 구별하는 것이 비교적 간단하다. 우선 그 위치와 대칭 여부가 다르다. 캐틀린 마크는 정수리뼈의 뒤쪽에서 발견되며, 양쪽에 있고 대개 크기와 위치가 대칭을 이룬다. 반면 천공술로 생긴 구멍은 일반적으로 한쪽에만 나 있고 뇌머리뼈의 어디에나 있을 수 있다.

구멍의 가장자리 역시 다르다. 캐틀린 마크의 가장자리는 날카로운 반면, 천공술로 생긴 구멍은 그 주위가 종종 접시처럼 함몰되어 있다. 그리고 구멍 주위의 뼈가 개조되어 그 사람이 외부에서 가해진 힘에 의한 천공에서 살아남았으며 뼈가 치유되기 시작했음을 알려준다. 천공술의 결과로 또는 그 직후에 환자가 사망했다면, 수

---

* 구멍을 만드는 데 사용되는 절단 도구.

술에 사용된 기구의 흔적이 여전히 보일 것이다. 절단면에 생긴 칼자국이나 홈 그리고 치유되지 않은 골절선이 존재할 수 있기 때문이다.

판장골은 아주 독특하게 생겨서 골격의 다른 부분과 혼동할 일이 거의 없다. 이것 하나만 따로 떨어져 있어도 쉽게 알아볼 수 있다. 하지만 뇌머리뼈의 다른 부분들은 확인하는 것이 항상 쉽지만은 않다.

세탁기에서 발견된 아내의 뼛조각

스코틀랜드의 작은 마을에서 한 중년 여성이 갑자기 사라지는 사건이 발생한 적이 있다. 나는 이 여성에게 어떤 일이 일어났는지 알아내려고 했다. 유일한 단서는 아주 작은 조각뿐이었다. 현장 수사 담당 경찰관은 그것이 뼛조각일 가능성이 있다고 생각했다.

메리는 실종 신고 5일 전에 코트를 입은 채 퇴근했다. 그리고 그 후로 보이지 않았다. 메리가 동료에게 했던 마지막 말은 남편이 거짓말을 하며 자신을 여러 번 속였기 때문에 집에 가서 남편을 쫓아내겠다는 것이었다. 그날 그녀는 근무 중에 은행에서 온 전화를 받았는데 메리 부부가 작성한 5만 파운드 대출 신청서에 약간의 부정이 있다고 했다. 메리는 전화를 받는 순간 '부정'을 확신했다. 일단 자신이 그런 서류에 서명한 적 자체가 없었기 때문이다. 남편이 메리의 서명을 위조한 것이었다.

메리의 남편은 여러 번 사업을 실패했다. 점점 늘어나는 채무 때문에 곤란한 상태였다. 그녀의 인내심은 한계에 달했다. 메리는 친구들에게 이렇게 말하곤 했다. 자신이 어느 날 출근을 하지 않고 경찰이 찾아오면, 그녀의 집 뒷마당을 꼭 파보라는 말을 해달라고.

메리는 정말로 실종되었다. 남편은 5일 동안이나 경찰에 신고하지 않았다. 그는 경찰 조사에서 메리가 그날 퇴근을 해서 집에 왔고, 자신과 심하게 말다툼을 한 뒤 화가 나서 집을 나갔다고 진술했다. 그의 말에 따르면 그녀는 화가 가라앉을 때까지 돌아올 생각이 없어 보였다고 한다. 그는 메리가 런던에 사는 자녀의 집에서 지내고 있을 것이라고 했다. 물론 말할 필요도 없이 메리는 그렇게 하지 않았다.

현장 수사팀은 메리의 집을 통제했다. 욕실에서 약간의 혈흔이 발견되었다. 메리의 DNA와 일치했다. 욕실 하수관의 U자 부분에 내시경을 넣어 검사했는데 작게 부서진 치아 조각 하나를 찾아냈다. 물론 이것만으로 메리가 사망했다고 생각할 수는 없었다. 어쩌면 욕실에 들어가다가 발이 걸려 넘어졌을 수도 있다. 그러고는 욕조 옆에 턱이 부딪혀 치아가 부러졌을 수 있다. 일상적으로 일어나는 낙상은 발견된 그녀의 혈흔과 치아 조각을 모두 쉽게 설명할 수 있다.

다음으로 현장 수사팀은 주방을 확인했다. 세탁기 문 주변에서 핏자국이 발견되었다. 이것 역시 당연히 메리의 것으로 확인될 것이다. 세탁기 필터에서 뼛조각으로 보이는 작은 조각을 발견했다. 수사팀은 이 조각에 대한 DNA 분석을 보내기 전에 먼저 인류학자에게 보여주고 가능하다면 이것이 뼈인지, 뼈라면 인간의 뼈인지, 인체 어느 부위의 뼈인지 의견을 들어야 했다.

작은 증거 조각의 분석 순서에 아주 주의해야 한다. 증거에 돌이킬 수 없는 변화가 생기기 전에 먼저 할 수 있는 모든 비파괴적인 법의학 테스트는 해두는 것이 중요하다. 이 뼛조각은 대략 길이 1센티미터, 폭 0.5센티미터밖에 되지 않았다. DNA 검사를 하려면 뼈를 분쇄하고 파괴해야 한다. 잠재적 살인 혐의가 결정될 수 있으므로 해부학적으로 그 뼈를 확인하는 것이 아주 중요하다. 일부 뼈는 없어도 생존할 수 있다. 하지만 대부분 뼈가 인체 밖에서 발견된다는 것은 뼈의 주인이 사망했을 가능성이 매우 높다는 것을 암시한다.

경찰은 그 뼛조각을 내 실험실로 가져왔다. 나와 동료들은 무슨 뼈인지 알아내기 위해 확대경을 대고 자세히 들여다보았고, 그동안 모두는 테이블에 둘러앉았다. 뼛조각은 잘 깨질 것 같았고 손상될까 걱정되어 집어 들기도 꺼려졌다. 이제 경찰들 앞에서 우리가 판단하는 과정을 그대로 드러내야 했다. 이럴 때마다 우리가 받아야 하는 스트레스는 끔찍했다. 어디에 있는 뼈인지 가장 가능성 있다고 마지막에 결론 내린 것이 처음 협의할 때 가정했던 것과 다른 경우가 종종 있다. 이리저리 헤매다가 소리 내어 결론을 내려야 한다는 현실은 경찰이 나와 내 전문 지식을 어떻게 평가할 것인지 걱정하게 만든다.

그러나 법의인류학자는 뼈의 주인을 평가하고, 배제하며, 확인하는 엄격한 과정을 따라야 한다. 경험과 진솔한 학문적 토론 외에는 다른 방법이 없다. '아하! 내 생각이 틀리지 않다면 말이네, 왓슨, 이것은 다리를 저는 23세 여성의 제3등뼈의 왼쪽 상판 관절면 조각일세!' 슬프게도 뼛조각을 들고 이렇게 외치는 셜록 홈즈를 항상 불러낼 수는 없다. 이것은 1000피스 직소 퍼즐 중 한 조각을 갖고 있는 것과 같다. 해부학적으로 똑같은 퍼즐 조각이 두 개는 없기 때문이다. 가장자리의 조각인가? 패턴이 보이는가? 그 패턴이 있는 위치가 한 곳 이상인가?

우리가 처음부터 분명하게 안 것은 그 조각이 실제 뼛조각이며 두개골 조각이라는 사실이었다. 바깥쪽 면은 매끄럽고 안쪽 면은 약간 구불구불한 무늬가 있는 얇은 껍질을 갖고 있으며 길쭉하게 솟은 두둑이 그것을 가로지르고 있다. 우리 몸에서 이런 특징들이 있는 부분으로 생각나는 것은 두개골 하나밖에 없었다.

이제 퍼즐은 위치상 아닌 곳을 배제하는 과정에 들어갔다. 이 조각이 원개(또는 뇌머리뼈 상부)의 주골major bone 조각일 리는 없었다. 원개는 판장골로만 이루어져 있기 때문이다. 따라서 판장이 없는 이 조각은 옆면이나 머리뼈바닥, 얼굴뼈의 조각임에 틀림없었다. 안쪽 면의 구불구불한 무늬는 대뇌반구의 두둑과 골이 눌려서 형성되기 때문에, 우리는 가능성 있는 선택 범위를 세 부위로 좁혔다. 즉 눈구멍의 윗부분인 이마뼈frontal bone의 안와판orbital plate, 귀

위의 머리 측면인 관자놀이뼈temporal bone의 편평한 부분, 나비뼈의 큰 날개(눈 뒤, 귀 앞의 관자놀이 부분, 즉 머리가 아플 때 마사지하는 곳) 중 하나일 것이다.

우리는 이 조각이 눈구멍의 윗부분 조각으로는 너무 두껍다고 판단했다. 두 번째 의견은 관자놀이뼈의 그 부분에 있어야 할 두둑이 없어서 배제시켰다. 마지막으로 남은 것 중 가능성 있는 것은 나비뼈였다. 이것은 판장 구조가 없는 일부 원개골로, 안쪽 면에는 대뇌반구의 움푹 들어간 곳이 보이고 이마뼈와 접하는 두둑이 있다. 이 위치로 정하는 것이 납득할 수 있고 반대 의견에 방어할 수 있다고 여겨졌으며, 우리는 다른 모든 합리적인 가능성을 배제했다고 생각했다. 우리가 한 시간에 걸쳐서 토론을 하는 동안 경찰은 이해하기 힘든 해부학적 이야기를 나누는 우리들과 그 내용에 상당히 지루해하고 있음이 분명했다.

마지막으로 우리는 그것이 왼쪽의 것인지 오른쪽의 것인지를 결정해야 했다. 우리가 옳다면 그것은 왼쪽의 것일 수 있다. 아니면 두둑의 위치와 방향이 반대여야 했다. 뼈의 이 얇은 부분에 가까이 있는 것은 아주 큰 혈관(중간 뇌막 혈관)이며, 두개골의 이 부분이 골절된 경우 이 뼈가 돌출되어 있다면 메리는 더 이상 살아 있지 않다고 가정하는 것이 타당했다.

하지만 이것은 병리학자가 해야 할 결정이었다. 그는 우리가 내린 결론에 동의했지만, 그 뼛조각의 감정에 대해서는 자신의 해부학적 지식의 범위를 벗어나기 때문에 평할 수 없다고 인정했다.

우리는 그의 반응을 우리의 깊은 해부학적 견문에 대한 경의의 표시로 받아들이기는커녕 오히려 경종으로 해석했다. 이 사건이 재판에 회부될 경우, 아마 뼛조각의 감정이 결정적인 역할을 할 것이므로 우리가 법정에 소환될 가능성이 있다는 뜻이었기 때문이다. 그리고 지방 검사는 이 사건이 이제 살인사건 수사라고 공식적으로 확인해주었다.

뼛조각으로 DNA 검사를 한 결과, 메리의 것으로 확인되었다. 남편은 갑자기 말을 바꾸었다. 메리가 퇴근해서 집에 온 후 두 사람의 말다툼은 격화되었다고 했다. 그의 주장에 따르면 메리는 샌드위치를 만드는 중이라 칼을 들고 있었다. 그 칼로 자기를 해칠 것 같아서 두려웠다고 말했다. 그는 손으로 메리를 붙잡은 뒤 밀었는데, 그녀가 주방 출입구에서 넘어지면서 계단에서 굴러떨어졌고 콘크리트 바닥에 머리를 부딪쳤다. 피와 함께 뇌가 사방에 튀었다고 그는 주장했다. 하지만 머리가 콘크리트 표면에 부딪쳤다고 꼭 이렇게 되지는 않는다. 실제로 계단참에서는 피가 많이 발견되지 않았다.

그는 메리의 머리 왼쪽, 귀 근처에 난 상처에서 피가 많이 흘러나왔다고 말했다. 메리가 죽은 것을 깨닫고 그는 메리를 욕실로 옮긴 뒤 욕조에 눕혔다. 그다음에 집을 청소하고 아내의 시신을 비닐시트로 싸서 차 트렁크에 실었다. 다음 날 새벽 두 시에 시신을 처리하기 위해 차를 몰고 나갔다. 트렁크에서 메리의 혈액이 발견되었고 그의 차가 교통 카메라에 찍혔기 때문에, 경찰은 그의 이야기 중에서 이 진술은 사실로 확인할 수 있었다. 그는 메리의 시신을 인근의 유속이 빠른 강에 던졌다고 경찰에 말했다. 그리고 현재까지 시신은 발견되지 않았다.

그는 피 묻은 자신의 옷을 세탁기에 넣었고, 그때 뜻하지 않게 메리의 나비뼈 조각이 옷에 딸려 들어갔다. 뜨거운 물에 효소 세제를 넣고 세탁기를 돌린 게 아니라서 다행이었다. 만약 그랬다면 DNA를 회수하지 못했을 수도 있다.

그랬다면 검찰과 법의학 수사팀은 그 뼈가 메리의 것임을 입증하기가 훨씬 어려웠을 것이다. 그 뼈의 주인에 대해 궁금해하는 것은 용서받겠지만, 우리의 법체계에 따르면 공정한 재판을 위해 입증 책임은 당연히 검찰에게 있고, 피고 측이 할 일은 합리적인 의심을 제시하는 것뿐이다.

염려했던 대로 나는 공판 출두 명령을 받았다. 고작 뼛조각 하나로 어쩔 수 없이 인체 생리학에 대한 심층 지식을 테스트 당하게 생긴 것이다. 과학자에게 법정은 낯선 곳이다. 우리는 묻는 질문에만 대답할 수 있으며, 질문이 정확하지 않으면 힘들고 답답한 경험을 하게 될 수 있다. 스코틀랜드에서는 재판이 진행되는 동안 내가 증언하는 시간 외에는 법정에 착석할 수 없기 때문에, 진행되는 합법적 전략이나 이미 제출되었거나 아직 듣지 않은 증언에 대하여 알지 못하는 객관적인 상태에서 법정에 들어가게 된다.

스코틀랜드 검찰은 처음 접해봤다. 먼저 검사가 정부를 대신하여 주로 나의 자격에 대하여 질문하면서 입증을 시작했다. 그 후에야 나는 증언을 할 수 있었고 의견을 도출해낸 과정에 대한 질문을 받았다. 검찰 측 출두자의 경우, 그 의견이 사건에 불리하지만 않다면 검찰이 이의를 제기할 생각이 없기 때문에 아주 편안하게 답변해도 된다. 증언은 한 시간 정도 만에 끝났다. 그중 대부분은 내가 의견 증거opinion evidence를 제시하기에 충분한 자격을 갖추고 있음을 법원에게 납득시키는 데 쓰였다.

중요한 건 내가 법정에서 제시하는 의견이 어디까지나 특정 경험과 지식을 갖춘 분야에만 의거해야 하며, 전문 분야에서 벗어나지 않아야 한다는 것이다. 그날 내가 한 증언은 간단했다. 나는 그 조각이 뼈이고, 나비뼈의 왼쪽 큰 날개 조각이라고 판단했다. 그 뼛조각의 주인이 아직 살아 있는지 여부에 대해서는 의견을 말할 수 없었다. 그 조각이 메리의 것인지에 대해서도 말할 수 없었다. 그 뼛조각이 세탁기의 거름망에 얼마나 오래 있었는지 확인할 수 없었다. 그리고 어떻게 거기에 있게 되었는지에 대해서도 말할 수 없었다.

판사와 배심원들은 보통 점심식사를 빨리 하는 것을 좋아하기 때문에, 나는 피고 측의 반대신문을 최소 두세 시간은 받아야 할 것이라고 예상했다. 나는 피고 측의 칙선변호사를 잘 알고 있으며 많이 존경한다. 하지만 그렇다고 해서 그와 법정에서 맞서는 것이 꼭 유쾌하지만은 않다. 그는 자기 일에 전문가이며, 자기 역할에 맞추어 옷을 입고 짧은 구레나룻과 셜록 홈즈의 파이프로 극적인 장면을 연출하기를 좋아하는 것으로 유명했다. 하지만 그것이 자신이 만든 이미지임은 부인한다. 그는 내가 무슨 잘못을 저질러서 판사

앞에 서게 될 때 변호를 의뢰하고 싶은 사람이다.

스코틀랜드에서는 우리도 증인석에 서야 한다. 그때마다 나는 마음을 진정시키기 위해 항상 신발을 벗는다. 아무도 내 행동을 보지는 못한다. 하지만 배심원단이 지켜보고 있다는 것을 알고 있기 때문에 최대한 무표정하게 있어야 한다. 피고 측의 칙선변호사가 반대신문을 위해 나를 호명했다. 그는 계속 자리에 앉은 채 실내가 조용해지기를 기다렸다. 그러고는 법정 드라마에 어울리는 동작으로 책상 아래로 몸을 숙여서 커다랗고 무거운 책 한 권을 꺼냈다. 천천히 일어선 그는 책의 무게를 강조하기 위해 과장된 몸짓으로 그의 앞에 있는 벤치에 책을 털썩 내려놓았다. 풀썩, 소리와 함께 먼지가 일었다. 그 책은 해부학자들의 교과서인 《그레이 해부학 *Gray's Anatomy*》의 최신판이었다. 세련된 에든버러 억양으로 말한 그의 첫마디는 내 기억에 또렷이 남아 있다. "자, 교수님. 한순간도 교수님을 의심하지는 않습니다…."

그렇게 진지하게 신문이 시작되었다. 나는 어린아이의 뼈가 발달, 성장, 골절되는 과정, 뼈 주위의 연조직, 해부학적으로 차별적 배제를 통해 판단되는 뼛조각의 구체적인 위치, 그리고 어떻게 해서 그 조각이 두개골의 오른쪽이 아닌 왼쪽에서 떨어져 나온 것이라는 결론을 내리게 되었는지에 대해서 질문을 받았다. 검사는 그 뼛조각이 다른 사람의 것일 수 있는지, 그것이 어떻게 세탁기에 있게 되었는지 등 내가 대답할 수 없는 질문들을 해서 피고 측 칙선변호사가 알아내고 싶어 할 다른 많은 수단들을 차단했다. 소송 절차의 그런 법기술 때문에 전문가 증인은 계속 정신을 바짝 차리고 있어야 한다.

점심시간이 되었고 나는 증언을 마쳤다. 30분 후에는 집으로 가는 기차에 탈 수 있었다. 반대신문을 통해 배심원들은 전문가로서의 내 위신에 크게 문제가 없다고 판단한 것 같았다. 나는 그들이 이해할 수 있는 방식으로 증언했고, 뼛조각의 감정에 대해 내가 얼마나 확신하는지를 너무 독단적이지 않게 사실적으로 알려주었다. 내가 그 사건에 관여한 것은 거기까지였다.

그 후에는 나도 다른 사람들처럼 TV 뉴스와 신문을 통해 재판 결과를 알 수 있었다. 이럴 때는 가끔 이상한 기분이 든다. 소송 절차 중 일부에는 아주 깊숙이 관여했으나 그 외 많은 부분에서는 배제되어 있다. 과학자로서 어쨌든 개인적으로는 시간과 노력을 들이지 않지만(정신건강에 해로운 것은 물론이고 직업윤리에도 어긋난다) 신문에서 재판 결과를 보면서 비로소 종결되었다는 느낌을 경험하게 된다.

이 사건에서 메리의 남편은 살인이 아니라 과실치사(영국 법에서 살의 없는 살인에 해당)에 대한 혐의로 유죄 판결을 받고 징역 6년형을 선고받았다. 그리고 시신을 은닉하여 법 집행을 방해한 죄로 6년형이 추가되었다. 그는 항소를 했고 징역 9년형으로 감형받았다. 그마저도 실제 복역 기간은 선고 형량의 절반에 불과했고, 그 시간의 대부분은 개방형 교도소에서 보냈다. 최근에 듣기로 그는 출소 직후 영국 랭커셔 주에 있는 블랙풀 지역으로 이사를 하고 재혼했다

고 한다. 그를 믿고 용서하고 결혼까지 한 여성의 능력이 놀랍기만
하다.

항소 후 어느 정도 시간이 흘렀다. 한 연수에서 메리 사건의 칙
선변호사를 만났다. 나는 그에게 내 증언이 판결에 특별히 중요한
것도 아닌데 왜 그렇게 나를 힘들게 했냐고 악의 없는 푸념을 늘어
놓았다. 경찰은 DNA 검사를 통해 그 뼛조각이 메리의 것임을 확인
할 수 있었으며 메리의 남편은 그녀의 죽음과 시신 처리에 대해 대
부분 자백했다. 이 사건이 법정까지 가야 했던 이유는 그가 살인 또
는 과실치사를 인정하려 하지 않았기 때문이었다. 하지만 물론 나
는 알고 있다. 이 최고의 변호인들이 의뢰인을 위해 최선을 다해 싸
운다는 것을. 그들은 증거 자체, 전문가의 자격이나 이해, 또는 절차
상에서 약점을 찾고 언제나 증거를 끝까지 파고든다.

칙선변호사는 스코틀랜드 사람 특유의 느리고 건조한 말투로
이렇게 대답했다. "네. 하지만 병리학자들에게 질문하는 것보다 당
신에게 하는 것이 훨씬 재미있거든요. 병리학자들은 유도신문에 잘
걸려서요." 내가 왜 법정에 서기 싫어하는지 알겠는가.

92세 남성의 의문사

두개골은 입체적이며 달걀 모양에 가깝다. 아주 다양한 요소들
로 구성되어 있고 각 요소는 저마다 다른 구조를 가질 수 있다. 당연

히 두개골의 부상을 확인하는 진짜 기술이 존재한다. 부상이 유난히 복잡할 때, 특히 부서진 두개골 조각을 맞춰야 할 때, 그 조각이 무엇이고 무슨 일이 어떻게 일어났는지 알아내려면 많은 경험이 필요하다.

나는 영국 스코틀랜드의 던디대학교Dundee University에서 6년 정도 법의인류학자로 일했다. 당시 경찰로부터 92세 남성의 원인불명 사망에 대해 검토해달라는 요청을 받았다. 그의 두개골 골절의 특징도 불분명했고 실제로 사망 방식에 대한 모든 의문점이 대부분 해명되지 않은 상태였다. 사건이 발생한 지 약 4년 후에 미해결 사건 수사팀이 새로 구성된 것이다. 후속 수사를 위해 다른 실마리를 찾느라 증거들을 샅샅이 뒤졌기 때문에, 그들은 어쩌면 인류학이 수사의 새로운 전환점이 될 수도 있겠다고 생각했다.

경찰서에서 나는 병리학자, 미해결 사건 수사팀과 함께 앉아 일차 수사에서 놓친 것이 있는지, 추가 수사를 할 만한지 등을 정하기 위해 사건을 자세히 검토했다. 대부분의 증거는 거부되지 않았으나 사망 방식에 대해서 이견이 나왔다. 병리학자가 준비했던 말은 사망 원인이 머리에 가해진 다발성 외상이라는 것이었다. 하지만 노인이 사망한 실내에서 어떻게 작은 핏자국 하나만 발견되었는지, 어떻게 전두엽 조각이 앞쪽의 카펫에 있고 그는 바닥에 엎드려 있게 되었는지는 설명하지 못했다. 뇌 분석 결과 추적 표시는 없었는데, 이는 두개골에 들어온 것은 없지만, 어쨌든 이 뇌 조직 조각이 떼어져서 왼쪽 눈 위에 생긴 상처를 통해 빠져나갔다는 뜻이다.

테이블을 둘러싸고 온갖 믿기 힘든 가설들이 나왔다. 분석과 검토를 거치면서 하나씩 배제시켰다. 시간이 흐를수록 그 가설들은 점점 기상천외해졌고 우리는 브레인스토밍을 중단해야 했다. 우리가 해야 할 일은 범죄 현장 사진, 부검 사진, 시신의 X-레이 사진을 모조리 챙겨 어디든 조용한 곳에 앉아서 자세히 검토하고 깊이 생각하고 또 생각하는 일이었다. 그리고 범죄 현장 증거와 관련하여 사망과 상처를 해명할 수 있는 이론적 가능성을 전개시킬 수 있을지를 확인해야 했다. 노인은 사망 후 바로 화장되었으므로 더 이상 시신 자체를 살펴볼 수는 없었다. 이런 이유로 모든 수사에는 포괄적이고 선명하며 정확한 사진이 필요하다. 앞으로 어떤 증거가 필요할지 알 수 있는 방법이 없기 때문이다.

콜린은 제2차 세계대전 당시 영국 해군에 복무했다. 결혼한 적이 없는 그는 잘 관리된 방갈로에서 40년 동안 혼자 살았다. 그는 유명했고 사람들에게 호감을 샀지만, 남들과 어울리지 않았다. 그는 아주 활동적이어서 상당히 나이가 들어서까지 아이스 스케이팅, 수영, 경보, 수상스키를 썩 잘했다. 이웃의 이야기에 따르면 그는 매일 아침 일찍 지역 신문판매점에 가서 신문을 샀는데, 마지막 날에도 그랬다고 한다. 이것은 신문판매점에서 확인해준 사실이다.

하지만 나중에 현관문 앞에 놓인 우유가 그대로 있다는 것을 알아챈 이웃들이 콜린의 안부를 확인하러 갔다. 초인종을 울려도 대답이 없자 그들은 방갈로 주위를 돌며 창으로 안을 들여다보고 콜린을 불렀다. 집 뒤편에 있는 손님용 침실을 창문으로 들여다보니 바닥에 엎드려 누워 있는 콜린이 보였다. 구급차와 경찰을 불렀지만 너무 늦었다. 콜린은 죽은 상태였다.

처음에는 누구도 범죄를 의심하지 않았다. 아마 심장마비가 일어나서 쓰러진 곳에서 죽은 것이라고 여겼다. 하지만 응급구조원들이 그의 몸을 뒤집어 눕히자 상황은 완전히 달라졌다. 그가 사망했고 또 다른 사람이 관여되어 있음이 분명해졌다.

방갈로에 강제로 침입한 흔적은 없었으므로 콜린을 공격한 사람은 콜린의 지인일 가능성이 있었다. 그는 상당히 많은 돈을 집에 보관했지만, 돈은 그대로 있었다. 그 외에도 없어진 것이 없어 보였기 때문에 살인 동기에서 강도질은 제외되었다.

부검 결과, 두개골 외상의 정도는 사람이 건물의 4층 높이에서 떨어졌을 때 또는 고속 주행하던 차량의 충돌로 충격을 받았을 때에 상당했다. 하지만 콜린은 쓰러진 곳, 즉 방갈로의 뒤편 침실에서 사망한 것이 분명했다. 침실에는 뚜렷한 핏자국도, 부서진 가구도, 눈에 띄는 무기도 없었다. 정말 수수께끼였다. 살인사건이라고 발표되었지만 무언가를 본 사람도, 들은 사람도 없었다. 누군지 몰라도 전혀 적이 없을 것 같은 무방비 상태의 노인에게 왜 이런 짓을 했는지 그 이유를 알 수 있는 사람도 없는 것 같았다. 사망 원인은 머리의 다발성 외상으로 기록되었고, 시신은 화장되었다.

나는 사진과 영상을 열심히 들여다봤다. 모든 점에서 이견이 없는 확고한 이론을 전개하려면, 내가 제시하는 모든 가설에 철저하게 의문을 제기할 동료와 방해받지 않는 시간이 필요하다. 동료는 또한 믿기 어렵거나 불가능한 다른 가설은 모두 버린다. 그래서 가장 가능성 높은 가설을 구성하는 데 도움이 된다. 이 점에서 우리는 셜록 홈즈와 공통점이 있다. 우리 모두는 '아예 가능성 없는 것을 배제하고 나면, 남은 것이 무엇이든 아무리 개연성이 적어도 그것이 진실임에 틀림없다'는 격언에 따른다.

골절을 분석할 때, 가장 먼저 검토하는 것은 부서진 패턴과 그에 따른 공격의 특징을 설명할 수 있는 사건의 순서를 확인하는 것이다. 일단 뼈에 첫 균열이 생기면, 그것과 교차하는 이차 또는 다음 골절의 힘이 첫 균열의 힘을 첫 번째 골절로 생긴 공간으로 분산시킬 것이다. 이런 방식으로 어떤 골절이 먼저 생겼고, 두 번째 골절이 어떤 것인지 등을 결정하여 부상을 순서대로 배열할 수 있다. 다음 골절이 앞선 골절을 건너뛰어 반대쪽으로 이어지는 경우는 거의 없지만, 힘이 충분히 크면 아예 불가능하지도 않다(아예 불가능하다고 주장하는 학자도 있다).

부검 전에 찍은 콜린의 얼굴 사진에는 왼쪽 눈의 안쪽 끝에서 두개골에 생긴 꽤 큰 구멍이 보였다. 이 구멍은 그가 쓰러져 있던 곳 앞의 카펫으로 전두엽의 작은 부분이 튀어나올 정도로 넓었다. 문제는 어떻게 이런 일이 일어날 수 있었는지를 알아내는 것이었다.

우리는 신경병리학자로부터 뇌에 추적 표시가 없기 때문에 뇌에 들어간 것, 즉 두개골을 관통하여 구멍을 만든 물체가 없다는 사실을 들었다. 양쪽 눈의 안와 주위에 멍이 있었고 두피에 작은 찰과상들이 있었지만 그 외에는 거의 없었다. 일단 두피가 위축되어 벌어져서 그 안의 뼈가 드러나자, 부검 사진을 보고 예상했던 규모의 상처는 없었다. 골절은 광범위하게 있었다. 뇌머리뼈가 여러 조각으로 부서졌고, 두개골에서 종횡으로 난 골절선은 마치 거미줄처럼 보였다.

우리가 가장 먼저 할 일은 다른 골절들의 진행을 멈추게 하거나 방해한 1차성 골절primary fracture을 확인하는 것이었다. 우리는 사진과 X-레이 사진을 보고 머리 뒤편에서 그 위치를 찾을 수 있었다. 1차성 골절은 두 차례의 타격으로 발생했는데, 두 번 모두 쌍을 이루는 찔린 상처를 남겼으며 타격의 힘 때문에 판장골의 내부층이 머리뼈 안쪽(두개강)으로 밀렸다. 사진에 나타난 두 쌍의 뾰족한 상처 사이의 거리가 비슷해 보였으므로, 우리는 같은 무기, 즉 뾰족한 돌출부 두 개가 있는 어떤 물건으로 그의 뒤통수를 엄청 세게 두 차례 가격했을 수 있다는 데 동의했다. 고령임에도 콜린의 두개골 뒤편에 있는 뼈는 상당히 두꺼웠고, 두피뿐만 아니라 이 부분 판장골의 튼튼한 층까지 관통하려면 상당한 힘이 필요했을 것이다.

범죄 현장의 사진을 검토하면서 우리는 발로 작동하는 자전거 펌프로 보이는 무언가를 발견했다. 손님용 침실 바닥에 눕혀져 있던 그 물건은 받침부에 뾰족한 돌출부 두 개가 있었다. 돌출부 사이의 거리가 두개골에 난 상처 사이의 거리와 같아 보였다. 하지만 일차 수사 때 펌프를 보관하지 않았고 면봉으로 혈액이나 지문, DNA를 채취하지 않았기 때문에, 이것이 살해에 사용된 무기라고 확실히 단언할 수는 없었다.

우리는 두 차례의 가격으로 귀에서 시작해 뒤통수를 돌아 반대쪽 귀로 이어지는 가로 골절선이 생겼다고 생각했다. 이곳이 일차 외상 위치라고 확신했다. 일단 최초의 외상을 정하면, 이차 외상 위치를 찾을 수 있다. 콜린의 사건에서는 아마 이것이 왼쪽 눈 바로 위와 콧날을 가로지르는 멍든 패턴에 부합하는 얼굴 가격이었을 것이다. 콜린은 뒤통수를 얻어맞아 이미 정신이 없는데 이번에는 얼굴 정면을 상당히 세게 맞았을 것이다(멍을 보면 공격자가 반지를 끼고 있었을지도 모르기 때문에 아마 주먹으로 맞았을 것이다).

이 두 번째 외상으로 눈에서 두개골의 뒤쪽으로 비교적 곧게 뻗은 세로 골절이 생겼는데, 이 골절은 일차성 골절로 생긴 빈 공간 void에서 끝났다. 이 단계에서는 아마 피가 거의 보이지 않았을 것이다. 피부에 멍은 들었지만 타격으로 눈가에 큰 상처가 생겼을 가능성은 없었다.

세 번째 외상을 파악하기는 더욱 어려웠다. 이미 불안정한 두개골을 대량으로 파편화시킨 폭력 사태임이 명백했기 때문이다. 우리는 손상을 이렇게 광범위하게 만든 일의 증거를 시신의 다른 곳에서 찾아야 했다. 부검 보고서에는 어깨뼈(견갑골)의 안쪽 경계를 척주에 연결하는 짧은 근육인 왼쪽 어깨의 마름모근(능형근)에 멍이 있다고 기록되어 있었다. 범죄 현장을 찍은 사진에서 손님용 침실의 벽에 기대어 놓은 낡은 매트리스가 보였다. 우리는 공격자가 콜린의 왼팔을 잡고 흔들었고 그 과정에서 마름모근이 멍들고 찢어졌고, 콜린의 정수리가 이 매트리스에 부딪혀서 충격이 완화되었을 가능성이 있다고 생각했다.

1차 수사 때 현장 수사 담당 경찰관은 관련성이 없어 보인다는 이유로 매트리스에서 혈액을 찾지 않았다. 어쨌든 피해자는 뇌의 일부가 잘린 채 바닥에 누워 있었으니 말이다. 자전거펌프와 마찬가지로 매트리스도 아무 조사 없이 집을 치울 때 버려졌다.

어떤 흔드는 힘이 콜린의 머리를 매트리스에 부딪치게 만들었고, 이 힘은 부검 보고서에 기록된 아주 심각한 분쇄 골절을 일으키고, 어깨 근육을 찢고 머리뼈바닥에 있는 구멍을 통해 척주를 앞으로 쏠리게 하기에 충분했을 수 있다. 이 힘은 머리뼈바닥을 산산이 부숴버렸을 뿐만 아니라 양옆에 하나씩 정수리 방향으로 난 방사형 골절radiating fracture을 설명해줄 수 있을 것이다. 왼쪽의 골절은 너무 심해서 첫 번째와 두 번째 골절을 건너뛰어 머리 오른쪽에서 사라졌다. 골절이 가로로 큰 정맥동venous sinuses을 통과했기 때문에 머리뼈바닥의 부상으로 인한 내출혈이 광범위하게 일어났을 것이다. 병리학자들이 확인한 대로 생존과는 상관이 없었을 것이다. 이즈음에 콜린이 부디 의식불명 상태였기를 바랄 뿐이다.

악몽은 그것으로 끝나지 않았다. 눈 근처에 생긴 구멍을 여전히 설명할 수 없었다. 콜린의 머리 측면에는 작은 타박상이 있었는데 침실에 세워져 있던 가정용 발판사다리의 디딤판 패턴과 맞는 것 같았다. 다시 말하지만 이 사다리에서도 혈액이나 DNA 채취를 하지 않았으며 집을 치울 때 침실의 나머지 물건들과 함께 파기되었다. 우리는 콜린이 매트리스에 부딪힌 후 머리를 사다리 발판 중

하나에 놓고 눕게 되었으며, 그곳에 있는 동안 머리가 눌려 관자놀이에서 관자놀이까지 얼굴을 가로지르는 골절선 두 개가 생겼다고 판단했다.

그다음에 아마도 공격자는 콜린의 발을 잡아당겨서 바닥에 내동댕이쳤을 것이다. 콜린이 스스로 일어날 수 있었을 것 같지는 않기 때문이다. 드디어 발견되었을 때의 자세인 엎드리게 되었을 때, 골절된 머리뼈바닥 전체는 경첩처럼 흔들렸고 이미 상처를 입은 왼쪽 눈 위의 피부는 찢어졌다. 투실투실한 배를 깔고 엎드린 채 앞으로 흔들릴 때, 골절되어 뾰족해진 두개골의 가장자리가 가위 같은 역할을 하여 왼쪽 전두엽을 싹둑 자르고 잘린 뇌 조직은 얼굴에 난 구멍을 통해 밖으로 배출되어 그의 앞에 있는 카펫에 있게 되었다.

이건 어디까지나 가설이었다. 우리는 이 가설에 대해 모든 방향에서 의문을 제기하고 검토했다. 이 가설은 욕지기가 나올 정도로 광포했으나 해부학적으로는 그럴싸했다. 모든 골절을 과학적으로 설명했고, 사건의 순서도 신뢰할 만했다. 우리가 제시한 아주 복잡한 주장에 걱정이 되고 소심해진 우리는 그 미해결 사건으로 돌아가 검토하고 다음과 같은 가설을 제시했다. '피해자가 뒤통수를 자전거펌프로 두 번 가격당하고, 얼굴에 구멍이 나고, 팔을 잡혀서 휘둘려 벽에 기대어 놓은 매트리스에 부딪치고, 얼굴이 눌린 뒤 마침내 바닥에 내동댕이쳐졌다.' 우리가 사건을 순서대로 되짚으며 추리한 내용과 자세한 세부 내용을 설명하는 동안 모두가 조용히 들었다. 증거가 아직 있었다면 우리의 제시가 신빙성 있는지 아니면 실제로 가능한지를 조사할 수 있었을 것이다.

우리의 설명이 끝나자 모든 시선이 병리학자에게로 향했다. 그가 우리 의견에 동의할지 여부를 모두가 기다리며 앉아 있었다. 마치 심사위원단의 기술 점수와 연기 점수 발표를 기다리는 것 같았다. 마침내 병리학자는 고개를 끄덕이며 다른 대안이 없으므로 이 설명이 가능성이 있다고 말했다. 하지만 오늘날까지도 이것은 여전히 추측에 불과하다.

이 슬픈 사건에 흥미로운 내용이 추가되었다. 그 내용은 스페인에서 휴가를 즐기던 한 젊은 커플이 콜린이 살았던 곳에서 온 한 남자와 술집에서 이야기를 나눈 후 전해졌다. 저녁이 되고 술기운이 돌자, 그 남자는 자신이 불법 무장단체에서 활동하던 시절에 종종 저질렀던 폭력적인 행동에 대하여 커플에게 들려주기 시작했다. 커플이 그에게 후회되는 일을 한 적이 있냐고 묻자, 그는 고향을 방문했을 때 한 노인을 죽였는데 그것이 아주 많이 후회된다고 말했다. 휴가를 보내던 커플은 그것이 그냥 술자리에서 한 이야기라고만 여기고 거의 생각하지 않았다.

하지만 집으로 돌아온 그들은 어느 날 밤 TV를 보다가 BBC의 〈크라임워치Crimewatch〉라는 프로그램에서 콜린 살인사건을 보게 되었다. 그 장소가 휴가지에서 만났던 남자의 고향임을 기억해낸 그들은 우연의 일치가 너무 많다고 생각하여 경찰에 연락하는 것이 좋겠다고 판단했다. 두 사람은 자신들의 이야기를 하는 것을 주저하고 쑥스러워하기까지 했다. 하지만 경찰은 우연의 일치를 마음에 들어 했고 추가 조사를 했다. 경찰은 문제의 남자에 대해 알았지만, 그가 콜린을 살해한 것이 사실이라 해도 경찰이 할 수 있는 것이 없었다. 수년 전에 그는 중대 범죄에 대하여 공범자에게 불리한 증거를 하고 수사와 기소를 면제받은 적이 있었다.

　　프로그램이 방송된 후 보도기관에도 한 통의 전화가 걸려왔다. 국왕파에 속한 의문의 거물정보원의 전화였다. 그는 이전부터 지금까지도 얼스터의용군*으로부터 살해 협박을 받고 있다고 말했다. 그는 스페인의 술집에서 커플에게 했던 이야기는 오해가 있었으며, 콜린의 죽음에 대해 이야기하지 않았다고 주장했다. 그는 범행이 일어나던 시간에 그 지역에 있었다는 사실은 인정했지만 관여 사실에 대해서는 부인했다.

　　오늘날까지도 우리는 거물정보원이든 다른 누구든 왜 범인이 그 노인을 공격해야 한다고 생각했는지, 왜 그렇게 폭력적인 방법을 써야 했는지 알지 못한다. 콜린은 경찰에 알려지지 않았으며 전직 경찰이나 교도관처럼 원한을 사서 범죄 대상이 될 가능성도 없었다. 당시 스페인에서 살던 거물정보원과 콜린 사이에 알려진 연관성은 없었다.

　　우리가 가진 증거가 범인의 체포로 이어지지 않은 것은 유감이지만, 적어도 가장 까다로운 사건에 어느 정도 가능성 있는 해명을

● 　북아일랜드의 얼스터에서 아일랜드 자치를 반대하며 조직된 준군사조직.

제시하기는 했다. 그리고 우리가 여기에서 한 일(증거를 검토하고 발견 내용을 설명할 수 있는 가능성 있는 이야기를 구상하려는 일)은 법의인류학자의 업무에서 큰 부분을 차지한다. 그것이 반드시 범죄자가 재판과 처벌을 받게 하거나 우리가 옳았는지가 밝혀진다는 뜻은 아니다. 이 일을 직업으로 시작하고 얼마 안 됐을 때, 나는 사건이 실망스러울 정도로 미제 상태인 채 남게 되는 경우도 있다는 사실을 받아들였다. TV 드라마였다면 이런 상황이 재미없을 수도 있지만 현실 세계에서는 그렇다.

• • •

성인이 되어 두개골이 완전히 형성되면 두개골 모양이 변화할 여지는 거의 없다. 뇌를 충분히 보호할 수 있으려면 각 뼈는 옆에 있는 뼈들과 꼭 맞아야 한다. 그러나 성장하는 뼈는 가소성과 가단성이 아주 좋기 때문에 어린아이의 머리 모양이 바뀔 수 있다.

역사적으로 다양한 문화권에서 아기의 두개골이 '굳기' 전에 머리를 매만져서 두개골의 뇌두개 부분을 인위적으로 변형시켰다. 그것은 특정 형태가 사람의 사고 과정에 좋은 영향을 미친다는 어떤 믿음에 의한 것이기도 했고 아니면 그저 미학적으로 더 보기 좋기 때문이기도 했다. 어떤 부족은 그렇게 변형된 두개 모양이 사회적으로 고위 계급의 상징이라고 생각했다.

이렇게 두개골의 외형을 바꾸기 위해 아기의 머리를 쫀쫀한 옷감이나 붕대로 감아두거나 두 개의 나무판자 사이에 묶어서 원하는 모양을 만들었다. 그 모양은 때에 따라 길쭉한 모양, 원뿔 모양, 원형일 때도 있었다. 변형 작업은 대개 생후 한 달 정도부터 시작하여 숨구멍이 닫히고 변형을 크게 되돌릴 수 없을 때까지 6개월, 어쩌면 1~2년 동안 계속되었다. 신경학적으로 아이들에게 미치는 영향은 없었다는 주장이 있지만 나는 회의적이다.

이 방법은 북아메리카와 남아메리카부터 유럽과 스칸디나비아의 고립 지역, 러시아, 아프리카, 이집트, 이라크에 이르기까지 지리적으로나 연대기적으로 서로 다른 여러 장소에서 시행되었다. 남프랑스 농촌에서 20세기 초까지 행해졌던 이러한 '툴루즈 변형 Toulousian Deformation' 같은 일부 사례를 살펴보면 묶어두는 목적이 그냥 연약한 두개골에 패드를 대어 보호하기 위함이었고, 기형은 고의적인 결과가 아니라 그저 전통의 부작용일 뿐이었다.

두개골의 모양이 어떠하든지, 원개는 한 개인에 대하여, 특히 성별과 나이, 때로는 민족과 관련된 것까지도 많은 것을 알려줄 수 있다. 성별을 알아보는 방법은 근육 부착 부위가 비대하면 남성이고, 좀 더 섬세하고 다소 연약한 모양이면 여성이다. 뇌머리뼈에는 부착된 근육이 거의 없지만, 뒷목 근육이 머리뼈바닥에 있는 뼈와 만나는 중간선 공간midline space을 상당히 깊숙이 만져본다면, 아마 여성에게서는 아니지만 남성에게서는 커다란 뼈 덩어리가 만져질 것이다. 이것이 바깥뒤통수뼈융기external occipital protuberance(외후두융기)인데, 척주의 아주 강한 인대인 목덜미인대ligamentum nuchae(항인대)가 부착된 곳이기 때문에 일반적으로 남성에게서 더 많이 발달해 있다. 이 인대는 목의 척추뼈를 정렬시키고 1번 목뼈에서 머리의 균형을 유지하도록 도와준다.

최근 호주의 한 대학교는 소규모 연구 결과를 근거로, 현대 청소년과 청년에게서 바깥뒤통수뼈융기 부위가 많이 발달한 것으로 나타났다고 발표하면서 헤드라인을 장식했다. 그 연구는 표본대상이 고작 218명이었지만, 그럼에도 불구하고 젊은이들이 전자기기를 장시간 사용함에 따라 '고개를 숙인' 자세를 취했기 때문이라는 의견이 나왔다. 그러나 나는 우등학사를 받기 위해 청동기시대의 골격을 공부한 적이 있는데, 그때에도 종종 뒤통수돌기가 아주 잘 발달된 경우를 볼 수 있었다. 당시에는 휴대전화가 없었는데도 말이다.

과학은 훌륭할지 몰라도 사이비과학은 위험할 수 있다. 우리가 세운 가설을 세계에 알리는 것은 아주 솔깃한 일이지만, 한정된 관찰 내용을 근거로 지나치게 추론하지 않도록 반드시 주의해야 한다. 우리는 자기가 푹 빠진 공상적인 이야기에 의거하여 입증되지 않은 정보로 수사 또는 법정을 오도해서는 안 된다.

귀 뒤에 있는 작은 뼈 덩어리는 꼭지돌기mastoid processes●라고 하는데, 정확하지는 않지만 어느 정도 성별을 알려주는 유용한 지표일 수 있다. 이것은 가슴 앞면과 귀 뒤쪽 사이에 있는 긴 목빗근 sternocleidomastoid muscle의 부착 부위다. 목을 펴고 머리를 한쪽으로

● 유양돌기, 라틴어로 '작은 가슴'이라는 뜻.

돌리면 이 근육을 볼 수 있다. 근육이 강할수록 뼈 덩어리가 커지므로, 꼭지돌기는 여성보다 남성에게서 훨씬 큰 경향이 있다.

꼭지돌기가 아래쪽을 향해 있으면 귓불의 윤곽이 명확하지 않다는 증거가 있다('부착' 귓불이라고 알려짐). 한편 꼭지돌기가 위쪽을 향해 있으면 윤곽이 뚜렷하고 '자유로운' 귓불을 갖게 된다.

어린아이의 것이 아닌 한, 뇌머리뼈만으로 사망자의 나이를 판단하는 것은 어렵다. 성인이 되면, 각 원개뼈 사이의 관절이나 봉합선suture이 융합되기 시작하기 때문에 사망자가 어린지 늙었는지를 개략적으로 알려주는 것에 불과하다.

때때로 서로 다른 원개뼈 사이의 봉합선에서 보름뼈wormian bones라는 잉여골accessory bones(부골)이 있을 수 있는데, 이 뼈는 다운 증후군과 구루병 같은 병의 표지다. 이 뼈가 좀 더 일반적으로 존재하는 조상군이 있다. 예를 들어 아시아 인디언 기원의 두개골에는 종종 이렇게 고립되어 있는 작은 잉여골들이 많이 있고, 페루 미라에서 많이 발견되어 흔히 '잉카'뼈라고 하는 두개골의 뒤쪽에는 아주 큰 잉여골 하나가 있다. 두개골 봉합선에 있는 잉여골의 이런 유전적 소인은 민족 기원과 관련하여 중요한 정보를 제공할 수 있다.

뇌머리뼈 중 윗부분을 말하는 머리덮개뼈skull cap의 안쪽에는 작게 팬 구멍들도 있을 수 있는데, 이 구멍들은 앞에서 뒤로 이어지는 용골龍骨에 평행하게 선을 이루며 있다. 이 구멍들은 뇌를 덮고 있는 막에 있는 돌기물인 거미막과립arachnoid granulations(지주막과립) 때문에 생긴 것으로, 머리덮개뼈 안쪽의 앞에서 뒤로 이어지는 긴

정맥 또는 굴sinus로 배출되기 위해 위쪽을 향해 지나간다. 콜리플라워의 작은 꽃송이처럼 생긴 거미막과립은 뇌를 채우고 있는 액체인 뇌척수액을 배출한다. 뇌척수액은 뇌 덮개 사이의 공간에서 위시상정맥굴superior sagittal sinus이라고 알려진 중앙의 정맥굴로 흐르면서 정맥계로 재순환될 수 있게 한다.

나이가 들면 과립오목granular foveola이라고 하는 이런 함몰부가 뼈의 안쪽 면에 새겨질 수 있다. 과립오목이 있는 두개골은 나이 든 노인의 것이라고 의심할 수 있다. 나이테를 세어 나무의 나이를 계산하는 것처럼 한때는 일시적으로 함몰부의 개수를 세어 나이를 계산하는 것이 널리 행해졌다. 그러나 이렇게 오목을 세어 나이를 안다는 것이 그럴듯하게 들릴지 몰라도 터무니없는 생각이다.

두개골을 보고 일부 형태의 난청을 예측할 수도 있다. 귀는 세 부분으로 구성되어 있는데, 모두 다른 과정을 통해 형성된다. 외이에는 귓바퀴와, 관자놀이뼈 내부에 자리한 고막으로 이어지는 관으로 들어가는 구멍이 있다. 두개골에 외부 구멍이 없으면 음파가 중이에 도달할 수 없어서 귀머거리가 된다.

관자놀이뼈 안쪽 깊숙이 있는 중이는 고막에서 내이벽까지 이어진다. 이 공간을 가로지르는 세 개의 소골ossicle은 진동을 고막에서 내이로 전달하는 기전으로 함께 기능한다. 세 개의 뼈인 망치뼈malleus, 모루뼈incus, 등자뼈stapes 사이의 작은 관절이 기능을 하지 않으면, 이 때도 귀머거리가 된다. 등자뼈의 말단이 내이벽에 융합되어있는 것도 귀먹음을 알려주는 또 다른 지표다. 물론 어떤 사람이 귀머거리가 되는 데는 다른 많은 원인이 있지만, 이것은 두개골에서 알아볼 수 있는 해부학적 증거다.

관자놀이뼈의 추체부 안에서 내이기형으로 인한 귀먹음은 확인이 더 까다로우며, 인류학자는 내이의 선구세포인 태아 귀연골주머니otic capsule 주변에 발달한 아주 치밀한 뼈까지 문자 그대로 뚫을 각오를 해야 한다. 이것은 뼈에서 작지만 흥미로운 부분으로, 태어날 때부터 어른 크기로 형성되었고 그 후로는 개조되지 않는 것으로 보인다. 귀연골주머니는 안정동위원소 분석(인체 조직의 원소 특징을 만들 수 있는 산소, 질소, 인 같은 동위원소의 수준 분석)에 아주 중요하다. 이 작은 뼈는 산모가 임신했을 때 산모가 섭취하는 음식물의 기본 요소로 만들어지기 때문에, 아기의 내이가 형성될 때 산모가 무슨 물을 마시고 어떤 음식을 먹었는지를 알려줄 수 있다. 과학자들은 이것을 바탕으로 산모가 생활하던 곳이 어디쯤인지 알아낼 수 있다.

예기치 않게 두개골만 발견될 경우, 그것이 인간의 것임이 아주 분명하다 해도 경찰은 처리방법을 정하기 전에 자격 있는 전문가에게 확인을 받아야 한다. 언젠가 우리는 경찰로부터 황무지에서 발견된 두개골의 사진을 받았다. 아주 선명했던 그 사진은 본을 뜬 치아 사진이 분명했다. 핼러윈 직후인 11월에 발견되었다는 사실이 그곳에서 일어난 일에 대한 실마리였을지도 모른다.

그러나 어선에서 머리 또는 두개골만 건져 올리는 일이 드물지 않게 일어난다. 이런 일이 일어나면 선장은 어려운 결정을 해야 한다. 어획물에서 사람의 유골이 발견되면 전체 어획물을 폐기해야 하는데, 이는 그들의 생계에 심각한 영향을 주기 때문이다. 이런 이유로 나는 어선에서 많은 유골이 발견되지만, 보고되지는 않았을 것이라고 확신한다.

언젠가 스코틀랜드 서해안 한 항구의 제방에서 잘 보이게 놓여있는 아래턱이 없는 두개골이 목격되었다. 어떤 선장이 타협점을 찾은 것이 분명했다. 표면에 따개비가 붙어있는 것을 보아 분명 바다에서 끌어올린 것이었고, 누군가가 당국에 신고하도록 일부러 거기에 놓은 것이었다. 경찰 한 명이 두개골의 사진을 찍었고, 그것이 사람의 것임을 확인해달라며 우리에게 사진을 보냈다. 물론 그것은 사람의 것이었다.

당시 우리가 받은 요청은 사망자가 죽은 지 얼마나 되었는지 알아내기 위해 두개골의 연대를 추정하고, 무엇이든 눈에 띄는 특징을 밝히고, DNA 분석을 위해 뼈 표본을 채취해달라는 것이었다. 튀어나온 눈 위, 꼭지돌기의 크기, 툭 튀어나온 바깥뒤통수뼈융기에서 그 두개골이 남성의 것임을 분명히 알 수 있다. 치아가 별로 마모되지 않았기 때문에 나이는 10대 후반에서 20대 초반으로 보였다. 봉합선은 닫히지 않았고, 머리뼈바닥의 나비뼈와 뒤통수뼈 사이에는 아직 틈이 있었다. 이 틈을 접형후두연골결합spheno-occipital synchondrosis이라고 하는데 남성의 경우 18세 무렵에 닫힌다.

실험실에서는 이 뼈로부터 DNA 프로필을 얻을 수 없었다. 모든 점을 고려했을 때, 우리는 이 남성이 최근에 사망한 것이 아닐지도 모른다고 의심했다. 그래서 뼈의 박편薄片을 보내 방사성탄소연대측정을 의뢰했고, 이 남성이 약 600~800년 전에 사망했다는 평가서를 받았다. 그가 누구든지, 그는 법의학적으로 관련성이 없었다. 해안이 침식되면서 옛날 무덤이 드러났고, 바다로 씻겨나간 뼈가 어망에 걸려 해변으로 돌아왔을 가능성이 컸다.

조류에 밀려오거나 어획물에서 회수된 두개골은 뇌머리뼈만 있는 경우도 종종 있다. 얼굴뼈는 좀 더 약하기 때문에 해저에서 이리저리 튕길 때나 물속 땅을 파헤치는 준설기에 의해 손상되기 쉽다. 지금까지 이야기한 것 말고도 뇌 상자에서는 알아낼 수 있는 것이 여전히 많다.

WRITTEN IN BONE

THE FACE

$$2$$

얼굴

14개의 뼈가 만들어내는
가장 고유한 특징

항상 공개적으로 드러나도 어색하지 않은 부위가 두 군데 있다. 바로 얼굴과 손이다. 우리는 얼굴과 손을 통해 자신을 표현하고 다른 사람과 의사소통한다. 그중에서도 얼굴은 더욱 그렇다. 다른 사람과 대화할 때 초점을 맞추는 곳도 얼굴이고, 서로를 알아차릴 때도 대부분 얼굴을 본다.

모두가 그런 것은 아니다. 습관적으로 얼굴을 가리는 문화권이거나, 몸의 다른 부분에 집중하는 데 익숙할 때 사람을 알아보는 수단이 그에 따라 달라진다는 점이 흥미롭다. 종양학과에서 근무하는 한 간호사는 몇 년 동안 환자의 손등에서 정맥을 찾다 보니 이제는 손과 장신구만 보고도 환자를 알아볼 수 있게 되었다고 한다.

얼마 전 나는 사우디아라비아법의학회의 초청을 받아 사우디아라비아 리야드에서 열린 학회에 참석하게 되었다. 아랍권에는 처음 방문하는 것이었다. 부르카나 니캅, 장갑은 착용하지 않아도 된다고 들었지만, 현지 관습을 존중하는 차원에서 예의를 차리고 싶었다. 여성용 검은색 전통의상인 아바야와 샤일라 또는 스카프로 얼굴과 손을 제외한 몸과 머리카락을 가렸다.

실제로 나는 현지의 다른 여성들처럼 입는 것이 상당히 편안하다는 것을 깨달았고(부인회의 일원이 된 것 같았다), 사실상 학회에 참석한 남성들의 눈에 거의 띄지 않았다. 서양에서 온 여성 참석자 한 명은 사우디아라비아의 복장 규정에 따르지 않기로 했던 것 같다. 아주 단정한 복장을 했음에도 학회가 열리는 호텔 통로에서 동료 남성 참석자들로부터 상당히 혐오스럽고 악의 어린 발언을 꽤 받았다. 남성들은 그녀에게 망신이라며, 머리카락을 가려야 한다며 야유를 보냈다.

아마도 이것이 내가 문화적 규모에서 젠더 위계를 개인적으로 의식한 첫 사례였다. 나는 아주 운이 좋았던 편이다. 경력을 쌓는 동안 성차별을 별로 느끼지 못했다. 아버지는 내가 맛있는 대황 rhubarb• 크럼블을 구울 수 있기를 기대했지만, 아버지를 도와 식탁에 니스를 칠하고, 총으로 토끼를 잡아 내장을 빼고 가죽을 벗길 수 있게 되는 것도 원했다.

군대와 경찰을 상대로도 일하는 경우가 종종 있지만, 내가 'XX 염색체'라서 차별 대우를 받았다고 인지한 적은 없다. 그저 내가 그것을 알아채지 못할 정도로 무관심한 것일 수도 있고 아니

• 신맛이 강한 채소로 줄기의 색이 붉다.

면 그냥 운이 좋았던 것일 수도 있다. 내가 단지 EDI*의 명목 때문에 참석하게 된 자리가 아닌지 의심했던 적은 딱 두 번 있다. 두 번 모두 학계에서 경험했다. 그와 관련된 남성 고위관리자 두 명이 나를 더 이상 힘들게 하지 않도록 확실하게 그들을 대했다. 사실 이럴 때는 해부학자라는 것이 도움이 된다. 다른 사람들에게는 상당히 당혹스럽게 들리는 전문용어를 당당하게 사용할 수 있기 때문이다. 내가 어떤 질문을 받은 것은 두 번의 학회에서였다. 내가 회의실에 있는 유일한 여성이었기 때문에 내게 질문을 했다는 것이 분명해졌을 때 나는 되물었다. 그들의 관심이 내 대답에 있는지, 내 자궁에 있는지. 물론 아주 정중하게. 그들은 당황하면서 내 견해가 듣고 싶은 것이라고 말했다. 하지만 흥미롭게도 그 후로 두 사람 모두 다시는 나에게 그런 식으로 질문하지 않았다.

사우디아라비아에서 열린 학회에서, 여성은 남성과 구분하여 한쪽에 앉도록 요구받았다. 여성과 남성 사이에는 아주 명확한 경계가 있었다. 여기에서 나는 니캅을 착용한 여성, 그러니까 눈을 제외하고 모조리 가린 여성들을 관찰하면서 놀라운 사실을 눈치챌 수 있었다. 그들이 강연장에 들어올 때 상당히 먼 거리에서도 친구를 알아본다는 것이었다. 놀라웠다. 심지어 그들은 앉아 있었고, 얼굴을 가리고 있었으며, 모두 검은색 옷을 입었고 눈에 띄는 장신구도 하지 않았다. 나는 사우디아라비아인인 동료 남성에게 이 점에 대해 이야

• Equality, Diversity & Inclusion, 평등, 다양성, 포용성을 말한다.

기했다. 그 역시 그들이 어떻게 그렇게 쉽게 서로를 식별할 수 있는지에 대해 설명하지 못했다. 그는 나를 자신의 집으로 초대했고 그의 아내에게서 대답을 들을 수 있었다.

그녀 역시 니캅을 쓴 친구들을 문제없이 알아볼 수 있다고 했다. 그러나 너무나 익숙하고 당연하게 여기는 기술을 설명할 때 우리가 흔히 겪어봤듯, 그녀는 어떻게 그렇게 할 수 있는지 정확하게 설명하지 못했다. 이럴 때는 설명할 수 없는 것을 마주친 훌륭한 과학자들이 하는 것, 즉 조사밖에 할 수 있는 것이 없다. 나와 남성 동료는 사우디아라비아의 여성 과학자들과 함께 그룹을 만들어서 실험을 설계하기 시작했다. 니캅으로 몸을 완전히 가린 사람들 중 친구를 구별해내는 사우디 여성들의 능력을 분석하는 내용이었다.

첫 번째 과제는 표본을 충분히 많이 모으는 것이었다. 연구팀이 모두 여성으로만 이루어졌지만, 잠재적 참여자들 사이의 불신 문화 때문에 연구가 잘 진행되지 않았다. 모든 연구 윤리를 준수할 것이고 요구된 사진은 연구가 끝나면 파기될 것이며, 제3자는 그 사진에 접근할 수 없다는 점을 강조하며 안심시켰음에도 불구하고, 우리가 접근한 여성 다수가 신원 확인용 사진을 찍는 것에 대해 불안해했다.

우리는 시선추적 소프트웨어를 사용하여 여성들이 베일로 완전히 가린 다른 여성을 마주쳤을 때 그들이 무엇을 포착하는지 그 실마리를 찾아 분석하고 싶었다. 마주치게 되는 여성들은 서로 아는 이들도 있었고 모르는 이들도 있었다. 우리가 기존 연구를 통해 알아낸 사실은 눈, 코, 입, 턱의 역삼각형 구도에 초점을 맞춰서 친숙한 얼굴을 확인한다는 것이다. 하지만 우리 연구 그룹이 갖고 있는 단서는 걸음걸이, 전체적인 체형과 크기, 눈밖에 없었다. 얼굴을 가리면 눈뿐만 아니라 앉고, 걷고, 몸짓을 하는 불완전한 방식도 신원 확인의 중요한 실마리인 것 같다.

연구가 여전히 진행 중이므로 아직 명확한 답은 얻지 못했지만, 그 진상을 규명한다면 이 기술의 활용법을 이해하고 익히는 것이 보안 서비스 등의 조직에 적용하기 아주 유용하다는 것을 입증할 수 있을 것이다.

얼굴 또는 얼굴머리뼈(내장두개골)는 두개골의 두 부분 중에서 작은 부분이다. 이마와 눈이 있는 상부, 코와 뺨이 있는 중간 부위, 입과 치아, 턱이 있는 하부로 이루어져 있다. 얼굴머리뼈는 시각, 청각, 미각, 후각을 포함하여 감각과 관련된 많은 조직이 있는 곳이다. 이 조직들은 출생 전에 형성되기 때문에, 그 발달과 연관된 성장량이 통제된다. 1장에서 설명했듯이 눈은 뇌에서 직접 발달한 것으로, 아주 일찌감치 발달하기 때문에 눈구멍은 이미 태어날 때부터 크다.

아기가 태어날 무렵에 서로 다르게 기능하는 중이와 내이의 부분은 사실상 성인 크기이며, 후각은 아주 잘 발달해 있다. 하지만 냄새와 향기를 포집하는 공간인 코는 일생 동안 계속 성장한다. 귀의 외부 기관 역시 계속 성장하는데 노인들의 귀가 그렇게 큰 것이 바로 이 때문이다. 하지만 가장 큰 성장은 입 주변에서 이루어진다. 대부분(전부는 아니다)의 아기는 태어날 때 이가 없다.

대체로 우리는 아는 사람의 얼굴은 아주 잘 인식하지만, 연구 결과에 따르면 잠깐 만났던 낯선 사람의 얼굴을 떠올리는 일은 잘 못한다. 나는 여러 번 만났던 사람들도 기억하지 못하는 일이 자주 있다. 우리 가족은 늘 나를 유머거리로 삼는다. 가장 형편없었던 예는 담당 변호사 회사의 사무실 이전을 축하하는 자리에서 있었다. 회사 파트너 한 명에게 내 소개를 했는데, 그가 우리 집 저녁식사에 초대된 적 있었다는 이야기를 들은 것이다.

그러나 이것도 이라크로 파견 나갔던 두 번째 임무를 마치고 영국으로 귀국하면서 저질렀던 실수에 비하면 아무것도 아니다. 스코틀랜드의 애버딘 공항이 안개가 심해 착륙이 불가능해서 내가 탑승한 비행기는 에든버러로 우회하게 되었다. 남편은 나를 데리러 그곳으로 왔다. 내가 일부러 중앙 홀을 가로질러 걸어가고 있을 때, 흥분한 금발 소녀 두 명이 '엄마! 엄마!' 외치며 나에게 달려왔다. 고맙게도 그 소리로 나는 아이들을 바로 알아볼 수 있었다. 그러나 남편은 어디에도 보이지 않았다. 사실 그는 양손을 엉덩이에 얹은 채 내 뒤에 서 있었다. 방금 자신을 지나쳐 간 나를 보며 믿을 수 없다는 듯 고개를 저으면서 말이다. 남편을 알게 된 지 25년이 넘었기 때문에 얼마나 당황했는지 모른다. 내가 남편을 알아보지 못한 것은 마지막으로 그를 봤을 때와 다르게 턱수염을 기르고 있었기 때문이었다. 일단 그에게 잘 어울린다고 말해야 했다.

나는 회의를 할 때 사람들의 이름표를 읽으려고 가슴 쪽을 처다본다(좋은 행동은 아니다). 그래서 내가 자신들을 일부러 무시했다고 오해한 채 나를 끔찍한 속물로 여기는 사람들이 분명 있을 것이다. 이러한 나의 미숙함은 무척 부끄러운 일이다. 더군다나 나는 사람의 신원을 밝히고 유골을 확인하는 일로 경력을 쌓아온 사람이다. 이건 중대한 실패로 비쳐질 수 있었다. 무슨 말을 할 수 있을까? 내 머릿속에 들어오는 것은 얼굴이 아니라 이름인 것을.

　얼굴을 기억하고 인지하는 능력이 평균 이상인 사람들은 한 번 만난 사람도 알아볼 수 있다. 그들은 선택받은 사람들이고, 당연히 나는 여기에 속할 가능성이 절대 없다. 보통은 만나는 사람 중 약 20퍼센트를 기억하지만, 이런 '인식 초능력자'는 80퍼센트의 사람을 기억할 수 있다. 이런 재능은 정보보안 분야에서 수요가 높고, 카지노부터 축구 클럽에 이르기까지 개인 고객을 대상으로 하는 상업 시장에서도 많이 찾는다. 인간의 이 재능이 자동 얼굴 인식 기술로 대체되는 날이 곧 올지도 모르지만, 그때까지는 인식 초능력자가 조직 폭력이나 성폭력과 같은 다양한 사건에서 경찰에게 아주 유용하다는 것이 입증되었다. 잉글랜드의 솔즈베리에서 있었던 전 러시아 군사정보장교 세르게이 스크리팔과 그의 딸 율리아 독살 사건의 배후 인물을 확인하는 데에도 인식 초능력이 사용되었다.

　인식 초능력자를 분류하기 시작한 것은 완전히 다른 연구 분야인 임상심리학 실험에서 얼굴인식불능증prosopagnosia을 연구하던 때였다. 인식 초능력자와 정반대인 이 증상은 얼굴을 확인하는 데 극도로 어려움을 겪어서, 얼굴맹face blindness이라고도 한다. 부모가 자녀의 얼굴을 인식하지 못해서 학교에서 아이를 픽업하지 못할 수도 있다. 이 증상을 겪는 사람 중에는 자기 사진도 알아보지 못하는 경우도 있다. 얼굴인식불능증은 유전되지만, 뇌졸중이나 외상성 뇌 손상 때문에 생길 수도 있다. 온라인 퀴즈 테스트를 통해 얼굴인식 불능증과 인식 초능력자 사이에서 자신의 인식 능력이 어느 정도인지 알아볼 수 있다. 대부분의 사람은 그 중간쯤에 있을 것이고, 아마도 자신의 남편을 알아보는 데 있어서 나보다 나을 것이다.

하지만 동료를 인식하는 능력이 좋든 나쁘든, 노화 또는 체중 증가나 감소에 의한 자연적인 외모 변화, 또는 계획적인 외모 변화 때문에 가끔 곤란해진다. 물론 평생 동안 외모를 결정하는 데는 유전적 요인이 중요한 역할을 하지만, 대부분의 사람은 정기적으로 외모를 어느 정도 바꾼다. 안경을 콘택트렌즈로 바꾸거나 화장을 하기도 하고, 수염을 기르거나 머리카락 염색을 할 수도 있다. 그러나 이런 것들은 얼굴의 기본 구조를 근본적으로 바꾸는 것은 아니다. 일반적으로 알아보지 못할 정도로 외모를 바꾸는 사람은 소수다. 하지만 턱 끝을 깎는다거나 광대보형물을 넣는다거나 치아에 베니어 시술을 하는 등 틀을 수정하기 시작하면, 얼굴을 알아보기가 더 어려워진다. 그런 극단적인 형태의 변장은 많은 할리우드 영화에서 없어서는 안 될 요소였다.

과거에 공상과학 소설에나 나왔던 안면 이식은 여전히 아주 드문 시술이긴 해도 이제는 현실이 되었다. 심각한 질병을 앓았거나 부상 또는 화상을 입은 환자는 공여자의 조직(근육, 피부, 혈관, 신경, 경우에 따라 뼈 포함)을 사용하는 피부이식술을 받을 수 있다. 이 수술에서는 다른 누군가의 얼굴을 떠받치는 새 골격의 생성으로 키메라● 같은 것이 만들어지면서 두 개의 근본적인 변질이 충돌한다. 수술을 받았다고 해서 환자는 원래 모습으로 복구되지도 않고 공여자의 외모가 되지도 않는다. 결과는 두 사람의 것이 혼합된 가운데 수술 과정에서 상당한 변질이 이루어진다.

이런 최첨단 수술은 다른 방법을 모두 사용한 후 최후의 수단으로만 고려된다. 심각한 거부 반응이 수반되기 때문에 환자는 평생 면역억제제를 복용해야 하고, 수여자뿐만 아니라 공여자의 가족과 친구들에게 영향을 미칠 많은 윤리적, 심리적, 신체적 문제를 불러오기 때문이다.

지금도 안면 이식은 아주 새로운 분야다. 부분 이식이 처음으로 성공한 것이 2005년 프랑스에서였고, 안면 전체 이식의 성공은 그로부터 5년 후 스페인에서 이루어졌다. 내가 아는 한, 지금까지 이 환자들은 법의인류학자들의 관심을 받지 못했다. 그러나 그것은 시간문제에 불과하다. 우리가 성공적인 식별을 둘러싼 수많은 가능성에 계속 열려 있고 각 환자를 선입견 없이 대하는 것이 얼마나 중요한지를 보여주는 또 하나의 사례일 뿐이다.

외모를 대단히 중요하게 여기는 사회에서 얼굴이 손상된 사람은 사회로부터 극도로 고립된다. 보철학 관련 의학 분야인 애너플라스톨로지Anaplastology는 제1차 세계대전 직후에 부상당한 군인들

● 동일 개체에 유전적으로 서로 다른 조직이 겹쳐 있는 현상.

을 사회에 다시 통합시키기 위한 필요성에 답하기 위해 전문 분야로 발달한 이후 국소적인 얼굴 손상을 더 많이 치료해 왔다. 아마도 최초의 인공기관인 코 대체물replacement nose은 전투나 매독 때문에 망가진 얼굴을 치료하는 데 필요했다. 인공기관은 원래 상아, 금속, 나무 등 불활성물질을 깎아서 만들었는데, 그 재료가 점차 실현가능한 플라스틱으로, 그 다음에는 라텍스로 대체되었다.

오늘날 인공 눈과 코, 귀는 대단히 정교하다. 코는 환자가 새로운 모양의 코를 원하지 않는 한, 손상되기 전에 원래 가지고 있던 코와 아주 비슷하게 복제되도록 설계될 수 있다. 눈과 귀는 다른 쪽 눈과 귀를 반영하여 정교하게 제작되므로 얼굴은 비교적 바뀌지 않고 대칭을 유지한다.

얼굴을 인식하는 것은 하나의 기술이고, 얼굴을 그려낼 수 있는 것은 또 다른 기술이다. 범죄자의 식별에 도움이 되기 위해 경찰이 목격자의 설명을 듣고 만든 얼굴 몽타주를 잘 알고 있을 것이다. 몽타주를 그리려면 얼굴의 여러 부위들, 그러니까 이마와 눈썹, 눈, 코, 뺨, 입, 턱을 개별적으로 고려한 뒤 함께 결합시켜서 얼굴을 완성한다.

원래 초상은 화가들이 그렸다. 1959년에 각각의 이목구비 템플릿을 사용하는 최초의 상표등록 시스템인 아이덴티키트Identikit가 미국에 소개되었다. 나중에 나온 컴퓨터로 합성한 몽타주를 말하는 포토피트Photofit와 이피트E-fit 같은 방법은 사진과 전자 소프트웨어를 사용하여 좀 더 세련된 결과물을 만들 수도 있지만, 지금도 데이터베이스에서 선별된 이목구비를 하나하나 덮어씌워서 최종 합성 이미지를 만든다.

이것으로 대상을 완벽하게 복제할 수 있다고 주장할 사람은 없을 것이다. 안젤리나 졸리의 눈, 스티븐 프라이의 코, 어사 키트의 입을 하나의 얼굴에 전부 담는다면 어떨까? 이상하게 생긴 얼굴이 나올 수밖에 없다. 합성 이미지를 만드는 목적은 이것을 볼 사람들과 충분히 공명하는 이미지를 만들어, 수사관이 추적 단서를 얻는 것이다. 합성 이미지의 정확성이 50퍼센트가 안 될 수도 있다고 한다. 이 수치가 고무적이지 않을 수도 있지만 때로는 이것만 갖고 수사를 진행해야 한다는 사실을 잊지 말자. 사람의 눈은 이상하거나 보통과 다른 것에 집중하고 뇌는 그것을 기억하려는 경향이 있다. 여기에는 좋은 점도 있고 나쁜 점도 있다. 만약 해부학적으로 기형이 존재하고 그것을 정확하게 묘사한다면, 식별 절차에 굉장한 도움이 될 수 있다. 그러나 그것이 틀릴 경우, 방향이 상당히 어긋날 수 있다.

물론 인식 기술은 보통 살아 있는 동료를 확인하는 상황에서만 요구된다. 죽은 사람의 확인에 대해서는 아주 다를 수 있다. 경의를 표하며 사랑하는 사람이 죽어가는 동안 함께 있었거나 장례식 전에 경의를 표하며 사랑하는 사람의 시신과 마주해본 사람들은 아마 알 것이다. 사람의 본질, 즉 얼굴의 생기와 표정이 사라졌을 때의 모습은 우리가 기억하는 모습과 많이 다르다는 것을. 본질이 사라진 몸은 일반적으로 훨씬 작고, 비어 있다.

폭력적이거나 큰 재해 때문에 죽은 사람 또는 사망한 지 상당한 시간이 지난 시신을 확인하는 끔찍한 작업을 해야 하는 사람들은 사랑했던 사람을 알아보는 것이 더 힘들다는 것을 알게 될 것이다. 2002년 발리 폭탄 테러 사건 후에, 신원이 잘못 확인된 시신이 거의 절반이었다. 당시 확인자는 그 가족들이었다. 그들은 부풀고 부패되고 파편화된 시신들 사이를 오가며 실종된 가족과 친척을 찾고 있었다.

　　아주 충격적인 상황이므로 많은 사람이 잘 알아보지 못했다는 사실은 놀랄 일이 아니다. 그들의 고통, 시신안치소의 힘든 환경, 심리적으로 사랑하는 사람을 찾아야 한다는 절박한 욕구가 혼란의 원인이 되었을 것이다. 식별에 찬성하든 반대하든, 그들이 100퍼센트 확실하다고 주장할 때 잘못 생각한 것일 수 있다고 말하기는 어렵다. 이런 이유로 인터폴의 대형재해 감식분야DVI 기준은 안면 인식에만 의거하여 가족에게 시신을 인도해서는 안 된다고 규정하고 있다. 과학적으로 확실하게 신원을 확인하여 시신을 인도하려면 3대 식별 요인인 DNA, 지문, 치아 정보 중 하나가 필요하다.

　　부패했거나 손상을 입어 사망자의 얼굴을 알아볼 수 없는 상태라면, 얼굴 복원을 시도해볼 수 있다. 복원술은 법의학에서 다른 수단을 모두 동원한 뒤 최후에 잘 사용하는 방법으로, 예술과 과학이 결합된 특별한 기술이 필요하다. 얼굴 복원술의 기본 전제는 외모가 그 속에 있는 골격 형태와 근육, 지방, 피부와 아주 밀접한 관계가 있다는 것이다.

얼굴 복원술은 점토 모델을 만들거나 3D 컴퓨터 모델링을 통해 이루어진다. 나는 맨체스터 기법이 가장 엄격하며 현재 최적 표준이라고 생각하는데, 이 기법을 사용하려면 실물 두개골이나 적어도 훌륭한 두개골 주형이나 3D 스캔 사진이 있어야 한다. 나무못을 실제로 또는 가상으로 두개골에 붙여서 모든 점에서 뼈를 감싸고 있는 연조직의 두께를 표시한다. 그 두께는 사망자의 성별과 연령, 인종에 따라 다양하게 나타난다.

　그다음에 43개 정도의 근육을 하나하나, 층층이 붙여서 속에 있는 연조직 골격을 가능한 한 정확하게 만든다. 뺨에 있는 심부볼 지방과 마찬가지로 주요 침샘인 귀밑샘도 얼굴 측면에 넣는다. 그리고 케이크 표면에 아이싱을 바르듯이 피부를 뒤집어 씌워서 얼굴의 윤곽을 만든다.

　복원술에서 미용 요소를 얼마나 더 많이 포함시킬 것인가는 그 목적에 따라 달라진다. 예를 들어 박물관에서 고고학 유물 전시용으로 얼굴 복원을 할 때가 있다. 그런 모델의 경우에는 피부색, 눈 색깔, 머리카락 색깔과 스타일, 수염 등에 대하여 예술가에게 적당히 재량권을 줄 수 있다.

　시신 식별에 도움이 되기를 기대하며 언론에 발표할 경우에는 흑백 삽화가 좋을 수도 있다. 법의학적으로 피부색을 확신할 수 없고 머리카락 색깔이나 눈 색깔을 추측해서는 안 되는데, 컬러 삽화는 보는 사람에게 가능성 있는 후보를 포함시키거나 배제시키는 데 큰 영향을 줄 수 있기 때문이다.

현재 이루어지고 있는 DNA 표현형phenotype*에 대한 연구에서 성과를 보게 되면 이런 불확실성은 머지않아 과거의 일이 될 수 있다. 현재로서는 DNA로 타고난 머리카락 색이나 눈 색을 확인할 수 있다. 그 외에 눈 모양, 코 길이, 입 너비처럼 좀 더 복잡한 특징에도 유전적 소인이 있을 수 있다. 이런 특징들은 해석하기가 더 어렵지만, 아마 언젠가는 DNA만으로 살아 있는 사람처럼 보이는 부분적인 얼굴 복원이 가능할 것이다.

손상되었거나 부패한 얼굴을 일반적으로 받아들여지는 생김새로 만들어내는 것은 종종 간단한 묘사로도 충분하다. 이것은 아주 특이한 상황에서 발견된 젊은 여성의 신원 확인을 위해 잉글랜드 북동부의 노스요크셔 경찰이 취하려던 방향이었다.

여행가방에서 발견된 한국인 진효정 사건

젊은 연인 두 명이 시골에서 운전을 하다가 외진 시골길 옆 도랑에 버려진 은색 여행가방을 발견했다. 당연히 두 사람은 차를 멈출 수밖에 없었고 가방을 자세히 들여다보았다. 가방은 아주 무거웠고, 두 사람은 거기에서 갈색 액체가 새어나오기 시작하고 있음을 알아차렸다. 그들은 그것을 열지 말고 현지 경찰에 신고해야겠

●   생물의 겉으로 드러나 관찰 가능한 여러 가지 특성.

다고 생각했다. 아주 현명한 결정이었다.

　가방은 불룩했고 태그가 달려 있었다. 열지 않은 상태 그대로 가방은 시신안치소로 옮겨졌다. 경찰이 그 안에 무엇인가 들어 있을 거라는 의심을 떨쳐버리지 못했기 때문이었다. 그들의 두려움은 충분한 근거가 있었다. 시신안치소에서 경찰과 병리학자가 가방을 풀었을 때 거의 벌거벗은 젊은 여성의 시신이 나타났다. 좁은 공간에 쑤셔 넣어진 탓에 엉덩이와 무릎을 구부린 채 웅크린 태아 자세를 한 상태였다. 얼굴과 머리는 비닐 테이프로 둘둘 감겨 있었다. 드러난 얼굴 특징으로 보아 아시아 여성이었다.

　시신의 DNA와 지문을 다양한 데이터베이스에 넣어보았지만 일치하는 데이터가 없었고, 영국의 실종자 명단에도 정보가 완전히 일치하는 사람이 없었다. 부패가 많이 진행되지는 않았기 때문에 병리학자는 그 여성이 불과 몇 주 전에 사망했다고 판단했다. 사인은 질식일 가능성이 가장 높았다.

　법의인류학자가 얼굴 이미지를 검토하게 되는 단계는 흔히 최초의 검시가 완료된 후, 경찰수사가 확실한 새로운 단서를 찾지 못하고 수사 진행이 머뭇거리기 시작할 때다. 이 시점에서 경찰은 우리에게 시신에서 추출할 정보가 더 있는지 확인하기 위해 두 번째 검시를 실시해달라고 요청할 수도 있는데, 이 사건이 그랬다.

　첫 번째 검시 때는 일반적으로 많이 분주하지만, 법의인류학자가 두 번째 검시에 참여할 때쯤에는 약간 진정된 상태다. 나는 이렇게 잠잠한 분위기에, 실적 압박이 크지 않은 방식을 선호한다. 경찰의 사진사는 부를 수도 있고 그렇지 않을 수도 있다. 병리학자는 와도 그냥 인사차 들르는 정도일 것이다. 대체로 나와 시신안치소 기사뿐이다. 그래서 우리는 해부병리학 기사APT나 시신안치소 기사와 긴밀한 협력 관계를 맺게 된다. 우리가 학생들에게 항상 조언하는 것 중 하나는 시신안치소에 선물을 갖고 가면 잘못될 일이 없다는 것이다. 비스킷도 좋고(나는 어디를 가나 비스킷을 갖고 간다) 초콜릿은 더 좋지만, 잼 도넛은 어디에서나 환영받고 얼어붙은 마음도 녹인다. 내 말을 믿고 따른다면, 해부병리학 기사는 언제나 여러분 편에 있을 것이고 항상 친절할 것이다.

첫 번째 부검보고서가 남긴 혼란에 익숙해지려면 어느 정도 시간이 걸릴 수 있다. 두개골을 보기 위해 다시 두피를 벗기고 뇌를 절제하려고 머리덮개뼈를 톱으로 자른다. 그리고 머리뼈 안쪽의 빈 공간cranial cavity에 탈지면을 채우고 두피를 당겨서 제자리에 놓고 꿰맨다. 몸통에는 빗장뼈clavicle(쇄골)를 가로로 가르고 거기부터 음부까지 세로로 가르는 T자 또는 Y자 모양의 봉합된 절개가 있을 것이다.

이 절개선이 봉합되어 있지 않은 경우, 체강(체벽과 내강 사이의 빈 공간) 안에는 일반적으로 조사를 위해 이전에 잘라낸 뇌와 내장이나 추가 실험실 검사를 위해 샘플링한 표본이 담긴 비닐 봉투가 있다. 인류학자가 내장이 담긴 봉투를 열 이유는 거의 없다. 우리의 관심은 외부 형태와 내부 골격에 있다. 등과 상지, 하지는 관심과 주의를 끌었던 병리나 외상이 없는 한, 아직 손상되지 않은 상태인 것이

상당히 일반적이다.

첫 번째 부검보고서 작성 전에 전신에 방사선사진이나 CT 촬영을 했었을 수 있는데, 이런 영상은 시신안치소와 현장에서 찍은 사진과 함께 우리가 기대할 수 있는 두 번째 검사의 완전한 배경 그림이 된다.

시신은 냉동고에 보관된 상태일 수 있는데, 그 경우 해동을 위해 법의인류학자가 검시하기 하루 전에 꺼내놓는 것이 일반적이다. 아무리 좋은 곳이라도 시신안치소는 안락하지 않으며, 차갑고 축축한 반해동 상태의 시신을 만지며 일하다 보면 손이 쑤시고 아프다. 이때 도넛이 진가를 발휘한다. 법의인류학자가 휴식을 취할 때 기사가 따끈한 차 한 잔의 친절을 베풀 것이고 그것은 세상에서 가장 따뜻한 잔이다.

여행가방에 들어 있던 젊은 여성에 대하여 내가 작성한 부검보고서에서 경찰이 알고 싶었던 것은 나이와 민족적 태생이었다. 나는 X-레이 사진을 보고 시신을 직접 조사한 결과, 그 여성이 사망 당시 20~25세 정도였음을 확인할 수 있었다. 이것은 골격의 다른 부분들 중에서 4장에서 자세히 다룰 가슴뼈 가장자리 근처의 작은 뼈 부위와, 골반과 두개골에서 볼 수 있었던 발달 변화를 보고 내린 판단이었다.

나는 시신의 얼굴과 두개골을 살핀 결과 민족적 태생이 베트남이나 한국, 대만, 일본, 중국 지역일 가능성이 있다고 생각했다. 그보다 남쪽인 말레이시아나 인도네시아 쪽의 얼굴 특징은 아니라고 생각했다. 그렇게 판단한 근거는 얼굴과 코, 눈, 치아의 모양과 머리카락 색깔과 유형 때문이었다. 여행가방은 한국이나 레바논에서 제작된 것으로 나중에 확인되었다.

하지만 이 중 어느 것도 실종자들과 일치하는 특징이 없었으며, DNA나 지문 증거도 사건 해결에 도움이 되지 않았다. 우리는 경찰에게 인터폴 흑색 수배서(신원이 확인되지 않은 시신이 발견되었다는 공식 국제 통지서)를 내려야 한다고 조언했다.

이전 검시에서는 경찰이 법의학 아티스트를 데려왔다. 법의학 아티스트는 언론에 공개할 목적으로 얼굴 초상을 그리는 사람이다. 이 젊은 여성처럼 실물이 변색과 부패, 부풀음의 징후를 보이는 경우에도 대중이 편하게 볼 수 있고 보기 좋게 그리는 교육을 받았다. 하지만 안타깝게도 이 경우에는 현실적인 초상화와 예술적인 해석이 조화롭게 합쳐진 결과물을 만들어내지 못했다.

아티스트의 재능은 의심의 여지가 없었으나, 결과물은 실제로 보이는 얼굴을 충실하게 그려낸 것이 분명했다. 사망 여성의 얼굴은 테이프에 단단히 묶여 있었고 부패 가스 때문에 얼굴이 부풀었다는 점을 기억하자. 따라서 부풀어 오른 얼굴은 테이프의 장력에 눌려 있었다. 그래서 최종 이미지는 기술적으로는 정확했지만, 거기에서 받는 인상은 아주 이상했다. 희생자의 입술은 중간선에서 풍선처럼 부풀었고, 입술산의 V자 모양은 테이프와 이에 눌려 무더겼다. 지금까지 그런 입은 처음 보았다.

나는 이 그림을 공개하면 안 된다고 강하게 말했다. 좀 더 노련한 아티스트라면 부패로 인한 얼굴의 변화를 참작했을 것이다. 예전처럼 사람들에게 보이는 것은 가해자가 피해자의 시신을 처리한 방식의 결과가 전부이며 이 그림으로 신원을 확인할 수 있는 가능성은 아주 낮았다. 사실 도움보다는 방해가 될지도 몰랐다. 다행히 경찰이 동의했다.

고맙게도 그 그림은 여성의 이름을 알아내는 데 별로 중요하지 않았던 것으로 밝혀졌다. 인터폴은 실종자에게 발행되는 수배서인 황색 수배서가 있음을 확인할 수 있었다. 그녀는 한국에서 온 21세 대학생으로, 프랑스의 한 대학이 실종 신고를 한 상태였다. 한국대사관에 연락하여 신분증의 지문을 전송받았고 신원을 빠르게 확인하였다.

여성의 이름은 '진효정'이었다. 그녀는 영국을 방문한 관광객이었고, 런던에서 한국인 남성이 소유하고 있는 아파트의 방을 하나 빌렸다. 경찰은 그 아파트에서 '길버트와 조지Gilbert and George'• 선물 포장 테이프를 찾아냈다. 그 테이프는 집주인의 여자친구의 것이었고 젊은 여성의 얼굴에 감겨 있던 것과 일치했다. 이 테이프는 영국 테이트 갤러리 기념품점에서 아마 850개만 판매되었고, 그 중 이 아파트에서 발견된 테이프에 그녀의 피가 묻어 있었다. 진효정의 피는 아파트와 집주인의 차에서도 발견되었고, 그녀의 은행계좌에는 잔액이 남아 있지 않았다.

• 영국의 2인 작가 그룹.

재판이 진행되면서 사건의 진상이 드러나는 경우가 많은데, 이 사건 역시 집주인인 김규수가 런던의 중앙형사재판소인 올드베일리에 출두했을 때 밝혀졌다. 이 사건은 피해자의 신원이 확인되었으므로 나는 증언할 필요가 없었다. 재판 과정에서 우리는 시신이 발견되고 몇 주 후, 실종된 한국 학생이 한 명 더 있음을 런던경찰청이 인지하게 된 것을 알게 되었다. 노스요크셔경찰과 런던경찰청은 바로 합동 수사에 들어갔다.

두 번째 학생 역시 결국 김규수의 또 다른 집에서 발견되었는데, 똑같은 테이프로 입에 재갈을 물고 몸도 묶인 채 옷장 안에 있었다. 김규수는 두 여성을 살해하고, 그들의 은행 예금을 훔치고, 시신을 은닉하여 법 집행을 방해한 혐의로 유죄 판결을 받았다. 그리고 두 개의 종신형을 선고받았다.

나는 법의학 아트를 공부하는 학생들에게 사망 정황의 영향이 얼굴 묘사에 미치는 영향에 대한 이해와 해석의 중요성을 가르치면서 이 사건을 경고 사례로 들었다. 살아 있는 진효정의 사진과 사후 얼굴 이미지를 함께 보여주었을 때, 90퍼센트 넘는 학생이 두 이미지가 같지 않다는 반응을 보였다. 따라서 그들은 이 사람이 동일인일 가능성을 거부했다.

그 아티스트가 왜 그렇게 접근했는지 나는 모르겠다. 아마 당시 내 생각처럼 경험 부족 때문이었을지도 모르고, 정확성에 초점을 맞추었기 때문일 수도 있다. 어떤 이유였든 이 경우는 시신이 비교적 손상되지 않았을 때라도 필요한 정보를 얻기 위해 초상이나 얼굴 인식에만 의존해서는 안 된다는 좋은 교훈을 주었다.

두개골로 복원해낸 얼굴

경험 많고 솜씨 좋은 사람이 얼굴 묘사와 복원을 함께 하면 어떨까. 결과물이 깜짝 놀랄 정도로 정확할 수 있다. 내가 쓴 책인《남아 있는 모든 것 *All That Remains*》독자라면 떠올릴 수 있는 사건이 있다. 2013년에 일어난 사건으로, 두개골을 촬영한 CT 영상에 의거해 컴퓨터로 피해자의 얼굴 이미지를 만들어냈고, 그것으로 실종 여성의 신원을 확인할 수 있었던 것이다.

스코틀랜드 에든버러 교외의 코르스토핀 힐에 있는 숲속 빈터에서 사이클을 타던 스키 강사가 잠시 쉬던 중에 사람의 유해를 발견했다. 자신의 발을 내려다보던 그는 땅에서 자신을 올려다보는 얼굴을 보았다. 놀라서 뒷걸음쳤다가 자신이 본 것이 얼굴이 아니라 그냥 나무뿌리일 것이라고 생각하면서 다시 봤지만 역시 얼굴이 맞았다. 그렇게 우연히 그는 목과 손발이 잘린 여성의 시신이 숨겨진 얕은 무덤을 발견했다.

유해 분석을 통해 피해자의 나이, 성별, 키, 둔기에 의한 외상, 목 졸림이 확인되었다. 그러나 초기 수사에서 인류학에 대한 전문 지식이 없는 과학자가 현장에서 부주의하게 한 발언 때문에 경찰은 쓸데없는 노력을 해야 했다. 그 '비인류학' 전문가는 이 여성이 '동유럽인'일 것이라고 말했다. 아마 리투아니아인이거나, 미용 치과 치료를 받은 것을 보면 '얼핏 헝가리인'처럼 보이기도 하고, 이민자일 수도 있다고 말했다. 방구석 전문가가 자신의 전문 분야가 아닌 분야에 도전하면서 입증되지 않은 예감에 의존하는 것은 바람직하지 않다는 교훈을 주는 발언이었다. 우리는 확신이 들 때까지는 아무 말도 하지 않는 것이 가장 좋다는 것을 시간이 지나면서 알게 되었다.

그다음에 좀 더 적합한 자격을 갖춘 던디대학교 내 소속 학과의 과학자들에게 지원 요청이 들어왔다. 동료인 캐롤라인 윌킨슨 교수를 중심으로 다른 동료들도 피해자의 신원 확인에 도움이 될 추가 정보를 얻기 위해 유해를 조사하고 얼굴을 묘사하면서 시신 절단과 관련된 도구가 무엇인지 분석하기 시작했다.

컴퓨터를 이용하여 두개골 CT 영상 위에 근육과 연조직을 하나씩 겹쳤고, 뼈대 위에 피부를 덧씌웠다. 팀이 설정한 여성의 나이와 머리카락을 이용하여 캐롤라인은 언론 유포용으로 믿을 수 없을 정도로 사실적이고 인상적인 초상화를 제작했다. 시신에서 발견된 클라다링(하트 위에 왕관이 있고 양손이 하트를 감싸고 있는 아일랜드 전통 반지)을 포함한 장신구들은 켈트족일 가능성이 있다는 암시였기 때문에 경찰에게 얼굴 이미지를 아일랜드 전역에 확실히 배포하라고 조언했다. 그리고 실제로 피해자의 가족은 뉴스를 통해 복원된 얼굴을 보게 되었는데, 그들이 사는 곳은 리투아니아가 아닌 더블린이었다. 그 이미지가 괴기했기 때문에 그들은 즉시 스코틀랜드 경찰에 연락했다.

　피해자는 아들을 보러 에든버러에 왔었고, DNA로 그녀의 신원이 확인되었다. 그 후 아들은 모친 살해 혐의로 체포되었다. 한정책임능력*에 의거하여 혐의는 과실치사죄로 줄었다. 그는 유죄 판결을 받고 모친 살인과 시신 절단 및 은닉죄로 징역 9년형을 선고받았다. 그는 자신의 어머니가 사람으로 변장한 파충류라고 의심했고 그것을 확인하기 위해 어머니의 몸속을 보고 싶었다는 구실을 댔다. 그는 자신이 정신병을 앓고 있으니 관대함을 베풀어달라고 탄원했지만 정신과 의사 세 명과 판사는 이를 받아들이지 않았다. 머리와 사지를 절단하고 구덩이를 파서 묻은 이유에 대해서는 아무런 해명도 내놓지 않았다. 그의 변명은 예상보다 더 진부했다. 모친의 시신을 절단한 그는 여행가방을 이용하여 옮겨서 버리기로 했다. 대부분의 살인자들은 시신을 작게 자르면 더 쉽게 처분할 수 있다는 것을 안다.

• • •

　성인의 얼굴머리뼈를 구성하는 14개의 분리된 뼈는 복잡한 방식으로 발달하고 성장하며 생활방식에 반응하는데, 그 방식 때문에 얼굴의 특징이 만들어진다. 얼굴 복원을 신뢰할 수 있게 만드는 것

●　법률상 책임 능력이 제한된 상태.

은 속에 있는 두개골과 겉에 있는 얼굴 사이의 강력한 관계를 복제하는 전문가의 기술이다.

가끔 법의학 전문가가 조사해야 하는 것이 두개골과 실종자에 대한 가능성 있는 단서 하나가 전부일 때가 있다. 이런 상황에서 그들은 중첩을 시도할 수 있다. 이 방법은 해부학적으로 같은 위치에서 찍은 두개골 사진 위에 실종자의 머리 사진을 겹쳐놓는 것이다. 해부학적 지점(안와 가장자리, 턱 모양, 광대뼈 위치 등)을 정렬할 수 있다면, 두개골이 얼굴에 꼭 맞는지를 판단할 수 있다.

처음으로 사진 중첩을 법의학에 적용했던 벅 럭스턴 사건은 지금도 고전적인 사례로 여겨진다. 의사였던 럭스턴은 사실혼 관계였던 여성과 또 한 명의 여성을 죽인 죄로 1935년에 교수형을 당했는데, 그의 유죄 판결을 확보하는 데 합성이 도움이 되었다. 혁신적인 법의학 기술을 다양하게 사용하여 유명해진 이 수사는 마지막 장에서 더 자세히 다루겠다. 이 사건은 병리학자인 존 글라이스터John Glaister와 해부학자인 제임스 브래쉬James Brash가 절단되고 부패한 두 여성의 시신을 복원한 획기적인 작업을 한 것으로 잘 알려져 있다. 이 사건에서 가장 유명한 이미지는 두개골 사진과 이사벨라 럭스턴의 얼굴을 중첩한 것이다. 다이아몬드 티아라가 자랑스럽게 얹어진 두개골과 미소 짓는 얼굴의 조화롭지 못한 합성은 잊지 못할 정도로 충격적이었다.

현재 사진 중첩을 찬성하는 사람들이 과거에 비해 줄었는데, 21세기 들어 과학의 발달로 다른 수사 방법이 아주 많아졌다는 단순한 이유 때문이다. 그러나 85년 전에 글라이스터와 브래쉬가 처음 사용했던 방법은 지금도 사용된다. 그중 한 사례를 소개하겠다.

테라초의 괴물

사건은 1990년대 중반에 발생했다. 당시 우리는 이탈리아에서 발생한 사건을 맡아 지원 중이었다. 지금까지도 악명 높은 사건이다. 나는 런던에서 스코틀랜드로 돌아가 글래스고대학교에서 법의인류학 자문으로 일하고 있었는데, 당시 분석할 '재료'를 영국으로 운송해오는 책임을 맡고 베로나의 카라비니에리*로 파견되었다.

그곳은 역시 이탈리아였다. 나는 베로나의 고급스러운 카페에서 커피를 마시면서 헌병을 만났다. 흔들거리는 탁자와 홈집 난 의자들이 있는 흔하고 특징 없는 사무실 대신 말이다. 카라비니에리가 유럽에서 가장 세련된 경찰로 보이는 것은 우연이 아니다. 내가 만난 헌병은 사건에 대해 자세히 이야기해주었다. 1994년에 비첸차 북부에서 지안프랑코 스테바닌이라는 남자가 자신의 차에 성매매 종사자를 태웠다. 여자에게 자신의 집으로 함께 가자고, 그리고 사진을 찍게 해주면 추가로 돈을 더 주겠다는 제안을 했다.

그들은 차를 타고 베로나 남동쪽 교외의 테라초에 있는 그의

● 이탈리아 헌병대.

농가로 갔고, 점점 폭력적으로 변하는 성적인 게임을 몇 시간 동안 했다. 여자가 이제 그만 하겠다며 거부하자, 스테바닌은 여자의 목에 칼을 갖다 댔다. 여자는 자신을 풀어주면 저축액 모두를 주겠다고 제안했고, 그는 여자의 집에 같이 가서 돈을 받기로 했다. 차가 통행료 요금소에서 속도를 줄이자 여자는 가까스로 탈출하여 정차해 있던 경찰차로 달려갔다. 스테바닌은 성폭행과 금품 강탈 혐의로 체포되어 징역 2년 6개월을 선고받았다.

나중에 남자는 '테라초의 괴물'이라고 알려졌다. 그리고 이것은 이야기의 시작에 불과했다. 경찰은 그의 집을 수색하면서 매춘부로 보이는 다른 여성들의 포르노 사진 수천 장, 그들에 대하여 자세히 기록한 파일, 최소 두 명의 소지품들을 발견했다. 그중에는 그 전년도 실종자 명단에 오른 매춘부 비야나 파블로빅도 있었다. 사진들 중에서 은밀한 부위에 심한 폭력이 가해진 한 피해자의 사진이 나왔다. 사진을 찍을 당시 그녀가 이미 사망했음이 분명해지자 사람들은 뭔가가 잘못되었다는 생각을 하기 시작했다.

사건은 이제 살인 수사 사건으로 바뀌었다. 1995년 여름에 한 농부가 스테바닌의 집 근처 땅에서 여성의 절단된 시신이 담긴 자루를 발견하자 수사 확대와 함께 굴착 중장비까지 동원하여 농장을 철저히 수색했다. 심하게 부패된 여성 4명의 유해가 발견되었는데, 일부는 머리에 자루를 뒤집어썼고 목에는 밧줄이 묶여 있었다. 가장 먼저 알아야 했던 것은 그들이 누구인가였다. 성 노동은 일시적인 거래일 수 있고, 무계획적인 생활방식은 보통 있는 일이다. 젊은 여성은 잠시 동안 특정 '구역'에 나타났다가 예고 없이 옮겨 갈 수 있다. 매춘부 한 명이 안 보인다고 알아차릴 사람은 거의 없을 것이며, 동료 매춘부들은 사서 고생할까 두려워 경찰에게 이야기하길 꺼린다.

경찰은 이제 스테바닌이 갖고 있는 사진과 설명, 노획물을 시신과 연결시켜야 하는 어려운 문제에 직면해 있었다. 병리학자가 실시한 부검으로 그 여성들의 성별과 나이가 확인되었고, 이제 무엇보다 중요한 것은 그들에게 이름을 부여하는 것이었다. 이것이 내가 이탈리아로 파견된 이유였다. 그들은 피해자 가운데 한 사람이 비야나 파블로빅이고 다른 한 명은 블라젠카 스모요라는 실종 여성일 가능성이 높다는 것을 뒷받침할 강력한 증거가 있을 거라고 생각했다. 둘 다 동유럽인이었고 비교에 필요한 표본이나 더 많은 정보를 모으기 위해 친척들을 찾았지만 찾을 수 없었다.

카페에서 헌병들은 내 앞에 있는 탁자 위, 카푸치노 컵들 사이에 포르노 사진과 범죄 현장 사진들을 펼쳐놓았다. 줄리엣의 발코니가 있고 화려한 야외 오페라가 공연되는 이 아름다운 도시에서, 사람들이 서로 유쾌하게 인사를 나누고 커피와 케이크를 즐기며 이야기하는 사이에서, 나는 이 끔찍한 사진들을 보고 있자니 뭔가 초현실적으로 느껴졌다. 이번에는 기분 상할 두려움 없이 이 사진들을 자유롭게 볼 수 있는 우중충한 경찰서 사무실에 있는 편이 더 좋았을 것 같았다. 그러나 카라비니에리는 내가 이런 관찰에 익숙하다고 생각해서인지 별로 걱정하지 않는 것 같았다. 시신들은 아주 심하게 부패되어 있었고 경찰은 두개골과 사진의 중첩(당시 이탈리아에서는 착수할 경험과 장비 모두 없었다)이 현실적으로 가능한지 확인하고 싶어 했다.

그 만남이 초현실적이라고 생각했다면, 나는 아직 아무것도 보지 못했을 것이다. 결국 헌병대에서 비교용으로 갖고 있던 비야나파블로빅과 블라젠카 사모요의 사진과 두 사람의 것으로 여겨지는 두 피해자의 머리를 분석하고 중첩하려면 스코틀랜드로 운송해야 한다는 결론이 내려졌다. 머리 두 개를 각각 시신에서 분리해 두 개의 흰색 플라스틱 양동이에 넣고 밀봉했다. 내용물을 더 숨기기 위해 흰색 양동이는 유명 이탈리아 디자이너의 이름이 적힌 여행가방 두 개에 하나씩 넣었다. 나는 그 여행가방과 함께 편지 두 통을 넘겨받았고, 각각 영어와 이탈리아어로 된 편지에는 내가 운송하고 있는 내용물에 대한 설명과 나에게 운송 권한이 있다는 내용이 적혀 있었다.

첫 번째 장애물은 공항 체크인 데스크에서 발생했는데, 기내에는 한 개의 수하물만 갖고 들어갈 수 있고 나머지는 화물칸에 실어야 한다는 것이었다. 나는 이탈리아어로 된 편지를 정식으로 제출했다. 안색이 약간 창백해진 카운터 뒤의 여성은 더 이상의 언급 없이 탑승권을 발급해주었다. 이제 보안 차례였다. 나는 수하물 검사 스캐너에 여행가방을 올려놓을 수 없었다. 사전 설명 없이 화면을 봤다간 불쌍한 직원은 충격을 받을 것이 뻔했다. 그래서 보안요원을 따로 불러서 편지를 보여주었다. 그의 얼굴도 창백해졌고 스캐

너를 우회하여 옆문으로 통과할 수 있게 해주었다.

비행기에 탑승하자 이번에는 사랑스러운 영국인 승무원이 수하물을 화물칸에 넣어야 한다고 다시 말했다. 나는 영어 편지를 건네주면서 증거를 안전하게 지켜야 할 책임을 지고 있어서 그렇게 할 수 없다고 설명했다. 적어도 그녀는 창백해지지 않았고 아주 친절해졌다. 그녀는 나를 거의 비어 있는 비즈니스클래스로 안내했다. 나는 그녀가 아주 친절하다고 생각했다. 이것이 나를 단지 다른 승객들과 분리시키기 위한 행동임을 깨닫기 전까지는 말이다. 나는 특별대우를 받기는커녕 사실상 비행 내내 격리되었다. 물 한 잔도 받지 못했다. 의심의 여지없이 달갑지 않은 손님, 심지어 전염병 환자 취급을 받았다. 히드로 공항에 착륙했을 때 나는 다정한 인사도 받지 못했고, 아마 안도의 한숨을 들은 것도 같다.

다음에는 영국 세관이라는 딜레마에 직면했다. 세관에 신고해야 하는가 아니면 하지 않아도 되는가? 나는 스코틀랜드 장로교 집안에서 착한 소녀로 자랐기 때문에 신고를 하기로 했다. 내가 다가가자 발을 책상에 올려놓은 채 지루해하던 세관 요원이 안경 너머로 나를 올려다보며, 디자이너 이름이 있는 여행가방 두 개에 담긴 내용물이 '개인 소비용'인지 물었다. 내가 건넨 편지를 읽은 그는 당황해서 빠르게 지껄이며 가능한 한 재빠르게 나를 안내했다. 이렇게 내가 베로나에서 히드로까지 여행을 하는 동안 내 짐을 스캔하거나 검사한 사람은 아무도 없었다. 현재에도 이런 일이 일어날 수 있으리라고는 상상도 할 수 없다. 그런 일이 없기를 진심으로 바란다.

　이제 스코틀랜드에 가야 했다. 나는 영어 편지를 꼭 쥐고 두 번째로 보안 검색대에서 줄을 섰다. 직원이 내 가방 속을 들여다봐야 한다고 말했다. 드디어 누군가가 검사를 하려고 했다! 그러나 그가 가방에서 양동이를 들어올리기 시작했을 때, 나는 그가 다른 승객들과 그들의 소지품이 함께 있는 테이블 위에서 그것을 열어보려는 생각임을 깨달았다. 나는 그를 멈추게 하고 공개적으로 그렇게 하지 못하게 주의를 주어야 했다. 에어컨이 가동되는, 공개되지 않는 어딘가로 가야 했다. 이것들은 두개골이 아니라 머리고, 부패 중인 조직이 아직 많이 남아 있었다. 축축하고 냄새도 났고, 어쩌면 구더기도 있을 수 있었다. 이때까지 멀쩡했던 그의 얼굴이 갑자기 눈에 띄게 핼쑥해졌다. 그는 서둘러 상관에게 상의를 한 뒤 곧장 출국장으로 나를 안내했다.

　다음으로, 승무원은 내가 준 편지를 읽고는 비명을 질렀다. 공포에 질린 채 친절하게도 나를 비행기 뒤편으로 보냈다. 그곳에서 다시 나는 비행 내내 무시당했다. 내 주변에 레이저 선을 두르거나 벨을 울리게 할 수 없기에 다행이었다. 그에게 만약 '불결해요'라는 뜻을 외치게 할 수단이 있었다면, 그보다 더 명백한 표현은 없을 정도로 불결함을 표할 것이다. 그는 승객들에게 근처 아무 데나 앉으라고 말하는 대신, 앞쪽에 있는 여분의 좌석으로 옮기라고 말했다.

　글래스고에서 우리는 두개골의 살을 발라내고, 모든 각도에서 사진을 찍은 뒤, 3D 스캔을 했다. 영상은 이탈리아 경찰이 제공한 사진에 일치하도록 맞추어졌다.

　두개골 두 개 모두 연령이 비슷한 여성의 것이었기 때문에 우리는 그것을 기준으로 구분할 수는 없었다. 비야나와 블라젠카 모두 실종 당시 24세 정도였다. 우리가 분석한 첫 번째 두개골은 비야나의 사진과 해부학적으로 일치하지 않았지만 블라젠카와는 잘 맞았고, 두 번째 두개골은 그 반대였다. 두개골 두 개가 그렇게 두 여성과 맞는다는 확신이 들었기 때문에 우리는 결과를 베로나로 보냈다. 카라비니에리는 재판할 때까지 그것들을 갖고 있어달라고 요청했다. 몇 주 후, 그들은 우리의 조사 결과를 뒷받침해줄 두 여성의 가족 DNA를 입수할 수 있었으며 드디어 그들의 신원을 공식적으로 확인할 수 있었다고 알려주었다.

　신원이 확인되었으므로, 기술적으로 우리가 스테바닌의 재판에 증거를 제시할 필요는 없었다. 그러나 검사는 언론의 관심을 끌수 있는 외국의 법의학자와 방법을 소개함으로써 소송 절차를 작은 무대로 꾸밀 수 있는 기회를 놓치고 싶지 않았다. 그리고 어쨌든 두개골도 이탈리아에 반환해야 했다. 내가 법정에서 증언을 한다면, 여행 경비를 경찰이 아니라 법원이 지불할 것이므로 카라비니에리 역시 나의 참석을 간절히 바랐다.

　두개골을 반환하러 가는 길은 좀 더 수월했다. 이제는 수하물이 그냥 깨끗해진 두개골 두 개였기 때문이었다. 뼈는 누구라도 원하면 확인할 수 있을 정도로 물기 없이 마른 상태였다. 그래도 공항과 항공사의 모든 직원은 내 말을 받아들이는 쪽을 선택하긴 했다.

나는 저녁식사 초대를 받고 베로나 서쪽의 가르다 호숫가에 있는 검사의 집에 갔다. 곧 외국의 법정에서 당하게 될 시련이 걱정되긴 했지만 만족스러운 시간이었다. 내 증언은 통역이 필요했고, 어떤 질문을 받게 될지 알 수 없었다. 나는 구두 때문에 발이 너무 아팠지만 단정하게 옷을 입었고, 법정에서 잔뜩 긴장한 채 꼼짝 않고 앉아 있었다.

지금까지 살면서 나를 소름끼치게 만든 사람은 몇 없는데, 지안프랑코 스테바닌이 그중 하나였다. 나는 증인석에 서서 그를 무시하려고 아주 많이 애썼지만 그의 꿰뚫어보는 듯한 시선에 불안해졌다. 마치 최면에 걸릴 것 같았다. 나는 증언을 했고, 그 말은 통역되었기 때문에 무슨 말인지 이해할 수는 없었다. 법정에서 나머지 소송 절차를 관찰할 수 있는 자리에 앉았다. 그날의 재판이 끝나자 피고는 법정 밖으로 호송되었다. 그는 내 자리와 가까워졌을 때 일부러 천천히 걸으면서 고개를 돌려 나를 사납게, 오랫동안 쳐다보았다. 그는 입꼬리를 위로 올리면서 차가운 미소를 지었다. 냉혹해 보이는 눈은 절대 웃지 않았다. 오싹했고 소름이 끼쳤다.

나는 그에게 불리한 발언을 한 언론인들이 살해 협박을 받았다는 것을 알았기 때문에 불안했다. 재판 후 몇 달 동안 나는 예상치 못한 일에 직면할 때마다 조마조마했다. 내 경력을 통틀어 나와 내 가족의 안전이 진심으로 걱정된 유일한 순간이었다.

스테바닌은 예전에 오토바이 사고로 뇌 손상을 입어 피해자들을 성적으로 만난 기억이 하나도 없다고 변명했다. 그는 두피에 있는 호 모양의 커다란 흉터가 보이도록 머리를 밀었다. 변호사들은 그가 정신적으로 재판을 받을 수 있다고 밝힌 정신보고서에 이의를 제기하지 못했다. 1998년 1월에 그는 비야나와 블라젠카를 포함하여 여성 여섯 명을 살해한 죄에 대하여 종신형을 선고받았다.

이 사건으로 인해 정신질환의 영향을 받은 범죄자의 형사책임과 그런 개인이 자신의 행위 결과를 이해하는 능력이 있는지 없는지의 문제에 대하여 이탈리아에서 전국적으로 논쟁이 벌어졌다. 스테바닌의 변호팀은 여기에 편승하여 법률적으로 다양한 이의를 제기했지만, 그가 받은 선고는 확정되었고 테라초의 괴물은 이탈리아 중부 아브루초주에 있는 교도소에 여전히 수감 중이다. 그곳은 최근 그가 프란체스코 수도회의 수도사가 되고 싶다는 소망을 표현한 곳일 것이다. 그 소망이 어떻게 되든지, 그가 갇혀 있는 것이 세상은 더 안전할 것이다.

눈, 코, 치아, 턱을 보면 그 사람이 보인다

눈

사람의 얼굴뼈로 그 뼈의 주인에 대하여 알아내려면 어떻게 해야 하는가? 위에서부터 내려와보자. 첫 번째로 눈구멍인 안와가 있다. 안와는 완벽하게는 아니지만 대체로 대칭이며 코뿌리나 콧등에 의해 분리된다. 안와의 용도는 안구와 안구를 움직이는 6개 근육,

눈물주머니, 신경, 혈관, 인대를 에워싸고 보호하는 것이다. 눈 주위 지방이 이 모든 것을 둘러싸고 있고, 지방은 눈에 바로 충격이 가해질 경우 충격을 흡수하는 역할을 한다.

나비뼈, 이마뼈, 광대뼈, 벌집뼈, 눈물뼈, 위턱뼈, 입천장뼈 등 7개의 뼈가 모여서 안와하벽과 안와상벽, 안와벽을 만든다. 이 뼈들은 모두 비교적 얇고 약하다. 그래서 아래에서 위로 안와를 향하는 발사체는 얇은 안와상벽을 쉽게 관통하여 뇌의 전두엽의 하부 표면에 박힌다.

성인 여성의 안와 가장자리는 상당히 뾰족한 반면, 남성의 경우 둥근 편이다. 그래서 임시로 성별을 확인하는 출발점으로 이용할 수 있다. 남성은 안와 위(눈썹 아래)의 뼈가 안와상능선supraorbital ridge 또는 선반 모양의 융기를 발달시키면서 돌출해 있을 수 있다. 이것은 일부 초기 인류의 두개골에서 상당히 뚜렷하고, 보다 튼튼한 아래턱의 커진 근육량과 관련된 힘의 소실 때문에 형성된 것으로 보인다. 우리가 먹는 음식이 부드러워지고 많이 가공됨에 따라 턱이 작아졌다는 증거가 있다. 남성은 사춘기 이후 호르몬 영향으로 근육량이 크게 증가하면서 눈 위의 능선과 코뿌리가 더 뚜렷해진다. 한편 여성은 눈썹 능선이 작거나 없고 유아 때 모습이 남은 유형보유 형태를 유지하는 경향이 있다.

2~6세에 눈썹 바로 위에 있는 이마뼈에 공기가 차고 이마뼈의 두 층 사이에 공기 세포가 형성된다. 이 공기주머니들이 유합하여 이마굴frontal sinus을 만든다. 이마굴은 호흡상피respiratory epithelium가

늘어선 공간으로 여기에서 생성되는 점액은 코로 배출된다. 이마굴이 형성되는 이유를 완전히 알 수는 없지만, 우리가 아는 것은 이마뼈 안에 있는 공기 공간의 모양이 아마 사람마다 다르다는 것이다. 따라서 살아 있을 때 어떤 사람의 머리에서 이 부분을 X-레이로 촬영한 사진을 구할 수 있으면, 시신의 방사선사진과 비교할 수 있으므로 신원을 확인하는 데 이용할 가치가 있다. 흥미롭게도 다운증후군 같은 선천성 질병이 있는 사람들의 경우 이런 공기굴이 발달하지 않는다.

얼굴의 이 부위는 신체 변형이나 이식을 하는 주요 부분이다. 우리는 눈썹 주위에 피어싱을 한 것을 종종 보는데, 삽입관을 눈썹 아래에 넣어서 위로 빼면 바벨이나 스터드 같은 장신구를 붙일 수 있다. 피어싱은 세로일 수도 있고 가로일 수도 있다. 또 둘 다 넣어서 T자 모양을 만들 수도 있다. 법의학 분석에서는 얼굴의 변형을 인식하는 것이 중요한데, 시신의 신원 확인과 큰 관련이 있을 수 있기 때문이다. 연조직이 부패해서 없어져도 보석은 남아 있을 수 있기 때문에 우리는 모든 구멍을 조사한다.

때로는 이식을 바로 눈에서, 그러니까 안구의 흰 부분인 공막 바로 아래에서 할 수도 있다. 눈의 이 부분에는 결막(눈과 눈꺼풀 안쪽을 덮고 있는 점막) 아래와 공막 위에 잉크를 주입하여 문신도 할 수 있다. 이 덕분에 눈의 흰 부분을 원하는 색으로 바꿀 수 있지만, 심각한 합병증이 생길 수 있어서 위험하다.

안와의 위치 때문에 인간의 얼굴머리뼈는 다른 동물의 얼굴머리뼈와 혼동될 가능성이 아주 낮고, 또 인간은 포식자가 될 수 있었다. 포식자들은 안와의 방향이 정면을 향하는 경향이 있다. 그래야 눈이 입체시로 기능하고 깊이를 판단할 수 있는 능력을 갖게 되기 때문이다. 당신이 사냥꾼이고 먹잇감이 얼마나 멀리 있는지, 그것을 잡으려면 얼마나 빨리 움직여야 하는지를 계산하려면 이 능력이 꼭 필요하다. 안와가 머리 양옆에 있는 동물들은 포식자보다는 먹잇감이 될 가능성이 더 높다. 이들의 시각에서 중요한 것은 주변시이므로, 이들은 사냥꾼을 조심할 수 있다. 영국에는 이런 말이 있다. '눈이 앞에 있는 동물은 사냥을 하고 옆에 있는 동물은 숨는다.'

코

얼굴의 한가운데에 있는 코는 안와와 입 사이에 위치한다. 또 얼굴뼈 양옆으로 뺨도 있다. 호흡기의 상부가 자리한 코는 콧구멍을 통해 들어온 공기를 따뜻하고 습하게 만든다. 차갑고 건조한 공기는 들이마시기가 고통스럽다. 사람의 코는 폐를 지키는 문지기로서 중요한 역할도 하여, 콧구멍에 들어온 이물질을 코털(비모)을 덮고 있는 끈적끈적한 점액에 가두어 호흡기로 들어오지 못하게 한다. 성능 좋은 공기 여과 제품인 녹색 콧물은 우리 모두에게 익숙하며, 특히 어린아이들이 아주 좋아한다.

코를 통해 유입된 공기는 코선반turbinate(비갑개) 또는 코선반뼈conchal bones 위에서 순환한다. 이 뼈는 혈관이 잘 발달되어 있으며 벽걸이 라디에이터에서 볼 수 있는 접힌 금속판 같은 역할을 한다. 코는 얼굴에 타격이 가해졌을 때 정면으로 맞게 되는 부위다. 그 결과 상당한 출혈을 겪게 될 가능성이 있는 부위라는 점을 고려하면, 얼굴에서 자랑스럽게 자리한 구조 안에 이런 대량의 혈관 공급을 둔 것이 약간 설계 결함처럼 보인다. 코뼈가 부러지고 중격이 크게 벗어나 있는 두개골이 발견되는 일이 자주 있는데, 이는 종종 럭비나 권투 같은 접촉 스포츠에서 타격을 받은 결과다.

코는 또한 냄새를 잡아서 우리가 인지할 수 있도록 뇌로 보낸다. 코의 천장 맨 위에는 3제곱센티미터 크기의 작은 사각형인 특수 점막이 있는데, 후각상피olfactory epithelium라고 알려져 있다. 유입된 냄새는 점액에 용해되고 후각신경세포는 그 정보를 벌집뼈에서 체처럼 생겨 작은 구멍이 있는 조각인 체판cribriform plate을 통해 두개강으로 전달한다. 신호는 여기에서부터 후각뇌신경을 통해 메시지 수신 영역인 측두엽의 심부 피질 부분으로 이동한다.

일부 냄새에서 특히 기분 좋은 기억을 불러일으키는 것은 편도선과 해마처럼 뇌의 고대 영역에 연결된 후각피질이다. 나는 목재용 광택제나 테레빈유 냄새만 맡으면 작업장에서 아버지를 돕던 어린 시절이 떠오른다. 현재 후각장애는 신경병성 질환의 초기 경고이자 치매 발병 위험이 있는 사람을 확인하는 인자로 여겨진다. 또한 지금은 코로나19 증상 중 하나로 인정받게 되었다.

법의학은 코 내부를 조사하여 확인할 수 있는 종류의 것들에 아주 관심이 많다. 예를 들어 코카인을 흡입하는 습관은 코와 입천장의 경조직과 연조직에서 알아낼 수 있다. 약물의 허혈(또는 혈관수축) 성질은 조직에 흔적을 남기고 결과적으로 코의 괴사, 심지어 붕괴로까지 이어질 수 있다. 일반적으로 가장 눈에 띄게 영향을 받는 곳은 코사이막(비중격)의 연골이지만 입천장까지 손상될 수 있어서 일단 손상을 입은 사람은 음료를 코로 뿜어내지 않고는 정상적으로 마시기 힘들다.

따라서 코 세척은 법의학 조사에서 굉장히 중요한 것임을 알 수 있다. 사망자의 코에서 꽃가루나 포자, 다른 부스러기들을 회수할 수 있도록 콧속(비강)을 세척하고 세척액을 모으면 사망자가 마지막 숨을 쉬었던 환경에 대한 필수 정보를 얻을 수 있다. 비강 안에서 특정 식물의 꽃가루를 확인할 수 있다면, 사망자가 시신이 발견된 장소와 다른 곳에서 사망했다는 뜻일 수 있다.

이 절차는 상당히 까다로울 수 있지만, 나는 동료 과학자인 퍼트리샤 월트셔와 함께 효율성이 입증된 방법을 고안했다. 법의식물학자forensic palynologist●인 팻은 어느 날 검시를 하는 동안 코 세척액을 입수하는 것이 아주 어렵다며 나와 논의하고 있었다. 어려운 이유는 세척을 한 염수를 코에 부어 흐르게 한 뒤 염수가 인두 아래로 다 넘어가기 전에 받아내야 하기 때문이다. 팻은 반대 방향, 즉 인두에서 위쪽으로 흐르게 하는 것도 쉽지 않다는 것을 알게 되었기 때문에 계속해서 해결책을 찾고 있었다.

나는 최근 우리가 이집트인들이 미라를 만드는 동안 코에 갈고

● 꽃가루, 포자 전문가.

리 철사를 넣어 뇌를 꺼내는 방법에 대해 이야기 나누었던 것이 생각났고 여기서 아이디어가 떠올랐다. 나는 예전에 병리학자가 부검 보고서를 작성하는 동안 뇌를 제거함으로써 후각 신경을 절단했는데, 어쩌면 벌집뼈 체판의 여과 성질을 이용하여 위에 있는 뇌강에서 코 세척액을 얻을 수 있을지도 모른다고 팻에게 제안했다. 분명 이것은 효과가 좋았고 그렇게 새로운 방법이 탄생했다. 서로 다른 두 세계가 충돌하는 경계에서는 마법 같은 일이 발생하고 다른 사람을 짜증나게 했던 문제에 해결책을 제시할 수 있다.

코와 뺨에서 조상에 대한 단서를 얻을 수 있다. 뺨의 광대뼈 모양은 동양계임을 가리킬 수 있는 반면, 코는 조상이 어떤 특징을 가지고 있었는지에 대해 알 수 있다. 예를 들어 콧마루가 높거나 코뼈가 넓게 퍼져 있는 것을 말한다. 기차나 런던 지하철에 앉아 사람의 관상을 이루는 다양한 요소들의 모양이 엄청나게 다양하다는 것을 보면서 그 안의 두개골을 상상하는 것은 참 재미있는 일이다. 사람들이 지하철에서 서로를 보지 않는 것이 관례이기 때문에 재미있는 모습을 볼 수 있다.

또한 얼굴 피어싱은 코 부분, 즉 콧마루 주위에 아주 많이 하는데 중격의 측면이나 중격을 관통하는 연골에 피어싱을 박는다. 또 보다 적기는 하지만 볼의 높은 부분에 쌍으로 스터드를 넣는 보조개 피어싱도 현재 추세인 것으로 보인다.

치아와 턱

얼굴에서 가장 많이 성장하는 부분은 얼굴머리뼈의 하부에 있는 입과 턱으로, 사람이 성숙하고 성장한 치아가 모두 자리할 공간을 만들려고 할 때 크게 성장한다. 사람의 이는 이생치성이다. 즉 우리는 젖니와 영구치라는 두 종류의 치열을 갖고 있다는 뜻이다. 물론 치과의사의 기술 덕분에 영구치가 꼭 영구히 가지는 않아도 괜찮다. 합성수지치아plastic teeth나 도재치porcelain teeth로 환치될 수 있기 때문에, 실제로는 삼생치성triphydont이다.

물론 치아를 뺐다 꼈다 할 수 있는 게 치아의 원래 주인에게만 있을 거라고는 가정하지 않는 게 좋다. 내가 1990년대에 글래스고에서 컨설턴트로 일하고 있던 때, 지역 공원의 덤불에서 발견된 부랑자 시신의 부검에 참석했던 것이 기억난다. 사망 정황에 대해서는 의심스러운 점이 없었다. 건강 상태가 좋지 않은 노인이었고, 밤새 기온이 영하로 뚝 떨어진 겨울 아침에 발견되었다는 점으로 보아 아마 저체온 때문에 사망했을 것이다. 그러나 경찰은 그가 누구인지 알지 못했기 때문에, 가족에게 알리기 위해 그의 신원에 대한 단서를 찾아내는 임무가 우리에게 떨어졌다.

그의 윗니는 모두 의치(아랫니 제외)였고, 우리는 의치의 말굽형 부분에서 조회 번호를 찾아냈다. 이 번호를 이용하여 의치를 만든 치기공실을 알아보면 아마 사망자의 이름을 알 수 있을 것이라고 생각했다.

그러나 조사를 진행하면서 이 노인의 의치가 그의 입에 맞게 제작된 것이 아니라는 것이 분명해졌다. 실제로 우리는 그 치기공실과 그곳에 기록으로 남아 있는 이름의 남자를 찾았는데 그는 아직 건강하게 살아 있었다. 그는 여러 해 전에 의치를 분실했고, 사망자 전에 적어도 세 명이 그 의치를 사용했던 것으로 밝혀졌다. 그 세명은 모두 신원 확인이 가능했다. 의치의 원래 주인은 그것이 죽은사람의 입에서 발견되었다는 것에 대해 조금도 싫어하는 기색 없이그 의치가 '써본 중 제일로 편안한 놈'이니까 다시 돌려받을 수 있느냐고 물었다. 우리는 그 이야기를 듣고 이것이 그 유명한 글래스고사람의 강건한 기질을 보여주는 증거라고 생각했다.

그렇게 섞이는 일은 아마 생각보다 많을 것이다. 우리 아버지가 계시던 요양원의 한 간호사에게서 들은 이야기인데, 장난을 좋아하는 한 할머니가 밤에 돌아다니며 노인들이 침대 옆에 놓아둔틀니를 모두 모아서 (잘 씻어 주기 위해) 싱크대에 넣었고, 그 결과 다음 날 아침에 직원들은 오랜 시간을 들여 틀니를 주인에게 찾아주는 일을 해야 했다고 했다. 하지만 항상 모두 다 제대로 찾아주지는못했다고 한다.

치아는 인간의 골격 구조에서 유일하게 육안으로 볼 수 있는부분이고, 이 때문에 신원 확인 목적으로 상당한 가치가 있다. 또한치아는 나이를 판단하는 데 특히 유용하다.

아이의 얼굴이 어른 얼굴로 성장하는 과정을 추적하는 것은 흥미로운 일이다. 성장의 대부분은 성숙하고 새롭게 나오는 치열을위한 공간을 만드는 것과 관련이 있다. 이 과정은 오랜 시간에 걸쳐 비교적 통증 없이 이루어지지만, 유년 시절에 1년에 한 번씩 사진을 찍어보면 분명하게 알아볼 수 있다. 나는 우리 딸들에게서 이를 확인했다.

생후 두 살이 되면 크게 특징이 없는 '아기' 얼굴은 사라진다. 유아는 성인이 되었을 때의 모습의 축소판이 될 것이다. 전체 유치열을 구성하는 24개의 치아가 형성되어 나오기 때문에 작은 얼굴은 그 모든 치아를 수용할 수 있을 정도로 충분히 성숙해야 한다. 여섯 살이 되면 얼굴이 다시 바뀐다. 이번에는 입의 각 사분면 뒤쪽에서 나오는 첫 영구치 어금니를 수용해야 한다. 이제 눈에 띄는 치아는 약 24개가 될 것이고, 보이지 않는 잇몸 안에서는 더 많은 일이 진행되고 있다.

6~8세에는 '이빨요정'이 젖니를 가져가고 영구치가 나오는 끔찍한 단계다. 이때 어린이의 입은 가시적으로 비석들이 들쭉날쭉 있는 도둑맞은 묘지처럼 보인다. 그런 다음 두 번째 영구치 어금니가 나오는 때, 얼굴은 한 번 바뀐다. 이 때는 사춘기 직전인 열두 살 무렵이고 15세경에 성인 형태로 자리를 잡기 전이다.

마지막 치아는 가장 큰 문제를 일으킬 수 있으며, 특히 입천장에 이미 치아가 꽉 차 있을 경우에 그렇다. 사랑니를 영어로는 지혜치라는 뜻의 'wisdom teeth'라고 하는데, 어느 정도 지혜롭다고 여겨지는 성인이 될 때에야 나오기 때문이다. 입안에는 이미 28개의 치아가 자리 잡고 있기 때문에 사랑니는 그 틈을 비집고 들어가야 한다. 때로는 사랑니가 전혀 형성되지 않기도 하고, 형성은 되지만 나오지 않는 경우도 있다. 또는 나와서는 안 되는 각도로 나와 다른 모든 치아를 괴롭히는 깡패가 된다. 사랑니는 다양하게 존재할 수 있지만, 사랑니가 있다면 법의인류학자에게 검시 대상자의 성숙도를 알려주는 분명한 지표다.

모든 유치는 생후 6개월에서 10세 사이에 잇몸에서 나왔다가 빠진다. 영구치는 6~7세에 유치를 밀어내기 시작하여 15세 무렵이면 모두 나와 입안에 자리한다. 이렇게 발달 단계가 잘 정의되어 있기 때문에 어린이의 유해에서 나이를 판단할 때 치아는 아주 중요하다.

치아가 빠질 때 비교적 예상할 수 있는 패턴으로 빠진다는 사실은 1883년에 영국 정부가 노동자, 특히 직물 공장 노동자들의 근무 조건을 좀 더 공정하게 정하려고 노력하던 사안에 좋은 영향을 미쳤다. 공장법에는 9세 미만 어린이의 고용을 금지한다고 명시되어 있다. 그러나 당시에 어린이의 나이는 어림짐작만 할 뿐 실제 나이는 알 수 없었다. 심지어 어린이 자신도 몰랐다. 영국에서는 1837년이 되어서야 출생 등록을 했고, 이것이 의무가 된 것은 그로부터 거의 40년이나 더 경과한 후였기 때문이다. 따라서 어린이의 나이, 그리고 일을 할 수 있을 정도로 건강한지 여부는 어린이의 치아 발달을 보고 정해졌다.

또한 7세 미만의 어린이는 자기 행동에 책임질 수 있다고 볼 수 없기 때문에 범죄에 대하여 유죄 선고를 받아서는 안 된다고 인정되었다. 여기에서 나이 판단의 기준은 첫 영구치 어금니의 맹출이었다. 첫 영구치 어금니가 아직 나오지 않은 아이는 7세 미만이고 따라서 형사책임 연령보다 어리다고 간주되었다.

치아의 구조와 질병을 전문분야로 다루는 법치의학자forensic dentist는 오늘날에도 법원이 어린이의 나이를 판단해야 할 때 도움을 준다. 때때로 미성년자가 피해자 또는 가해자로서 법정에 출두할 때 나이를 증명해주는 서류가 없을 수도 있다. 세계 대부분 나라가 출생증명서를 발급하지 않으며 생존을 위해 탈출한 난민과 이민자들의 경우 언제나 서류를 갖고 있는 것은 아니다. 아동 노예 사건에서, '주인'에게 완전히 의존하게 만들기 위해 아동에게서 신분증명서를 없애는 경우가 종종 있다. 어린이의 나이를 판단하려면, X-레이로 방사선에 노출시키는 것보다 입안을 들여다보고 치아 발달단계를 평가하는 것이 더 안전하다고 여겨진다. 그러나 요즘에는 다른 선택방안도 있는데, MRI 촬영을 포함하여 비전이성 방사선을 사용하는 영상으로 어린이의 뼈를 조사할 수 있다.

치열은 법의학자들이 사망한 신생아가 출생 후에 생존했는지, 그리고 얼마나 생존했는지를 확인하는 데 도움을 줄 수 있다. 출산은 산모는 물론 아기에게도 대단히 충격적인 과정이다. 그래서 출산 과정에서 치아 발달이 중단되고 신생아 선neonatal line이 생긴다. 태어날 때 턱에 정렬해 있던 치아의 법랑질과 상아질에 생기는 이 선은 현미경을 통해야 볼 수 있으며, 출생 과정에서 발생하는 생리적 변화가 원인인 것으로 여겨진다. 이 선은 아기가 태어날 때 활발하게 발달 중이던 치아에만 나타나기 때문에, 이것을 기준으로 법랑질이 태아기에 생긴 것인지 출생 후에 생긴 것인지 구별할 수 있다. 사망한 아기가 생존했던 대략적인 기간은 신생아 선을 만든 발달 중단 이후로, 출생 후 법랑질이 얼마나 많이 형성되었는지를 측정하여 계산될 수 있다. 법의학 목적상, 신생아 선의 존재는 정상 출산의 지표로 인정된다. 이 선이 없으면, 아기가 사산되었거나 태어나자마자 사망했을 가능성이 크다.

치아의 색상은 시간이 흐르면서 변하며, 특정 물질에 노출되었을 때 다른 색조를 띨 수 있기 때문에 신원 확인의 힌트가 될 수도 있다. 페니실린 같은 항생제를 투약받은 아이는 치아에 갈색 얼룩이 생길 가능성이 더 크다. 임산부가 임신 기간 중에 항생제를 복용했을 경우에도 이렇게 될 수 있다는 의견이 제시되었다. 이와 대조적으로 불소를 과다 섭취하면 법랑질이 저광화되는 불소증fluorosis으로 인해 흰색 반점이 생긴다.

성인의 치아는 열악한 치아 위생 또는 커피나 적포도주, 담배, 그 외 물질에 의한 착색 때문에 색이 어두울 수 있다. 치아가 불그레하고 거무튀튀하다면, 빈랑 열매를 즐겨 씹는 사람일 수 있다. 빈랑 열매는 중국의 전통 한약재 중 하나다. 빈랑 열매 씹기는 건강 효과가 있는 활동으로, 과거 중국을 중심으로 아시아 문화권에 널리 퍼져 있으며 6억 명 이상이 즐기는 활동이다. 실제로 빈랑 열매는 담배, 술, 카페인 음료 다음으로 많이 소비되는 향정신성 물질이다.●

● 현재는 발암 물질로 알려져 복용이 규제되고 있다.

오늘날 치과에서는 인스타그램용 완벽한 미소를 위해 모두가 똑같이 하얗고 고른 이(또는 베니어 시술)를 가질 수 있다고 홍보하며 이런 치아 변색을 없애려고 한다. 이런 경향은 법치의학에는 별로 도움이 되지 않는데, 법치의학은 치과 개입이나 수복으로 인한 변화는 물론 치아에 자연스럽게 발생하는 변화를 확인하는 데 의존하기 때문이다.

2004년에 아시아에 쓰나미가 닥친 이후, 법치의학자들은 미백 트레이, 충전재, 근관, 브리지에 일치하는지를 보고 일부 사망자의 신원을 확인할 수 있었다. 치과 기록을 비교할 수 있다는 전제 하에, 치과 치료를 많이 했을수록 치아로 신원 확인을 하기가 더 수월하다. 반면에 치아 교정처럼 미용을 위한 개입이 많을수록 사람들의 미소는 더 비슷해지고 개성을 잃게 된다.

우리가 살아 있는 동안에는 먹고 마시는 것 때문에 충치와 싸우지만, 죽은 후에는 치아가 아주 튼튼하다는 것을 입증할 수 있다는 사실이 참 아이러니하다. 치아는 폭발과 화재 피해에서도 멀쩡할 수 있고 입안에 있어서 그런 참해에서 어느 정도 보호를 받기 때문에, 많은 환경에서 치아의 수명은 뼈보다 길 수 있다.

대부분의 사람들이 그것이 치아인 줄 알기 때문에, 법의인류학자는 치아만 건네받는 일이 종종 있다. 그러나 치아를 알아보는 것도 하나의 일이다. 그것이 사람의 치아인지 아닌지를 판단할 수 있으려면 평범한 동물 범위에서 다양한 치열에 대한 이해가 필요하다. 따라서 책상 위에 올라와 있는 것이 양, 돼지, 소, 말의 어금니인 경우가 자주 있다. 그것이 사람의 이라면, 어린이의 20개 치아 중 하나일까 아니면 성인의 32개 치아 중 하나일까? 윗니일까 아니면 아랫니일까? 오른쪽 치아일까 아니면 왼쪽 치아일까?

치아는 계통발생(또는 진화) 관점과 개체발생(또는 개별 발달) 관점 모두에서 그 주인인 사람 또는 동물의 생활에 대하여 많은 정보를 줄 수 있다. 사람 또는 동물은 먹을 것을 씹어서 처리하는 데 필요할 것 같은 종류의 치아를 만들어낸다. 송곳니는 육식동물에게는 필수물이지만, 초식동물에게는 그냥 잉여물이다. 육식동물과 초식동물 모두 앞니와 어금니가 필요하지만, 어금니의 유형이 다르다. 육식만 하는 동물은 먹이인 고기를 가위처럼 자르는 육식성(또는 잘라내는) 어금니를 갖고 있는 반면, 초식동물은 갈아내는 어금니를 갖고 있다. 인간은 모든 것을 먹는 잡식동물이므로, 물어뜯고 잘라낼 수 있는 앞니와 구멍을 낼 수 있는 송곳니, 갈 수 있는 어금니를 갖고 있다.

때때로 과학자에게 전달된 치아가 인간의 것이지만, 오래된 매장지에서 나온 것으로 밝혀질 때가 있다. 이 경우 현대 치과 치료의 흔적이 없는 것이 중요한 지표지만, 현대의 식이에 부합하지 않는 마모된 정도 역시 중요하다. 심한 치아우식과 충치는 설탕이 많이 들어간 현대의 음식물을 암시한다. 반면에 아주 오래된 유골에서 나온 어금니는 법랑질을 통과하여 상아질까지 부식된 경우가 종종 있는데, 이는 과거의 음식물에 섞여 있던 잔모래 때문이다.

인공 치아 세트

가장 흥미로울 수 있는 것은 인공 치아 세트다. 특히 과거 치과 의술의 다양성과 독창성을 보여주는 역사적 유물에 의해 밝혀진 사례 형식이 흥미로웠다. 1991년에 나는 런던 웨스트 켄싱턴에 있는 성바나바교회의 지하실 발굴팀에서 일하고 있었다. 그곳에 있던 부유한 여성 세 명의 무덤을 통해 치아 문제가 그들의 일상생활에 미치는 영향과 그것을 해결하려는 19세기 치과의사들의 노력에 대해 전반적으로 알 수 있었다.

1842년에 세라 프랜시스 맥스필드는 이 교회 지하실, 남편 무덤 옆에 안장되었다. 그녀의 남편인 윌리엄 맥스필드 대령은 동인도회사의 해군에서 근무했고, 1832년에 영국 노스 링컨셔의 험버강 남쪽에 있는 그레이트 그림스비의 하원의원이 되었으며, 세라보다 5년 먼저 사망했다. 그 외에 우리가 세라에 대해 아는 내용은 납으로 된 관 안에 있던 골격과 치아 유골을 보고 추측할 수 있는 것이 전부였다. 그녀는 확실히 상당한 자산가여서 삼중관(그 시대 부유층을 상징하던 관으로 목재와 납으로 다중 제작되었다)에 들어갔을 뿐만 아니라 생전에는 비싼 치과 치료도 받을 수 있었다.

세라를 발굴했을 때, 우리는 누가 봐도 알아볼 수 있는 반짝이는 금에 곧바로 시선을 빼앗겼다. 추가 조사에서 치과의사가 오른쪽 위의 중심앞니를 잘라내고, 아마 산으로 소작처리를 한 후 크라운을 순금 브리지에 고정시켜놓은 것을 알아냈다. 금은 녹슬지 않기 때문에, 매장된 지 거의 150년이 지난 후에도 관 내부의 갈색의 걸쭉한 부패 침전물 사이에서 여전히 반짝이고 있었다. 입안에서 제 위치에 남아 있던 브리지는 오른쪽 위의 첫 어금니에 뒤로 연결되어 있었고 이것은 역시 금으로 된 고리로 고정되어 있었다.

안타깝게도 이 치아는 충치가 심했고 만성 고름 생성으로 뼈가 광범위하게 손실되었는데, 아마 그녀가 사망할 때까지도 여전히 진행 중이었을 것이다. 어금니를 고정시킨 것은 브리지밖에 없었다. 음식을 먹으려고 할 때 겪었을 통증과 충치로 인한 악취는 상상만 할 수 있을 뿐이다.

1832년에 64세로 사망한 해리엇 구드릭 역시 비싼 삼중관에 넣어져 매장되었지만, 치아수복에는 세라처럼 많은 돈을 들이지 않았다. 해리엇은 윗니에 말굽형 완전의치(틀니)를 끼고 있었는데, 우리가 검시를 하는 동안 해리엇의 입에서 빠졌다. 고정시키는 것이 없었기 때문에 놀랍지는 않았다. 의치의 오른쪽에 큰 구멍 하나가 있는 것으로 보아, 의치를 설계할 때 해리엇의 상악에는 이가 하나만 남았던 것이 분명했다. 이 구멍은 첫 어금니의 위치에 해당했고, 의치는 이 어금니 위에 맞춰 끼우도록 제작되었을 것이다.

그러나 그 후에 그 어금니가 빠져서 의치를 고정할 수 있는 것이 아무것도 없었다. 그래서 의치는 실질적인 용도로 사용되지 못했을 것이다. 사후에도 해리엇의 품위와 외모에 대한 자부심을 지켜주기 위해 의치를 함께 매장했다는 것은 고인을 배려했다는 감동적인 증거였다.

그러나 의치가 그다지 만족스럽지 않았을 것이라고 말할 수밖에 없다. 그것은 따로 떨어진 인공 치아를 구성하여 제작된 것이 아니라 상아 조각 하나를 세공하여 만든 것이었다(우리는 이 상아가 어떤 동물의 것인지 판단할 수 없었다. 코끼리일 수도 있지만, 19세기에는 하마와 바다코끼리의 엄니도 널리 사용되었다). 치아의 위치는 대충 세로선으로 기술되어 치아 모양을 어렴풋이 알려줄 뿐이었다. 당시에는 상당히 일반적인 일이었는데, 이런 의치는 치의학이나 의학적 배경지식을 갖춘 사람이 아닌 시계제작자들이 조각하여 만들었기 때문에 때때로 해부학적 면에서 정확성이 떨어졌다.

150년 넘게 관에 있었던 이 상아질 의치는 담겨 있던 점성 액체(시신의 썩은 액체가 관 안쪽의 나무와 섞이면서 약한 부식산이 만들어졌다)의 갈색으로 물들어 있었다. 그 결과, 해리엇이 좋아했던 이 장식용 의치는 관에서 회수했을 때 아주 짙은 갈색으로 얼룩져 있었다. 해리엇은 감동받지 못했을 것이라고 확신한다.

이 세 명의 여성이 소유했던 최고급 의치는 해나 렌턴이 자랑하던 의치와 세트여야 한다. 1838년에 49세로 사망한 해나는 확실히 굉장한 부자였다. 그녀는 납으로 된 화려한 관 속에 있었고 대단히 비싸고 독창적인 치과 치료를 받은 것 같았다. 해리엇의 것처럼 종종 상아로 만든 의치는 실물보다 못한 경우가 자주 있었기 때문에, 돈은 아무래도 좋았던 사람들 중에 진짜 치아로 만든 의치를 찾는 이들이 있었다.

치과의사들은 사람의 치아를 사겠다는 광고를 신문에 게재하곤 했다. 사람의 치아는 당시 활동하던 시체도굴자들에게서 공급받기도 했고, 전장에서 전사한 군인(젊은 군인이 바람직함)의 입에서 가져오기도 했다. 나폴레옹 전쟁 이후에 이런 전사자의 치아는 '워털루 치아'로 알려졌다. 이렇게 공급받은 치아는 종종 상아 치아판에 고정되었지만, 해나의 워털루 치아는 빅토리아 시대에 궁극적인 부의 상징이었던 순금 말굽에 박혔다. 19세기 초 진짜 치아가 박힌 상아판의 가격이 100파운드(현재 가치로 약 1만 2,000파운드, 한화로는 약 1,900만 원)가 넘었다는 점을 생각하면, 해나의 의치 비용이 얼마였을지 상상만 할 수 있을 뿐이다.

이 사치스러운 작품은 클로디어스 애쉬의 아이디어였다. 애쉬는 원래 금과 은을 세공하던 장인이었다. 아주 부유한 사람들을 위한 최고급 의치 제작에 손을 댔다. 그는 영국 최고의 치과 기기 제작자가 되었고 19세기 중반 무렵에는 유럽 상류층 시장을 장악했다.

입 안쪽에 있는 어금니는 단일 뿌리인 앞니보다 뽑기가 더 까다롭기 때문에 잘 뽑아내지 않는다. 앞니는 심미적인 면에서 가능하다면 대체시킬 필요가 있지만, 안쪽에 있는 눈에 띄는 틈새에 대해서는 많이 걱정하지 않는다. 그리고 대체품을 사용할 때는 상아나 동물의 뼈로 만드는 경우가 많다.

하지만 해나 렌턴은 어금니 6개를 뺐고 자랑스럽게 위아래 모두 의치를 끼워 넣었다. 이 의치가 빠져서 당황하는 일이 없도록 하기 위해, 입을 벌렸을 때 상악 의치가 입천장에 당겨지도록 상악 의치와 하악 의치를 한 쌍의 금 스프링으로 매어 감고 킹핀swivel pin으로 고정했다.

전체적으로 해나의 의치는 순금 말발굽 상악판에 금 걸쇠로 고정된 앞니 6개로 이루어져 있다. 단일 뿌리의 워털루 치아다. 대치 어금니 6개(양쪽에 3개씩)는 상아 재질이었고 역시 금 리벳으로 고정되었다. 부분 의치인 하악 의치는 상아 재질이긴 했지만, 해나의 것이 아닌 사람의 치아 여섯 개가 더 있었다.

충치를 치료하거나 예방할 수 없어서 치아를 상실하는 것이 훨씬 일반적이었던 시대에도 사람들이 치아 때문에 외모가 어떻게 될지에 여전히 민감했다는 사실은 가슴 아픈 일이었다. 그래서 부유한 이 여성들은 아름다운 미소를 유지하기 위해 거금과 불편함을 지불할 준비가 되어 있었다.

사망 후 150여 년 동안 소중한 치아를 간직해온 세라와 해리엇, 해나는 이제 다른 시신들과 함께 성 바나바 교회에서 이장되고 있었다. 시신들이 묻혀 있던 지하실이 붕괴 위험이 있어서 수리하고 복원해야 했기 때문이다. 이들의 유해는 화장되고 그 재는 축성된 대지에 뿌려졌지만, 이들의 의치는 과거의 치의학 기록으로 남아 있다.

물론 사람의 유해를 조사할 때는 인공 치아를 확인하는 것이 표준 관행이지만, 요즘에는 그렇게 정교한 표본을 접하는 일이 거의 없다. 하지만 사망자의 입에서 얼마나 많은 이물질이 발견되는지 놀라울 따름이다. 입술이나 혀, 치아 사이의 공간, 심지어 목젖 uvula(연구개 안쪽에 매달려 있는 작은 부속 조직)의 피어싱도 드물지 않다. 치아에 박혀 있는 보석을 발견할 수도 있다. 하다못해 입안에 이식된 RFID(무선주파수식별) 추적기가 보이기 시작하고 있다. 인간의 창의력에는 한계가 없는 것처럼 보인다. 우리의 상상력은 이미 다른 이와 구별되는 독특한 얼굴, 그러니까 주변 세계와 소통하는 신체 일부를 수정하거나 장식하는 방식에 미치지 못한다.

턱은 또 다른 인간 특유의 특징이며, 따라서 그 목적과 변형, 성장 면에서 정말 흥미롭다. 턱은 무엇을 위해 존재하는가? 저작이나 역학, 의사소통을 위해서인가 아니면 그저 진화 과정에서 나타난 일시적인 일탈인가? 신생아의 경우 분리된 아래턱뼈의 두 반쪽이 생후 첫해에만 융합된다. 턱은 유아기에 많이 성장하여 앞니의 뿌리를 수용할 수 있게 되었다가 네 살 무렵이면 성장이 둔화된다. 남성의 턱은 사춘기 이후에 두드러지게 변화한다.

턱의 모양은 정말 다양하다. 갈라진 턱도 있고 이중턱도 있으며, 뾰족한 턱(여성과 아이들)이 있고, 일반적으로 남성의 턱은 사각형에 가깝다. 따라서 골격을 보고 성별을 판단할 때 그리고 때때로 개인을 식별할 때 턱은 큰 도움이 될 수 있다. 턱은 상대의 주먹에 맞을 가능성이 높은 부위지만, 턱뼈는 견고하기 때문에 턱을 부수려면 주먹을 꽤 세게 휘둘러야 한다. 그럼에도 턱뼈가 부서지는 부상이 보일 때가 있다.

사람 얼굴뼈의 분리된 구조는 개인을 식별할 때 중요한 역할을 하지만 그것들의 합성 구조가 단순한 부분의 합보다 훨씬 중요해지는 것은 그것들이 동시에 완전하게 결합될 때뿐이다.

POSTCRANIAL AXIAL BONE

척추는 주로 시신 절단 사건과 관련이 많으며,
흉부는 다양한 무기와 방법을 쓴 사건과 관련이 많다.
특히 갈비뼈는 범인이 범행을 저지를 때 가장 많이 노리는 부위다.
갈비뼈 사이로 도구를 찔러 넣은 흔적이나 총알이 박힌 흔적을 찾아
수사에 도움을 준다. 갈비연골에는 테스토스테론이 영향을 미치기 때문에,
트랜스젠더인지 아닌지를 밝혀낼 수도 있다.
목 부위는 교살, 교수형의 단서가 되기도 한다.

PART 2

몸통

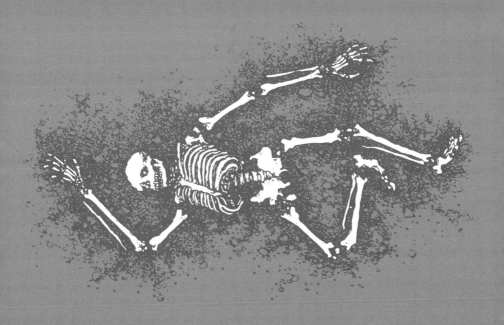

THE SPINE

3

척추

나이와 사망 방식을 추정하는
33개의 뼈

예전에 척주에 대한 글을 쓴 적이 있는데, 아주 있어 보이는 이론적인 서두를 쓴 적이 있다. '골격 중심축의 체절 분할은 척추동물아문의 명칭이 유래된 원시계통발생 현상이다.' 이 글을 본 친구 루이즈 슈어는 나에게 왜 이해할 수 없는 '언어 설사'를 해놨냐고 말했다(친구야, 사랑해).

　내가 하고 싶었던 말은, 사람은 중심축(두개골과 척추)을 중심으로 형성되었으며 단일한 뼈가 아니라 서로 잘 맞는 다수의 다양한 분할 조각들로 구성되어 있다는 것이다. 유아가 갖고 노는 불규칙한 모양의 블록 맞추기 장난감과 비슷하다. 인간에게 척추spine 또는 척주vertebral column가 있다는 사실은 인간을 정의하는 특징 가운데 하나다. 척추는 '척추동물'이라는 동물 분류의 기초이기 때문이다. 만약 이 책을 읽고 있는 분들에게 척추가 없다면, 그것은 곤충이나 거미, 달팽이, 게, 해파리, 벌레 등과 같이 무척추동물이라는 뜻이고, 그렇다면 아마 이 책을 읽고 있지 못할 것이다.

척추라는 단어와 유사한 척주는 영어로 'vertebral column'이라고 쓰며 회전이라는 뜻의 라틴어 'verto'에서 유래했다. 쉽게 말해, 척추는 척주를 이루는 33개의 뼈를 말하고, 척주는 척추뼈 33개와 연골, 디스크 등이 합해져 하나로 이어진 축을 말한다. 우리는 움직일 수 있는 척추를 갖고 있기 때문에 여러 가지 놀라운 모양으로 몸을 비틀 수 있다. 하지만 나이가 들수록 척추의 유연성이 떨어지고 젊었을 때 즐겼던 운동은 먼 옛날의 일이 된다. 척추를 구성하는 각 뼈를 연속 배열하거나 쌓아서 해부학적으로 정확한 위치에 놓으면 이런 변화를 각 뼈에서 개별적으로 그리고 동일하게 볼 수 있다.

나이가 들수록 척추를 구성하는 각 뼈의 겉 부분에 돌기 모양으로 돌출한 뼈곁돌기osteophytes(골극)라는 뼈 성장이 발달하기 시작하는데, 이 때문에 동작이 제한되고 통증이 생긴다. 때로는 뼈곁돌기가 아주 커져서 척추뼈가 서로 융합될 수 있고, 그에 따라 유연성을 영구적으로 제한할 수 있다. 뼈곁돌기가 젊은 사람에게서는 드물기 때문에 개인의 추정 나이를 판단하는 데 유용하다. 뼈곁돌기는 골관절염osteoarthritis이 있다는 하나의 표시이고 24개 천추앞척추 pre-sacral vertebrae의 모든 뼈에서 어디에서나 발생할 수 있다.

사람에게는 일반적으로 목(목뼈)에 7개, 가슴(등뼈)에 12개, 등허리(요추)에 5개, 아동기 후반에 엉덩이 부분(엉치뼈, 천골)에서 융합되는 5개, 원시꼬리(꼬리뼈)를 형성하기 위해 합쳐지는 4개 정도, 합계 약 33개의 척추뼈가 있다.

인간의 것이라고 확인된 척추뼈 하나를 받으면, 법의인류학자는 그것이 척추를 구성하는 이 다섯 부분 중에서 어디에 속하는 것인지, 그리고 성인의 뼈 33개 중에서 정확히 무엇일 가능성이 가장 높은지 판단해야 한다(신생아의 척추뼈는 융합이 시작되기 전이라 성인의 뼈보다 3배 정도 많다). 그 답은 사망자의 신원과 관계가 있거나 수사당국이 사망 방식이나 원인을 조사하는 데 도움이 될 수 있는 기타 정보를 담고 있을 수 있다. 때로는 세 가지 모두 담겨 있을지도 모른다.

칼부림에 의한 척살은 척추뼈에 흔적을 남길 수도 있다. 하지만 형편에 따라 유해가 동물들의 먹이가 되었거나 물에 잠겼다가 흩어져서 33개의 모든 척추뼈가 따로 떨어져 있을 경우, 우리는 분리 상태의 모든 뼈를 식별해야 하고, 여전히 보이지 않아서 찾아야 할 뼈들의 목록을 작성할 수 있어야 한다. 개개의 척추뼈를 식별하는 것은 법의인류학을 공부하는 학생들의 시험 문제에서 당연히 자주 출제되는 주제다. 문제는 주로 척추뼈 하나를 놓고 그 위치를 판단하라는 것이다. 어느 쪽이든 하나 이상의 척추뼈를 대답하면 오답으로 표시된다. 우리의 채점 기준은 엄격하다.

〈아웃랜더〉와 로바트 가문의 늙은 여우

하나의 뼈에는 그 주인이 특정한 누군가인지 아닌지를 밝힐 수 있는 정보가 많이 담겨 있는 경우가 있다. 이것이 입증된 사례가 있다. 내가 던디대학교에 있을 때 우리 연구팀은 인버네스 바로 외곽에 있는 워드로 영묘에 매장된 유해가 악명 높은 로바트 가문의 수장인 사이먼 프레이저의 것이 맞는지 확인해달라는 요청을 받았다. 커크힐이라는 작고 조용한 마을에 있는 이 영묘는 로바트 가문을 위해 1634년에 건설되었고 로바트 가문은 이곳을 19세기 초까지 묘지로 사용했다. 11대 로바트 경인 프레이저가 여기에 안치되는 것을 당시 정부가 허락하지 않았지만, 런던에 있던 그의 시신이 비밀리에 이곳으로 옮겨졌다는 이야기가 마치 전설처럼 전해져 내려온다.

'늙은 여우'라는 별명으로 알려진 교활한 악한이었던 사이먼 프레이저는 기회에 따라 자신의 의도에 맞춰 충성 대상을 바꾸었다. 처음에는 표면상 영국 왕실 지지자였지만 나중에는 변절해 보니 프린스 찰리Bonnie Prince Chalie●에게 충성하는 자코바이트 세력에 가담했다. 그의 이중성은 필연적으로 결국 그의 발목을 잡았고, 그는 대역죄 혐의로 런던탑에 감금되어 웨스트민스터홀에서 열릴 재판을 기다렸다. 그는 왕실의 최대 전리품이었다. 죄가 확정되고 6일 후에 반역죄인에게 내려지는 교수척장분지형●●을 선고받았다. 국왕은 후에 이 형벌을 참수형으로 감형했다. 따라서 그는 영국에서 이 방법으로 처형된 마지막 반역죄인이라는 결코 좋다고 할 수 없는 영예를 얻었다. 이 처형 장면을 보기 위해 수천 명이 타워힐에 모였

● 명예혁명으로 폐위된 제임스 2세.
●● 죄인을 목매단 후, 장기를 꺼내 불에 태우고 머리를 자른 뒤 몸을 사등분으로 토막 내는 형.

다. 그의 죽음은 신속하게 이루어졌다. 사람들이 너무 많이 모여 임시 관중석 하나가 무너졌고 9명이 사망했다. '늙은 여우'는 이런 아이러니한 상황을 재미있게 생각했고, 그의 반응에서 'laughing your head off'*라는 표현이 생겼다고 한다.

프레이저가 런던에 있는 처형장으로 이송되어 가던 길에 세인트알반스의 화이트 하트 여관에 머물렀는데, 이때 윌리엄 호가스 William Hogarth**가 늙은 여우의 그림을 그렸다. 이 그림 속에서 프레이저는 과체중으로, 힘세고 상당히 불쾌해 보인다. 또 그는 자신의 생각을 종이에 기록하려고 준비하는 모습이다. 일기장은 펼쳐져 있고 깃펜은 탁자 위에 놓여 있다.

처음에 정부는 사형을 집행하고 그의 머리를 대못에 꽂아 반역에 대한 경고의 의미로 필요 기간만큼 효수梟首한 후에, 그의 시신을 커크힐에 있는 가족의 영묘로 송환할 수 있게 해주기로 했다. 그러나 마음을 바꿔 늙은 여우를 자코바이트 세력의 동료 두 명인 킬마녹 백작, 발메리노 경과 함께 런던탑 안에 있는 성베드로 예배당에 묻기로 결정했다. 하지만 그의 시신이 사실은 런던 밖으로 몰래 반출되었다는 소문이 끊이지 않았다. 북쪽으로 가는 배에 실려 인버네스로 갔다가 커크힐로 옮겨졌다는 얘기가 돌았다. 일부 사람들에 의해 로바트에게는 마지막 위대한 하이랜더(스코틀랜드의 진정한

●   '배꼽 빠지게 웃다' 정도로 번역될 수 있다.
●● 영국의 유명한 풍자화가.

애국자)라는 호칭이 붙여졌다. 로바트 가문의 사람들은 그가 영국 땅에서 영원히 안식하는 것을 원하지 않았을 것이다.

현재 커크힐의 영묘는 인기 TV 드라마 시리즈인 〈아웃랜더 Outlander〉 열성 팬들의 관광지로 유명하다. 이 시리즈는 자코바이트 반란 당시의 장엄한 스코틀랜드 고지를 배경으로 한 시간 여행에 대한 드라마로, 미국과 캐나다를 비롯한 전 세계에서 인기를 끌었다. 나는 그중에서 에피소드 한두 개에 등장하는 늙은 여우에 집중했다.

로바트의 뼈가 커크힐 영묘에 있다는 주장을 뒷받침하는 증거들이 있었다. 지하실에 있는 이중으로 된 납관 뚜껑에 표시된 공간은 그 전에 분리되었던 청동 관 뚜껑 명패와 완벽하게 일치했다. 그 명패에는 인접 가문의 폭정을 비난하는 라틴어 경구와 함께 그의 이름과 가문의 문장이 새겨져 있었다.

이 오래전 미스터리에 우리 부서가 관여하게 된 것은 두 가지 이유 때문이었다. 우선 워드로 영묘의 건물이 파손되는 것을 방지하기 위한 기금 조성이 필요했다. 두 번째로 관 뚜껑이 파손된 것이 발견되어서 그 안에 있는 유골을 꺼내 안전하게 보관할 수 있는 튼튼한 용기로 옮겨야 했다. 11대 로바트 경은 참수된 것으로 알려졌기 때문에, 당연히 우리는 목뼈를 검사할 기회를 갖게 된 것에 큰 관심이 있었다. 그러나 드러난 대로, 초기에 소동을 일으킨 것은 목뼈의 밑면이었다.

관 속에 들어 있는 내용물의 분석에서 중요할 수도 있는 발견을 했으므로, 발굴 뉴스는 일대 흥분을 불러일으켰다. 역사학자이자 텔레비전 진행자인 댄 스노가 전 진행 과정을 촬영하기 위해 히스토리 히트History Hit TV 제작진과 함께 커크힐에 올 예정이었다. 또 에든버러왕립협회Royal Society of Edinburgh는 늙은 여우가 워드로영묘에 묻혔는지 아닌지에 대한 오랜 의문에 최종적으로 답할 공개행사를 인버네스에서 치를 계획을 세웠다. 우리는 압박감을 느꼈다.

나는 친구이자 동료이면서 자주 협업하는 루시나 해크먼 교수와 함께 커크힐에 갔다. 몹시 추웠던 어느 날 우리는 그곳에 올라가현장을 보고 발굴 계획을 세우기 시작했다. 영묘는 오래되고 아름다운 묘지 한가운데에 위치해 있는데, 아주 오래된 열쇠로 열린다.이 열쇠는 〈아웃랜더〉에서 분명 중요한 역할을 한다. 그래서 모든관광객이 입구에서 이 열쇠를 들고 사진을 찍고 싶어 했다. 그래서우리도 그렇게 행동했다. 음, 그렇게 하지 않으면 실례였을 것이다.

단순한 직사각형 구조로 된 실내의 맨 끝 바닥에는 뚜껑문이있고 그것을 열면 가파른 돌계단을 통해 지하실로 내려간다. 내려가면 창문이 없고 아치형 천정의 작은 공간이 나오는데, 가운데에서만 똑바로 설 수 있을 정도로 천정고가 낮다. 이곳에는 어린아이크기의 납관 6개가 놓여 있었다. 모두 프레이저 가문의 것이었고,관마다 고인의 이름, 나이, 사망날짜가 적혀 있었다. 가장 큰 관을제외하고는 모두 본래대로 온전한 상태였다. 뚜껑이 파손된 그 큰관은 지하실 맨 왼쪽 구석에서 우리를 기다리고 있었다.

우리는 마스크를 썼다. 산화 중인 납에서 하얀 가루가 날리고

있는 것이 분명했고, 우리가 납을 이리저리 옮기느라 납 산화 입자
가 공기 중에 분산되면 건강에 크게 위험할 수 있기 때문이다. 우리
는 무릎을 꿇고 앉아 열린 뚜껑과 관 측면 사이의 좁은 틈을 통해 관
내부를 들여다보았다. 그 안에 나무가 많이 있는 것을 볼 수 있었는
데, 아마 안쪽 나무관의 잔해인 것 같았다. 또 뼈도 보였기 때문에
우리는 뒤로 물러나 회수 작전을 세우기로 했다.

우리는 남아 있는 모든 뼈에서 DNA를 채취하려 했기 때문에,
일단 중지하고 나가서 오염 방지를 위해 이중으로 장갑을 끼고 보
호구를 착용하기로 했다. 각자 할 일을 정해야 하는데, 루시나가 항
상 짧은 빨대를 잡기 때문에(내가 연장자다) 빨대 뽑기는 하지 않았
다. 그래서 루시나가 지하실로 내려가 사진을 찍고 관 속의 내용물
과 작은 뼛조각을 하나씩 찾아냈다. 나는 위에서 심부름꾼이 전달
해주는 유해를 놓고 추가 사진을 찍은 뒤, 기록하고 표본을 만들고
분석을 했다.

뚜껑을 들었더니 일부 뼈가 표면에 남아 있는 가운데 안쪽의
나무 관이 무너져 내린 것이 또렷이 보였다. 제일 먼저 빼낸 것은 척
추 기저부에 있는 커다란 삼각형 뼈인 엉치뼈sacrum였다. 이것은 튼
튼하고 상대적으로 상태가 좋았다.

우리는 이 뼈 하나로도 많은 것을 알 수 있었다. 먼저 이것은
틀림없이 남성의 뼈일 것이다. 그 형태와 상대적인 비율을 보고 그
렇게 판단할 수 있다. 단순히 크기로 봤을 때 덩치가 상당히 큰 남성
의 것임을 알 수 있었다. 여러 관절에서 보이는 관절염으로 판단할

때 아마 사망 당시 나이가 많았을 것이다. 호가스의 스케치와 당시의 기록을 보면 프레이저는 키가 컸고(거의 180센티미터) 허리가 상당히 굵었다. 처형을 당했을 때 80세 정도였으며 통풍과 관절염을 앓고 있었다. 지금까지는 순조로웠다. 관에서 빼낸 첫 번째 뼈는 이런 설명 중 많은 부분을 확인하는 것 같았다.

댄은 흥분하여 우리가 로바트 경의 시신을 찾았다고 선언하기 위해 만반의 준비를 했다. 그의 계획에 찬물을 끼얹기는 정말 싫었지만, 성급하게 결론을 내리기 전에 관 안에 무엇이 또 있는지 확인하기 위해 기다려야 한다고 그에게 일러주어야 했다. 댄은 우리가 작업하도록 놔두고 인근의 컬로든 전투지Culloden Battlefield를 촬영하러 갔다.

두 번째로 모습을 보인 뼈는 성인 대퇴골(넓적다리뼈)의 왼쪽 무릎 부위의 것이었다. 이 뼈에서는 관절염의 증세가 보이지 않았기 때문에, 이 뼈의 주인이 엉치뼈의 주인과 같은 사람이 아닐 수도 있다는 의심이 들었다. 세 번째 뼈를 보고는 우리가 조사하고 있는 것이 혼합 매장지임을 확실히 확인하였다. 루시나는 관의 머리 쪽에서 네 살 정도 아이에게서 나온 치아 크라운 17개를 치웠다. 우리는 대체 왜 이 치아들이 관에 있었는지, 이 치아들이 있던 머리는 어디에 있는지 전혀 알 수 없었다. 이 치아들은 그저 엄마가 유치들을 모아놓은 것인지도 모른다. 그것을 어딘가에 넣어두어야 했는데, 결국 이 이상한 곳에 놓이게 된 것일 수 있다. 나는 '이빨요정' 덕분에 우리 아이들의 첫 이를 모두 계속 갖고 있었고 결국 그 치아들로 나이를 추정하는 과학 실험을 했다.

　우리는 또 체구가 작은 성인의 갈비뼈와 가슴뼈sternum도 발견했다. 그 뼈들은 관의 발쪽에서 목재 부분의 바닥판 아래에 해부학적으로 정확한 위치에 놓여 있었다. 그럼 시신의 나머지 부분은 어디에 있었는가? 이 질문에 우리는 전혀 답하지 못했다. 우리가 알 수 있는 것은 우리가 시신 4구, 즉 어린아이, 체구가 작은 성인, 성숙한 성인, 노인 남성의 시신 중 유골 일부분을 보고 있다는 것이었다.

　하지만 더 있었다. 목재 바닥판 위에 관 바닥에, 관절이 연결된 해부학적 자세로 놓여 있는 것은 보존 상태가 형편없는 골격(두개골 없음)이었다. 루시나가 위로 올라와 이 발견 소식을 속삭임으로 알려주었다. 다른 사람들의 희망이 너무 커지는 것을 방지하기 위해서였다. 또 우리는 만반의 준비를 마치고 결론을 대대적으로 공개 발표할 계획을 세울 수 있을 때까지 이 정보를 비밀로 하기를 원했다. 로바트 가문의 남자들이 결국 영국인들을 속이고 어떻게든 가문의 수장을 커크힐로 데려온 것처럼 보였다.

　돌아온 댄은 조사했던 엉치뼈에서 암시되었듯이 노인 남성의 유골을 확인했다는 소식을 듣게 되기를 기대했다. 이 뼈의 명칭인 'sacrum'은 라틴어로 엉치뼈라는 뜻인 'os sacrum'●의 18세기 약어다. 영어와 독일어로는 'holy bone'으로도 알려져 있었다. 신성하다고 여겨진 이유에 대해서는 해석의 여지가 있다. 한 가지 가설은 튼

───

●　또는 'sacred bone', 신성한 뼈.

튼하고 썩지 않기 때문에 심판의 날에 육신이 부활하는 기초가 될 것이라는 오래된 믿음이다. 또 다른 가설은 이 뼈가 신성한 생식기관을 보호한다는 것과 관련이 있다. 어원의 설명이 어떠하든, 댄은 이 특별한 엉치뼈에 희망을 걸었다. 자신의 시신을 국왕의 코앞에서 낚아채서 영예롭게 고향으로 이송한다는 늙은 여우의 교활한 계획을 확인해줄 것이라고 말이다.

우리가 그 관에 최소 5명이 있었다고 말하자 그는 깜짝 놀랐다. 그는 어떻게 그런 일이 일어날 수 있느냐고 물었다. 관이 파손되었기 때문에, 우리가 보고 있던 관은 묘지를 정돈한 관인 것 같았다. 동물이나 사람이 묘지를 파헤칠 때마다 뼈가 밖으로 거의 노출될 것이다. 그러면 그 뼈들을 어떻게든 처리해야 하는데, 확실한 해결 방법은 지하실에 있는 관의 열린 가장자리 틈으로 다시 집어넣어 축성된 대지에 그대로 있게 하는 것이었다. 그것은 먼지를 쓸어서 카펫 아래로 넣어 감추는 것과 같은 묘지다. 갈비뼈와 복장뼈sternum는 머리 없는 시신 전에 놓였고, 다른 유골 조각들은 뚜껑이 파손된 후 떨어뜨려 넣어졌을 것 같다.

우리는 관에서 찾은 머리 없는 시신과 관련해 지하실에서 벌이는 토론 장면을 촬영하기 위해 그곳에 있을 필요가 없는 사람들은 모두 나가게 했다. 그 자리에 참석한 모두는 에든버러왕립협회의 강연이 열리는 대망의 날 밤까지 비밀을 지킬 것을 맹세했다. 티켓은 매진되었고 댄의 TV 방송국은 전 세계의 〈아웃랜더〉 팬들에게 그 행사를 생중계했다. 방청객은 약 400명이었고, 실시간으로 또는 나중에 그 프로그램을 시청한 수는 50만 명이 넘었다. 에든버러왕립협회가 개최했던 대중 참여 행사 중에서 역사상 최다 청중 수가 기록되었다. 늙은 여우는 여전히 군중을 끌어들일 수 있었다.

늙은 여우가 그 지하실에 없었다면 우리가 이 고생을 했을 리가 없다고 몇몇 언론인들은 생각했다. 그들은 우리의 입을 열려고 애썼지만 우리는 입을 굳게 다물었다. 강연 행사가 열린 날 밤, 우리는 일부러 긴장하는 분위기를 조성했다. 강연장의 강한 흥분이 느껴졌다. 영묘 관리자인 에릭 룬드버그가 발굴하게 된 배경을 설명했다. 유명 역사가이자 저자이며 프레이저 가문의 사람과 결혼한 사라 프레이저는 늙은 여우가 살았던 시대에 자신의 조상이 중요한 인물이었다는 이야기로 청중을 사로잡았다. 행사를 더 빛나게 하기 위해, 댄은 스카이프Skype를 통해 행사에 참여했다. 그리고 이 조사가 자신에게 어떤 의미가 있는지 말하고 발굴 진행 과정을 촬영한 영상 클립들을 보여주었다.

그다음으로 루시나가 일어나서 지하실 상황을 준비한 후 나는 그 관에 있던 머리 없는 시신에 대해 아는 내용을 밝혔다. 내가 로바트 경이 20~30세의 여성이라면 정말로 그를 찾은 것이라고 발표하자 강연장은 고요해졌다. 강연장 주변에서 헉 하는 소리가 들렸다. 이런 결과를 기대한 사람은 한 사람도 없었을 것이라고 나는 생각한다. 하지만 그것이 과학의 본질이다. 과학은 사람의 욕망에 맞추어 틀을 짜지 않으며 오로지 진실을 전달하기 위해 존재한다.

이제 우리가 발견한 내용을 설명해야 했다. 이 여성이 누구인지 몰랐고 지금도 모른다고 솔직하게 대답했다. 한 가지 할 수 있는 설명은 명판이 새겨진 로바트 경의 관을 준비했지만, 런던탑에서 그의 시신을 빼내오는 임무가 결국 실패했다는 것이다. 그러면 로바트 가문은 그 관에서 그냥 명판을 떼고 다른 사람의 관으로 사용했을까? 그랬다면 그들은 이 여성의 이름을 기록하지 않는 실례를 범한 것이다. 이 시신의 성별이 여성이라는 것을 어떻게 알 수 있을까? 엉치뼈와 골반의 형태를 보면 거의 의심의 여지가 없었다.

루시나와 내가 세운 가설처럼, 호기심 많은 누군가가 먼저 관 뚜껑을 열어 안을 들여다본 후 이 관은 묘지의 다른 곳에서 찾은 다양한 뼈들을 손쉽게 넣을 수 있는 보관함이 되었을 가능성이 컸다. 전설처럼 내려오는 로바트 시신의 송환에 대한 이야기를 생각하면, 그 후 250년 동안 사람들은 관 내부를 엿보고 싶은 유혹을 거부할 수 없었을 것이고(납땜한 가장자리가 약해지면서 그 유혹은 더욱 커졌을 것이다), 손상의 책임은 여기에 있을 가능성이 크다.

그렇다면 이 여성의 머리는 어디에 있었는가? 이 여성이 참수되었다는 증거는 없었고, 그녀의 두개골이 더 이상 그곳에 없을 뿐이었다. 어쩌면 호기심 많은 사람들 중 하나가 치웠을까? 그들이 관 내부를 보고 '이 시신이 늙은 여우라면, 여기에 있으면 안 돼. 두개골을 가져가서 전설을 계속 살아 있게 하자'라는 생각을 했을까? 아니면 그들은 실제로 그것이 사이먼 프레이저의 머리라고 믿고 전리품으로 훔쳤을까? 진실이 무엇인지 우리는 절대 알아내지 못할 것이다.

관 속에 있는 사람이 누구였든 그 여성은 안전하게 다시 매장되어 존엄성과 품위를 찾을 자격이 있었다. 우리 가족은 프레이저 가문의 또 다른 분파를 오랫동안 알아왔는데, 인버네스에서 장의사로 유명한 가문이었다. 나는 빌과 마틴에게 전화를 해서 영묘 지하실에 있는 프레이저 가문일 가능성이 있는 사람의 유골을 다시 넣을 수 있도록 관을 기증해주겠느냐고 물었다. 당연히 그들은 승낙했고, 우리는 그 뼈들을 엄숙하게 다시 매장하고 장례 의식을 치렀다. 그렇게 해서 이제 지하실에는 본래의 납관 모두와, 이름 모를 여인의 유골과 몇 대에 걸쳐 그녀와 함께 있었던 다른 네 명의 유골 조각이 담긴 반짝이는 새 나무관 하나가 있다. 늙은 여우에 대하여 우리가 할 일을 알고 있기 때문에, 그가 이 이야기의 전개 양상을 보고 있다면 250년이 지난 후에도 자신이 여전히 지배하고 있다는 것에 아주 유쾌해할 것이라고 나는 생각한다. 아마 박장대소할 것이다.

로바트 경의 시신에 대한 탐구는 관절염을 앓은 건장한 체격의 나이 든 남성의 엉치뼈를 발견하는 것으로 시작하여 끝났을 수 있다. 그러나 미스터리 중에서 적어도 한 가지 요소를 해결하고 그 관을 공유한 사람이 얼마나 많은지를 파악하는 열쇠를 쥐고 있던 것은 개별 뼈를 알아볼 뿐만 아니라 그 뼈들이 떠받쳤던 사람의 성별과 나이, 다른 특징들에 대한 정보를 해석할 수 있는 능력이었다.

• • •

사지로 걷는 모든 포유동물의 척주처럼 사람의 척주도 원래는 수평 구조였다. 화석 기록에 따르면, 현생 인류의 조상이 사지가 아닌 두 다리로 더 많은 시간을 보내기 시작하고 척추가 수평이 아닌 수직이 된 것은 4백만 년도 더 전이었다. 생체 역학적 관점에서는 이것이 아주 나쁜 착상이었다. 이런 수직 구조는 척추에 어마어마한 압축과 인장 변형을 가하고, 그 결과 노년에 걸리는 병의 대부분은 설계될 때 인체의 축이 의도하지 않은 이동을 한 생활을 반영하기 때문이다.

아이가 움직이기 시작할 때, 척추가 수평인 상태(가장 안정된 자세)에서 네 발로 시작하는 것은 전혀 놀라운 일이 아니다. 그 후에 이족보행을 하기 시작하면, 아주 작은 중력의 중심이 작은 두 발 위에 불안정하게 위치한다는 이 터무니없는 개념을 근육과 뼈, 신경이 파악하게 될 때까지 동작은 많이 버벅대고 불안정하다. 어쩌면 성인의 신경이 손상되었을 때나 술을 너무 많이 마신 후 특히 계단을 올라갈 때는 별로 우아하지는 않지만 네 발로 이동하는 것이 훨씬 안전하다. 물론 일부 아기는 궁둥뼈에서 가장 아래의 두툼한 곳인 궁둥뼈결절ischial tubersity*이 더 안정적인 이동 수단이 되는 단계를 거친다. 그래서 바닥에 앉아 엉덩이를 질질 끌며 이동하다가 나중에는 발로 이동하게 된다.

모든 척추동물에게 있는 척추의 가장 중요한 용도는 아주 민감한 척수spinal cord**와 그 덮개를 보호하는 것이다. 이 신경 조직은

●　　흔히 좌골로 알려져 있다.
●●　척추뼈 안에 들어 있는 신경 조직으로 뇌부터 몸길이를 따라 아래쪽으로 뻗어 있다.

가장 위에서는 아직 뇌줄기brain stem로 구성되어 있으며 목의 두 번째 척추뼈부터 공식적으로 척수가 된다. 뼈 터널 안에 있는 아주 가는 흰색 척수는 근육에게 일을 지시하는 모든 운동 정보를 전달하며, 접촉과 온도, 통증의 감각 메시지는 몸에서 뇌쪽을 향해 반대 방향으로 전달한다. 척수는 허리 부위에 있는 엉치뼈와 꼬리뼈 앞, 즉 1~2번 허리뼈(요추) 정도에서 끝나는데, 척주가 척수보다 길다.

허리뼈 사이에 긴 바늘을 찔러 넣는 시술인 요추천자lumbar puncture를 할 때 아래쪽의 두 허리뼈(대개 3번과 4번 허리뼈) 사이에서 시술하는 것이 이 때문이다. 이것은 척수 자체를 건드릴 위험 없이 굉장히 긴 바늘을 두 뼈 사이에 삽입하여 신경조직을 둘러싼 뇌척수액에 도달할 수 있게 해준다. 뇌수막염 검사를 받는 동안 그중 하나를 직접 체험한 나는 그것이 아주 불쾌하다고 증언할 수 있다. 특히 당신이 해부학자라는 것을 아는 의사가 바늘이 관통하는 모든 조직을 실황 방송하듯 줄줄이 나열할 때는 정말 기분 나쁘다. "오, 뒤세로인대(후종인대)가 있네요. 펑 터지는 것을 느끼셨어요?" 같은 말은 듣지 않아도 되는 말이다.

인간이 두 다리로 일어서기로 함으로써, 척주는 원래 기능이 아닌 일들을 해야 했다. 우리 몸은 하체는 상체를, 목은 머리를 받치고 균형을 잡아야 했을 뿐만 아니라, 폄과 굽힘의 균형을 잡고 똑바로 서기 위해 끊임없이 근육을 조정할 수 있는 민감한 신경 공급과 함께, 자세를 제어하는 근육 부착 부위를 필요로 했다.

우리는 몸이 이 민감한 균형잡기를 끊임없이 하고 있다는 것을 대부분 인식하지 못한다. 솔직히 잊지 않고 그 행위를 하루 종일 계속한다는 것을 믿을 수 없기 때문에 그것은 무의식적인 활동이다. 그것이 두드러질 때는 우리가 곧게 서서 잠잘 때다. 사람은 선 채로 잘 수 있지만, 자세 균형의 근육이 비활성화될 때 받쳐주지 않으면 금세 넘어질 것이다. 의심이 든다면 소파에 앉아 꾸벅꾸벅 조는 사람을 지켜보자. 졸던 사람이 갑자기 깼을 때 하는 '끄덕이는 개' 인상은 목 근육이 이완되었음을 알려주려고 무의식적으로 의식을 자극하는 것이다.

뇌를 감싼 뼈와 마찬가지로, 척수를 둘러싼 척추뼈는 태아 상태의 아주 초기에, 7주 안에 발달하기 시작하고, 예상대로 뼈의 형성은 뇌에서 가장 가까운 척주의 맨 위에서 시작된다. 아기가 태어날 무렵에 척추는 거의 90개의 작은 뼈들로 구성될 것이다. 이 뼈들은 너클본놀이*를 할 때 쓰는 잭스와 비슷하게 생겼다(원래 이 놀이는 양의 척추뼈를 갖고 했기 때문에 비슷하게 생긴 것이 우연은 아니다). 척주는 아주 급속하게 성장해서 네 살 무렵이 되면 분리되어 있던 뼈들이 서로 융합하여 33개의 척추뼈로 통합되고, 아동기 후반에는 최종적으로 5개의 엉치뼈가 하나의 블록으로 융합된다.

태아의 척주는 앞쪽이 오목한 C자 형태로 구부러져 있다. 하지만 생후 2~3개월이 되면 기적 같은 일이 생긴다. 목에 있는 근육이 튼튼해지기 시작하고 척주 맨 위에 있는 거대한 머리의 무게를 가

●   우리나라의 공기놀이와 비슷한 놀이다.

누고 균형을 잡을 수 있게 된다. 척추의 곡선이 목뼈에서 반대로 바뀌기 시작하여 목 앞쪽으로 더욱 볼록해진다. 아기가 6~8개월 무렵이 되면 허리 근육이 발달하게 된다. 그러면 앉아 있을 때 전신의 균형을 유지할 수 있게 되고 혼자서도 앉을 수 있다. 그로 인해 허리뼈 부위에서 척주가 역시 앞쪽으로 볼록해지기 시작하면서 모양이 더 변한다.

생후 1년이 되기 전까지 척주 전체가 태아 때의 C자형에서 S자형으로 변형된다. 이 형태는 이족동물에게서만 보이는 것으로, 뼈가 아니라 뼈 사이에 있는 연골인 원반disc의 변화에 의해 유지된다. 나이가 들면서 원반이 탄성을 잃고 무너져 내리기 시작하기 때문에 그 진행이 역전된다. 그리고 척주는 태아 형성기의 C자형으로 돌아가기 시작한다. 우리는 꼿꼿한 구조를 잃고 점점 굽은 구조가 된다. 이 때문에 중력 중심이 이동하는데, 이때 지팡이를 사용하면 안정 유지에 도움이 된다.

척추뼈 중에서 척주 위에 놓인 머리의 균형을 잡는 데 도움이 되는 목(목뼈) 부분은 아주 유연하다. 척추뼈의 형태 덕분에 광범위하게 회전할 수 있으며, 따라서 우리는 고개를 돌려 어깨 너머를 보고 위아래로 끄덕일 수 있다.

척주의 가슴 부분을 구성하는 척추뼈에는 갈비뼈가 부착된다. 이 뼈들은 노인들에게서 골다공증 때문에 골절의 흔적이 보일 가능성이 가장 높은 척추뼈이고, '버섯증후군Dowager's hump'*이라는 증상의 원인이 되는 뼈다. 골관절염의 골가교가 인근의 뼈들을 연결하고 동작을 제한하기 때문에, 척주에서 노년에 융합될 가능성이 가장 높은 곳이 이 부분이다. 이런 변화는 50대부터 나타나는 것이 가장 일반적이지만, 훨씬 일찍 발생할 수도 있다.

상부흉부의 척추뼈는 대칭이 아니다. 척추뼈마다 약간 납작한 부분이 있는데, 이 부분에서는 뼈 옆으로 가장 큰 동맥인 대동맥이 자리한다. 대동맥이 풍선처럼 부풀어서 혈관벽이 계속 얇아지다가 결국 터지는 증상인 대동맥류aortic aneurysm로 사망한 사람들(윌리 삼촌이 함께 점심식사를 하다가 갑자기 이 증상으로 사망했다)에게서는 연조직이 사라진 한참 후에도 상부흉부 척추뼈에서 동맥류의 흔적을 볼 수 있다.

등허리의 척추뼈는 몸의 모든 무게를 엉치뼈, 하지, 지면의 순서대로 전달해야 하기 때문에 척추의 뼈들 중에서 가장 크다. 간혹 마지막 허리뼈가 제대로 형성되지 않아 융합되어야 하는 다른 부분들이 융합되지 않으면 척추분리증spondylolysis이 생긴다. 두 부분이 강제로 분리되면 이 증상은 척추전방전위증으로 변하는데, 이는 이불에 커버를 씌우는 것 같은 아주 간단한 동작을 하다가도 발병할 수 있다(내 남편이 쓰라린 경험을 통해 알아낸 것이다). 가끔 우리는 척주에게 너무 많은 일을 요구한다. 그러다가 결국 척주가 말썽을 일으키면 심하게 무력해질 수 있다.

사춘기 무렵이면 분리되어 있던 5개의 엉치뼈가 하나의 뼈로

●　목의 뒤 아래 부분이 혹이 생긴 것처럼 돌출되는 현상. 귀부인의 혹이라고도 불린다.

형성된다. 꼬리뼈에 일어나는 일은 융합과 크기 면에서 아주 변화무쌍하다. 물론 사람에게는 자유롭게 매달려 있고 물건을 잡을 수 있는 꼬리가 없다. 대신에 꼬리뼈의 종말뼈terminal bones가 엉덩이 사이의 깊게 팬 홈인 볼기사이틈새natal cleft 아래에 자리 잡고 있다. 이 뼈들은 인대와 근육의 부착에 필요한 중요한 앵커 역할을 한다. 인간이 두 다리로 일어서기로 결정한 이후로, 튼튼한 골반저pelvic floor는 필수였다. 그래야 해부학적으로 일종의 해먹 역할을 하여 내장이 엉덩이 밖으로 떨어지는 것을 막을 수 있기 때문이다.

대부분은 해부학적으로 척주 주변의 분주한 성장이 원활하게 이루어지지만, 우리 몸이 90개에 달하는 작은 뼈의 발달을 조정해야 한다는 점을 고려하면 가끔씩 예상대로 되지 않는 경우도 당연히 있다. 어떤 척추뼈는 제대로 형성되지 못할 수도 있고(그 결과로 예를 들어 척추가 반으로 쪼개지는 나비척추증 발생), 융합되지 말아야 할 뼈들이 융합되기도 한다(미만성특발성골격뼈과다증, DISH). 또 융합되었어야 하는 뼈들이 그대로 분리된 상태로 있기도 하는데, 이럴 때 척추갈림증spina bifida이 발병한다. 그런 해부학적 변형(그중 일부는 뼈의 주인이 전혀 알아채지 못하기도 한다)은 특히 우리가 발견한 뼈가 이전의 의료 영상자료로 확인될 수 있으면, 법의인류학자가 그 뼈의 주인에 대한 증거를 찾는 데 도움이 될 수 있다.

척주 상부에 있는 1번, 2번 목뼈는 특히 흥미로우며 해부학적으로 다른 척추뼈들과 완전히 다르다. 1번 목뼈(C1)는 거의 원형의 뼈다. 이 뼈는 고대 그리스 신화에서 제우스로부터 어깨로 영원히 하늘을 떠받치라는 벌을 받은 티탄신족 중 아틀라스의 이름을 딴 고리뼈atlas(환추)로 알려져 있다. 사람의 경우 고리뼈는 머리를 지탱하는 유일한 뼈이기 때문에 그 자체로 대단한 일이다. 1번 목뼈와 두개골 사이의 관절은 고도로 전문화되어 있고, 우리가 고개를 끄덕일 수 있는 것은 이 관절 덕분이다.

2번 목뼈(C2) 또는 중쇠뼈axis(축추)는 그 윗면에서 위로 튀어나온 돌출물이 있는 아주 특이해 보이는 뼈다. 이 돌출물(치아돌기)은 고리뼈 안에 꼭 맞게 들어간다. 치아돌기의 잘록한 부분에 인대가 둘러싸 있어서 고리뼈는 회전할 수 있고, 우리는 고개를 좌우로 돌릴 수 있다. 참 독창적인 공학기술이다.

이 척추뼈 두 개는 두개골(그리고 그 안에 있는 뇌)에 아주 가깝게 있기 때문에, 보호할 신경 조직의 부피가 아주 크다. 그래서 각 뼈의 가운데 있는 구멍(척주관)도 크다. 그리고 이것은 척주 중 가장 위에 있는 이 두 뼈가 손상되거나 외상을 입으면 치명적인 영향이 있을 수 있다는 뜻이다.

골절의 명칭들 가운데 2번 목뼈와 관련된 아주 인상적인 이름이 있다. 바로 '교수형 골절hangman's fracture'인데, 그 명칭이 어떻게 붙여졌는지는 금방 이해할 수 있을 것이다. 중쇠뼈는 원래 고리이기 때문에 골절되면 분명 두 부분에서 부러질 것이다. 의심이 든다면 가운데에 구멍이 있는 박하맛 폴로 사탕을 한 번 부러뜨려보라. 부러진 곳이 두 부분일 것이다.

교수형의 증거는 목뼈에 남는다

교수형을 당한 사람의 목을 보면, 대체로 치아돌기의 양편에서 2번 목뼈가 골절되어 있을 것이다. 골절이 생기는 것은 몸이 돌연히 낙하할 때 밧줄이 낙하를 갑작스럽게 충격적으로 중지시키기 때문이다. 치아돌기는 거꾸로 척수(정확히 말하면 뇌간의 아래쪽)에 들어가고, 신경 조직이 파괴되면서 사망에 이른다. 운이 좋고 사형집행인이 능숙하면 사실상 즉사한다.

많은 교수형 집행인이 '친절한' 교수형에 자부심을 느꼈다. 1872년에 영국의 교수형 집행인 윌리엄 마우드는 보다 정확한 '수하식' 교수형을 설계했다. 이 방식은 사형수 개인에 맞춰 가능한 한 가장 깔끔하고 가장 인간적으로 사형을 집행하기 위해 사형수의 키와 몸무게 같은 요인들을 고려하여 최적의 밧줄 길이를 계산하고 떨어뜨린다. 어설픈 교수형은 사형수 본인에게도 잔인한 죽음일 뿐만 아니라 집행인과 지켜봐야 하는 사람들에게도 고통스러운 일이었다.

교수형의 목적은 목을 부러뜨려 즉사시키는 것이지 참수가 아니었다. 그러나 아무리 계산을 잘 해도, 교수형을 통한 사형 집행이 모두 성공하지는 않았다. 조사 결과 사법에 의한 교수형 가운데 20퍼센트 미만이 목뼈 골절을 일으켰고, 이 중에서 전형적인 '교수형 골절'을 보인 경우는 절반에 불과한 것으로 밝혀졌다. 그렇다면 아이러니하게도 교수형을 통한 사형 집행은 그 명칭과 달리 사실상 '전형적'이지 않고 상당히 드물게 달성되는 것이다.

바로 이 때문에 판결에 사형수를 '사망할 때까지 목을 매단다'라고 명시해 놓는다. 때로는 낙하만으로는 사망에 이르기에 충분치 않고, 질식과 혈관수축과 그에 따른 저산소증이 일어날 가능성이 더 높다. 따라서 사망하기까지 몇 분 동안 발버둥치는 '교수형 지그hangman's jig'가 발생했다. 보다 신속한 최후를 위해 사형수의 가족이나 친구들은 집행인이나 다른 누군가에게 돈을 지불하면서 발을 잡아당겨달라고 부탁할지도 모른다. 올가미 매듭의 위치 역시 빠른 죽음에 도움이 될 수 있을 것이다. 턱밑 매듭은 목을 과신전시키는 데 도움이 되고 따라서 뇌간을 치명적으로 으깨는 데도 도움이 된다.

기술적으로 교수형과 교살이 반드시 같은 뜻은 아니다. 교수형은 신경학적 외상을 통해 즉사는 아니더라도 교살의 하위범주에 의한 죽음을 초래할 수 있다. 교살은 목에서 주요 혈관의 수축이나 미주신경 억제, 호흡기도의 폐색으로 인한 질식으로 정의되며, 일반적으로 척추뼈에 흔적을 남기지 않기 때문에 인류학자가 아닌 병리학자의 연구 분야다.

끈 등의 도구를 이용해 목을 졸라 죽이는 교살에는 결찰 교사와 액사 두 가지 방법이 있다. 결찰 교사는 가해자 또는 본인에 의한 교살이고, 액사는 손으로(간혹 다른 신체 부위로) 목을 치명적으로 죄는 방법이다. 따라서 액사는 자해할 가능성이 거의 없다. 세 가지 유형 간의 차이는 목에 가해지는 외부 압력의 원인에 있다. 교수형의 경우 희생자의 체중에 의해 조임 끈이 목을 더 조이게 된다. 결찰 교사는 체중 외의 힘에 의해 조임 끈이 팽팽해지고, 액사는 손이나 아래팔, 다른 신체 부위에 의해 조여진다.

또한 교수형에는 신체의 자유로운 매달림, 불완전 매달림, 높은 곳에서 낙하에 의한 매달림(대부분 사법적 교수형) 등 세 가지 유형이 있다. 사망 원인과 관련이 있는 상부목뼈 골절을 볼 가능성이 있는 것은 마지막 유형뿐이다. 다른 형태의 교수형은 목뼈에 흔적을 남기지 않을 수도 있다.

윌리엄 베리는 교수형을 당했을까?

교수형과 교살은 살인뿐만 아니라 자살의 결과일 수도 있다. 전형적인 교수형 골절이 1889년에 던디에서 마지막으로 교수형을 당한 윌리엄 베리에게서 나타났다. 그는 아내인 엘렌을 살해한 혐의로 유죄 선고를 받았지만, 그녀의 죽음은 본인에 의한 결찰 교사와 불완전 매달림 때문일 수도 있다는 주장이 나왔다.

베리의 살인 유죄 판결도 그의 악명 높은 평판에는 미치지 못했다. 엘렌의 사망과 관련된 확실한 양상과 함께 그가 런던 이스트엔드에서 던디에 도착한 타이밍 때문에, 체포된 후 그가 영국에서 가장 악명 높은 연쇄살인범 잭 더 리퍼일 수도 있다는 추측이 일부에서 나왔다. 그러나 이 추측을 뒷받침하는 증거가 거의 없었으므로 그의 순위는 내가 작성한 후보 목록에서 아래로 내려갔다.

베리와 엘렌이 잭 더 리퍼가 출몰하던 화이트채플에서 멀지 않은 보우를 떠난 것은 1889년 1월 20일이었다. 리퍼가 저지른 가장 강력한 5건의 살인사건 중 마지막 사건이 터지고 두어 달이 지난 때였다. 두 사람은 SS 캠프리아호를 타고 북쪽에 있는 던디로 갔다. 베리가 던디에 있는 황마 공장에 일자리가 있다고 엘렌을 설득했기 때문이다. 하지만 거짓말이었다. 그들은 수중의 돈이 다 떨어질 때까지 유니온가 43번지에 있는 아파트 꼭대기층을 8일 동안 빌려 살았다. 그다음에 베리는 프린스가 113번지에 있는 음침하고 가구가 없는 지하실에 거처를 마련했다. 그는 그 집을 보고 싶었고 열쇠를 돌려주지 못했다고 주장했다. 12일 후 그는 지역 경찰서를 찾아가 그 지하실에 가면 나무 트렁크 안에 엘렌의 시신이 있을 것이라고 말했다. 엘렌이 발견되었을 때는 사망한 지 5일이 된 것으로 확인되었다.

베리는 주정뱅이로 알려졌다. 또 엘렌에게 폭언을 퍼붓고 폭력을 휘둘렀다고도 한다. 그가 그녀와 결혼한 것은 지금은 다 써버렸지만 그녀가 작게 횡재를 하여 약간의 돈이 있었기 때문인 것으로 의심되었다. 하지만 그가 왜 던디로 왔는지, 1889년 2월 5일에 프린스가 113번지 지하실에서 무슨 일이 벌어진 건지 우리는 절대 알 수 없었고 앞으로도 모를 것이다.

베리는 경찰에게 엘렌이 죽기 전날 밤에 두 사람이 술을 마셨다고 진술했지만, 다른 사람들 말에 따르면 엘렌은 별로 마시지 않았다고 한다. 그는 잠자리에 들었고 다음 날 아침에 깨보니 그녀가 목에 줄이 감긴 채 바닥에 쓰러져 죽어 있었다고 했다. 그 줄은 엘렌이 죽기 전날 베리가 구입한 것으로 밝혀졌다. 또 같은 날에 그가 주 법원에서 여러 시간을 보내면서 방청석에서 변론을 듣고 아마 법체계에 대하여 조사를 했던 것으로 드러났다.

검찰 측 병리학자인 템플맨 박사와 스타커 박사가 엘렌의 시신을 부검했다. 그 결과 여러 개의 타박상과 베인 자국을 발견했는데, 그중 하나는 상처가 너무 깊어서 복부에서 내장이 비어져 나와 있을 정도였다. 두 사람은 상처의 가장자리가 위로 돌아 있었다고 말했다. 이는 그녀가 배를 찔리고 내장이 나올 때 살아 있는 상태였을 수 있다는 표시였다. 목에는 끈이 피부에 파고들면서 생긴 흔적이 있었고 나무 트렁크에 밀어 넣어지느라 오른쪽 다리뼈가 부러져 있었다. 경찰이 발견했을 때 그녀의 시신은 옷, 책들로 채워진 트렁크 안에서 수족이 절단된 상태였다.

또 경찰은 창문 난간에서 칼을 발견했다. 칼날에는 엘렌의 것과 일치하는 피와 머리카락이 아직 묻어 있었다. 상황은 아주 분명해 보였다. 베리는 끈으로 아내를 교살했고, 그녀가 아직 살아 있는 동안 마치 잭 더 리퍼처럼 칼로 아내의 몸을 난도질했다. 그다음에 나무 트렁크에 맞추어 아내의 다리를 부러뜨리고 아내를 트렁크에 넣었다. 그런데 왜 그는 5일 동안 아내의 시신과 함께 지내면서 던디에 머물다가 결국 자수를 한 걸까? 그날 밤 그가 경찰서로 오게 된 것은 양심의 가책 때문이었을까? 갑자기 책임감을 느꼈던 걸까? 알려져 있는 윌리엄 베리의 성격을 감안하면 둘 다 아닐 것 같았다.

재판일자는 던디에서 영 경이 재판장을 맡는 봄, 순회법원이 열리는 3월 28일로 예정되었다. 모든 증거의 진술은 하루에 다 이루어지게 되어 있었다. 던디를 지지하는 사람들이 배심원단에게 간섭할 것이라고 재판관이 생각했기 때문이다. 시 정부는 사형에 강력히 반대했다.

경찰은 이 사건이 명백해서 간단히 해결될 것이라고 확신한 것이 틀림없었다. 하지만 피고 측에서 부른 레녹스 박사와 키니어 박사의 법기술을 고려하지 않았다. 그들은 무죄를 입증해야 하는 것이 아니라 합리적인 의심의 근거만 제공하면 되었다. 베리는 무죄를 주장했기 때문에, 유죄를 입증하는 것은 정부 측이 할 일이었다.

피고 측 의사들은 엘렌과 술을 마시고 있었다는 베리의 주장에 이의를 제기하지 않았다. 다만 엘렌의 위장에 있던 내용물에서 알코올 냄새가 나지 않았다고 언급했을 뿐이다. 이유야 어떻든(그들은 논거를 제공할 의무가 없었다), 그들은 엘렌이 목에 감긴 끈으로 문손잡이 같은 곳에 불완전하게 매달려 자기 목을 졸랐을 수 있다는 가설을 제시했다. 어쩌면 베리가 엘렌을 베기 위해 칼을 집어 들었고, 제정신이 아닌 상태에서 칼을 그녀의 복부로 가져갔을 것이다. 그러나 그들은 상처 주변의 연조직에서 흑청색화lividity를 발견하지 못했기 때문에 이 일이 사후에 일어났다고 보았다.

이후에 베리는 공황 상태에 빠져서 엘렌을 트렁크에 넣었다. 그는 자신의 행위에 대해 괴로워하며 5일을 보내다가 더 이상 살 수가 없어서 경찰에 자수했다. 왜 그가 엘렌의 옷을 모조리 태워버렸는지, 그녀의 장신구들을 자기 주머니에 넣고 경찰서에 왔는지, 밧줄과 피 묻은 칼은 잘 보이는 곳에 두고 아파트 바닥을 청소했는지에 대한 이유를 아무도 설명하지 못했다. 이 사건에는 말이 되지 않는 것이 너무 많았다(이 사건의 전모에 관심이 있다면 이언 맥퍼슨의 책인 《잭 리퍼 재판: 윌리엄 베리 사건 *The Trial of Jack Ripper: Case of William Bury*》을 읽어보길 바란다).

최종 변론에서 판사는 배심원단에게 이 사건이 살인인지 자살인지만 판단하라고 말했다. 15명의 배심원은 유죄 평결을 갖고 돌아왔지만 사형에 대한 지역의 혐오를 반영하여 자비를 권고한다고 했다. 영 경이 그 이유를 묻자 그들은 의학적 증거가 상충한다는 구실을 댔다.

화가 난 재판장은 그들을 배심원실로 돌려보내며 명확한 평결을 합의하라고 했다. 그들은 5분 만에 만장일치로 유죄 결정을 내렸다. 영 경은 살인에 대하여 의무 사형 선고를 내렸고, 4주 후 1889년 4월 24일 오전 8~9시에 윌리엄 베리는 사망할 때까지 교수형에 처해졌다. 2번 목뼈의 골절로 거의 즉사했으므로, 그 집행은 적어도 '친절한' 교수형이었다. 당시 그는 29살이었다.

윌리엄 베리와 엘렌 베리가 던디에 도착하기 전인 1889년 1월 7일, 던디대학교의 초대 해부학 석좌교수인 앤드루 멜빌 패터슨은 취임 후 첫 강의를 했다. 교수형이 별로 없는 지역에서 해부용 시신을 구하기는 여전히 어려웠다.

19세기 초, 버크와 헤어는 유럽에서 해부학 연구의 중심지 가운데 하나인 에든버러의 해부학자들에게 시체를 공급할 목적으로 살인을 저질렀다. 그들이 흉악한 행동을 벌인 후, 과학적 목적을 위해 시체의 필요성을 인정한 해부법이 1832년에 제정되었고, 이에 따라 해부학자는 무연고 시체를 합법적으로 이용할 수 있는 허가를 받았다. 또한 처음으로 사망자의 가까운 친척이 시신을 의학에 기증할 수 있게 되었다. 그러나 여전히 교도소나 병원, 수용소, 고아원 등에서 사망한 사람이나 자살한 사람들의 시신이 대부분이었다.

패터슨이 해부학 석좌교수가 되고 3개월 후, 던디대학교의 허가받은 해부학자들은 윌리엄 베리의 시신을 합법적으로 이용할 수 있었을 것이고, 패터슨은 그 기회를 놓치지 않았을 것이다. 안타깝게도 던디대학교는 베리의 사망 전후에 입수한 시신 기록은 갖고 있지만, 그의 시신이 해부학과에 반입되었는지 여부를 확인해주는 것은 없다. 그러나 우리는 패터슨이 베리의 유해와 상당한 관계가 있었다는 것을 확실히 안다. 전형적인 교수형 골절을 보여준 2번 목뼈를 포함하여 던디대학교의 내 책상에 놓였던 목뼈 7개가 윌리엄 베리의 것이었다고 박물관 소장품 목록에 실렸기 때문이다. 아마 패터슨은 목뼈를 직접 빼냈을 것이다. 아니 템플맨이나 스타커가 대신했을 것이다. 우리가 모를 뿐이다.

던디대학교 해부학 석좌교수 130주년을 기념하기 위해, 우리는 윌리엄 베리 재판에 제시된 증거를 재고하여 법정에서 연출해보기로 했다. 장소는 실제로 패터슨이 학과장에 취임하고 두 달 후에 베리가 재판을 받았던 바로 그 주 법원이었다. 영 경이 적어둔 의료 기록과 메모는 에든버러에 있는 스코틀랜드 공문서 보관소에 보관되어 있었으며 우리는 그곳에 자유롭게 출입할 수 있었다. 우리는 의료 증거만 제시하기로 했는데, 이것이 영 경이 내린 원래 명령의 기본이었고 현대의 법의학적 지식의 관점에서도 그렇게 하는 것이 타당했다. 현대 과학이 배심원의 관점을 지지할 것인지 아니면 그들의 평결을 뒤집을 것인지를 테스트하는 것은 흥미로울 것이다.

판사석에는 현직 대법원 판사인 휴 매튜스 경이 앉았다. 하지만 진짜 재심이 아니라 대중이 참여하는 과학시간이나 마찬가지였기 때문에 법복은 입지 않았다. 검찰 측은 던디대학교의 모의재판연구회가 맡았고, 법학을 공부하는 이 운 좋은 학생들은 스코틀랜드 수석 칙선변호사인 알렉스 프렌티스의 지도를 받았다. 그들은 단 한 명의 증인, 대단히 존경받는 법의병리학자forensic pathologist 존 클라크 박사의 증언만 제시할 것이다. 그는 원래 검찰 측 병리학자인 템플맨 박사와 스타커 박사의 보고서에 기록된 증거에만 국한하여 증언할 것이다.

피고 측은 애버딘대학교의 모의재판연구회가 맡았으며, 고등법원 형사부의 변호대리인으로 다년간 활약한 저명한 칙선변호사인 도로시 베인의 지도를 받았다. 그들도 증인을 한 명만 소환했다. 역시 법의병리학자로 유명한 리처드 셰퍼드 박사로, 그는 피고 측 증인이었던 키니어 박사와 레녹스 박사가 제시한 증거에 대해 증언할 예정이었다. 15명의 배심원은 지역신문이 진행하는 캠페인에 참여한 던디의 시민들 중에서 무작위로 선정되었다(스코틀랜드에서는 15

명이 일반적이다). 베리 재판 때 배심원단과 유일한 차이점은 그동안의 과학적 진보뿐만 아니라 사회적 변화를 반영하여 시대에 뒤처진 19세기의 재력이나 성별 기준에 따르지 않았고, 따라서 배심원단에 여성도 포함되었다는 점이다. 이 행사는 댄 스노의 회사에서 촬영했으며, 영상은 현재도 던디대학교와 애버딘대학교의 법학 전공 학생들의 교수 자료로 사용되고 있다.

윌리엄 베리 역을 맡은 젊은 남성이 피고석에 자리를 잡았고 당시 의상을 입은 경찰관 한 명이 그 옆에 섰을 때 주 법원에는 빈 자리가 없었다. 피고 측에게 그들이 찾던 작은 정보를 준 사람은 클라크 박사였다. 그는 자교사自絞死를 배제할 수 없고, 높이가 낮은 물체를 통해서도 가능하며, 그 물체가 문손잡이일 가능성을 무시할 수 없다는 견해를 제시했다. 이 견해는 피고 측이 타당한 의심의 원인을 옹호하는 데 필요한 모든 방어수단이 되었다. 하지만 배심원단이 그것을 채택할까?

주요 증언을 모두 듣고 반대신문과 재신문까지 모두 마친 후, 판사가 사건을 요약했다. 판사가 배심원단에게 했던 가장 잊지 못할 명령은 '평소에는 시간의 압박은 없다고 말하지만 이 사건에는 15분을 주겠습니다'였다. 법정에서 웃음소리를 들으니 이상했다. 특히 살인과 사지절단 같은 중죄를 고려하고, 모두가 이 모든 것을 아주 진지하게 받아들이고 자신의 역할을 완벽하게 수행한 후라서 더 이상했다.

배심원단이 내려야 할 결정은 검찰에 동의하는지, 피고 측이 합리적인 의심을 제시했는지 여부였다. 이것은 재심이 아니었기 때문에 그들이 유죄 또는 무죄를 선언하는 것은 부적절했을 것이다. 법정으로 돌아온 배심원단의 의견은 피고에게 유리하게 13대 2로 갈렸다. 그들은 살인죄를 판결할 만큼 증거가 충분하다고 생각하지 않았다. 이번에도 의료 증거의 상충 때문이었다. 21세기의 배심원단은 130년 전 배심원단의 첫 번째 직감을 대체로 지지하고 있었다.

그러나 윌리엄 베리는 형을 면하지는 못했다. 평결을 바꿀 수 없었던 판사는 베리에게 이렇게 통지했다. '베리 씨, 일어서십시오. 좋은 소식과 나쁜 소식이 있습니다. 배심원단은 당신에게서 유죄를 찾지 못했지만, 나는 당신이 유죄하고 생각합니다. 따라서 당신은 여전히 교수형에 처해질 것입니다. 베리 씨를 호송하십시오.'

그래서 베리는 다시 법정을 나가 감방으로 가는 계단을 내려갔다. 다행히 이번에는 죽을 때까지 정말로 목 매달리지 않을 것이며 그의 목을 절개하여 뼈를 제거하는 사람도 없을 것이다.

그러나 이 이야기에는 극소수의 사람들만 아는 뜻밖의 사연이 있었다. 그날, 현대의 윌리엄 베리가 피고석에 있을 때 그 옆에는 진짜 피고인의 유골이 있었던 것이다. 나는 1889년 3월 28일 베리가 재판받던 바로 그 법정에 그의 목뼈를 다시 가져갔다. 2018년 2월 3일, 배심원단이 완전히 다른 평결을 내렸을 때 그렇게 그의 신체 일부는 그곳에 있었다.

오늘날 베리가 재판에 회부된다면 어떤 결과가 나올 것으로 생각하는가? 내 생각에는 '증거불충분판결'을 받을 것 같다. 스코틀랜드에서는 일상어로 bastard verdict(나쁜 평결)라고 한다. 따라서 베리는 석방될 것이다. 이 평결은 기본적으로 배심원단이 피고가 유죄일 수도 있지만 그것을 입증할 증거가 충분하지 않다고 판단한다는 뜻이다. 베리에게 일어난 일은 역사에 기록되어 있고, 그의 척추뼈 증거에 의해 뒷받침되지만, 우리는 엘렌이 교살당했는지 아니면 스스로 목을 매었는지 모른다. 지금 우리가 그녀의 유골을 조사할 수 있다 하더라도 아마 그 차이를 구별할 수 없을 것이다.

나는 행사에 참여한 모든 사람들을 위해 기발한 기념품을 골랐다. 참여자들은 3D 프린터로 제작한 윌리엄 베리의 2번 목뼈 복제품이 든 선물상자를 받았다. 이 목뼈 복제품에는 전형적인 교수형 골절도 표시되어 있었다. 최근에야 알게 된 사실인데, 댄 스노는 그의 목뼈 복제품을 예쁜 상자에 넣어 아내에게 발렌타인 선물로 주었다고 한다. 그리고 로맨스는 죽었다고들 한다.

• • •

그 밖에 교살처럼 척추뼈에는 연조직이 손상된 흔적이 남아 있지 않은 반면, 상부 목뼈에는 교살에 의한 사망이 표시되어 있을 수도 있다. 그렇다면 참수의 경우는 어떤가? 이 경우, 참수 또는 참수 시도가 의도적이었다면 척추뼈에는 아마 사건의 증거가 있을 것이다. 참수를 하면 일반적으로 1~3번 목뼈는 머리에, 마지막 두 개인

6~7번 목뼈는 가슴에 남아 있게 될 것이므로, 가해자가 사용한 도구의 흔적은 3~6번 또는 4~5번 사이에 남아 있을 가능성이 가장 높다.

참수처럼 머리를 몸통에서 고의적으로 분리하는 행위를 할 때, 그것을 앞에서 하든지 뒤에서 하든지 행위가 이루어지는 목의 부위는 똑같다. 앞에서 분리할 때는 자르거나 톱질을 할 때 턱이 방해가 될 수 있기 때문에 하악보다 아래에서 이루어진다. 뒤에서 분리할 때는 일반적으로 목 길이의 중간 정도에서 이루어질 것이다. 흔적이 이보다 위나 아래에서 보인다면 통상을 벗어나는 것으로 간주된다(물론 어떤 형태든 참수가 평범하다는 뜻은 아니다). 예를 들어 나의 책 《남아 있는 모든 것》에 자세히 소개한 '실톱 살인'에서 살인자는 희생자의 시신을 토막 내어 두 개 카운티의 여기저기에 흩뜨려놓았는데, 머리를 자른 부분은 목의 아랫부분이었고 깨끗했다. 그러나 이것은 전문가의 소행으로 밝혀졌다. 가해자를 재판하는 과정에서 그가 암흑가에서 시체 절단을 전문으로 하는 '절단 기술자'라는 것이 드러난 것이다.

시체 절단 전문가의 실톱 살인사건

한 사건에서 살인과 시체 절단의 혐의를 받은 피고 측이 우리 팀에게 검찰 쪽 과학자들의 법의학 보고서를 검토해달라고 요청했다. 법의인류학자는 대부분 검찰 측의 의뢰를 받고 사건에 관여하지만, 피고 편에서 출두하기도 한다. 어느 쪽에서 일하든, 우리의 증언은 똑같다는 것이 중요하다. 근본적으로 우리는 법원의 증인이지, 검찰이나 피고 어느 한쪽의 증인이 아니기 때문이다.

이 범죄는 한 가족이 개를 데리고 숲을 산책하다가 버려진 것이 분명한 양말이 든 운동화 한 짝을 우연히 발견하면서 세상에 드러났다. 그들은 자세히 들여다보고 깜짝 놀랐다. 양말 안에 발뼈가 들어 있었기 때문이다. 경찰이 출동했고, 그 뼈는 사람의 것으로 확인되었으며 결국 쓰러진 나무의 뿌리 사이에서 유해를 추가로 발견했다. 유해는 꽤 오랜 시간 동안 여우와 새끼 여우들이 파먹었고 그래서 뼈들이 그 주변에 흩어져 있음이 분명했다. 동물들이 가장 먼저 가져가는 것은 대부분 손과 발인데, 접근도 쉽고 옮기기도 쉽기 때문이다. 그 다음은 그 자리에서 큰 뼈를 깨물어 잘게 부술 것이다. 이 유골에서처럼 아주 무겁고 다루기 힘든 두개골은 그 자리에 남아 있는 것이 아주 일반적이다.

발견된 신체의 다른 부위들을 함께 모아서 DNA 검사를 한 결과 자말의 유해로 확인되었다. 그는 약 3년 전에 실종 신고된 중년의 남성이었다. 사망 원인을 분명하게 알려줄 증거는 더 이상 없었지만, 검찰은 법의인류학자에게 유해를 조사해달라고 요청했고, 그는 척추뼈에서 발견된 흔적을 보고 피해자가 참수를 당했다고 결론지었다.

자말은 돌아가신 어머니에게서 상당한 금액의 유산을 상속받았다. 학습 장애가 있었기 때문에 사위에게 은행 계좌 관리를 맡겼다. 돈은 자말이 모르는 사이에 골동품 박람회와 비싼 크루즈 여행에 펑펑 사용되었고, 결국 두 달 만에 78펜스만 남았다. 결국 그는 사태를 깨닫고 사위와 직접 만난 것으로 보인다. 경찰은 이 만남이 말다툼으로 확대되었고 결국 자말의 사망으로 이어졌다고 보았다.

자말의 사위는 가중살인혐의로 기소되었다. 가중 요소는 사법 체계가 특별한 악질로 보는 범죄인 시신 은닉과 법집행 방해와 관계가 있었다. 살인자가 시신을 절단했는지 아닌지가 중요했다. 가중 혐의가 유죄로 판명되면 피고는 가석방 없는 종신형을 받을 수 있기 때문이다.

나는 루시나 해크먼 교수와 함께 현장 사진과 부검 사진, 검찰 동료들이 조사 과정에서 찍은 사진들을 검토했다. 다른 과학자가 우리 조사를 그대로 반복하여 자신의 견해를 주장할 수 있도록 자세히 기록하는 것은 우리 직업에 필요한 요건이다.

루시나와 나는 피고 측의 전문 증인으로 재판에 출두하라는 명령을 받았다. 시작은 모두 좋았다. 그러나 검찰 측 전문가가 증언을 시작하자, 참수 혐의와 관련하여 논쟁이 있을 것이라는 점이 분명해졌다. 이미 우리는 상대가 이 문제에 대해 내린 견해에 대해 상당한 의구심을 갖고 있었다.

이따금 우리는 상대편 전문가들의 의견에 전적으로 동의할 때도 있다. 의견이 다른 경우에는 상대편 전문가가 자신의 전문 분야를 벗어난 것을 다루게 됐거나, 아주 다르게 해석될 수 있는 증거를 지나치게 중요시했다고 생각할 수도 있다. 피고 변호를 위해 출두할 때는, 검찰이 내린 결론에 대해 논리적으로 옳은지 또 다른 설명이 있을 수 있는지 여부를 단계마다 스스로에게 묻는다. 그것은 합리적인 의심이며, 검찰과 피고 모두에게 관련된 문제다.

스코틀랜드 법원과 달리 영국 법원에서만 할 수 있는 흥미로운 일 가운데 하나는 법정에 앉아 상대편 전문가들의 생생한 증언을 듣고, 상대가 제시한 증거에 의문이 생길 때 우리 법무팀에게 정보를 전달할 수 있다는 것이다. 그 덕분에 상대에게 동의하는 부분과 이의를 제기해야 하는 부분을 알릴 수 있다. 서면 보고서에는 없는 세부 내용을 법적 심문을 하는 동안 알게 되어 추론이 좀 더 확연해지는 때가 생길 수도 있다.

이 사건의 경우 우리가 보기에는 증거가 타당하지 않았다. 무엇보다 머리가 몸과 함께 발견되었다는 것이 이상했다. 머리와 몸을 함께 숨기려고 했다면 왜 굳이 머리를 자르는 수고를 했을까? 시신의 다른 부위들을 고의로 없앴다는 증거는 없었다. 그리고 시신 절단의 가장 일반적인 동기는 시신을 쉽게 유기하고 감추기 위한 것이다. 또 신원 확인을 방해하기 위해 머리보다는 상지와 하지를 제거하는 경향이 있다.

두 번째로 검찰 측 전문가가 언급한 '절단' 흔적이 2번 목뼈에 있었는데, 그 위치가 성공한 참수 또는 그 시도 치고는 비정상적으로 높았다. 절단이 앞에서 이루어졌다면, 아마 해내기가 아주 어려웠을 것이다. 어떤 도구를 썼든 아래턱이 방해가 되었을 것이다.

연조직을 지나 깊이까지 잘라야 했을 것이고, 연조직은 아주 지저분했을 것이다. 이것에 대한 증거는 없다. 세 번째, 절단 흔적 자체가 우리가 지금까지 보아왔던 톱이나 칼, 고기를 자르는 큰 칼을 쓴 것처럼 보이지 않았고, 살인 무기나 시신 절단 도구는 발견되지 않았다.

검찰 측 증인은 즉석에서 자신의 보고서에 기록되지 않은 견해를 처음으로 꺼냈으나, 이런 행동은 허용되지 않기 때문에 변호인이 바로 항의했다. 판사는 증인에게 약간의 시간을 주기로 결정했고 우리에게 이 새로운 증거에 동의하는지 여부를 확인하려고 법정 밖에서 증인을 만날 준비를 하겠느냐고 물었다.

우리는 그렇게 했고, 새 증거에 동의하지 않았다. 다음 날 아침, 검찰 측 전문가는 다시 의견을 바꾸었고 판사도 더 이상은 참지 못했다. 판사가 전문가를 호되게 질책한 뒤 휴정할 때 우리는 어쩔 줄 모른 채 거기에 앉아 있었다. 우리는 최대한 무표정하게 있으려고 했지만 힘들었다. 피고 측 변호인은 우리에게 우리 증언은 더 이상 필요 없으니 가도 좋다고 말했다. 참수 관련 혐의의 일부는 증거 자체 문제가 아닌 검찰 측 전문가와 그녀의 증언이 문제가 되어 인정되지 않을 것처럼 보였다.

우리는 법정에서 이틀을 보냈지만 증인석에서 한 마디도 하지 않았다. 이 시신 절단 사건에서 검찰은 순전히 서툰 과학적 증거 때문에 패배했다. 그 이후 우리는 학생들과 훈련생들에게 이 이야기를 사례로 들면서 증거 해석과 재판 과정의 이해가 중요함을 강조

했다. 이런 점들 때문에 다툰다면 자신의 전문 의견을 제시할 기회조차 얻지 못할 수도 있다.

결국 우리는 언론을 통해 피고가 살인죄에 대해 유죄 판결을 받고 최소 19년의 징역을 복역한 후에 가석방 심사를 받을 수 있다는 선고를 받았다는 것을 알게 되었다. 우리가 받은 정보처럼 가중 살인혐의에 대해서는 기소되지 않았다.

그러나 목뼈에 남은 '절단' 흔적은 어떤가? 그것이 도구에 의한 것이 아니라면 무엇이 원인이 될 수 있겠는가? 이런 문제에 답하려면 그리고 일반적으로 사람의 유해를 분석할 때, 법의인류학자는 법의학적으로 생각하기 전에 해부학적으로 먼저 생각해야 할 뿐만 아니라 뼈 해부학 이상의 전문지식이 필요하다.

시신이 부패할 때, 대개 1번 목뼈는 강한 인대로 묶여 있는 두개골에 결합된 채로 남아 있게 된다. 결국에 두개골이 분리되어 굴러가거나 동물에 의해 치워지면, 척주에서 가장 많이 노출된 부분으로 2번 목뼈가 남는다. 우리는 이 사건에서도 이런 일이 일어날 수 있으며 그 흔적은 사실 송곳니로 뼈 표면 전체를 긁은 자국이라고 생각했다.

칼로 자른 절단면은 깨끗하다. 칼날의 폭을 반영하는 옆면은 가지런하고, 바닥면에는 칼이나 톱의 모양이 남아 있을 수도 있다. 이 표시들에는 깊이가 없기 때문에 절단보다는 칼자국에 더 가깝다는 것이 사진으로 봐도 명백했다. 그렇다고 도구 사용의 가능성을 배제하지는 않았다. 칼자국은 주저하는 절단에 일치했는데, 아마 머리를 자르는 법에 자신이 없는 누군가가 했을 수 있고, 칼이 뼈의 표면에 박히지 않고 끌면서 스칠 때 보이는 '채터 마크[*]'가 있었다. 그러나 뼈에 박힌 한 쌍의 삼각형 구멍도 보였는데, 이런 구멍에 일치하는 칼날은 없었다. '채터 마크'의 금과 마찬가지로, 거기에 완벽하게 맞는 것은 성숙한 여우의 위 송곳니 사이의 평균 거리였다.

따라서 참수나 시체 절단은 없었고, 그냥 열의가 과했던 검찰 측의 인류학자가 부지불식간에 수사를 막다른 골목으로 몬 것이다. 물론 정의 구현이 가장 중요하다(한 남자가 잔인하게 살해당했고, 살인자는 그에 대한 처벌을 받고 있다). 하지만 피고는 증거에 의거한 재판을 받고, 범죄에 상응하는 공정한 처벌을 받을 권리가 있다. 자신이 하지 않은 일에 대하여 유죄 판결을 받아서는 안 된다.

이 사건에서 희생자는 적어도 결국에는 발견되었기 때문에 그의 유해는 이름을 찾고 안치될 수 있었다. 법의인류학자를 계속 불편하게 만드는 것은 시신을 찾으려고 온갖 노력을 했음에도 결실 없이 끝났거나, 찾은 시신의 신원을 알 수 없어서(어떤 면에서는 이 때문에 기분이 더 안 좋다) 해결되지 못한 실종과 사망 사건이다. 우리가 할 수 있는 일은 모두 했다는 것을 안다고 해서 일을 끝내지 못했고 정의가 실현되지 못했다는 느낌이 완화되지는 않는다.

그런 경우에는 대개 어떤 종류의 범죄가 발생했다는 것은 거의 확실하다. 하지만 정확히 어떤 범죄이고, 누구의 책임인지, 또 간

● 깎인 면에 생기는 금이 간 무늬.

혹 피해자가 누구인지를 정확하게 알아내는 것은 어려울 수도 있다. 가해자와 피해자 모두 알려지지 않았기 때문에, 이런 사건은 완전 범죄, 또는 거의 완전 범죄로 분류해야 한다는 주장이 있을 수 있다. 그러나 나는 진짜 완전 범죄란 처음부터 그런 일이 일어났다는 것을 아무도 알지 못하는 범죄라고 생각한다.

일단 시신에 이름이 부여되면, 피해자와 그 가족을 존중하는 의미에서 자연스레 피해자를 익명으로 대한다는 사실이 약간 아이러니하기는 하다. 하지만 시신의 신원이 아직 확인되지 않았을 때는 그 반대로 한다. 언젠가 이름이 나타날 것이라고 기대하면서 갖고 있는 정보를 모두 공개하는 것이다.

초원의 천사를 누가 죽였을까

피해자가 임시의 또는 혼란한 공동체 출신이거나 거기에 거주했던 경우에는 일이 더 힘들어진다. '초원의 천사'가 그런 피해자였다. 척추뼈는 천사에 대하여, 천사에게 일어난 일에 대하여 무언가를 알려줄 수 있었지만, 천사가 누구인지 또는 누가 천사를 죽였는지에 대해서는 알려주지 않았다. 살인사건이 드러나게 된 것은 건물을 재개발하면서 굴착기 기사가 흙을 옮기던 중 유골이 발견되면서였다. 먼저 두개골이 탐지되었고 나머지 뼈는 일부 카펫 조각 아래에서 발견되었다. 옷을 봤을 때 시신은 1970년대 또는 1980년대 이후로 30~40년 동안 그곳에 있었던 것으로 여겨졌다. 인류학 훈련을 받은 현장수사담당경찰관은 이 시신이 사망 당시 나이가 18~30세인 여성이며, 평균 키의 백인일 가능성이 높다고 확인했다(인도나 중동, 사하라 사막 북쪽의 아프리카 출신일 가능성도 배제하지는 않았다). 근처에서 팬티스타킹과 빈 핸드백, 신발 한 짝이 발견되었기 때문에, 시신을 이곳에 숨겼을 때는 허리 아래의 하반신이 벌거벗은 상태였을 것으로 생각된다.

던디에서 우리는 유골을 조사하여 신원 확인에 도움이 될 실마리를 찾고, 어떻게 척추가 골절되었는지 파악해달라는 요청을 받았다. 폭력적인 죽음에서 우리는 얼굴, 주로 코나 뺨, 턱, 치아의 골절 또는 둔기 외상으로 인한 뇌머리뼈의 골절을 보곤 한다. 하지만 이 여성의 목에서 발견된 특정 골절은 이례적인 수준이었다.

1번 목뼈의 하부에서 오른쪽 1번과 2번 목뼈 사이의 관절면에서 설명이 필요 없을 정도의 골절이 보였다. 이것은 2번 목뼈에 큰 영향을 주지는 않는 국소적인 으깸손상crush injury이었다. 더 심각한 으깸손상은 3번 목뼈의 왼쪽에서 감지되었다. 요약하면 1번 목뼈의 한쪽에 으깸 또는 압박골절이 있었고, 2번 목뼈에는 손상의 증거가 없었지만, 3번 목뼈의 반대쪽에는 더 심한 으깸골절이 있었다. 문제는 이 기이한 손상들을 어떻게 그럴듯한 인과관계로 설명할 수 있는가였다.

사망 원인은 폭력적인 첩보 영화에서 본 무시무시한 '살해' 방법들 중 하나였을 가능성이 있었다. 영화에서는 두 손으로 머리와 턱을 잡고 세차게 돌려버린다. 이 경우, 머리를 오른쪽으로 세게 돌렸을 수 있다. 목이 앞으로 길게 구부러지는 목의 과굴곡이 1번 목뼈와 2번 목뼈 사이의 탈구를 일으키고, 척수는 아마 절단되거나 으깨졌을 것이다. 3번 목뼈의 손상은 강한 회전력 때문이었을 수 있다. 분명한 것은 이 여성이 잔인한 방법으로 사망했다는 것이다. 혹시 이 여성이 자비롭고 신속하게 사망했다 하더라도 잔인했다는 것이다.

이 여성은 누구였을까? 이에 몇 차례 충전과 그 밖의 치과 치료를 받았으므로, 어느 치과 수술실 어딘가에 그녀의 기록이 분명 존재할 것이다. 당시 그 일대에 세 명의 여성이 실종되었다는 보고가 있었지만, 그들의 치과 기록은 확인되지 않은 해골의 치아나 치과 치료와 맞지 않았다. DNA 분석도 도움이 되지 않았다. 우리는 그녀의 얼굴을 재건할 수 있었는데, 여기에서 이끌어낸 몇 가지 단서를 가지고 탄자니아와 미국, 아일랜드, 네덜란드 등 전 세계의 많은 지역에서 조사를 했다. 그러나 지금까지도 초원의 천사는 여전히 미확인 유골로 남아 있으며 안장된 무덤에는 아무 표시도 없다.

아직도 그녀가 누구인지, 그녀에게 무슨 일이 생겼던 건지, 지금 어디에 있는지 궁금한 사람이 있을까? 그녀에게 이런 일을 한 사람이 아직 살아 있을까? 그들은 매일 죄책감과 양심의 가책을 느끼며 살고 있을까? 우리는 그러기만 희망할 뿐이다.

해안에 떠밀려오는 토막 난 시체들

법의인류학자로서 그런 종류의 손상을 자주 접하게 되지는 않는다. 하지만 남아 있는 것이 뼈밖에 없을 때는 종종 인류학자가 그 답을 줄 수 있는 최선의 선택이 되기도 한다.

사람의 상반신이 햄프셔의 남해안으로 떠밀려왔을 때, 지역 경찰이 나에게 연락을 해서 피해자에게 무슨 일이 있었는지 확인해달라고 도움을 청했다. 시신이 물속에 아주 오래 있었던 것은 아니라서 상태가 아직 비교적 괜찮았는데, 발견한 학생들에게는 이 점이 분명 충격이었을 것이다. 그다음에 골반이 발견되었고, 이어서 해변의 다른 곳으로 다리가 떠밀려왔다. 이틀 후, 어떤 남자가 이웃 카운티의 경찰에 전화를 걸어 자신이 뭔가 잘못한 것 같은데 그게 무엇인지 기억이 안 난다고 걱정했다. 그를 경찰서에서 만난 순경은 그가 지저분하고 단정하지 못했으며 혼란스러워 보인다는 기록을 남겼다. 그는 인근에서 주정뱅이로 알려져 있었으며 아마 다른 약물도 오용했을 것이다.

경찰은 그와 함께 그의 아파트로 갔지만 당장 의심스러운 점은 찾아내지 못했다. 하지만 바다에 씻겨온 유해가 그의 친구들 중 한 사람의 것으로 확인되자 그는 살인과 시체 절단 혐의로 체포되었다. 그러나 그는 범행을 부인했다. 사망자는 지능이 낮고 캠핑카에서 거주했는데, 가끔씩 피고인의 집에서 몸을 씻고 그 대가로 피고인의 고양이 팅커에게 먹이를 주었다고 한다. 둘 사이에 무슨 일이 있었는지, 언쟁이 있었는지, 아니면 술을 너무 많이 마신 후 다툼이 있었는지 아무도 모른다. 피고인은 가끔씩 친구를 학대했던 것으로 보고되었다. 어쩌면 칼이 관여되었을 것이다. 아무튼 추정 살인범은 시신과 시신처리에 대한 혐의를 받았다.

대부분의 시신 절단은 시신을 몸통은 그대로 두고 나머지 부위를 5~6개로 자른다. 몸통을 자르려다 보면 먼저 체내 장기들을 모두 제거하지 않는 이상 아주 엉망이 된다. 이 경우에는 내장이 제거되었고, 몸통은 허리뼈를 가로지르며 갈라졌고 시체 토막들은 쓰레기통 비닐과 분홍색 샤워커튼에 싸여 있었다. 외부 생식기는 잘려 있었고, 머리와 팔, 내장은 발견되지 않았다. 피고인에게는 앞에 정육점용 박스가 달린 자전거가 있었는데, 경찰은 피고인이 이 자전거를 이용하여 시체 토막들을 해변으로 옮긴 뒤 바다에 던진 것으로 보았다.

우리 조사팀에게 절단 부위를 조사하고 시신 절단 방식을 설명할 수 있는 또 다른 절단 흔적이 뼈에 있는지 찾아달라는 요청이 들어왔다. 경찰이 유해 일부를 갖고 던디에 있는 우리를 찾아 왔다. 우리는 일반적인 방법보다 절단 흔적이 더 잘 보전되도록 처리하는 설비를 갖추고 있었는데, 뼈를 따뜻한 물에 생물학적 세제를 넣어 끓이는 방식이었다. 첫 검시 때에는 시신의 상태가 비교적 괜찮았지만, 우리에게 도착했을 무렵에는 조금씩 부패하기 시작했다.

던디대학교에는 우리가 키우는 식인(육식)풍뎅이 군락이 있다.

이 군락은 토양에서 자연 발생하며 처음에 몰려와 시신을 서서히 먹으면서 그 분해를 돕고 나중에는 뼈만 남긴다. 대부분의 경우 우리는 풍뎅이가 좋아하는 쥐와 토끼를 먹였다(해양동물은 좋아하지 않기 때문에 물고기나 바다표범 등은 주지 않았다). 여기에서 풍기는 독특한 냄새 때문에 대학 동료들이 불평을 하기는 했지만, 이 풍뎅이들은 안전하고 부드럽게 살을 발라내는 데 아주 유용했다. 우리는 풍뎅이들이 있는 곳에 뼈를 갖다 두고 완전히 깨끗하게 만들었다.

뼈를 깨끗하게 볼 수 있게 되자, 날카로운 칼날로 어깨를 분리했고 비슷한 칼날이 머리를 분리하고 하지를 골반에서 분리하는 데 사용되었다는 것이 명백하게 드러났다. 그러나 복장뼈와 허리뼈는 아주 다르게 처리했다. 그 뼈들에서는 전기톱을 사용하면 남는 규칙적인 줄 자국이 보였다. 이 톱으로 복장뼈를 가르고 가슴에 접근하여 심장과 폐를 포함한 장기들을 제거했다. 상반신은 같은 전기톱으로 4번 허리뼈를 가로지르며 잘라서 몸통과 골반을 분리했는데, 아마 내장을 적출한 후였을 것이다. 우리는 또 허리뼈의 옆면에서 작은 절단 흔적을 찾을 수 있었다. 이것은 내부 장기를 칼로 잘라냈다는 증거일 수 있다.

무슨 이유에서인지 병리학자는 경찰에게 허리뼈를 가로지른 절단은 일본 나무톱으로 자른 것이라고 말했다. 또 먼저 이 도구들 중 하나가 실제로 무엇인지 확인하고 왜 피고인이 그런 전문 도구를 갖고 있었으며 그것을 어디에서 찾을 수 있는지를 파악하려고 하는 것이 헛수고라고 말했다. 그는 고철거래상이었기 때문에 일본 나무톱보다는 전기톱을 사용했을 가능성이 더 높았다. 루시나는 이 의견을 경찰에게 전달했지만, 병리학자가 위와 같이 말했다면 분명 그게 맞을 것이다. 하지만 일본 나무톱은 발견되지 않았다.

그렇다면 피고인은 친구의 죽음과 어떻게 관련되었을까? 먼저 그의 아파트에서 얼마간의 혈액이 발견되었지만 법의학의 신기원을 연 매력적인 증거가 또 있었다. 시신 몸통을 감쌌던 샤워 커튼에서 고양이털이 발견되어, 그것을 미국으로 보내어 모계를 통해서만 유전되는 미토콘드리아 DNA 분석을 의뢰했다. 분석 결과를 받고 영국 레스터대학교 유전학과에서 추가 테스트를 하게 되었고, 그 털이 피고인의 고양이인 팅커의 것이 아닐 확률은 100분의 1에 불과하다는 사실이 확인되었다.

이 사건은 영국 형사 재판에서 처음으로 고양이 DNA가 사용된 사례였다. 반려동물로 길들이게 되면서 고양이는 사람보다 유전자 변이가 적었기 때문에 팅커의 유전자 구성이 비교적 드물었던 것은 운이 좋았다. 하지만 테스트가 점점 구체적으로 진행되고 있으므로 동물 털의 분석은 향후 아주 유용한 증거 출처가 될 수 있을 것이다.

배심원단은 피고인의 살인 혐의에 대해서 무죄라고 했지만, 고양이털과 그의 집에서 나온 샤워 커튼에 있던 털의 추가 분석 결과 덕분에 그에게는 고살죄 판결이 내려졌다. 그는 종신형에, 최소 12년의 징역형을 선고받았다.

우리가 맡았던 역할에 대하여 말하자면, 법원이 시신 절단 방식에 대한 우리의 증거를 수용함에 따라 우리는 증언 출석을 할 필요가 없었다(그것은 항상 축복이다). 하지만 루시나와 나는 경찰들로부터 '아, 그것이 일본 나무톱 사건이었나요?'라는 질문을 수도 없이 많이 받았다. 꽃이 피고 일본 나무톱이 언급될 때마다 우리는 '또 묻는구나' 하는 마음으로 눈을 굴린다.

각각의 척추뼈는 사망자의 나이, 성별, 신장 등을 알려주며 병리와 질병, 부상에 대해 분명히 설명해준다. 그러나 척추뼈가 법의인류학에서 갖는 가장 큰 가치는 사망 전후로 피해자에게 가해진 외상과 손상에 대한 정보를 전달해준다는 것이다.

WRITTEN
IN BONE

THE CHEST

4

가슴

장기의 보호벽이자
가장 빈번하게 공격받는

·
●
·

흉부 골벽의 주된 목적은 예민한 폐와 심장을 보호하고 근육 부착에 필요한 구조를 제공하는 것이다. 특히 호흡뿐만 아니라 팔의 동작도 돕는다. 이런 기능을 위해 39개의 뼈가 필요한데, 12쌍의 갈비뼈가 앞쪽에서는 복장뼈(세 부분으로 이루어진다)에, 뒤쪽에서는 12개 등뼈에 고정되어 있다.

골벽이 보호하는 장기는 생명에 꼭 필요한 것들이다. 흉부는 아마 두개골과 함께 폭행이 가장 집중적으로 가해지는 부위일 것이다. 누군가를 빨리 죽이고 싶을 때 머리를 노리면 뇌를 공격할 수 있다. 하지만 그 표면적이 비교적 좁고 두개골은 두꺼운 부분이 있기 때문에 상대적으로 약한 가슴뼈보다 손상을 덜 받을 수 있다. 가슴은 표면적이 훨씬 커서 겨냥할 수 있는 면적도 더 크다. 비교적 실수 없이 큰 혈관들과 심장에 접근할 수 있다. 따라서 흉부는 예를 들어 찌름에 의한 예기외상sharp-force trauma, 발차기 같은 것에 의한 둔기

외상, 사격에 의한 탄도외상ballistic trauma처럼 다양한 무기와 방법을 써서 누군가에게 해를 입히고자 할 때 가장 빈번하게 선택되는 부위다.

흉부의 뼈는 골절되기 쉽고, 날카로운 도구를 쉽게 찔러 넣을 수 있는 틈이 존재한다. 영국에서 가장 많은 소아성애범죄를 저지른 리처드 허클도 분명 이 방법에 의해 최후를 맞이했다.

소아성애범죄자 허클의 최후

28세 청년 허클은 독실한 기독교인을 가장한 비열한 약탈자였다. 허클은 2006년부터 2014년에 체포될 때까지 생후 6개월부터 12세의 유아동 23명 이상을 학대했다는 혐의를 받았다. 희생된 아이들의 대부분은 말레이시아의 수도인 쿠알라룸푸르 거주자였지만, 영국과 다른 곳에도 추가 피해자가 있을 가능성이 있었다.

그의 타락은 끝이 없었다. 그는 소아성애자를 위한 '방법' 매뉴얼이라는 것을 수집하여 다크웹*에 게시하려고 했다. 그는 '소아성애자와 빈곤: 어린이 애호자 가이드'라는 제목의 논문에서 가난한 배경의 어린아이들을 범죄를 저지르기 전에 신뢰를 쌓아 심리적으로 지배하는 방법에 대해 자세히 설명해놓았다. 이것을 '그루밍 성

●　정상적인 검색 엔진으로는 접근할 수 없는 인터넷 지하세계.

범죄'라고도 한다. 대개 이런 아이들은 돌봐주는 사람이 없기 때문에 친절과 소액의 돈, 값싼 선물을 베푸는 사람에게 쉽게 충성하고 의존한다. 그런 환경의 아이를 설득하여 이상성격자의 바람에 따르게 하는 데는 많은 시간이 필요하지 않다. 호주 아동학대 부서의 전문가로부터 허클이 크리스마스를 가족과 보내기 위해 영국으로 돌아갈 예정이라는 경고를 받은 영국 경찰은 히드로 공항에서 그가 비행기에서 내리자마자 바로 체포했다.

나는 허클이 아동에 대한 외설 행위 91건으로 기소된 후, 2015년에 이 혐오스러운 사건에 대한 요청을 받았다. 19개의 스틸 사진과 약 8분 길이의 동영상을 보고 거기에 동일한 범죄자가 있는지, 그리고 허클이 그 범죄자로 배제될 수 있는지 여부를 판단하는 것이다.

스틸 사진은 정적인 순간을 압축하기 때문에 자세히 조사하기가 비교적 간단하다. 동영상은 피해자와 가해자 모두의 바뀌는 몸짓과 동작, 얼굴 표정을 봐야 하기 때문에 더 어렵다. 8분 길이가 별로 길지 않게 들릴 수도 있다. 하지만 검토 목적을 위하여 동영상을 프레임 하나하나 분할해야 하는데, 필름의 1초마다 프레임이 여러 개 있을 수 있으므로 이미지는 5만 개가 넘을 수도 있다. 그리고 여기에서 아동학대가 나타나면 8분은 끝도 없이 길게 느껴진다.

우리는 모든 이미지에 나오는 사람이 동일인일 가능성이 아주 높고, 그의 손과 생식기, 하지에서 보이는 다양한 해부학적 특징들을 기초로 하여 이 남자가 리처드 허클일 가능성이 가장 높다는 것을 확인할 수 있었다. 이것은 손등과 음경의 표재정맥 패턴, 손과 아래팔, 허벅지, 무릎의 반점 색소침착(모반), 엄지손가락과 손가락, 손바닥 관절의 피부 주름 패턴이 뒷받침해주었다. 허클에게는 포피를 잘라내지 않은 남성의 약 1퍼센트에게서 발생하며, 포피가 너무 팽팽해서 음경의 끝 주위에 집어넣어지지 않는 포경이라는 문제가 있다는 것이 명백했다. 이 문제가 있는 대부분의 남성은 괄약근을 풀어주기 위해 수술을 받는 선택을 한다. 허클은 수술을 받지 않았기 때문에 다른 사람이 가해자일 수 있는 가능성은 더욱 낮아졌다.

경찰은 그에게 우리 증거가 있으니 그의 답변을 바꾸는 것이 타당하다고 조언했다. 그는 결국 이에 동의하고 혐의들 가운데 71개의 유죄를 인정했다. 그는 22개의 종신형에, 최소 25년의 징역을 살아야 가석방 심사 대상이 될 수 있다는 선고를 받았다. 그는 풀 서튼 교도소에서 3년째 복역하던 중에 동료 수감자에 의해 끈처럼 생긴 붕대로 목이 졸린 뒤, 흉기에 찔려 사망했다. 언론에는 그를 찌른 흉기가 '칫솔을 날카롭게 깎아 만든 칼 대용품'이라고 설명되어 있었다.

거의 해롭지 않은 가정용품도 그 용도를 알아보는 사람의 손에 들어가면 치명적인 무기로 변할 수 있다. 줄질을 한 칫솔처럼 단순한 물건을 왼쪽 가슴의 5번과 6번 갈비뼈 사이(유두 바로 아래)에 강제로 박으면 복장뼈와 갈비뼈의 앞 끝 바로 뒤에 있는 심장을 찌를 수 있다. 찔린 사람은 심장에서 체강으로 혈액이 뿜어져 나오고 목숨을 잃게 될 것이다. 따라서 한 번의 찌르기로 살인이 가능하며, 플라스틱으로 만든 도구일 경우 눈에 보이는 사건의 증거가 뼈에 남지 않을 것이다.

허클의 살인 때문에 나는 마음이 복잡했다. 그가 답변을 바꾼 것이 어쩌면 자기가 저지른 범죄에 대한 책임을 받아들였다는 표시인 것 같아서 안심했고(그는 그저 자신이 궁지에 몰려 더 이상 갈 곳이 없다는 사실을 깨달은 것일 수도 있지만) 그가 받은 형기가 적절하다고 느꼈다. 그는 바깥세상과 격리되어 교도소에서 지낼 것이고 53세가 되어야 가석방 심사를 받게 될 것이다. 그 정도면 그를 재활시키려는 노력을 기울이기에 충분한 시간일 것이다.

나는 낙천주의자다. 33세 청년의 폭력적인 최후에 대해 유감스럽게 생각하고 싶다. 하지만 그 많은 어린아이들을 그토록 심하게 상처 입힌 사람에게 당연하게 동정심을 갖기란 힘들다는 것을 안다. 더 관대해질 수 없는 스스로에게 실망했지만, 그 피해자가 내 아이들 또는 손자들이었다면 용서라는 선택을 용납도 하지 않을 것이라고 생각한다. 나는 사형제도의 가치를 인정하는가? 아니 인정하지 않는다. 하지만 허클 같은 사람을 사례로 들어 설득한다면, 나는 사형제도를 인정할지도 모른다.

허클을 죽인 사람은 어디를 공격해야 할지를 알았다. 가슴 가운데의 세로로 긴 틈을 노린다면, 더 효과적인 무기를 쓴다 하더라도 가슴을 찌르기가 훨씬 어렵다. 복장뼈, 그러니까 가슴의 앞에 있는 딱딱한 가슴받이뼈는 세 부분으로 이루어진다. 예전의 해부학자들은 이 뼈가 맨 위의 손잡이(자루) 부분이 넓고, 가운데 날은 가늘

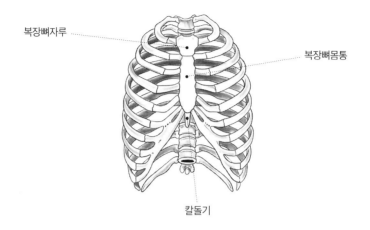

복장뼈자루

복장뼈몸통

칼돌기

고, 맨 아래는 예리하고 뾰족한 것이 약간 칼처럼 생겼다고 다소 비현실적으로 설명했다. 그래서 복장뼈의 맨 윗부분(손잡이)은 복장뼈자루manubrium*(흉골병)라고 알려져 있다. 가운데 부분, 복장뼈몸통mesosternum(흉골체)은 종종 꽃 이름인 글라디올러스라고 불린다. 이는 검투사(글라디에이터)와 마찬가지로 칼을 뜻하는 라틴어에서 유래한다. 마지막 끝은 칼돌기xiphoid process**(검상돌기)다.

닭을 상상해보자. 치킨 덕분에 닭의 해부 구조에는 상당히 익숙하다. 사람의 복장뼈에 해당하는 것은 양쪽 가슴 사이의 가운데에 있는 용골돌기다. 사람의 복장뼈는 가슴 피부 바로 아래에 있으

●   '손'을 뜻하는 라틴어에서 유래.

●●   '칼과 같은'이라는 뜻의 그리스어에서 유래.

며 지방이나 근육으로 덮여 있지 않다. 아무리 살이 쪄도 복장뼈가 만져지는데, 따라서 복장뼈를 맞으면 정말 아프다. 골절도 흔하게 일어난다. 1989년에 자동차 승차 시 안전벨트 착용이 의무화된 후, 운전자가 운전대에 부딪혀서 발생하는 복장뼈 골절 건수는 현저하게 감소했지만, 스포츠와 관련된 복장뼈 골절은 지금도 발생하고 있다.

우리 몸의 표면에 가까이 있기 때문에, 복장뼈는 응급처치자에게 유용한 지표가 되고 의사의 접근점이 된다. 또한 단단한 기반이 되기 때문에 심폐소생술CPR을 위해 손으로 가슴압박을 시작하기에 좋은 곳이다. 그러나 칼돌기를 압박하면 골절이 될 수 있으므로 피해야 한다. 만약 골절이 되면, 그것이 간을 찔러서 치명적인 출혈을 일으키는 것으로 알려져 있다.

또 복장뼈는 의사가 골수를 흡출할 때 손쉽게 생검을 실시할 수 있는 부위다. 예를 들어 개심수술開心手術을 할 때 가슴 부위를 확인하기 위해 뼈를 자르는 외과절제가 필요하므로, 복장뼈에 그 증거가 있으면 환자의 병력을 잘 알려주는 실마리가 될 수 있다. 해부학실에는 인체에 대한 지식을 확장하고 학생들이 실습할 수 있도록 시신 기증이 들어오는데, 흔히 노인의 시신에서는 흉부외과 의사들이 심혈을 기울여 수술한 작품을 볼 수 있다. 신중하게 계획할 시간이 없거나, 고통을 주지 않는 방식인 비침습적으로 접근할 시간이 없는 응급 수술에서 발생하는 절단과 수선의 증거가 담긴 가슴이 많다.

칼돌기나 복장뼈몸통은 치밀뼈의 막이 얇기 때문에 매장 후에 오랫동안 남아 있지 않는다. 그러나 복장뼈자루는 오래 남는다. 특히 가장 윗부분은 양쪽에서 쇄골과 연결된 관절에 팽팽하게 당겨져서 보강된다.

복장뼈자루는 작고 얇은 뼛조각이 10대 초반에 관절면에 융합되어 관절 성장이 완료되기 때문에, 청년의 연령 결정에 아주 유용할 수 있다. 법의학과 관련된 다른 전문가들은 모두 간과하지만 노련한 인류학자라면 언제나 이 부분을 확인한다.

복장뼈에 나타나는 발달 기형들이 있는데, 이것들이 식별 목적에 도움이 될 수 있다. 복장뼈는 형성되는 동안 총상을 연상시키는 구멍을 남기고 천공된 채 중간선에 남아 있을 수 있다. 이 때문에 신참은 탄도외상으로 오해할 수 있다. 이것의 임상 증상은 없다. 뼈가 자랄 때 불완전한 융합의 결과일 뿐이다. 해부학자들은 그런 표본을 학생들의 시험 문제로 내는 것을 좋아한다. 그들은 폭력적인 살인과 탄도외상에 대하여 과도하게 상상해서 묘사하지만 사실 덜 오싹하더라도 그것들은 정상적인 변형일 뿐이다.

간혹 칼돌기가 상당히 길어지고 심지어 두 갈래로 갈라질 수도 있다. 그래서 나이를 먹으면서 가운데 상부 복부에서 이상한 덩어리와 융기가 발견된다. 이런 증상이 나타난 사람은 이로 인해 괜한 경각심을 갖게 되고 암이 아닐까 걱정할 수도 있다. 칼돌기를 따로 떼어서 확인하는 것은 상당히 까다로울 수 있으며, 이는 다른 것들을 모두 고려한 후에야 마지막으로 생각하게 된다. 다른 뼈가 모두 존재하고 뾰족하고 길며 괴상하게 생긴 뼈만 남는다면, 중년 또는 노년 남성의 칼돌기라고 확신해도 좋다.

새가슴 또는 비둘기 가슴은 갈비뼈와 관련된 연골이 과도성장하여 흉벽에서 '용골 같은' 돌출부를 만들 때 발생한다. 이것은 구루병(비타민 D 부족의 결과)을 포함하여 많은 질환이 원인이 될 수 있다. 익살스러운 의대생들에 의해 '해적의 보물'이라고 알려진 오목가슴 pectus excavatum은 해부학적으로 새가슴과 반대다. 이 형태는 정상적인 심장과 폐 기능에 영향을 줄 수 있다. 원인은 확실하지 않다. 단순히 복장뼈가 형성될 때 선천적으로 하자가 있기 때문일 수도 있다. 때때로 복장뼈가 정상적으로 발달하지 않으면 심장이 태아의 가슴 밖에서 자랄 수 있다. 이 경우 심장이 원래대로 계속 자랄 수 있도록 태아의 복장뼈를 열고 심장을 제 위치에 돌려놓는 다소 까다로운 자궁내수술을 해야 한다.

대체로 복장뼈의 세 부분을 구분하는 띠 tri-osseous strip는 의료 전문가에게 아주 유용하지만, 법의학 전문가에게는 그렇게 흥미로운 대상이 아니다. 단, 항상 이례적인 것에 주의를 기울이면서 가슴뼈를 보는 인류학자는 예외다. 이것이 개인의 신원을 확인하는 데 중요한 실마리가 될지도 모르는 특정 발달 질환의 표지일 수 있다고 보기 때문이다.

2장에서 이야기했던 여행가방에서 발견된 한국인 여성 진효정 사건에서도 그랬다. 피해자 진효정의 신원 확인을 할 때 타깃 연령대를 상당히 좁힐 수 있었던 것은 바로 이 복장뼈 덕분이었다. 해결의 열쇠는 이 뼈에 일어나는 아주 구체적인 연령 변화였다. 어린이

일 때는 복장뼈가 대개 6조각으로 되어 있다가, 어린이가 자라면서 중간선에서 서로 융합되기 시작하다가 결국 10대 후반이 되면 전형적인 성인의 세 부분 구조가 된다. 갈비뼈의 연골이 관절에 의해 복장뼈에 연결되는 부위인 복장뼈의 측면에서는 사춘기 내내 그리고 20대 초까지 변화가 계속 일어난다. 여기에서 컵 모양의 관절 부위에 섬세하게 가느다란 뼈가 나타나 처음에는 복장뼈 상부에서, 마지막에는 하부 경계에서 융합된다.

우리는 아직 신원 확인이 되지 않은 젊은 아시아 여성의 X-레이 사진에서 작은 컵 모양의 관절에 자리 잡고 있는 이런 뼈 파편들을 볼 수 있었다. 그것을 보고 우리는 사망 당시 그녀의 나이가 20세보다는 많고 25세 이하여야 한다고 계산했다. 실제로 그녀는 22세였다.

또 복장뼈는 성별을 알려주는 아주 좋은 지표다. 대체로 여성보다 남성의 복장뼈가 더 길고, 더 크고 튼튼하다. 가슴 앞쪽의 근육, 특히 큰가슴근pectoralis major muscle이 잘 발달되어 있다면, 그 근육은 더 크고 더 튼튼한 뼈에 부착되어야 할 것이다. 물론 복장뼈가 더 크고 튼튼하다고 해서 항상 남성이라는 뜻은 아니다. 여성 역도선수, 투포환선수, 투창선수를 생각해보라.

갈비뼈bony rib와 복장뼈를 연결하는 연골 막대를 갈비연골costal cartilage이라고 한다. 연골은 나이가 들면서 뼈가 될 수 있는 갈비 전구물질의 잔재다(이렇게 연골이 뼈가 되는 과정을 골화라고 한다). 골화骨化의 첫 징후는 10대 후반 또는 20대 초반에 볼 수 있다. 나이가

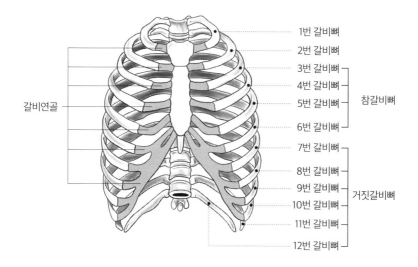

갈비연골

1번 갈비뼈
2번 갈비뼈
3번 갈비뼈
4번 갈비뼈
5번 갈비뼈
6번 갈비뼈
7번 갈비뼈
8번 갈비뼈
9번 갈비뼈
10번 갈비뼈
11번 갈비뼈
12번 갈비뼈

참갈비뼈

거짓갈비뼈

들수록 점진적으로 더욱 발달하여 결국 거의 연골 전체가 뼈로 대체될 수도 있다.

때때로 가운데에 복장뼈가 있고 뼈 연골이 양쪽으로 다리처럼 뻗어나가서 거미처럼 보이는 구조를 만들어낸다. 이 이유 때문에 나이 든 해부학자들은 이 복장뼈-연골-갈비뼈 결합체를 종종 '거미류arachnid'라고 부른다. 공식 명칭은 복갑plastron이다. 검객의 가슴받이, 19세기 여성의 장식용 몸통인 보디스, 거북이 배 쪽 껍질 등 여러 정의를 갖고 있는 가슴판이다.

우리가 항상 제안하는 것은 가능한 한 복갑에 대하여 X-레이 촬영을 하라는 것이다. 거기에서 무엇을 알게 될지 절대 알지 못하기 때문이다. 한 가지 분명한 것은 X-레이 사진을 보지 못한다면 아무엇도 찾을 수 없다는 것이다.

갈비뼈를 보면 트랜스젠더가 보인다

스코틀랜드 작은 도시의 외곽에 있는 숲에서 해골로 변하여 부분적으로 흩어진 사람의 유골이 발견되었을 때, 그중 갈비연골에서 대단히 유익한 정보를 알게 되었다. 사망자는 사이즈 275밀리미터의 하이힐 한 쪽을 신고 있었고, 상반신과 관련된 브래지어와 블라우스는 있었지만 하반신에 입었을 의류의 흔적이 없었던 것으로 보아 아마 허리 아래는 벌거벗은 상태였을 것이다. 그 일대를 수색하여 화장품과 손수건만 있고 돈이나 신용카드는 없는 플라스틱 핸드백을 포함하여 여성의 다른 소지품들이 회수되었다.

시신, 특히 해골이 발견되었을 때는 정황적 증거 때문에 처음에는 동요되는 경향이 있다. 회수된 여성 의류와 핸드백은 이 시신이 여성의 것일 가능성이 아주 높다는 것을 아주 당연하게 조사관들에게 암시했다. 그러나 그렇게 직선적으로 사고하다보면 부주의할 경우, 조사를 완전히 다른 방향으로 하게 될 수 있다. 모든 실수는 가정에서 나온다.

이런 선입견을 갖고 골격을 조사하기 시작했기 때문에 나는 금세 아주 혼란스러워지기 시작했다. 두개골은 여성보다는 남성의 것으로 보였고, 골반도 그랬다.

유골을 조사할 때, 인류학자들은 대개 성별 결정부터 시작한다. 성별은 합리적이고 정확하게 신원을 확인하는 가장 쉬운 측면이기도 하고 다른 성별의 실종자들을 자동으로 배제할 수 있기 때문이다. 뼈에서 남성적이거나 여성적인 특징이 강하게 보이지 않는 것은 드문 일이 아니다. 하지만 두개골과 골반에서 나온 정보가 서로 일치하지 않을 때는 문제가 된다. 보통 이 뼈들에서 올바른 정보를 얻을 수 있는 가능성이 가장 높기 때문이다. 그럴 때 나는 먼저 성별을 한쪽으로 정해놓고 연령 추정을 했다. 여기에서 내 판단이 정확했기 때문에 나는 훨씬 기분이 좋았다. 그 여성은 35세에서 45세 사이였고 아마 그 범위에서 어린 축에 있을 가능성이 가장 높았다.

안개가 걷히기 시작한 것은 통상적인 가슴판 X-레이 사진을 요청했을 때였다. 갈비연골의 골화가 시작되는 방식은 남성 호르몬인 테스토스테론과 여성 호르몬인 에스트로겐 중에서 무엇이 혈관계에서 우세하게 순환하느냐에 따라 결정된다. 나이 든 남성의 경우 연골의 뼈가 연골막대의 위쪽과 아래쪽 경계를 따라 있고 결국에는 갈비뼈의 앞쪽 끝에서 융합하면서 갈비뼈 끝이 게의 집게발처럼 보이게 만들 수 있다. X-레이 사진에서 이 새로운 뼈는 외층이 더 두껍고 안쪽에는 벌집 모양을 보이는 갈비뼈 구조처럼 보인다. 이것은 갈비연골을 형성하는 유리연골의 골화에 테스토스테론이 영향을 미친 결과다.

우세 호르몬이 에스트로겐이면, 뼈는 갈비연골에 아주 다르게 놓인다. 주로 연골의 중심핵을 따라 치밀한 경화결절이 보일 것이다. 따라서 우리는 연골만으로 어느 정도 확신을 갖고 성별에 대한 견해를 제시할 수 있을 것이다. 우리에게 있는 것이 게의 집게발 모양인가 아니면 진주 모양bony pearl인가? 나이가 들면서 골화가 더 진행되기 때문에, 그냥 복갑의 X-레이 사진만 봐도 아주 넓은 연령대(청년 또는 중년, 노년)를 제시할 수 있다.

지금까지는 순조로웠지만, 호르몬 수치가 약물이나 질병 때문에 인위적으로 변화할 수 있다. 따라서 생물학적으로 남성이지만 규칙적으로 에스트로겐을 복용한다거나 생물학적으로 여성이지만 규칙적으로 테스토스테론을 복용한다면 연골은 논리적으로 두 종류의 뼈 형성(게의 집게발과 진주 모양)을 모두 보일 수 있다. 그러나 우리가 이 점에 너무 흥분하기 전에, 자연적으로 남성도 약간의 에스트로겐을, 여성도 테스토스테론을 생성한다는 것을 기억하는 것이 좋다. 이 말은 남성과 여성 모두에서 두 종류의 뼈 형성이 혼합되어 있다는 뜻이다. 중요한 것은 상호 간의 비율이다.

우리가 숲에서 발견한 시신의 갈비연골에서 연골 중앙의 치밀한 경화결절 아래에서 게의 집게발 골화가 상당히 광범위하게 진행되어 있는 것이 보였다. 둘 다 아주 뚜렷했다. 다른 사람들이 없는 곳에서 먼저 우리 인류학자들끼리 토론을 해야 했다. 화장실 가는 쉬는 시간은 이럴 때 정말 유용할 수 있다. 말한다고 해서 다 듣는 것은 아니며, 가설로 제시된 것이 갑자기 진리가 되기도 한다. 앞에서 얘기했던 '일본 나무톱'을 기억하라.

소리를 낮춰 루시나와 의견을 나눈 후, 우리 둘 다 확신을 갖고 용기를 내서 경찰에게 피해자가 트랜스젠더일 가능성을 제시했다. 트랜스젠더가 여성 의류를 입고 있고 그 두개골과 골반이 아주 남성적이라는 점을 감안할 때, 남성에서 여성으로 전환한 누군가의 뼈일 수 있다고 생각했다.

요즘에는 아마 이것 때문에 눈살을 찌푸리지는 않겠지만, 20년 전만 해도 이것은 아주 급진적인 의견이었다. 지금 생각하면 당시에 경찰이 나를 미쳤다고 생각하지는 않았을까 하는 의심이 든다. 나는 이 사람이 생물학적으로 남성으로 태어났고 에스트로겐 보조제를 복용하여 나중에는 여성으로 살았을 수도 있다는 의견을 제시했다. 병리학자는 어깨를 으쓱하며 그럴 수도 있다고 말했지만, 그들 중에 누구도 그다지 확신하는 것 같지는 않았다.

그러나 일단 DNA 결과가 나오고 Y염색체 유전자의 존재가 확인되자, 나의 초기 의심이 옳았다는 것이 확인되었고 인류학자의 위상이 미치광이에서 경이적인 일을 하는 사람으로 갑자기 상승했다. 피해자는 경찰과 거리를 둔 집단에 속했던 것으로 밝혀졌고, 따라서 실제로 그녀의 실종을 알아챘거나 염려했다 하더라도 당국에 그것을 알린 사람은 아무도 없었다. 어느 친척의 DNA를 통해 그녀의 신원을 확인했다. 원래 이름이 마틴이었던 이본느는 게이들을 받아들인 홍등가에서 일하던 매춘부였다. 게이는 당시에 고객들에게 거칠고 공격적으로 '남성에서 여성으로 성전환한 사람'으로 알려진 특수 매춘부였다. 그녀는 심한 헤로인 중독자가 분명했고 실제로 갈비뼈 끝에서 보인 증거에서 약물 남용이 암시되었다.

헤로인 중독자에게 흔하게 나타나는 임상 합병증 가운데 하나는 흉벽 염증인데, 갈비뼈와 연골의 접합부에 염증이 생긴다. 그 주된 원인은 녹농균이다. 이본느의 갈비뼈 앞쪽 끝에서 예전에 감염되었던 흔적을 찾아냈지만 그녀를 사망에 이르게 한 원인의 명확한 징후는 없었다. 시신이 발견된 지역 도처에서 약물 관련 도구들이 발견되었고, 그곳은 중독자들이 주사를 맞기 위해 모여드는 집결지로 알려졌다. 그녀는 과량투여를 한 것일까, 아니면 상한 헤로인을 맞은 것일까? 아마 그런 일이 일어난 후, 그녀의 시신은 바로 덤불에 던져지고 잊혔을 것이다. 그녀의 가슴에 있는 뼈 덕분에 우리는 그녀에 대한 이야기를 얼마간 알게 되었고, 경찰은 수사 방향을 제대로 잡아 그녀의 신원을 알아냈다. 그리고 그녀는 예전 이름과 새 이름을 모두 되찾아 묘지에 묻힐 수 있게 되었다.

복장뼈와 마찬가지로 갈비뼈도 뼈를 덮는 층이 비교적 얇기 때문에 골절되기 쉽다. 휘어져 있으며 앞과 뒤에서 연결되어 있는 갈비뼈는 뒤에 있는 척추와 연결되는 곳의 바로 앞에서(후각), 또는 연골과 갈비뼈가 만나는 곳의 바로 뒤에서 앞쪽으로(전각) 뚝 하고 부러지는 경향이 있다.

아기가 태어날 때의 갈비뼈는 거의 수평이기 때문에 아기가 숨을 쉴 때 보면 가슴이 아니라 배가 움직인다. 아기는 흉강과 복강을 가르는 얇은 근육막인 횡경막을 사용한다. 횡경막이 수축할 때 입과 코로 공기를 들이마시고 이완될 때 공기를 내보내는 것이 마치

불을 피울 때 바람을 일으키는 기구인 풀무 같다. 아기가 2~3살이 될 때서야 갈비뼈는 성인의 것처럼 비스듬하게 기울어지기 시작한다. 이 무렵이 되면 골반이 충분히 성장하여 복부의 내장이 내려갈 수 있고, 그동안 불룩했던 아기의 배가 거의 하룻밤 만에 깍지콩처럼 홀쭉해진다. 이제 아기는 가슴 근육을 이용하여 호흡하게 된다.

법의인류학자는 갈비뼈가 수평인지 또는 비스듬한지를 살펴보면 아이의 연령대를 좁힐 수 있다. 이렇게 추정된 나이는 골격의 다른 부분을 통해 맞다는 것을 확인할 수 있는데, 우리 몸의 뼈는 단독이 아닌 거의 집합적으로 나이를 먹기 때문이다. 우리 해부 구조는 다 같이 비슷한 음조로 노래를 하고 조화를 이루도록 되어 있어서 각 부분은 다른 모든 부분과 서로 협의한다. 하나의 뼈나 기관은 그 사람이 50대라고 말하는데, 다른 부분은 20대일 수 있다고 암시하는 것은 아주 이례적인 일이다. 가슴은 늙었는데 다리는 젊은 경우는 없다. 그런 경우가 있다면 아마 두 개의 시신을 보는 중일 것이다.

그래서 우리는 어느 한 부분이 슬쩍 암시하는 내용이 맞는지 확인하기 위하여 다른 부분에서 알아낸 내용을 사용한다. 이렇게 부단한 견제와 균형 시스템을 통해 우리는 연령대를 정한 뒤 사망자가 그 범위의 상한에 있을지 하한에 있을지를 정한다. 연령 결정은 확정적일 수 없다. 법의인류학자가 사망자의 나이를 23세라고 구체적으로 말하려고 하면, 경찰은 다른 인류학자를 알아봐야 한다. 그 정도로 정확할 수는 없기 때문이다.

그 가족에게 오차한계가 내재된 범위를 제공하면 시신이 사랑하는 실종 가족일 수 있다는 것을 인정하는 데 도움이 된다. 내가 그 가족에게 구체적으로 23세를 제시하고 그들의 실종 친척이 25세라면, 내가 2년 틀렸을 수 있다는 사실을 그들은 받아들이기 어려울 수 있다. 하지만 연령대가 20~30세라고 말하면서 시신이 그 중간 어디쯤에 있을 수 있다고 제시하면 모든 가능성이 포함된다.

아동학대가 뼈에 남기는 증거

갈비뼈는 성별과 연령을 판단할 때는 어느 정도 쓸모가 있지만, 인종과 신장에 대한 정보는 거의 알려주지 않는다. 갈비뼈가 사망 전과 도중, 그리고 사망 후 일련의 사건 패턴을 확인하는 데 특히 도움이 되는 것은 갈비뼈에 외상을 입었을 때다.

어린아이의 갈비뼈 골절에 대한 분석은 특히 흔히 '흔들린 아이 증후군shaken baby syndrome'이라고 하는 사례 유형과 관련되어 오랫동안 논쟁을 일으켰다. 모든 아이의 사망은 우리의 감정을 자극하는데, 영아 돌연사 증후군SIDS과 고의 상해를 구별할 때 내재된 위험은 역사적인 샐리 클라크와 트럽티 파텔, 안젤라 캐닝스 사건으로 잘 설명된다. 이들은 모두 자기 아이를 살해한 혐의로 유죄를 선고받았다가 그 후에 유죄 판결에 대한 각하를 받아냈다. 이런 정의 구현의 실패와 함께 흔들린 아이가 사망하는 사건들이 세간의 이목을 끌면서, 당연히 소아과 의사, 병리학자, 인류학자들은 갈비뼈의 골절 패턴에 관해 보이는 것을 해석하는 방법에 관하여 신중한 태도를 취하게 되었다.

갈비뼈는 아동 학대를 의심하는 수사관이 가장 먼저 찾는 곳이다. 그러나 어린아이의 갈비뼈는 골절되기 쉽기 때문에 진상을 밝혀보면 사실 부모가 결백할 수도 있다. 심지어 다발골절도 취약뼈로 이어질 수 있는 여러 임상 질환들이 원인이 된 것일 수 있다. 영아돌연사증후군의 경우, 소생 시도를 하다가 골절될 수도 있다. 골절을 볼 때는 누군가가 잘못된 결론을 내리기 전에, 나머지 골격의 일반 건강 상태와 아이의 삶과 죽음을 둘러싼 상황을 고려하는 것이 절대 필요하다.

갈비뼈 부상을 의심스러워하는 근거는 아이를 흔드는 사람의 손이 양쪽 흉벽에서 아이의 가슴을 잡아 격렬하게 흔든 결과일 수도 있다는 것이다. 어린아이의 경우 휴식을 취하면 몇 개월 이내에 치유되며 대체로 그런 일이 발생했다는 증거도 별로 남지 않는다. 그러나 아동 학대가 반복되면, X-레이에서 거의 보이지 않는 과거의 것, 아직 치유되고 있는 중인 몇 달 전의 것, 가골 형성callous formation의 징후가 거의 또는 전혀 보이지 않는 최근의 것 등 여러 단계의 치유를 보여주는 골절이 드러날 수 있다.

가골은 부러진 곳 주위에서 자라는 새 뼈인데, 아주 큰 반창고 같은 역할을 해서 분리된 양끝을 서로 붙여주고 치유될 기회를 준다. 골절 후 몇 시간 안으로 골절 부위 주변에서 혈종(큰 핏덩이)이 생기면서 일시적인 연조직 가골(다리)을 만든다. 이 염증 반응은 새로운 세포가 그 부위에 유입되어 손상을 복구하기 시작함에 따라 뼈 형성을 유도한다. 외상이 생긴 지 7~9일 정도가 지나면 혈종이 뼈의 생성이 시작될 수 있는 연골성 가골로 눈에 띄게 변환한다. 그리고 3주 이내에 골성 가골이 형성되기 시작한다. 시간이 흐르면, 경우에 따라 몇 개월 또는 몇 년 안에 원래 모양에 가까운 갈비뼈로 개조될 것이다.

어린아이가 신체적으로 학대를 당하면, 골절 외에 다른 부상도 있을 수 있다. 최악의 경우, 학대가 있었다는 것이 거의 의심의 여지가 없지만, 잠재적 용의자가 한 명 이상일 경우 누구의 책임인지를 입증하기가 더 힘들 수도 있다. 비참했던 한 사례를 들면, 양쪽 모두에 대한 증거가 부족하지 않았지만 법의인류학이 도울 수 있었던 부분은 언제 무슨 일이 일어났을지의 상황을 자세히 설명해주는 것이었다.

해리는 5살의 나이로 병원에서 사망했다. 그의 아버지는 응급구조대를 부르면서 차갑고 반응이 없는 상태로 침대에 있는 아들을 발견했다고 말했다. 응급구조원들은 아이의 멍든 눈과 뺨에 깊게 물린 자국처럼 보이는 것을 기록하면서 바로 아동학대를 의심했다. 그들은 심폐소생술을 하려고 아이의 옷을 벗기면서 의심을 직접 눈으로 확인했다. 아이의 몸은 담뱃불로 지진 것 같은 작은 원형 자국과 멍으로 뒤덮여 있었다. 침대에서 아이의 머리를 들어올렸을 때는 머리의 상처도 보였다. 당연히 신속하게 경찰에 신고했다. 해리가 오랫동안 겪은 비참함의 전모가 부검과 상처에 대한 방사선 평가에서 밝혀졌다. 그가 겪은 학대를 상상해보는 것은 고사하고 그 목록을 읽는 것도 끔찍했다. 이런 적나라한 사실들은 겁에 질린 어린 소년에게는 정말 끔찍했던 짧은 생애에 대한 상황을 설명해주었다.

우리 팀은 해리의 부상 일부를 시간 순서대로 확인해줄 수 있느냐는 요청과 함께 부검보고서와 CT 영상을 받았다. 사전에 들은 대로, 위에서부터 최근에 일어난 두개골 골절이 있었고, 그 골절이 사망의 원인일 가능성이 높았다. 욕실 벽의 석고에서 머리카락과 혈액이 발견된 것으로 보아 그의 머리가 욕실 벽에 반복적으로 부딪힌 것 같았다. 그의 얼굴에는 물린 자국 4개가 있었고 턱에는 베인 상처도 있었다. 죽기 얼마 전에는 코가 부러졌고, 귓불 일부가 없었으며 두 눈은 멍이 들어 있었다.

팔과 다리에도 베인 상처와 멍이 있었다. 담뱃불로 지져서 생긴 상처와 다리미에 덴 상처 등 화상도 셀 수 없이 많았다. 오른쪽 아래팔의 두 뼈와 마찬가지로 오른팔도 최근에 부러졌다. 왼쪽 팔은 과거에 부러져서 지금은 상당히 광범위하게 치유된 것이 보였다. 왼쪽 아래팔에서 골절 두 곳, 왼쪽 엄지손가락과 손가락들의 골절이 보였고, 왼쪽 발뼈는 새로 부상을 입었다.

몸통에도 멍과 화상이 있었다. 복부와 생식기는 되풀이하여 얻어맞은 것 같았다. 오른쪽 7번, 8번 갈비뼈가 골절되었는데, 8번은 시간차를 두고 두 번 골절된 것으로 보아 학대가 되풀이되었음을 시사했다. 왼쪽 갈비뼈는 7번, 8번, 10번, 11번이 골절되었고, 역시

11번에서 시간적으로 구별되는 두 번의 골절과 회복이 보였다.

연조직 손상 시기를 판단하는 것은 법의인류학자의 전문 분야가 아니다. 우리의 조사 대상은 경조직, 더 구체적으로 말하면 뼈다. 뼈에 초점을 맞춘 우리는 왼팔의 치유된 골절 영상을 보고 골절이 아마 1년 정도 되었을 것이라고 판단할 수 있었다. 해리가 석고 깁스를 하기 위해 병원에 다녔다는 것이 병원 기록으로 확인되었다. 기록에는 해리가 놀이터에서 떨어졌다고 되어 있었다. 사망하기 2~4개월 전에는 최소 두 번의 갈비뼈 골절을 당했다. 다른 골격의 손상 모두는 최근의 것으로 보였는데, 그의 사망 시간과 거의 일치했다. 우리는 최소 세 차례의 반복적인 골격 외상이 있었다고 결론지을 수 있었다. 해리의 갈비뼈 골절은 이런 사건이 끊임없이 반복되는 경향이 있다는 것을 가장 명확하게 보여주었다.

해리는 어머니가 떠난 후로 아버지와 단둘이 살았다. 그녀는 아마 남편의 폭력을 피해 달아난 것 같았는데, 어린 아들은 남겨 두어 이 끔찍한 학대로 고통받게 했다. 해리의 아버지는 정신장애를 주장했지만, 법원은 이를 받아들이지 않고 종신형에 최소 19년의 복역을 해야 가석방 심사 대상이 된다고 선고했다.

아동의 사망은 의료팀이나 법의학팀의 모든 구성원이 가장 처리하기 힘들다. 하지만 동시에 목적의식을 되찾게 하고 정의를 위해 진실을 찾는다는 의욕을 북돋우는 일이다.

갈비뼈는 뒤에 있는 척주에서 앞에 있는 복장뼈로 이어지며 앞에서는 연골로 대체된다. 사람에게는 호흡을 돕기 위해 최대한 유연성을 유지하는 가슴우리thoracic cage가 필요하다. 갈비뼈들 사이에 있는 근육인 갈비사이근intercostal muscle은 갈비뼈들을 서로 기대어 들어 올리는 역할을 한다. 성인의 갈비뼈는 가슴을 수평이 아닌 굽은 각도로 둘러싸기 때문에, 들어 올리면 갈비뼈는 마치 양동이 손잡이처럼 움직인다. 바로 이 때문에 숨을 깊이 들이마시면 가슴이 앞뿐만 아니라 양옆에서도 팽창하는 것이다. 이렇게 되는 원인은 각 갈비사이근이 수축하고 그 아래에 있는 갈비뼈를 끌어올리면서, 그에 따라 속가슴의 압력이 바뀌고 코와 입을 통해 공기를 폐로 끌어들이기 때문이다.

일반적으로 사람의 갈비뼈는 12쌍 24개로 이루어져 있지만, 사람마다 다를 수도 있어서 26개 또는 그보다 더 많을 수도 있다. 목갈비뼈cervical rib가 너무 크게 자라면, 상지의 혈액순환 문제, 통증과 지각이상paraesthesia을 일으킨다. 만약 이 문제가 너무 커지면 수술로 제거할 수 있으며 환자에게 미치는 나쁜 영향은 없다.

이런 기형은 발생률이 낮기 때문에, 해골화된 유골에 존재하여 예전에 찍은 X-레이 사진과 일치할 경우 당연히 신원 확인에 도움이 될 수 있다. 그리고 목갈비뼈가 특별히 커서 불편했던 사람은 언젠가 병원을 찾았을 가능성이 있다.

허리 부분에 있는 갈비뼈는 더 이례적이다. 아주 작고 거의 퇴화하여 일반적으로는 아무 증상도 안 나타나기 때문에 신원 확인 목적으로는 가치가 크지 않다. 많은 사람들이 그것을 갖고 있지만 알지 못한 채 잘 지낸다.

갈비뼈가 더 있으면 유골이 발견되었을 때, 특히 완전히 해골화된 경우 처음에 약간의 혼란이 생길 수도 있다. 추가된 작은 뼈를 찾기 위해, 옆으로 들이치는 비를 맞으며 귀가 떨어져 나갈 듯이 추운 스코틀랜드 날씨에 진흙탕에서 무릎을 꿇고 기어다니고 있을 수도 있다. 당연히 그 뼈를 찾은 장소에 주의를 기울여야 하지만, 비가 많이 내렸기 때문에 작은 뼛조각이 움직여서 예상했던 장소에 없을 수 있다. 또 동물들이 유골을 흩어 놓았을지도 모른다. 열량이 높은 내장에는 썩은 고기를 먹는 동물들이 많이 꼬이고, 몸통 일부는 나중에 먹으려고 시신이 있던 장소에서 옮겨진다. 그리고 갈비뼈는 동물들이 씹거나 갉아먹어서 상당히 많이 손상되어 있다.

간혹 우리가 발견한 것이 갈비뼈뿐일 수도 있고, 특히 조각난 경우 그것이 사람의 것인지를 확인하기가 까다로울 수 있다. 해부학에서는 형태가 기능을 따라가기 때문에, 크기가 비슷하고 서로 다른 두 종의 어느 기관이 똑같은 기능을 한다면, 그 형태도 아주 비슷해 보일 수 있다. 이것은 특히 사람과 돼지의 갈비뼈에 해당되는 사실이다. 경찰이 쓰레기 매립장을 얼마나 자주 수색하는지를 안다면, 그리고 식당과 포장음식점에서 얼마나 많은 양의 돼지갈비가 팔리는지를 생각한다면, 법의인류학자가 그 둘을 구별해달라는 요청을 얼마나 자주 받는지 어느 정도 알 수 있을 것이다.

장모의 시신을 녹이는 남자

가성소다와 식초의 혼합물로 장모의 시신을 녹였다고 주장한 사람이 있다. 피해자인 자이나는 56세로 6명의 자녀를 두었는데, 어느 날 아침에 막내딸을 학교에 데려다 준 이후로 실종되었다. 경찰이 그녀의 집을 조사한 결과 욕실과 층계참, 그녀의 침실에서 그녀의 혈액이 발견되었다. 결정적 증거는 계단 꼭대기에서 발견된 피 묻은 손바닥 지문이었는데, 사위의 것이었다. 심문에서 그는 장모의 실종과 발견된 혈흔에 대해, 복면을 쓴 남자들이 그녀를 납치하여 몸값을 요구했다는 등 괴이한 변명을 해댔다.

결국 그는 자이나가 사망했다고 자백했다. 그러면서 장모와 잘 지냈었는데 어느 날 그녀가 자신에게 성적으로 접근했다고 주장했다. 그는 완강하게 거부하면서 생각보다 세차게 그녀를 밀어냈다고 했다. 그녀는 뒤로 넘어지면서 침대 헤드보드에 머리를 부딪혔다. 코에서 피가 났고 그녀는 움직이지 않았다. 죽은 것이 분명했다. 겁에 질린 그는 그녀의 몸을 질질 끌고 욕실로 데려가 욕조에 넣어둔 뒤, 어떻게 해야 하나 고민했다. 사람들이 믿어주지 않을 것 같아서 두려워진 그는 그녀의 시신을 없애기로 결정했다. 신중하게 신문하자, 그는 시신을 욕조에 둔 채 나가서 가성소다와 식초를 사갖고 와서 자이나의 시신 위에 부었다고 말했다. 그랬더니 정말 시신이 녹아서 욕조 하수구로 흘려보냈다고 했다.

이 시점에서 경찰은 나를 찾아와 피고인의 설명대로 시신이 녹는 것이 가능한지 물었다. 그가 하는 공상 같은 이야기를 멈춰야 할 때였다. 우선, 가정용 가성소다는 시신을 액화시킬 정도로 강하지 않다. 정해진 시간 내에는 확실히 아니다. 그리고 가성소다가 식초와 결합되면 중화된다. 식초는 산성이고 가성소다는 알칼리성이므로, 이 두 가지를 섞으면 초산나트륨이라는 물질과 물로 변한다. 초산나트륨은 좋은 화학물질이 아니며, 피부에 닿으면 처음에 '화상'을 입을 수도 있지만 그 이상의 효과는 없다.

그는 또 다른 이야기를 생각해내야 했다. 분명 그는 화학자가 아니었지만, 다른 분야에서 관련된 경험을 갖고 있었다. 파이공장의 정육 파트와 케밥 가게에서 시간제 일을 했던 것이다. 경찰의 생각이 어디로 향하기 시작했는지 알 수 있을 것이다. 고기칼과 상당한 정육 기술을 이용하여 그는 욕조에서 자이나의 시신을 토막 내고, 시신 토막들을 비닐봉투로 싸서 케밥 가게의 카운터 안쪽에 보관했다. 우리가 이것을 알게 된 이유는 바로 그곳에서 자이나의 혈액이 발견되었기 때문이다.

그날 밤 그와 그의 형은 시신 토막들을 더 작게 잘랐다. 그들은 시내를 돌아다니며 다른 포장음식점 바깥에 있는 쓰레기통에 시신 토막들을 버렸다며, 아마 쓰레기차가 그것들을 수거하여 쓰레기 매립장으로 보냈을 것이라고 말했다. 짐작대로 전면적으로 식품 안전에 대한 경보가 내려졌다. 매립지로 가는 모든 쓰레기, 매립지 자체, 케밥 가게와 파이공장에서 판매하는 고기를 모두 확인했지만, 자이나가 이렇게 특별한 최후를 맞이했다는 것을 확인해주는 증거는 발견되지 않았다. 그 케밥 가게가 바로 직후에 폐업한 것은 놀랍지도 않다. 하지만 주인이 바뀐 후 다시 문을 열었고, 내가 아는 한 지금도 포장음식을 판매하고 있다.

자이나의 사위는 종신형을, 그의 형은 시신 처리를 도운 혐의로 7년형을 선고받았다. 그녀의 친척들은 살인 동기가 돈이라고 믿었다. 자이나에게는 멋진 집과 은행 저축이 있었고, 사위는 둘 다를 원했다. 사랑하는 가족을 끔찍하게 잃었다는 상실감뿐만 아니라 가까운 친척이 그들의 생활을 폭력적으로 앗아갔다는 사실과 고인의 시신을 돌려받지 못해 적절하게 안장시키지 못한다는 괴로움까지 견뎌야 하는 상황에서 한 가족이 겪은 고통이 얼마나 깊을지 우리는 헤아릴 수 없을 정도다.

매립지에서 회수된 돼지갈비뼈까지 모두 확인하는 등 광범위하게 수색했지만, 시신 토막은 전혀 발견되지 않았다. 그것은 사람의 것이었을까 아니면 동물의 것이었을까? 이런 사건은 법의인류학자가 돼지나 양, 염소, 다른 동물의 갈비뼈 조각을 사람의 뼛조각만큼 자신 있게 확인할 수 있어야 하며, 그것들을 구별하는 능력이 왜 중요한지를 잘 설명해준다. 학생들은 일반적으로 갈비뼈를 아주 지루하게 생각한다. 갈비뼈를 모두 따로따로 구별하는 법을 배우는 수업 시간을 싫어하지만, 그런 지식이 특히 시신 절단 사건의 수사에서는 아주 중요하게 쓰이기 때문에 꼭 필요하다.

우리는 또 학생들에게 갈비뼈를 순서대로 배열할 수 있어야 한다고 귀에 못이 박히도록 말한다. 그렇게 할 수 있다는 것은 갈비뼈의 좌우를 구별할 줄 알고, 갈비뼈 전체가 없더라도 가슴의 어느 부위에 있었을지, 위인지 중간인지 아래인지를 안다는 뜻이다. 예를 들어 갖고 있는 갈비뼈가 한 조각에 불과해도 오른쪽 5번의 일부인지 아니면 왼쪽 4번의 일부인지 구별할 수 있는가? 이것은 결코 쉽지 않은 확인 작업이지만 중요한 일이다.

한번은 어린 남자아이의 시신 절단과 관련된 재판에서 증언을 했다. 아이의 유골은 콘크리트 바닥 아래에서 발견되었다. 상대는 사용된 칼이 5번과 6번 갈비뼈 사이에 들어갔다는 걸 얼마나 확신하느냐고 나를 강하게 몰아붙였다. 그 사실이 이 사건에 중요한가? 아마 그렇지 않았을 것이다. 하지만 전문가 증인의 증언이 타당한지에 관하여 배심원단에게 충분한 의심을 일으키려고 일부러 증인을 동요시키는 것('무슨 말입니까, 확실하지 않습니까? 어느 분야가 전문이죠?')은 피고 측 변호인들이 법정에서 흔히 쓰는 전술이다.

뒤쪽 척주 옆에 있는 갈비뼈 조각을 갖고 있다면 좌우를 구별하는 것이 비교적 간단하다. 여기에서 골간shaft of bone이 모퉁이를 돌면, 갈비뼈의 아래쪽 경계를 따라 고랑이 보이기 시작한다. 이것은 갈비뼈의 아래쪽 경계의 길이를 따라 뒤에서 앞으로 이어지는 혈관과 신경이 있는 갈비밑고랑subcostal groove이다.

다음에 돼지갈비를 먹을 때 이것을 직접 볼 수 있을 것이다. 뼈에 가장 가깝게 붙은 근육을 자세히 보자. 뼈의 위쪽 경계가 아니라 아래쪽 경계라면, 혈관이 지나가는 구멍들과 하얗고 단단한 작은 막대인 갈비사이신경intercostal nerve이 보여야 한다. 갈비밑고랑은 항상 뼈의 아랫부분에 있고 바깥 면은 볼록하고 안쪽 면은 오목하기 때문에, 어느 방향으로 올라가는지 그리고 뒤에서 앞으로 향하는지 알 수 있다. 그 덕분에 그 갈비뼈가 오른쪽의 것인지 왼쪽의 것인지 확실히 알 수 있다. 논리적으로 들리고 실제로도 논리적이다. 하지만 배우지 않으면 알 수 없는 내용이다.

갈비뼈를 순서대로 배열할 때 가장 먼저 할 일은 오른쪽, 왼쪽을 분류하는 것이다. 갈비뼈가 모두 있고 정확하다면, 한쪽에 12개씩 모두 24개가 있겠지만 물론 항상 그렇게 간단하지는 않다. 여분으로 더 있을 수도 있고, 손상되거나 동물이 먹어서 빠진 것이 있을 수도 있다. 이제 할 일은 그것이 가슴의 윗부분의 것인지, 가운데의 것인지, 아랫부분의 것인지를 판단하는 것이다.

처음에 있는 두 개, 즉 1번과 2번 갈비뼈는 다른 갈비뼈와 다르게 생겼다. 폐의 상단을 아주 좁은 각도로 감싸고 있어서 뚜렷하게 '쉼표' 모양이라 쉽게 확인할 수 있다. 다음 4개(3~6번) 갈비뼈는 참갈비뼈 또는 척추복장갈비뼈vertebrosternal rib라고 불리는데, 각각 별도로 앞에 있는 복장뼈에 부착된 갈비연골이 있고 그 모양에서 이 중상부 갈비뼈의 기능을 알 수 있기 때문이다.

중하부의 4쌍의 갈비뼈(7~10번)는 거짓갈비뼈 또는 척추연골갈비뼈vertebrochondral rib라고 한다. 전방의 끝이 복장뼈까지 닿지 않고, 갈비모서리costal margin에서 끝나기 때문이다. 가슴에 지방이 많지 않은 사람의 경우 상당히 선명하게 볼 수 있다. 마지막에 있는 두 개, 즉 11번과 12번 갈비뼈는 뜬갈비뼈다. 말 그대로 어디에도 붙지 않고 떠 있다. 갈비모서리에도, 복장뼈에도 부착되어 있지 않고 그냥 복벽의 근육에서 끝난다. 결과적으로 퇴화한 흔적 기관으로 크기도 훨씬 작다.

일부 사람들은 극단적인 성형수술로 하부 갈비뼈를 짧게 하거나 아예 모두 제거하기도 한다. 빅토리아 시대에 코르셋을 가차 없이 조여서 만든 과장된 모래시계 체형을 오늘날에는 수술로 얻을 수 있다. 아래쪽의 뜬갈비뼈를 빼내서 환자의 얼굴이나 아래턱 같은 다른 신체 부위의 골절을 복구하기 위한 자가이식편으로 사용할수도 있다. 나의 절친 한 명은 해병대의 낙하산 의무병이었는데, 북아일랜드에서 복무할 때 부상병을 구출하려다가 총에 맞았다. 부서진 턱을 재건하는 수술을 위해 그의 갈비뼈 하나를 납작하게 눌러펴서 사용했다. 만약 인체에서 없어도 되는 부분이 어디인지를 알고, 그것을 필요할 때 예비 부품으로 사용할 수 있다면 유용하지 않을까?

간혹 식별해야 하는 것이 갈비뼈만이 아니라 인체에서 갈비뼈와 관련된 다른 부위의 문제일 때가 있다. 예전에 어느 노부인의 오른쪽 갈비뼈 뒤쪽의 안쪽 표면에서 복강 안에 있었을 작은 돌덩어리를 발견한 적이 있다. 이것은 콜레스테롤이 많이 함유된 음식물을 섭취하고 그것을 녹일 담즙염이 간에서 충분히 생성되지 못해서 생긴 담석이었다. 담석은 담낭(작은 저장 주머니)에 축적되거나, 이동하여 담관 또는 괄약근(담낭과 소장을 연결하는 구멍에 있음)을 막을 수 있다. 이 노부인의 경우 호두 정도 크기의 아주 큰 담석 몇 개와 사탕옥수수 알처럼 자잘한 담석이 많이 있었다. 담석 모양은 납작한 면과 뾰족한 귀퉁이가 있어서 직소퍼즐처럼 서로 잘 맞물려 있었다. 결석은 신장, 요관, 방광이 포함된 비뇨기계와 연결된 다른 부위에서도 발생한다. 그러니 우리는 '몸 안의 돌'을 잊지 말아야 한다.

갈비뼈 전체가 온전하게 있고 성인의 것일 때, 순서대로 배열하고 식별하는 것은 별로 복잡하지 않다. 하지만 유아의 갈비뼈를 순서대로 배열하는 것은 또 다른 문제이며, 전문 지식과 경험이 필요하다.

그레나다의 새보석운동

1999년에 나는 외무부의 요청을 받고 정치적으로 민감한 상황을 돕기 위해 서인도제도의 그레나다로 향했다.

1974년에 영국으로부터 독립한 국가 그레나다는 에릭 게리가 초대 총리가 되었다. 5년 후 게리 총리가 UN 정상회의에 참석하는 동안, '새보석운동New Jewel Movement'이라는 혁명 그룹이 무혈혁명으로 나라를 장악했다. 새보석운동에서 보석이라는 뜻인 'Jewel'은 'Joint Endeavour for Welfare, Education and Liberation(복지, 교육, 해방을 위한 연대 노력)'의 약자다. 많은 그레나다 사람들은 혁명 그룹을 이끌었던 모리스 비숍을 영웅적인 '민중의 사람'으로 보았다. 비숍은 의회를 해산하고 스스로 집권 인민혁명정부People's Revolutionary Government의 수장이 되었다.

대부분의 국민은 혁명을 환영했고, 비숍은 무상 교육과 의료, 더 나은 대중교통, 새로운 인프라 프로젝트를 포함하여 국민의 생활을 개선하기 위한 다양한 대책을 시행하기 시작했다. 그러나 오래지 않아 인민혁명정부의 내부에서 분열이 일어나기 시작했고, 1983년에 비숍은 2인자에게 충성하는 당원들에 의해 면직과 가택연금을 당했다. 나라는 혼란 상태에 빠졌다.

비숍을 따르는 수천 명의 군중이 그를 석방시켰고 그와 함께 군사령부본부까지 행진을 했다. 시위대 진압을 위해 또 다른 요새에서 병력이 파견되었고, 비숍과 각료 3인(그중에 비숍의 애인이자 교육부장관이었던 재클린 크래프트도 있었다), 동맹 지도자 2인을 포함한 8인이 끌려갔다. 그들은 벽에 나란히 세워진 뒤, 처형되었다고 한다. 그 시신들을 어떻게 했는지에 대해서는 알려지지 않았으나, 시신을 모두 한 구덩이에 몰아넣고 휘발유를 뿌린 뒤, 불을 붙이고 수류탄을 던져 형체를 알아볼 수 없을 정도로 산산조각 냈다는 등 많은 소문들이 있었다.

미국의 로널드 레이건 대통령은 그곳에 체류하던 미국인 의대생 수백 명의 안전을 우려하면서 그레나다 침공 명령을 내렸다. 영국의 마거릿 대처 수상은 예전 영국 식민지를 침공하면서 상의하지 않은 미국을 탐탁지 않게 생각했지만, 공개적으로는 여전히 미국의 결정을 지지했다.

8천 명이 넘는 미군이 참가하여 4일 동안 육해공 합동 공세를 펼친 '긴급 분노 작전Operation Urgent Fury'으로 신속하게 평화를 되찾았지만, 비숍은 어울리는 무덤도 없이 국민 순교자가 되었다. 그의 유해를 찾기 위한 시도가 몇 차례 있었으나, 미군의 조사 역시 실패한 것으로 보인다.

그레나다의 수도인 세인트조지에 있는 한 공동묘지에서 무덤 파는 사람이 비어 있어야 하는 곳에서 사람의 뼈가 담긴 미 해병대 시신 가방을 발굴한 후, 나는 외무부로부터 전화를 받았다. 이 뼈들이 인민혁명정부 순교자들, 아마 모리스 비숍의 유골일 수 있다는 소문이 현지 주민들 사이에서 들불처럼 퍼져나갔고, 잠재적 불안에 대한 우려도 있었다. 미군과 FBI의 연합 태스크포스task force팀이 유골 조사를 위해 출국할 준비를 하고 있었고 그레나다 정부는 영국 정부와 접촉하여 공평하게 소규모 참관팀의 조사 참여를 요청했다.

우리 팀은 정말 소규모였다. 법의인류학자인 나와 법의병리학자인 이안 힐 박사로만 구성되었다. 영국팀과 미국팀 간의 대조가 이보다 더 두드러질 수는 없었다. 단체로 긴 장화와 폴로셔츠, 야구 모자, 로고가 가득한 재킷을 입은 대규모의 미국 파견단이 도착했다. 그들은 반짝이는 메탈릭 여행가방에 담아온 최신 장비를 자랑하며 눈에 띄게 냉담하게 거리를 두고 거만한 태도를 보였다.

아주 영국적인 챙 넓은 밀짚모자에, 반소매 체크 셔츠와 베이지색 슬랙스, 크림색 블레이저를 입은 이안은 델몬트 광고에 나오는 남자처럼 보였다. 나는 평소처럼 누군가의 엄마처럼 보였다. 우리는 바로 확실하게 '즉각적인 위협 없음'이라는 평가를 받았고, 묵인되지만 대체로 무시되는 엑스트라들이다. 그러나 '형사 콜롬보'의 팬이라면 그것은 언제나 위험한 가정이라는 것을 알 것이다.

영국 공군 소속인 이안은 비행기를 타고 그레나다로 가는 내내 비행기에서 나는 모든 삐걱대는 소리에 대해 이야기를 했다. 그러다 자신이 경험한 모든 비행기 추락 사고를 떠올리고, 비상착륙 때 해야 할 일에 대해 알려주었다. 이륙할 때는 침착했다면, 착륙할 무렵에는 골치가 아팠다. 우리에게 지정된 예쁜 호텔에 도착하니 기뻤다. 법의학 직무를 수행하는 동안 수영장과 칵테일 바, 야외 레스토랑에 둘러싸인 열대섬에 있음을 깨닫는 것은 항상 어울리지 않는다는 느낌이지만, 그래도 우리는 이내 적응했다.

미국 법의학팀과 첫 만남을 계기로 그들은 우리에 대한 첫 인상을 다시 평가했다. 평가에 '성가신'이라는 부사가 추가되었을 뿐이지만 말이다. 우리는 미국의 이전 조사 보고서 사본을 요청했다. 우리는 현재 사본을 찾을 수 없다고 분명히 들었지만, '선생님'인 나는 그들이 찾는 즉시 우리에게 한 부 줄 것이라고 납득해야 한다. 이런 수사적 발언은 커다란 황소의 엉덩이에서 바로 나오는 것 같은 냄새를 나지 않는 척 감추려고도 하지 않았다.

이안과 나는 소모 전략을 쓰기로 결정했다. 우리는 그들에게 보고서 사본을 입수했는지 매일 물어봤고, 항상 인내와 예의를 갖춘 상투적이고 똑같은 대답을 들었다. 어느 날은 단조로움을 깨기 위해 두 번 물어보거나 교대로 물어봤다. 오늘은 이안이, 다음 날은 내가 묻는 식으로 말이다. 아니면 서로 소통을 하지 않는 것처럼 둘 다 묻기도 했다. 때로는 우리가 재미를 만들어야 할 때도 있었다.

우리는 무덤 파는 사람을 찾아 무엇을 어디에서 발견했는지, 왜 모두가 그렇게 들떴는지 물어보았다. 그는 유쾌한 사람이었다. 그는 기꺼이 우리를 공동묘지로 데리고 가서 자신이 무엇을 발견했는지 깨닫고 다시 메웠던 구멍을 보여주었다. 그는 그곳에 묻힌 것에 대한 현지 의견을 알려주었고 온갖 유용한 정보를 전해주었다. 대부분 가십이었지만, 일부는 예비 브리핑 회의에서 보고되지 않았던 세부 정보도 있었다. 그는 그들이 처형될 당시 재클린 크래프트가 비숍의 아이를 임신 중이었다는 것은 많이들 아는 내용이라고 말했다. 하지만 미국 조사자들이 우리에게 알려주지 않기로 했던 대단히 중요한 정보였다. 우리는 처음 듣는 내용이라 태아의 유골을 회수할 가능성을 고려하지 않고 있었던 것이다. 이것은 모두에게 말하는 것이 얼마나 중요한지를 그대로 보여주지만 그들의 참여가 그다지 중요하지 않은 것처럼 보일 수도 있다.

우리는 한낮의 무더위를 피하기 위해 아침 일찍부터 공식 발굴을 시작했다. 깊지 않은 곳에서 미 해병대의 것으로 예상되는 캔버스로 된 시신 가방을 보게 되었다. 상태는 좋지 않았지만 우리는 간호사들이 병상에서 꼼짝 못하는 환자 밑의 시트를 갈 때 하는 롤링 기법을 사용하여 거의 손상 없이 가방을 들어 올릴 수 있었다. 우리는 파괴를 최소화하여 유골을 시신 가방에 옮겨야 할 때 이 방법을 사용한다.

미국팀은 가방을 발굴하자마자 짐을 꾸리기 시작했다. 하지만 그것은 우리 계획서에 없는 내용이었다. 항상 우리는 회수된 유해의 아래와 옆까지 매장지를 철저하게 탐색하게 확보하곤 했다. 이 경우 시신 가방이 터져 있었기 때문에 동물들의 활동과 토양 내 물줄기의 영향을 받아 뼈들이 토양 내에서 사방으로 이동했을 수 있다. 그래서 우리는 그 구멍에 시신 가방과 그 안의 내용물만 있을 것이라는 가정은 절대 하지 않았다.

흙을 조금 파내자 나는 뼈들을 추가로 발견할 수 있었다. 그것은 오랫동안 사용되어 온 묘지에서 당연히 예상되는 일에 불과하다. 이 뼈들은 체구가 작고, 어린 사람의 갈비뼈였다. 물론 조사를 해야 하겠지만, 그 뼈들은 태아의 것이 아님을 바로 알아차렸다. 따라서 소문 속의 재클린 크래프트의 임신과 관련된 뼈일 가능성은 없었다.

하지만 나는 장난을 치고 싶었다. 먼지 많고 지저분한 구덩이 속에서 미국 측 내 상대의 반짝이는 장화를 올려다보며 다정하게 물었다. "말해봐요. 아이의 유해가 나오길 기대하는 거죠?" 얼굴이 창백해진 그는 한 마디도 없이 몸을 돌려 공동묘지의 외딴 구석으로 달려가더니 과격한 몸짓으로 휴대전화에 대고 빠르게 말을 했다. 우리 영국의 이 소소한 득점이 유치하다는 것을 부정하지는 않겠지만, 자축의 작은 미소를 짓지 않을 수 없었다.

나는 돌아온 그에게 어린 갈비뼈들을 순서대로 배열하는 것이 괜찮은지 물었다. 그렇다면 그 뼈들을 그에게 넘기려고 했다. 그는 기절할 것 같았다. 아이들의 유해를 다뤄본 경험이 거의 없는 것이 분명했다. 나는 뼈들을 위로 보내면서 그것들이 태아의 뼈가 아니라는 말은 하지 않았다. 정말로 태아의 뼈를 찾을 가능성이 있다는 사실을 나는 모르고 있는 것으로 되어 있었기 때문이다. 그는 나에게 유해의 주인인 아이가 몇 살 같냐고 물었다.

나는 "어려요."라고 대답했다. 아마 그 순간을 조금 많이 즐긴 것 같지만, 미국인들이 우리한테 너무 냉담했기 때문에 작은 보상을 받을 자격이 있다고 생각했다.

시신안치소에서 나는 그에게 어린아이의 골격 일부를 주면서 순서대로 배치하라고 했고, 역할이 뒤바뀌게 되어 그의 불편함은 더 길어졌다. 그는 4시간에 걸쳐 휴대전화를 이용해가며 장비를 세팅했다. 약간의 기술적 문제가 있었던 것이 분명했기 때문이다. 물론 아이의 유골을 배열하는 데는 장비 따위는 필요 없고 경험만 있으면 된다. 나는 그를 그곳에 놔두었다가 일과가 끝나기 한 시간쯤 전에 드디어 그를 편하게 해주고, 직접 머리부터 발가락까지 뼈를 배열했다. 15분밖에 안 걸렸다. 이 유해가 두 살 정도 되는 아이의 것이라고 말하자, 그는 실제로 희미한 미소를 보여주었다. 나는 목적을 달성했음을 감지했고, 그도 그것을 알았다. 장벽이 제거된 것은 아닐까 생각하면서 나는 이 점을 최대한 활용하여 이전의 조사 보고서를 다시 요청했다. 하지만 외관상 그것은 여전히 교전 중에 실종된 상태였다.

이안과 나는 무덤 파는 사람과 사이가 좋았다. 그는 그날 저녁에 우리를 자신의 집 정원 파티에 초대했고, 당연히 우리는 언제라도 수락할 생각이었다. 그는 미국인 동료들에게도 비슷한 초대장을 보냈지만, 그들은 정중하면서도 단호하게 거절했다. 그것은 그들의 손해였다.

무덤 파는 사람의 집에 도착하자, 인심 후한 주인은 우리를 정원으로 데려갔다. 그곳에는 거대한 냄비가 모닥불 위에서 부글부글 끓고 있었다. 냄비의 가운데에는 높이 쌓인 닭고기와 채소들이 있었고, 그 주변으로는 빵이 채워져 있어서 모든 육즙과 채즙이 빵에 흡수되었다. 냄새가 아주 근사했다. 그다음에 그는 집에서 비정제 사탕수수당인 데메라라 당밀로 만든 럼주를 개봉했고, 저녁은 훨씬 흥겨워졌다. 다음 날 숙취로 힘들 거라는 걸 알았지만 그럴 만한 가치가 있었다.

밤이 으슥해졌다. 우리는 달빛 아래에서 모닥불 주위에 앉아 럼주와 훌륭한 음식을 즐기며 산들바람을 쐬었다. 나는 한 매력적인 남성과 이야기를 나누었는데, 그는 그레나다의 한 사립 대학교에서 해부학을 가르치는 교수라고 했다. 당연히 우리는 공통점이 많았고, 장시간 해부학, 교육, 인류학 문제에 대하여 서로 이야기를 나누었다. 내가 그레나다에 나타난 이유를 이야기하면서 정치적으로 민감한 문제라서 신중함을 기울이는 동안(그러나 알고 보니 걱정할 필요가 없었다. 외관상 그레나다 전체적으로 뜨거운 가십이었기 때문이다), 소재 파악이 힘든 미국의 예전 조사 보고서에 대해 이야기했다. 그 문제로 이안과 내가 겪은 미국인 동료들의 비타협적인 태도에 대해 말했고, 그것이 얼마나 웃기고 화가 나는지에 대해 말했다. 그러던 중 가장 절묘한 순간에 전혀 뜻밖의 말을 들었다.

"당시에 그 주변에 있다가 그 보고서 사본 하나를 갖게 되었는데. 내일 복사해줄까요?"

한 쌍의 해부학자, 무덤 파는 사람의 파티와 집에서 담근 데메라라 럼주로 이런 마법이 만들어지다니. 놀라운 일이었다. 아침에 동료들이 걱정해야 할 일들 중에서 아이의 갈비뼈는 가장 사소한 것일 테다.

다음 날 아침, 이안과 나는 숙취 때문에 힘들어하며 그 교수의 대학교 사무실로 갔다. 그곳에는 미국의 보고서 사본이 우리를 기다리고 있었다. 사실 거기에 우리가 모르는 내용은 거의 없었다. 비숍의 유해가 있는 장소와 크래프트의 임신 정보(어쨌든 지금은 우리도 알고 있다)를 확인하는 첫 번째 임무가 실패했던 당시, 제시되었던 가설들에 대한 배경 외에는 말이다.

이안과 나는 시신안치소로 돌아갔는데, 미국 동료들은 짐을 싸느라 아주 분주해 보였다. 우리는 의례적인 질문을 했다. '벌써 보고서를 찾았어요?' 역시 의례적인 대답이 돌아왔다. "죄송합니다. 아직 못 찾았어요. 계속 찾고 있어요." 나는 가방에서 보고서를 꺼내서 그들에게 사본을 만들고 싶은지 묻고, 보고서 완성을 위해 아주 기꺼이 협조하겠다고 했다. 그들은 급하게 허둥댔다. 팀 전체가 의자에서 벌떡 일어나 밖으로 나가 전화기를 귀에 대고 쉴 새 없이 지껄였다. 이상한 점은 우리의 보고서 사본 제의에 미국인들이 응하지 않았다는 것이다. 아마 그들도 결국에는 자기 것을 찾았을 것이다.

결론은 누구도 걱정할 일은 없었다. 발견된 유골 중에 비숍이나 그의 애인, 다른 각료들의 것은 없었기 때문이다.

1983년에 미국인들이 그레나다를 침공했을 때, 그들은 군사령부본부에 공습을 감행했고, 목표는 맞히지 못했으나 대신에 근처의 병원건물을 맞혔다. 발견된 아이의 갈비뼈는 그 이전에 공동묘지에 묻힌 시신의 것일 가능성이 높았지만, 미 해병대 시신 가방에 들어 있던 것을 포함하여 그 무덤의 다른 뼈들은 그저 불행히도 잘못된 시간, 잘못된 장소에 있었던 병원 환자들의 것이었다. 이 사실은 파편화된 신체 부위, 뒤섞인 성별과 연령, 가슴 아프게도 병원 이름이 새겨진 라벨이 여전히 붙어 있는 파자마 허리띠 조각에서 확인할 수 있었다.

우리 모두는 마땅히 서로를 정중하게 대해야 한다. 그러나 사람들이 그것을 잊을 때, 그리고 협력 대신 분열을 택할 때 갈비뼈와 종이 몇 장으로 얼마나 많은 해악을 끼칠 수 있는지 보라. 놀라울 따름이다. 누군가는 진실을 알기 위해 부단히 애를 쓰고 있을 때 말이다.

WRITTEN IN BONE

THE THROAT

$$\boxed{5}$$

목

조른다고 다 골절되지는 않는다

범죄소설 작가들이 특히 좋아하는 뼈를 꼽자면 바로 목뿔뼈hyoid bone(설골)다. 목뿔뼈는 골절이 잘 되기 때문에, 소설에서는 목뿔뼈의 골절로 목 졸림이 일어나 사망하는 경우가 많이 나온다.

목뿔뼈의 위치는 목 위쪽, 턱 아래에 있는 3번 목뼈 앞이다. 이 위치에서 손가락을 목 양쪽에 대고 꽉 쥐면, 양옆에서 저항이 느껴지고 목이 상당히 불쾌하게 아플 수 있다. 손가락 아래로 만져지는 뼈들은 목뿔뼈의 큰뿔(또는 날개) 끝이다. 이 뼈는 턱의 아랫면부터 목뿔뼈의 윗면으로 향하는 근육을 부착하는 역할과, 목뿔뼈의 하단부터 그 아래에 있는 후두larynx 주변의 다른 구조들과 복장뼈까지 내려가는 근육들의 기착지 역할을 한다.

어린아이의 목뿔뼈는 가운데(몸통) 한 조각, 양옆의 작은 뿔 두 개, 이들 아래의 큰뿔 두 개, 모두 5개의 뼛조각으로 구성된다. 이 뼈는 대략적으로 C자형이며, C자의 열린 부분은 기관windpipe을 둘러싸면서 뒤쪽을 향하고 있다. 작은뿔은 어릴 때 몸통에 융합되지만 큰뿔은 40~50살이 될 때까지도 융합이 되지 않을 수도 있다.

공격하는 사람이 엄지손가락과 다른 손가락들로 목의 양옆을 잡고 압력을 가하면 다소 약한 큰뿔을 부러뜨릴 수 있다. 하지만 사실 목을 조른다고 목뿔뼈가 다 골절되는 것은 아니다. 약 3분의 2는 골절되지 않는 것으로 추정된다. 사실 그런 골절이 젊은 사람들에게서는 흔치 않고, 어린아이들에게서는 아주 드물다. 그리고 사망자의 목뿔뼈가 부러진 것으로 밝혀진다 해도, 목뿔뼈는 살아 있는 동안에도 골절될 수 있기 때문에 사망자가 반드시 교살되었다는 뜻은 아니다.

제니의 조각 난 목뿔뼈

제니의 슬픈 이야기가 좋은 예다. 제니는 어린 시절을 불행하게 보냈다. 양친이 돌아가신 뒤, 남동생과 따로 위탁시설에 맡겨졌다. 그녀는 어린 나이에 세 아이의 엄마가 되었지만 결혼 생활이 깨진 후, 그렇지 않아도 아무렇게나 살았던 생활이 혼란에 빠지기 시작했다. 술꾼에 약물 남용에도 연루된 것으로 알려진 그녀는 몇 주씩 사라지는 일이 자주 있었다. 그럴 때는 친구네 소파나 황폐한 건물에서 아무렇게나 자거나, 가끔씩 돈이 조금 있으면 호스텔을 예약하기도 했다. 그녀가 꽤 오랫동안 보이지 않는다는 것을 깨달은 누군가가 그녀의 실종을 신고했을 때 그녀는 37세였다.

그녀가 마지막으로 거처한 곳으로 알려진 장소는 북부 어느 도시의 외곽에 있는 빈 집이었다. 이 집의 이웃들은 부랑자들이 이 집에서 무단거주하며 쓰레기를 무단 투기한다고 시의회에 자주 민원을 넣었다. 제니가 마지막으로 목격된 날로부터 19개월 후, 이 집에 공중보건명령이 내려졌고, 수리와 매각을 할 수 있도록 이 집을 청소할 회사가 계약되었다. 뒷마당에 180센티미터 높이로 쌓인 쓰레기봉투들과 일반폐기물 아래에서 태아 자세로 웅크린 사람의 유골이 나와 청소하던 사람들은 충격을 받았다. 시신 가까이에는 에어로졸 캔과 비닐봉지가 있었다.

뼈에서 DNA를 추출하여 검사한 결과 제니의 뼈로 확인되었다. 그녀는 그 집의 뒷마당에서 사망한 것으로 보였다. 사람들이 담장 위로 쓰레기를 점점 더 많이 무단 투기하면서 그녀의 시신 위로 쓰레기 더미만 점점 더 많이 쌓여갔다.

유해를 최대한 회수할 수 있도록 법의고고학자forensic archaeologist가 시신 회수를 맡았다. 부검 결과 사망 원인에 대해서는 결론을 내리지 못했지만, 많은 뼈에서 치유된 골절 여러 개가 발견되었다. 제니는 문자 그대로 불운의 생을 살았던 것이 명백했지만, 우발적 사고로 사망한 것인지 아니면 좀 더 흉악한 무언가 때문에 사망한 것인지는 확인하지 못했다.

고고학자는 4조각으로 된 목뿔뼈를 회수해 모두 확인했다. 거의 전문 마스터클래스 수준이었다. 작은뿔은 목뿔뼈 몸통에 융합되었다. 오른쪽 큰뿔은 분리되어 있었고, 왼쪽 큰뿔 역시 분리되어 있어 두 조각이었다. 경찰이 목뿔뼈를 우리 실험실로 갖고 왔을 때 우리가 해결해야 했던 문제는 왼쪽 큰뿔이 골절된 것이 사망 전인지, 사망 당시인지, 사망 후인지를 확인하는 것이었다.

사망 전 손상이라면 치유의 흔적이 보일 것이고, 반면에 사망 당시 또는 사망 후 골절이라면 그 흔적이 없을 것이다. 사망 당시 골절은 뼈가 아직 젖어 있는 상태이므로 일반적으로 부러진 곳이 깨끗하지 않다. 녹색 나뭇가지를 꺾으려 한다고 생각해보자. 단단하고 헝클어진 나무 가닥이 나무에 매달려 있기 때문에 부러진 끝이 대개 거칠 것이다. 하지만 죽어서 마른 나뭇가지를 부러뜨리면, 부러진 곳이 깨끗하다. 마른 후, 사후에 골절된 뼈도 마찬가지다.

사망 전 손상은 사망하기 얼마 전에 발생한 폭력이나 외상의 결과일 수도 있다. 사망 후 골절은 일반적으로 사망 후에 또는 발굴 중에 시신을 처리하는 과정에서 생긴다. 사망 전 골절은 치유 흔적이 보이겠지만, 사망 후 골절은 보이지 않을 것이다. 그러나 사망 당시 골절은 폭력적인 사망 원인의 가능성을 알려주며 살인 행위에 대한 조사를 촉구할 수도 있다. 목뿔뼈의 날개가 부러졌을 때 최대한 정확하게 확인하려는 것은 제니 사망의 본질을 이해하는 열쇠가 될 수 있다.

육안으로 볼 때는 제니의 목뿔뼈 중 왼쪽 큰날개의 분리된 표면 두 개가 아주 깨끗해 보이지만, 현미경으로 보니 아주 다른 것을 볼 수 있었다. 이 뼈는 젖었을 때, 그러니까 그녀가 살아 있을 때 골절되었으며, 가닥의 둥근 모습은 이 뼈가 스스로 치유하려고 시도했으나 치유되지 않았다는 것을 보여주었다. 제니는 골절의 원인이었던 사건이 일어난 이후 꽤 상당 시간 동안 목뿔뼈가 골절된 채로 생활했다. 몇 년까지는 아니고 몇 개월 정도였을 것이다.

치유된 다발 골절은 가정 내 학대 또는 폭력의 징후일 수 있다. 또 일상적인 낙상을 초래하는 습관적인 중독이 일상생활이라는 증거일 수도 있다. 제니의 배경에서 폭력이 있었다는 명확한 증거는 없었지만, 특히 악천후 때 낙상을 하여 응급실에 갔다는 중요한 병원 기록이 있었다.

나의 딸이 시립병원 정형외과 병동에서 한동안 근무한 적이 있다. 그곳에서 술이나 약물에 취해서 넘어져서 발생한 골절 때문에 입원하는 사람들을 많이 보았다. 비가 많이 올 때와 겨울에 처음으로 도로가 얼었을 때는 더 많았다고 한다. 딸아이는 간호사들이 이런 환자들의 복잡한 요구를 처리하느라 애쓰는 동시에 건강과 안전에 대하여 주의를 늦추지 않는 것이 정신적으로 정말로 큰 충격이었다고 회상한다. 간혹 직원들은 경찰의 호위 하에 수갑으로 침대에 묶인 부상자를 치료해야 했다. 이 환자들이 금단 증세로 인해 폭력적으로 폭발하기 때문이다. 제니처럼 생활하는 사람들뿐만 아니라 그들을 도와주려고 하는 사람들에게도 혼란스러운 삶이다.

그러나 낙상으로 목뿔뼈가 골절되기는 매우 어렵다. 따라서 제니의 경우에는 예전에 폭행을 당했을 수도 있다는 의심이 사라지지 않았다. 결국 그녀의 사망 원인을 확정할 수는 없었지만, 무슨 일이었든 부러진 목뿔뼈가 사망에 결정적인 역할을 했을 것 같지는 않았다.

목뿔뼈 아래 후두의 주요 부분은 갑상선과 반지연골cricoid cartilage인데, 이것은 나이가 들어가면서 뼈로 변하기 시작한다. 이런 골화는 우리가 나이를 먹어감에 따라 뼈 형성을 아주 섬세하고 이상하게 아름다운 레이스 패턴으로 만들어낼 수 있다.

'아담스애플Adam's apple'로 더 잘 알려진 갑상연골(아마 금단의 과일 조각이 아담의 식도에 걸렸다는 고대인들의 믿음과 관련되었을 것이다)은 일반적으로 남성에게서 더 많이 발달한다. 갑상연골은 흔히 목젖이라고 부르는 목에 톡 튀어나온 부위를 말한다. 연골의 크기가 커지고 목소리가 낮아지는 사춘기에 후두의 변화로 인한 것이다. 성대는 갑상연골 뒤에 붙어 있어서, 아담스애플이 더 두드러질수록 성대가 길어지고 음색이 깊어지는 경향이 있다.

후두 성장이 여성에게서는 그렇게 두드러지지 않지만, 일부 큰 후두가 나타나는 여성도 있을 수 있다. 일반적으로 두드러진 갑상연골은 남성성과 밀접한 연관이 있으므로 성전환, 특히 남성에서 여성으로 전환하는 사람들 사이에서 이것이 우려의 원인이 될 수 있다. 대개 스카프나 초커, 하이넥 의류를 이용하여 이것을 가린다. 그 크기를 줄이기 위해 연골 '깎기'를 할 수 있으며, 이 옵션을 선택하는 사람들도 있다.

이르면 30대부터 뼈가 갑상연골에 침착되기 시작할 수 있지만, 그 시기는 아주 다양하다. 갑상연골의 골화가 시작되는 시기에 관해 성별의 차이는 뚜렷하지 않다.

반지연골은 갑상연골 아래, 6번 목뼈와 같은 높이에 위치한다. 도장이 새겨진 반지처럼 생겨서, 앞에서는 좁은 반지 모양이나 뒤쪽으로 갈수록 폭이 넓어진다. 이 아래에는 기관을 열어 우리가 호흡할 수 있게 해주는 일련의 연골 고리가 있다. 이 고리들 역시 나이를 먹으면서 섬세하고 작은 뼈 고리로 변할 수 있다.

목뿔뼈와 갑상선, 반지연골, 골화된 기관 고리는 인간 골격 중에서 법의인류학자에게 제시될 수 있는 다양하고 재미있는 작은 조각들이므로, 법의인류학자는 식별할 수 있어야 한다.

목에서 이 부분의 수축은 이물질이 기도로 들어갈 경우 생명의 위험이 될 수 있다. 내가 교과서를 쓰려고 준비를 할 때 읽었던 사례 한 건이 기억난다. 그 환자는 크리스마스 시즌에 극심한 호흡 장애로 응급실에 실려 왔다. 칠면조 뼈를 삼킨 것 같다고 했지만, 식도경 검사를 한 결과 갑상연골 근처에서 이물질이 발견되어 뽑아냈다.

그것은 칠면조 뼈가 아니라 조개껍질 같은 것으로 밝혀졌다. 환자에게 섭취한 음식들을 정확하게 말해보라고 다시 물었더니, 환자는 칠면조 안에 굴을 채워 넣었다고 말했다. 이와 같이 조사하러 갈 때는 무엇을 찾게 될지 절대 알지 못한다.

POSTCRANIAL APPENDICULAR BONES

다리이음뼈는 성별과 사망 당시의 나이를 확인하는 데 많은 도움을 준다.
팔과 다리 뼈인 긴뼈로는 해리스선으로 정신적 충격의 증거를 확보할 수 있다.
이것은 아동학대를 알아내는 데 중요한 증거가 된다.
발뼈로는 보행 분석을 통해 범인의 이동 경로를 파악하는 데
도움이 되기도 한다.

PART 3

사지

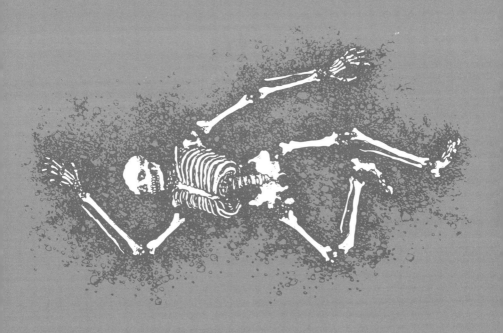

THE LIMBS

6

팔이음뼈

골절 가능성이 가장 낮은 뼈와
가장 높은 뼈의 집합체

·
·
·

인체에는 두 개의 '이음뼈'가 있다. 영어로는 'girdle'로 여성의 코르셋이 더 많이 연상되지만, 내가 강의에서 어머니의 플레이텍스* 거들과 브래지어를 언급했을 때 학생들의 멀뚱멀뚱한 표정을 보고는 다시는 학생들에게 그런 비유를 하지 않기로 했다. 요즘 아이들은 알아듣지 못할 비유였던 것이다.

상체에 있는 이음뼈는 팔이음뼈pectoral girdle로, 위팔뼈humeri(상완골)와 몸통을 연결하며 앞에 있는 한 쌍의 빗장뼈(쇄골)와 뒤에 있는 어깨뼈scapulae(견갑골)로 구성되어 있다. 하체에 있는 이음뼈인 다리이음뼈pelvic girdle는 볼기뼈hip bone(관골) 두 개로 구성되는데, 뒤에 있는 엉치뼈와 옆에 있는 하지의 넓적다리뼈femora(대퇴골) 사이의 접합부를 형성한다.

●   영국의 속옷 브랜드.

팔이음뼈는 우리 몸의 모든 뼈 중에서 골절 가능성이 가장 낮은 뼈(어깨뼈)와 부러지기 가장 쉬운 뼈(빗장뼈)가 모두 있다는 점이 흥미롭다.

모든 영장류는 빗장뼈를 갖고 있지만, 많은 포유동물의 경우 빗장뼈가 원시 형태이며 유제동물(말, 돼지, 하마 등 발끝에 발굽이 있는 동물)은 빗장뼈가 아예 없다. 예를 들어 고양이의 빗장뼈는 가장 원시 형태인데, 바로 그 때문에 들어갈 수 없을 것 같은 아주 좁은 공간에도 어떻게든 들어갈 수 있다.

사람의 경우, 빗장뼈는 근육이 부착되기 편리한 장소이기도 하고, 양팔을 몸의 양옆으로 나와 있게 하는 버팀대 역할을 한다. 대부분의 네발동물의 경우, 몸 아래에 위치한 앞다리는 이동에만 사용되며 빗장뼈의 이중 기능이 필요하지 않기 때문에 많이 크지 않아도 된다. 하지만 놀랍게도 사람의 빗장뼈는 꼭 필요한 것이 아니다. 근육들을 서로 연결할 수만 있다면 빼도 되는 뼈다. 과거에 일부 경마 기수들은 예방 대책으로써 쇄골 제거술을 받기도 했다. 말에서 떨어졌을 때 가장 많이 부러지는 뼈였기 때문에, 골절의 위험을 감수하느니 그 뼈가 없는 것이 더 낫다고 주장하는 학설이 있었다.

그리고 부러진 빗장뼈가 생명의 위협이 될 수 있다는 점은 의심의 여지가 없다. 이 뼈는 'S'자를 길게 늘인 모양이기 때문에, 골절이 일어난다면 가장 약한 부분인 외측 3분의 1지점일 것이다. 불행히도 이 지점은 빗장밑동맥subclavian artery과 정맥 바로 위인데, 이 혈관들은 아주 커서 부러진 뼈의 날카로운 조각에 파열되거나 관통

되기 쉽다.

로버트 필Rober Peel 경은 1834년부터 1846년까지 영국 총리를 두 차례 역임했고, 현대 치안의 아버지라는 평가를 받는다(이제는 사용되지 않는 경찰관의 별명인 '필러peeler'와 요즘도 사용되는 '바비bobby'가 그의 이름에서 유래한다). 그런 로버트 경의 사망 원인이 바로 빗장뼈의 골절이었다. 그는 새로운 사냥 말을 취득했는데, 차는 버릇이 있는 말kicker로 유명한 말이었다. 로버트 경과 말이 서로에게 익숙해져 가고 있던 중에, 그는 말을 타고 버킹검 궁전에서 가까운 컨스티튜션힐을 가다가 면식이 있는 숙녀 두 명과 그들의 말구종과 마주쳤다. 그가 탄 말은 겁이 많아서 놀라 달아나다가 그를 떨어뜨렸고, 안타깝게도 비틀거리다가 그의 위로 넘어졌다. 그는 갈비뼈 몇 개와 왼쪽 빗장뼈 골절을 당했는데, 이 부러진 뼈에 빗장밑혈관이 파열되었고 출혈로 사망했다.

그는 낙상 후 3일 만에 사망했다. 나는 그가 추가적으로 입었을 으깸손상의 범위를 감안하면 정확한 사망 원인은 다른 합병증 때문일 가능성이 크다고 의심했다. 하지만 골절된 빗장뼈에 대한 이야기는 오래도록 이어져 내려왔고 지금도 그의 사망 원인으로 인용된다.

빗장뼈는 인체에서 가장 먼저 형성되기 시작하는 뼈로, 자궁 내 생활 다섯째 주부터 형성된다. 아마 이때의 산모는 자신이 임신한 지도 모를 것이다. 쇄골은 아주 이른 뼈로, 아주 일찌감치 임신 2개월 말 무렵이면 성인처럼 S자 모양이 된다. 그리고 그때부터 일주일에 1밀리미터 정도씩 아주 규칙적인 속도로 자란다. 아기가 태어날 무렵이 되면 그 길이가 약 44밀리미터 정도 되어 쉽게 알아볼 수 있기 때문에, 태아와 신생아 유해에서 나이를 알려주는 지표로 특히 유용하다.

새 생명이 태어난다는 소식은 대부분의 사람들에게는 축하할 일이다. 그러나 슬프게도 모든 아기가 환영받는 것은 아니다. 예상치 못한 곳에서 태아나 신생아의 유해가 감춰진 채로 발견되는 일도 드물지 않다. 그런 일은 마룻바닥을 들어 올리거나 낡은 욕조의 패널을 비집어서 열 때, 굴뚝을 열거나 청소할 때, 다락이 격리되어 있을 때, 찬장 뒤에서 오래전에 잊힌 낡은 여행가방을 찾아냈을 때 일어난다. 원하지 않았던 임신을 감추고, 아기가 존재했다는 사실을 드러낼 필요가 없다는 생각으로 막 태어난 아기의 작은 몸을 숨긴다. 아기가 살아 있든 죽었든 상관없이 말이다.

숨겨진 유해가 드러나는 일은 자주 있다. 때로는 사건이 일어나고 몇 년 후에 밝혀진다. 우리에게 조사 의뢰가 들어오는 사건의 다수는 70년 전 이상으로 거슬러 올라가는 경우가 많다. 임신중절 수술은 불법이고 안전하지 않지만, 그것 때문에 여성들이 찾지 않는 것은 아니다. 그 수요를 충족시키는 불법 산업이 생기지 않는 것도 아니다. 여성들이 이런 행동을 하게 되는 것은 아기를 키울 수 없는 경제적 어려움 때문이거나, 사생아라는 꼬리표가 붙는 것에 대한 수치심과 치욕 때문이다.

아기의 유해가 발견되면 많은 의문점이 제기된다. 당연히 가장 먼저 아기가 사망한 때와 산모의 신원에 대한 의문이다. 그러나 종종 법률적 관점에서 가장 관련된 의문은 이 아기의 사망 원인과 사망 당시 나이다. 여기에서 중요한 문제는 아기가 태어날 때 살아 있었는지 여부이며, 살아 있었다면 자연적인 원인으로 사망했는지(아마 의료 개입의 결여로 인하여) 아니면 누군가에 의해 죽임을 당했는지 여부다. 태어나기 전에 사망했다면 임신중절수술 때문이었을까, 아니면 사산아였을까?

사산아에 대한 정의는 이렇다. 임신 24주 이후에 생존의 징후 없이 태어난 아기를 말한다. 24주 이전에 사망한 아기는 유산 또는 '늦은 태아 상실late fetal loss'로 간주된다. 24주라는 기준은 법의학적으로 중요하다. 현재 유산에 대한 법적 한도이고 따라서 그 이상이면 높은 수준의 의료가 제공될 경우 태아가 생존할 수 있는 나이로 간주되기 때문이다. 즉 기술적으로 태아가 '생존 가능'하다고 말할 수 있는 때다.

태아의 빗장뼈는 이런 법적 구별을 확인할 때 확실한 증거를 제공할 수 있다. 24주가 되면 빗장뼈의 길이가 약 27밀리미터(성인 엄지손가락 길이의 절반 정도)이며 정확하게 측정될 수 있다. 자궁 내에서 살아 있는 아기의 경우, 초음파로 측정할 수 있다. 초음파 사진의 해석은 상당히 어려울 수 있으므로 일반적으로 방사선 전문의의 노련한 조언이 필요하다. 더 이상 자궁에 있지 않은 아기의 경우, 뼈를 X-레이나 CT로 촬영할 수 있으며 또는 부검을 시행할 경우 빗장뼈를 빼서 직접 측정하면 된다.

마룻바닥 밑에서 발견된 신생아의 유해

자신의 집에서 태어난 신생아의 유해가 발견된다면 큰 충격일 수 있다. 스코틀랜드 섬의 외딴 지역에서 작은 농장이 딸린 오래된 농가를 구입한 어느 부부의 이야기를 사례로 들 수 있다. 이 부부는 집을 대대적으로 개조하면서 주방에 방습재와 새 배관을 깔기 위해 마룻바닥을 뜯었다. 그들은 흙으로 된 토대 아래를 내려다보면서 흙 위에 있는 뼈라고 생각했던 것이 무엇인지 알 수 있었다. 이 섬에는 오래된 매장지와 유물이 풍부한 유적지가 있었기 때문에, 그들은 근처 유적지에서 일하는 고고학자들에게 조사를 부탁했다. 그 뼈들은 아주 작았다. 동물의 것도 있었지만 불행히도 사람의 뼈도 있었다. 그래서 경찰을 불렀다.

현지 경찰력에는 현장수사 담당 경찰관이 없었으므로 본토에서 파견오기까지 며칠이 걸렸을 것이다. 그래서 그들은 고고학자들의 도움을 받기로 했다. 마른 뼈를 들어 올려 작은 판지 상자 두 개에 담아 비행기를 이용해 240킬로미터 이상 떨어진 인버네스에 있는 가장 가까운 시신안치소로 보냈다. 나는 그 유해를 조사하여 사망자들의 사망 당시 나이와 사망한 지 얼마나 오래되었는지에 대한 의견을 알려주고, 그 밖에 조사에 도움이 될 조언을 해달라는 요청을 받았다. 현지에서 촬영한 사진의 화질이 너무 안 좋아서 무엇을 어디에서 보아야 하는지 물어봐야 할 정도였다. 그것은 첫 번째 경종이었다. 두 번째 경종이 울린 것은 그 뼈들을 누가 들어 올렸느냐는 질문에 "고고학자들이 했으니 괜찮아요. 그들이 사람 뼈만 집고 동물 뼈는 버렸어요."라는 대답을 들었을 때였다.

법의학을 공부한 사람이라면 알고 있다. 절대 아무것도 버려서는 안 되고, 항상 관련 전문지식이 있는 전문가에게 의뢰해야 한다는 것을. 그렇다 해도 그 뼈들의 출처에 대하여 고고학자들의 평가가 정확하다고 신뢰할 수 있는 상황이라면 이것이 'OK'였을 수 있다. 그들이 사람의 유골을 능숙하게 식별하는 데 필요한 경험을 갖고 있다면, 그 상자 안에는 동물의 뼈가 없었어야 했다. 그러나 그 상자에는 동물의 뼈와 사람의 뼈가 뒤섞여 있었다. 그래서 나는 고고학자들의 구별 능력을 신뢰할 수 없었다.

뼈들을 버린 곳을 다시 수색해야 했다. 거기에 법의인류학자가 있었다고는 생각하지 않지만, 수색을 한다고 해서 추가로 발견될 것이 있으리라고는 생각지 않는다. 실제 조사는 텔레비전에서 보는 것과는 완전히 다르며, 유레카의 순간도 없었다. 나는 사진의 화질과 포괄적인 회수 문제에 대하여 선임수사관을 다소 힘들게 했고, 그에게 증거가 모순적이기 때문에 이것이 살인으로 밝혀지지 않기를 바란다고 말했다. 그는 내 오랜 친구였는데, 그 상황을 묵묵히 받아들였다. 그러나 나는 그 경험이 있었기에 경찰이 그때부터 수색과 회수 절차를 강화했다고 생각한다.

상자 안에 들어 있는 동물 뼈는 작았고 주로 생쥐와 쥐 등 해로운 동물의 것이었기 때문에, 시간이 지나면서 사람의 시신을 먹이로 삼았던 것 같았다. 실제로 일부 사람의 뼈에서 동물이 갉아먹은 흔적을 볼 수 있었다. 신생아의 뼈는 300개가 넘는데, 내가 보고 있는 것은 그중에 2퍼센트 정도에 불과했다. 더욱이 이 뼈들의 주인은 두 명이상의 아기들인 것이 분명했다. 그 뼈들 중에 왼쪽 두 개, 오른쪽 한개 등 빗장뼈 세 개가 있었다. 오른쪽 빗장뼈는 왼쪽 빗장뼈 두 개와 크기도 달랐다. 따라서 한 쌍을 이루는 것이 아님이 명백했다.

요컨대 우리에게는 최소 세 명의 아기의 유골이 있었다. 세 명 모두 손상되지 않은 채로 매장되었다면, 최소 900개의 뼈가 발견되었을 것이다. 나머지 뼈들은 아마 시간이 흐르면서 유실되었을 것이다. 동물이 먹었거나 물에 쓸려갔거나(이 일대는 아주 습했다) 그냥 현지의 토탄이 많은 산성 토양에 의해 분해되었을 것이다. 하지만 물론 일부는 고고학자들이 태아의 유골로 식별하지 못해서 수거하지 않았을 수도 있다. 또한 아기가 온전하지 않은 상태로 버려졌을 가능성도 있었으므로, 나는 분명 시신 절단의 흔적을 확인하고 있었을 것이다.

뼈에 외상의 흔적이 없었기 때문에 사망의 원인을 쉽게 판단할 수 없었으며 시신 절단의 가능성도 낮았다. 뼈로는 아기의 성별을 알 수 없지만, 특히 빗장뼈가 있다면 나이는 정확하게 알 수 있다. 우리에게 있는 왼쪽 빗장뼈의 아기 두 명은 사망 당시 임신 40주 정도(만삭)였다. 그보다 작은 오른쪽 빗장뼈의 주인인 세 번째 아기는 훨씬 어려서 임신 30주 정도였다. 유골이 오래전의 것이라면 생존할 수 없었겠지만, 오늘날 유효한 법률적 정의에 따르면 생존 가능한 월령이다. 뼈에서 DNA 샘플을 채취했지만 보존 상태 또는 그

연대 때문에 아무것도 추출할 수 없었다.

우리는 시체가 오래되었을 거라고 보았다. 방사성 탄소 연대측정법으로 이를 확인할 수 있었지만, 나는 절대적으로 필요한 경우가 아니면 특히 회수된 뼈가 너무 적을 때는 검사를 위해 아기 뼈를 보내는 것이 항상 내키지 않는다. 분석을 하려면 너무 많은 뼈가 파괴되어야 하기 때문에 문제가 해결된 후에 매장할 뼈가 남아 있지 않을 위험이 있다. 그래서 나는 경찰에 배경 조사부터 하고 화학물질 테스트는 최후의 수단으로 보류해 달라고 요청했다.

경찰이 밝혀낸 이야기는 주로 현지 소문에서 알아낸 것이지만 증거와 합치했고 결국 지방검사도 납득했다. 이야기는 제1차 세계대전 이후의 시대로 거슬러 올라갔다. 이 외딴 섬의 지역사회가 전화나 전기, 수도, 대중교통이 없는 고립된 생활을 하던 때였다. 삶은 가혹했고 대부분의 가족은 육지나 바다에서 조금씩 거둔 빈약한 식량으로 연명했다. 두꺼운 돌담에 초가지붕, 작은 창문, 흙 위에 바로 깐 바닥 때문에 집은 작고, 춥고, 축축한 데다 침침했다.

바이올렛은 뼈가 발견된 오두막과 마주 보는 전형적인 작은 석조 집에서 혼자 살았다. 두 집 사이의 거리는 100미터 정도였다. 당시 소문에 따르면 그녀는 도덕성이 의심스러운 여성이었으며, '걸레, 매춘부, 이세벨*'이라는 평을 받았다.

입에 풀칠이라도 하기 위해 바이올렛은 근처 해군 기지에 주

● 고대 이스라엘 아합왕의 사악한 왕비, 요부를 뜻한다.

둔한 군인들과 지역의 부유한 사업가들에게 몸을 팔았다. 주기적으로 수상하게 헐렁한 옷을 입은 모습을 보였고, 근처에 살던 횡포한 엄마 타미나의 농가에서 잠시 함께 살다가 다시 원래의 일상생활로 돌아가기도 했다. 이렇게 잠시 농가에 머무는 동안 발생한 일이 마룻바닥 아래에서 발견된 유골과 연관이 있었을 수 있다.

피임이 제대로 되지 않던 시대에, 원치 않는 임신은 바이올렛의 의심스러운 장사에 대한 직업상의 위험이었다. 현지 소문에는 그녀는 모두 11명의 아이를 출산했다고 하는데, 가십은 항상 과장되기 마련이다. 진실이 무엇이든, 그녀가 1950년대에 사망할 때까지 살아남은 자녀는 아들 한 명 뿐이었다. 사람들 기억으로 그 아들은 둔위분만breech deliver*으로 태어났기 때문에 현지 의사의 의료가 필요했다고 한다. 그래서 그가 목숨을 구했는지도 모른다.

바이올렛은 임신 중절을 할 방법이 없었기 때문에 만삭 때까지 임신을 유지하다가 출산 시기가 다가오면 어머니의 집에 들어갔다고 한다. 그녀가 임신을 하면 아마 친척들은 유산을 바라면서 다른 방법을 찾았을 것 같다. 심지어 그들은 그녀가 번 돈을 함께 썼을 것이다. 어떤 경우든, 당시에 교회들은 사생아를 죄악으로 보았고 온 가족의 평판을 더럽히는 오점이었다. 게다가 바이올렛의 할아버지는 평신도 교회의 목사였다. 은밀한 임신은 못 본 척하면서 사생아는 용납하지 않았다. 그럼에도 불구하고 영아살해가 있었던 것 같

●　태아의 엉덩이가 먼저 나오는 분만.

242

다. 교회의 비난이 법률의 힘보다 훨씬 무서웠다.

현지의 일화에 따르면 내용은 이렇다. 아기가 태어나자마자 타미나가 아기를 데려가 물고기 운반에 사용되던 오래된 녹슨 양동이에 넣고 익사시켰다. 그러고는 아기의 시신을 농가의 마룻바닥 아래에 던졌다. 시간이 흐르면서 시신은 부패하다가 결국 뼈만 남게 되었다.

유골이 발견되었을 때 바이올렛의 아들은 더 이상 이 세상 사람이 아니었다. 하지만 그는 생전에 자신의 어머니가 임종할 때 5명의 아기를 낳았다고 인정했고 다른 네 명은 할머니가 익사시켰다고 주장했다. 바이올렛은 그에게 그가 살게 된 것은 태어날 때 의사가 있었던 덕분이라고 말했다. 즉 그의 출생을 인정해야 했고, 그가 갑자기 사라질 경우 질문을 받게 될 것이라는 뜻이었다. 그렇지 않았다면 타미나가 그도 익사시켰을 것이다.

그는 자신의 무서운 할머니를 전혀 알지 못했다. 바이올렛은 타미나를 너무 무서워해서 아들이 학교에 갈 나이가 될 때까지 그를 눈에 띄지 않게 했다. 학교에 가게 되면 건강한 아들의 존재를 숨길 수 없으니까 말이다.

물론 여기에 대한 어떠한 증거도 없고, 대부분은 추잡한 헛소문일 것이다. 그리고 우리 중에 누구라도 타미나를 냉혹하고 사악한 연쇄살인마라고 성급하게 비난하기 전에, 당시의 사고방식을 고려해야 한다. 과거의 행위가 우리가 사는 현대의 도덕에 항상 잘 맞는 것은 아니다. 아마 바이올렛은 어머니의 도움을 구했을 것이다.

어쩌면 두 사람은 가족의 생계를 유지하기 위해 협력하면서 가십 따위는 무시하고 사회적 망신은 내다버렸을 것이다.

사생아와 영아살해가 어찌나 만연했는지 1809년에 스코틀랜드에서는 법이 수정되어 임신을 숨기고 출산할 때 도움을 요청하지 않는 범죄에 대한 형벌을 감형했다. 17세기부터 이 범죄는 살인으로 간주되었지만, 그때 징역 2년으로 훨씬 관대해졌다. 이 범죄로 기소될 경우, 여성은 관대한 처분을 바라는 마음으로 사산이라고 주장할 수 있었다.

바이올렛의 아들 말대로 네 명의 아기가 더 있었다 해도, 나는 마룻바닥 아래에서 세 명의 유골만 확인할 수 있었다. 그러나 그 뼈들의 일부는 네 번째 아기의 것이었을 수도 있고 아니면 네 번째 아기의 유골을 동물들이 모조리 먹어치웠거나 다른 곳에 놓아두었을 수도 있다. 법의인류학자는 최소개체수MNI, Minimum number of Individuals를 기록하는데, 이것이 더 많은 개체가 대표되지 않을 수도 있다는 뜻은 아니다. 최소개체수는 똑같은 뼈 또는 다양한 성숙 단계를 나타낼 수 있는 크기가 다른 뼈들의 중복이 있는 위치를 확인하여 계산한다. 우리는 우리에게 골격 세트가 아닌 빗장뼈 세 개가 있다는 사실을 알았지만, 다른 모든 뼈가 똑같은 세 명의 아기의 것인지는 알 방법이 없었다.

그러나 전해지는 바에 따르면 살인자 할머니의 손에 목숨을 잃고 약 80년이 지난 후, 아기들은 드디어 어머니로 여겨지는 여성의 옆에 안장되었다. 이름은 없었지만 얼마 안 되는 뼈들을 작은 상자에 넣었다. 우리는 그들이 같은 가족인지도 입증할 수 없었지만, 일 화성 증거와 상황은 그 개연성을 뒷받침하는 것 같았다. 지방검사 는 납득했고, 원하지 않는 쓰레기처럼 그 농가 아래에 놓이고 몇 년 후 그들은 정중하게 묻힐 자격이 있었다.

거의 비슷한 시기에 스코틀랜드 북부에서도 비슷한 사례가 있 었다. 새로 단장한 침실에 스포트라이트 조명을 설치하려던 젊은 부부가 신고한 사건이었다. 그들은 지붕 공간에 전기 케이블을 공 급하기 위해 천장의 해치를 잘라냈다. 그런데 계속 무언가에 걸렸 다. 그들은 천장을 쑤시면서 밀었다. 그러자 엄청난 먼지와 파편 더 미 속에서 옷 뭉치가 떨어졌다. 1950년대의 드레스였다. 안에는 바 짝 마른 신생아의 유해가 싸여 있었다.

아이는 만삭에 출생했다. 그 사실은 빗장뼈 길이로 입증되었 다. 사망 원인에 대한 증거는 없었다. 때로는 전면적인 조사 착수가 공익을 위한 것만은 아니다. 누구를 조사하는가? 누구를 기소하는 가? 그 집에 사는 사람들이 지금도 같은 가족이 아니라면, 당시 그 곳에 살았던 사람들을 어떻게 알 수 있는가? 제공할 유용한 정보를 갖고 있으면서 아직 살아 있는 사람을 찾는 것은 물론 책임이 있다 고 인정하는 개인을 추적하는 것도 거의 불가능하다.

그러나 태어나면서 사망한 아기에게 오랜 시간이 흐른 후에도 이름을 다시 부여할 수 있을 때가 있다. 아주 슬픈 상황에서 시신으 로 발견된 아기의 경우에 우리를 도와준 것은 역시 빗장뼈였다.

베갯잇 속의 아기

어느 날 한 여성이 중부지방에 있는 경찰서로 걸어 들어가 접수원에게 20년 전에 임신 후반기에 아이를 유산했다고 알렸다. 그녀는 미혼이었고, 모든 사람에게 임신 사실을 숨겼기 때문에 사산을 자백할 수는 없다고 생각했다.

그녀는 경찰에게 욕실 바닥에서 혼자 딸을 낳았다고 말했다. 아기는 죽은 채로 태어났고 한 번도 울지 않았다고 했다. 그녀는 직접 탯줄을 자르고 아기를 신문지에 쌌다.

배출된 태반은 쓰레기통에 던져버렸다. 그러나 아기를 어떻게 해야 할지 알 수 없었다. 딸과 헤어지는 것은 참을 수 없었다. 그러나 아이를 집에 묻는 것은 선택 사항이 아니었다. 지금 사는 곳이 임대한 곳이고 여기에서 오래 살 수 없다는 것을 알았기 때문이다. 아이를 이곳에 남겨두고 계속 이사를 다니는 것은 원하지 않았다. 이런 반응은 상당히 일반적이며, 유산 또는 사산한 아기의 유해가 가정집의 어두침침한 구석진 곳은 물론 공동묘지의 예상치 못한 곳 또는 여행가방에 숨겨진 채로 발견되는 이유다. 바이올렛이 살던 시대 이후로 사람들은 점점 이동을 많이 하게 되었고 사람이 한 집에서 평생을 산다는 것은 이례적인 일이다.

이 여성은 자신을 드러내지 않으면서 필요할 때는 옮길 수 있는 적절한 매장 방법을 찾아야 했다. 그녀는 여전히 신문지에 감싸인 어린 딸을 낡은 베갯잇에 넣은 후, 집 뒷문 밖에 놓을 커다란 금속 화분을 구입했다고 경찰에 진술했다. 화분 맨 아래에 배양토를 넣고, 임시 수의로 감싼 아기를 놓고, 그 위에 월계수를 심고 흙을 채워 넣었다. 아래에 딸아이가 있는 나무에 물을 주는 것이 옳지 않은 것 같아서 나무를 죽게 내버려 두었다고 했다. 하지만 그 화분과 그 안의 내용물은 버리지 않고 보관했으며 여러 번 이사할 때마다 갖고 다녔다. 새 집에 갈 때마다 그 화분을 헛간이나 찬장에 보관하여 '건조하고 따뜻하게' 유지시켰다.

이 비밀의 화분을 20년 동안 갖고 다닌 그녀는 마침내 큰 죄책감과 불안 때문에 누군가에게는 진실을 말하여 마음의 무거운 짐을 덜어야겠다고 생각했다.

나는 그 현장에 참석하여 실제로 발견되는 것이 있으면 유해 수습을 도와달라는 요청을 받았다. 화분은 높이가 60센티미터 정도였고 둘레도 거의 같은 크기였다. 소재가 금속이었기 때문에 X-레이는 사용할 수 없었으므로 아주 소규모로 발굴을 해야 했다.

화분을 시신안치소로 가져가서 테이블 위에 놓았다. 미니 쓰레받기와 붓 대신에 작은 모종삽과 그림붓을 사용하여 마른 흙을 조금씩 퍼냈다. 퍼낸 흙은 한쪽으로 치워두었다. 놓친 것이 있는지 확인하기 위해 나중에 체질을 할 예정이었다. 실내는 굉장히 조용한 가운데 과정의 단계마다 촬영하는 카메라의 찰칵 소리만 작게 들렸다. 모두가 숨죽이고 있었다. 몇 센티미터 아래에서 튀어나온 면 조각이 보여 그 주변의 흙을 조심스럽게 제거했다. 실제로 이것은 그 여성이 경찰에 진술한 대로 베갯잇인 것으로 판명되었다. 그것은 본래 모습 그대로였고, 찢기거나 손상되지 않은 한 조각으로 들어올릴 수 있었다. 나는 조심스럽게 그 베갯잇을 길이로 자른 뒤 펼쳐서 내용물을 드러냈다.

신문지가 있었다면 오래전에 다 썩었을 것이고, 거기에 있었던 것은 아기의 완벽한 해골이었다. 한때 근육이 있었던 자리에서 여전히 보이는 바스라지기 쉽고 종이처럼 바짝 마른 조직이 뼈 사이의 공간을 채우고 있었다. 힘줄과 인대가 건조되고 미라가 되었기 때문에 시신은 모든 것이 제자리에 있으면서 대부분 연결된 상태로 유지되었다.

아기는 태아 자세 그대로 있었고 두개골은 모양이 흉했는데, 이는 자연분만과 일치한 형태다. 작은 뼈들을 모두 회수하여 촬영하고 분석했다. 빗장뼈의 길이는 42밀리미터였고, 만삭 출산이었을 가능성이 확인되었다. 사망 원인의 증거는 없었다.

여전히 출산 은폐 범죄가 법령집에 남아 있었지만, 엄마가 범죄의 책임이 있다고는 생각되지 않는다. 처벌을 받았다 해도 그냥 경고 정도였을 것이다. 이 사건의 비애는 새 생명의 죽음뿐만 아니라 죽은 아기를 출산한 산모가 20년 동안 견뎌온 정신적 상처와 철저한 고독 속에서 받은 마음의 상처에 있다.

나는 아기의 시신이 지역의 공동묘지에 안장되었을 것이라고 추측한다. 엄마가 참석했는지는 모르지만, 죽은 딸과의 강한 유대감을 감안하면 참석했을 것으로 생각한다. 아마 처음부터 끝까지 그녀를 위해 자리를 지켰던 가족연락담당 경찰도 함께 했을 것이다. 경찰이 엄하고 무심하다고 생각하는 사람들도 있지만, 내 경험상 일반적으로 이는 사실이 아니다. 이런 사건에서 경찰은 무겁게 드리워진 슬픔을 함께 나누고, 그들이 돕고자 하는 사람들에 대한 마음에서 우러나오는 인정과 동정을 보여준다.

사인을 확인할 수 없어서 이 사례가 사산이었다고 명확하게 말할 수는 없었지만, 사산이 아니라면 이 어머니는 분명 충분한 벌을 받았다. 공감을 잘 하는 사람들은 이 사례를 외로움과 사별에 대한 비극적인 이야기로 보겠지만, 냉소적인 사람들은 원치 않은 아기를 죽이고 그 죽음과 자신의 죄를 숨기려 했던 기회주의자의 이야기로 보려고 할 것이다. 어떤 해석이 진실에 가까울지 영원히 모르겠지만, 그녀가 실제 범죄를 저질렀다면 왜 나섰을까? 나는 경멸보다는 희망을 안고 살고 싶다.

· · ·

빗장뼈는 태아나 어린아이의 나이를 알려주는 신뢰할 수 있는 지침이다. 30대 후반까지도 나이를 알아내는 게 가능하다. 이 뼈는 태아에게서 가장 먼저 형성되기 시작할 뿐만 아니라 인체에서 마지막으로 성장하는 뼈이기도 하다. 내측 끝(가슴뼈에서 가장 가까움)에는 약 14세부터 골화되기 시작하는 연골 마개가 있다(여성의 경우 골화가 약간 더 일찍 시작된다). 결국 연골이 계속 뼈로 변함에 따라 마개에 있는 빗장뼈는 주요 골간과 융합되기 시작할 것이다.

융합은 16세 무렵부터 일어나기 시작한다. 대략 16~20세 청소년의 쇄골은 골간의 내측 끝에 마치 상처의 딱지처럼 접착된 얇은 뼛조각이 있는 것으로 보일 수 있다(해부학적으로 '내측'은 몸의 중심에서 가장 가까운 부위를, '외측'은 중심에서 가장 먼 부위를 나타낸다). 20대 중반까지 융합이 완결되지 않을 수도 있기 때문에, 융합 정도에 따라 15세 미만, 15~25세, 25세 이상이라는 정확히 규정된 범위를 알 수 있다. 따라서 골격을 보고 어린아이 또는 성인의 연령을 확인하려고 할 때는 제일 먼저 살펴야 할 뼈가 빗장뼈다.

빗장뼈는 골절되기 쉽지만, 매장되든지 자연력이나 불에 노출되든지 탄력성이 상당한 작은 뼈다. 빗장뼈의 이런 내구성은 치밀한 피질과 복장뼈에 단단하게 붙어 있는 관절 덕분으로, 내측 끝을 어느 정도 보호해준다. 중부지방에서 실종된 19세의 성노동자 마르셀라에게 일어났을 수 있는 일의 중요한 실마리를 얻게 된 것이 바로 이 특징이었다.

19세 성노동자 마르셀라의 죽음

마르셀라에게는 생후 9개월이 된 딸이 있었다. 그녀를 아는 사람들에 따르면, 그녀가 어린 딸을 부양하기 위해 성매매라는 위험한 일을 계속했다고 한다. 어느 날 저녁, 마르셀라는 아기를 베이비시터에게 맡기고 일을 하러 택시를 타고 시내 홍등가로 갔다. 그녀는 베이비시터에게 여러 번 전화해 아기가 잘 있는지 확인했다. 마지막 전화는 밤 9시를 조금 넘겼을 때 왔다. 아기를 데리러 오기로 약속한 밤 11시경에 마르셀라가 오지 않자, 베이비시터는 그녀의 어머니에게 전화를 했고, 어머니는 경찰에 실종 신고를 했다.

경찰은 시내의 병원들에 확인했지만 소재를 파악하지 못하자 4가지 가능성을 고려했다. 첫째, 마르셀라가 딸을 버리기로 했다. 둘째, 강제로 어딘가에 붙잡혀 있다. 셋째, 사고를 당해 부상을 입었거나 더 심한 상태로 어딘가에 쓰러져 있는데 아직 발견되지 않았다. 넷째, 범죄 때문에 사망했다. 마르셀라는 성실한 엄마였기 때문에, 가장 처음의 가정은 가능성이 거의 없을 것이라고 여겨졌다. 이는 다른 3가지 가능성을 긴급 사태로 보고 후속 조치를 취해야 한다는 뜻이었다.

마르셀라와 같은 일을 하는 동료들을 조사했다. 처음에 그들은 단골 고객이나 길거리에서 받은 알지 못하는 고객의 이름이나 특징 설명, 자동차 번호 등을 알려주기를 꺼렸지만, 상황의 심각성을 깨닫고는 경찰에 협조하였고 의심되는 용의자 명단이 아주 신속하게 작성되었다. 경찰은 그중에서 두 명을 우선순위에 놓았는데, 특히 한 명은 경찰이 상당히 관심을 두던 사람이었다.

폴 브럼핏은 이미 두 번의 살인을 저질러 감옥에서 14년 동안 복역했다. 처음에 가게 주인을 망치로 때려 죽인 뒤, 덴마크에서 도주하던 중에 버스운전사를 목 졸라 죽였다. 또 촛대로 임산부에게 상처를 입혔다. 그는 당시에 여자친구와 말다툼을 하다가 이런 살인을 저지르게 되었다고 주장했다. 정신과 의사가 그에게서 정신병의 증거를 찾지 못하자, 그는 가석방으로 출소했고 두 차례에 걸쳐 칼끝을 들이대며 성노동자를 강간했다. 그는 현재 이 범죄들에 대하여 보석을 받았다. 마르셀라는 그의 또 다른 피해자가 되었을까?

재활 프로그램의 하나로, 브럼핏은 출소 후 지방의회의 정원사 겸 공원관리인으로 일해 왔다. 그가 작은 목재 저장소를 임대하고 있다는 사실을 인지한 경찰은 그 저장소와 그가 거주하던 아파트에 수사 초점을 두었다. 경찰은 그의 집에서 마르셀라의 것과 일치하는 혈액을 소량 발견했지만, 그에게 살인 혐의를 두기에는 충분하지 않았다. 목재 저장소에서는 오랜 기간 온갖 재료를 태우는 데 사용되었던 땅에서 아주 큰 모닥불의 잔해가 발견되었다.

불이 타고 남은 재에서 경계가 명확한 층들이 보이면, 한 번의 큰 불이 있었던 것이 아니라 연속으로 불을 피웠다는 뜻이다. 불을 자주 피우면, 타고 남은 재가 보다 균질하다. 이번에는 그곳에서 무엇을 태웠고 불 속에서 그것이 어디에 있었는지를 확인하기 위해 재를 층층마다 체계적으로 조사해야 했다.

물론 재의 표면에서 가까운 곳에서 찾아낸 물질은 바닥에 가까운 곳에서 회수한 물질보다 나중에 불에 넣어졌을 것이다. 그래서 이 불터를 주의 깊게 해체하고 과거부터 쌓인 재들을 꼼꼼하게 기록하는 것이 정말 중요했다. 이 작업은 전문 법의고고학자가 맡아야 하는 일이었다.

영국에서는 노련한 법의고고학자를 찾기 힘들지만 경찰은 최고

전문가인 존 헌터 교수의 협조를 받았다. 이 시점에서 경찰은 나에게도 연락했고, 나는 지원하기 위해 스코틀랜드에서 내려갔다. 내가 경찰에게서 들은 내용은 존이 목재 저장소의 모닥불에서 회수한 뼈라고 생각하는 조각들을 내가 조사해주기를 원한다는 것이 전부였다. 또 그들이 폭력적인 죽음을 맞이했다고 의심되는 실종 여성을 찾고 있으며 유력한 용의자가 문제의 목재 저장소와 연관이 있다는 것도 알았지만, 마르셀라에 대해서는 더 이상 아는 것이 없었다.

존은 모닥불에서 불타고 남은 잔해를 체계적으로 추리고, 각 층에서 나온 물질을 각각 포장하고 라벨을 붙여서 시신안치소로 보냈고 나는 그것을 체질했다. 나는 각 봉투를 열어 그 내용물들을 시신안치소 탁자에 펼쳐 놓고 하나하나 조사했다. 대부분은 무엇이 있는지 확인하기 위해 돋보기를 사용해야 했다. 불타고 남은 잔해에 손을 대는 것은 지저분한 일이다. 모든 것이 검은색 아니면 회색이기 때문에, 하나라도 놓치지 않기 위해 시력이 좋아야 하고 빛이 밝아야 한다. 모닥불 잔해의 꼭대기에는 나무가 많았는데, 아직 타지 않은 것도 있었다. 불을 붙이는 장작으로 사용된 것이 분명했다. 위쪽에서 약간의 뼈가 발견되었다. 사람의 뼈는 아니고, 대부분이 음식물 쓰레기 중 고기 뼈였다.

아래층으로 내려갈수록 아주 작은 뼛조각들이 나타나기 시작했다. 이 뼈들은 동물의 것은 분명 아니고 사람의 것일 가능성이 꽤 높았다. 색깔이 회색이었는데, 이는 상당히 장시간 태워졌다는 뜻이고 따라서 남아 있는 것이 거의 없어서 DNA를 추출할 가능성은

제로에 가까웠다. 같은 불터에서 모닥불을 여러 번 피웠기 때문에, 그 재는 뼈를 반복하여 태웠다는 표시였다. 그 과정에서 뼈들은 점점 작아졌고, 이는 아마 완전히 파괴하여 식별할 수 없게 만들려는 시도였음을 가리켰다.

모닥불 잔해의 아래층에서 집 열쇠들도 발견되었다. 경찰이 시험해보니 그 열쇠들로 마르셀라 집의 현관문과 뒷문이 열렸다. 그러나 열쇠 자체는 정황적 증거일 뿐이었다. 마르셀라의 것으로 보이는 유골이 없다면, 브럼핏을 마르셀라 살인 혐의로 기소할 수 없었다.

뼛조각 대부분이 손가락 끝보다 크지 않았는데, 그 중 하나는 정말로 손가락 끝이었다. 그 뼈는 작았지만 성장 부위가 융합된 상태였기 때문에 성인의 뼈임을 알 수 있었다. 또 다른 뼛조각은 다리 중 종아리뼈fibula(비골)의 하단에서 나온 것으로 확인했는데, 발목 외측 돌기부를 형성한다. 이것은 긴뼈의 끝에 있는 성장 조직 부위인 성장판이 융합되었지만 비교적 최근의 일이라는 것을 알려주었다. 여성의 경우 성장판 융합은 일반적으로 16~18세 정도에 완료된다. 또 아래턱에서 나온 이틀뼈alveolar bone(치조골, 치아가 박히는 구멍이 있는 뼈)의 작은 조각도 있었는데, X-레이 촬영을 해서 법치의학자가 마르셀라의 치과 기록에 있는 방사선 사진과 비교할 수 있었다.

그리고 신뢰할 수 있는 빗장뼈가 있었다. 엄지손톱 크기의 빗장뼈 조각은 강렬하게 계속된 뜨거운 열기를 견뎌서 피해자 나이를 16~21세 정도로 추정할 수 있을 정도만 남았다. 내측 끝에 있는 뼛조각이 융합되기 시작했지만 발달의 아주 초기 단계임을 알 수 있었다.

이 작은 잔해물이 말해주고 있는 것과 마르셀라에 대해 경찰이 열거한 특징들이 일치한다는 것이 밝혀졌다. 마르셀라는 빗장뼈 조각에서 확인한 연령대의 중간인 19세였고, 키가 150센티미터로 상당히 작았다. 경찰이 들은 바로 그녀는 키가 커보이도록 굽이 아주 높은 구두를 자주 신었다고 한다. 그녀는 나이에 비해 많이 어려 보였기 때문에 자신의 외모를 이용하여 특히 고약한 고객을 만족시켰던 것 같다. 그녀가 일할 때 입는 복장 중 하나는 여고생과의 성적 만남에 환상을 갖고 있는 남성들을 유혹하기 위한 디자인이었다.

경찰이 추측하는 상황 전개는 이러했다. 마르셀라는 홍등가에서 브럼핏에게 낚였고, 그는 자신의 집으로 가자고 그녀를 설득했다. 용의자의 이전 범행을 감안하면, 그는 그녀에게 칼끝을 겨누고 그녀를 강간했을 가능성이 있다. 어떤 이유에서든, 아마 그녀가 반격해서였거나 자신을 알아보지 못하게 하기 위해서일 수 있을 텐데 브럼핏은 칼로 마르셀라를 찔렀다. 그는 이미 강간 범죄에 대해 보석을 받았기 때문에, 경찰에 잡힐 경우 곧장 감옥행이었을 것이다. 그리고 살인도 처음이 아니었다. 그의 아파트에서 발견된 마르셀라의 피가 설명되는 부분이다.

시신 절단이 있었다는 사실을 알고 있었지만, 아파트에 있던 피만으로는 그곳에서 일이 벌어졌다고 하기에는 부족했다. 아마 브럼핏은 마르셀라의 시신을 목재 저장소로 옮겨왔고, 그곳에서 오랫동안 시신을 불태웠을 것이다. 그녀의 옷과 소지품도 함께 조각조각 태웠을 것이다. 발견된 동물의 뼈는 불에 던져진 남은 음식이겠지만, 재를 샅샅이 조사할 누군가에게 혼란을 주기 위해 일부러 넣은 시도였을 수 있다.

브럼핏은 체포되었다. 처음에는 어떤 질문에도 대답을 거부했지만 드디어 침묵을 깨고 살인 범행을 시인했다. 하지만 살인이나 시신 절단을 어떻게 했는지 자세한 설명은 결코 하지 않았다. 이후 그는 두 차례의 강간과 마르셀라의 가중 살인에 대하여 3건의 종신형을 받았고, 현재 복역하는 감옥에서 무기징역을 선고받았다.

재판에서 판사는 3건의 증거에 의거하여 마르셀라의 신원을 인정했다. 그 증거는 이틀뼈 조각이 예전 X-레이와 일치한다는 치의학자의 증언, 불터에서 발견된 문 열쇠들, 그리고 우리가 새카맣게 탄 엄지손톱 크기의 빗장뼈 조각으로 확인한 나이였다. 이 뼈가 법의인류학자들이 대단히 좋아하는 뼈라는 것이 놀랍지 않다.

• • •

팔이음뼈의 두 번째 뼈인 어깨뼈는 빗장뼈와 달리 법의학 조사에 필요한 통찰력 있는 정보를 거의 제공하지 않는다. 역시 빗장뼈와 대조적으로 골절되기가 상당히 힘들지만, 상지가 몸통에 단단히 연결되어 있지 않기 때문에 어깨에서 비교적 쉽게 탈구될 수 있다.

이것은 고문에 오랫동안 이용되어온 특징이다. '매다는 형벌(또는 거꾸로 매달기, 팔레스타인 매달기)'이라고 알려진 고문법은 피해자의 손을 뒤로 묶고 그 묶은 밧줄을 공중에 매다는 것이다. 이 자세일 때 어깨에 체중이 쏠리면서 위팔뼈가 어깨뼈에서 자주 탈구된다. 관절이 느슨하기 때문에, 탈구된 뼈는 관절로 다시 이어진다. 이 때문에 고문의 관점에서 반복적인 폭행을 하기에 아주 좋다. 간혹 고통을 증대시키기 위해 어깨에 추가 무게를 더하여 놓기도 한다. 그 고통은 참기 힘들 정도라고 하며 피해자를 매단 채로 너무 오랫동안 방치하면 목숨이 위험할 수 있다. 사망의 위험은 피해자의 나이와 건강 상태에 따라 달라지지만, 질식이나 심부전, 혈전증으로 이어질 수도 있다.

생명에 대한 위험과 심각한 정신적 영향과는 별도로, 겨드랑이 부분의 신경 손상으로 인한 상지 피부의 감각상실(지각이상)이나 주로 겨드랑신경 손상으로 인한 근육 마비 같은 장기적인 신체 결과를 초래할 수 있다.

가장 중요하게 영향을 받는 근육은 어깨의 앞, 위, 뒤에 걸쳐 있는 삼각근이다. 이 근육은 팔을 옆으로 들어 올리는 능력을 조절하는 주요 근육이기 때문에, 매다는 형벌이 지속적으로 미치는 영향은 밖으로 뻗은 팔을 어깨 높이로 올리지 못하게 될 수 있다는 것이다. 따라서 인권보호를 위해 일하는 사람들은 이런 고문 형태의 피해자라고 주장하는 사람들의 증언을 뒷받침하는 물리적 증거가 있는지 여부를 판단할 때 이 동작을 테스트로 자주 이용한다.

피해자가 매다는 형벌의 고문을 받고 살아남았다면, 법의인류학자가 그 고문의 영향을 골격에서 알아낼 수도 있다. 신경의 장기적인 손상은 근육 소모로 이어지며, 평생 이렇게 고문을 받은 사람에게는 그 근육, 특히 삼각근이 부착된 부위에서 뼈 재흡수가 발생할 가능성이 있다. 골부착부병증enthesopathies이라고 하는 이 흔적은 외상을 통해 손상된 힘줄이나 인대가 부착되어 남은 상처자국이다.

그런 비인간적인 행위가 마치 옛날일인 것처럼 들릴지 모르지만, 불행히도 이런 기술은 오늘날에도 정보나 자백을 유도하기 위해 또는 어쩔 수 없이 목격한 피해자나 다른 죄수의 의지를 없애기 위해 사용되고 있다. 인체는 놀라운 공학적 산물이지만, 우리는 그 한계를 안다. 그런 지식을 이용하여 인체를 한계 너머까지 밀어붙이기로 한 사람들의 손에서 이런 고문은 저렴하면서도 효과적인 무기가 된다.

어깨뼈의 내구성이 좋은 것은 본래 견고하고 주변 근육이 보호해주기 때문이다. 영어 명칭인 'scapula'는 '파다, 탐구하다'라는 뜻의 그리스어 'skapto'에서 파생되었는데, 그 모양이 삽spade처럼 생겼기 때문이다. 실제로 소, 말, 사슴 같은 큰 동물의 어깨뼈는 많은 고대 문화에서 그대로 농사 도구로 동원되어 괭이나 모종삽처럼 사용되었다.

어깨뼈가 법의학 조사에서 주축이 되는 일은 많지 않지만, 우리가 그것을 자세히 조사하지 않는다는 뜻은 아니다. 등을 찔리거나 등에 총상을 입으면 어깨뼈에 흔적이 남을 수 있고, 야구방망이나 금속 막대 같은 무기에 의한 둔기외상은 어깨뼈의 골절을 일으킬 수 있다. 겨드랑목발을 사용하면 긴장골절stress fracture이 발생할 수 있다고 주장된다. 때때로 어깨뼈에서 골관절염이나 감염 같은 질병이 발견될 수도 있으며, 드물기는 하지만 선천적 또는 발달상 기형이 간혹 보고된다.

어깨뼈는 성별을 확인해주는 역할을 한다. 일반적으로 남성의 어깨뼈가 여성의 것보다 크고, 근육 부착 부위도 더 크다. 오른손잡이인지 왼손잡이인지를 확인하는 데도 도움이 된다고 말하는 사람도 있다. 그러나 어깨뼈의 중요한 가치는 연령 결정, 특히 10~20세 사이의 연령을 확인하는 데 있다. 이 연령대에는 성인의 어깨뼈를 구성하는 모든 요소들이 최종 형성을 위해 함께 모이기 시작한다.

태아의 경우 어깨뼈가 목 부위에서 형성되기 시작해서 흉벽 뒤의 최종 안착 위치로 내려간다. 선천성 질환인 스프렝겔 기형Sprengel's deformity은 어깨뼈가 제 위치로 내려가지 못해서 생기며, 한쪽 어깨가 이례적으로 올라가 있다. 간혹 양쪽 어깨가 모두 영향을 받을 수 있다. 이 경우는 남성보다 여성에게서 더 일반적이라서 보고된 사례의 약 75퍼센트가 여성이다. 이런 기형은 그 외에 선천성 척추측만증 같은 질환들과 관련이 있다. 어깨뼈가 여분의 뼈에 의해 척주에 융합된 희귀 기형omovertebral bone은 어깨뼈와 척주 사이에 있는 연조직의 골화에 의해 생성될 수 있다.

어깨뼈의 맨 끝에는 어깨뼈에서 나온 돌출부인 어깨뼈봉우리돌기acromion process가 있다. 그 명칭은 바위로 된 노두 꼭대기를 뜻하는 그리스어에서 유래한다(아크로폴리스와 어원이 같다). 14~16세 정도가 되면 어깨뼈봉우리돌기의 끝이 뼈에서 형성되기 시작하고,

18~20세가 되면 어깨뼈 몸통에 융합된다. 이곳은 강한 삼각근의 삽입 위치이므로 근육 부착에 중요하다. 삼각근은 어깨의 윤곽을 만들고 어깨 동작을 제어한다. 삼각근이 수축하면, 전방의 섬유가 어깨를 구부리는 데 도움이 되고(팔을 앞으로 가져옴), 측면의 섬유는 외전시키고(팔을 옆으로 들어 올림), 후방 섬유는 신전(팔을 뒤로 당김)을 돕는다.

이 동작들은 모두 조정, 역도, 체조처럼 상지 근육의 힘이 필요한 스포츠들과 연관이 있다. 어릴 때 삼각근에 의해 반복적으로 어깨뼈봉우리돌기에 너무 큰 긴장이 가해지면, 사춘기가 끝나도 어깨뼈봉우리가 나머지 어깨뼈에 융합되지 않고 별개의 뼈인 견봉골 os acromiale로 남을 수 있다. 이렇게 되어도, 대부분의 경우 통증이나 다른 문제는 일어나지 않는다. 실제로 견봉골이 있는 사람이 그 사실을 전혀 모를 수도 있다.

인체는 특히 반복적인 활동으로 몸에 가해지는 부하에 다양한 방식으로 반응한다. 뼈에는 과거 인류가 수백 년 동안 행했던 일에 식별할 수 있는 반응이 담겨져 있을 수 있다. 헨리 8세의 장엄한 기함인 메리로즈호의 난파 잔해물이 드디어 1982년에 인양되었고, 그 안에서 수장된 약 180명의 유골이 회수되었다. 이 배는 1545년 따뜻한 여름 저녁에, 영국을 침공한 프랑스 함대에 공격을 주도하던 중에, 육지가 다 보이는 솔렌트 해협에서 침몰하였다. 선원 415명 가운데 25명을 제외한 모두가 목숨을 잃었다.

예상대로, 뼈들을 분석한 결과 모두 남성, 주로 젊은 남성의 것으로 밝혀졌다. 대다수는 30세 미만이었고, 12~13세 이하도 일부 있었다. 이 배에는 300대가 넘는 큰 활과 수천 대의 화살도 실려 있었으므로, 강력한 공포의 영국 궁수대도 타고 있었을 가능성이 있다. 골고고학자인 앤 스털랜드Ann Stirland가 뼈들을 검사한 결과, 견봉골 발생률이 불균형적으로 높아서 어깨뼈의 약 12퍼센트에서 견봉골이 존재했다.

오늘날의 궁수들은 활동을 젊었을 때 시작하며, 이들의 어깨뼈는 종종 한쪽 어깨, 특히 왼쪽 어깨에서 견봉골이 보인다. 이는 활을 잡고 시위를 팽팽히 당길 때 팔을 가장 많이 사용하기 때문이다. 따라서 메리로즈호에 탄 남성 다수가 아주 어렸을 때부터 궁술을 배웠고 견봉골이 있으면 격렬하게 훈련한 결과가 눈에 보이는 것이라고 추측하는 것은 합리적이지 않다.

메리로즈호에서 수거한 인골들은 모두 보관과 분석을 위해 포츠머스 근처에 있는 앤의 농가로 옮겨졌다. 이것은 요즘에 일어난 일이 아니기 때문에, 뼈는 안전을 위해 실험실에 안전하게 지켜졌다. 그 뼈들을 아직 다 정리하지 않았을 때, 어느 멋진 여름 오후에 나는 앤의 집에서 앤과 함께 시간을 보낼 수 있었다. 다이닝룸 테이블 위에 모든 뼈를 늘어놓고서 앤과 함께 앉아 믿을 수 없는 이 역사의 조각들을 훌륭하게 보존한 것에 감탄했다. 앤은 견봉골을 아주 흥미로워했고, 우리는 여러 시간 동안 이 작은 뼈 덩어리와 가장 잘 맞는 원래의 어깨뼈를 찾아 재결합시켰다. 물론 항상 성공하지는 않았다. 이 유골들을 보는 것은 물론 직접 처리할 수 있다니 정말 영광스러웠다. 다정한 침묵 속에서 함께 연구를 하며 보낸 그날 오후의 추억은 지금도 소중하게 남아 있다. 메리로즈호에 대한 다큐멘터리를 볼 때마다 완벽했던 그 여름과 앤의 무한한 열정, 함께 마신 그 많은 차, 엄청나게 많이 웃고 감탄했던 그 시간이 떠오른다.

WRITTEN
IN BONE

THE PELVIC GIRDLE

$$7$$

다리이음뼈
성별과 나이를 짐작하는 단 하나의 뼈

인체의 두 번째 이음뼈인 다리이음뼈는 몸통을 둘러싸며 사방으로 뻗어 있다. 뒤에 있는 엉치뼈에서 앞에 있는 두덩뼈 pubic bone(치골)로 몸통을 돌면서 뻗어 있다. 이 뼈는 상반신의 무게가 척추에서 엉덩이로, 다리를 통해 지면으로 옮겨지는 접합부다.

우리 몸에는 한 쌍의 볼기뼈 innominate bone(관골)가 있으며 각 볼기뼈는 세 부분으로 나뉜다. 윗부분인 엉덩뼈 ilium(장골)와 뒤 아래 부분을 형성하는 궁둥뼈 ischium(좌골), 앞 아래 부분을 형성하는 두덩뼈(치골)로 나뉘는데, 성인이 되면 이 3개의 뼈가 합쳐져 하나의 볼기뼈가 된다. 그중 엉덩뼈는 양쪽 엉덩이에서 툭 튀어나와 만져지는 부분이다. 뒤에 있는 엉치뼈와 관절을 이루는 부분으로 근육이 부착되는 넓고 납작한 날개를 갖고 있다. 궁둥뼈, 특히 궁둥뼈결절 ischial tuberosity은 우리가 앉을 때 바닥에 닿는 부분이다. 두덩뼈는 앞쪽으로 튀어나와 있다.

엉덩뼈는 임신 2개월에 가장 먼저 형성되고, 이어서 임신 4개월에 궁둥뼈가, 마지막으로 임신 5~6개월 정도에 두덩뼈가 형성된다. 아기가 태어날 때 다리이음뼈는 21개의 뼈(엉치뼈 15개, 각 볼기뼈에 3개씩)로 이루어져 있다. 앞에서 말했듯, 성인이 되면 3개의 뼈는 융합되어 하나의 볼기뼈가 된다(앞뒤가 안 맞는 이야기인데, 볼기뼈의 영어 명칭인 'innominate'를 글자 그대로 번역하면 이름이 없다는 뜻이다). 융합은 대략 5~8세에, 궁둥뼈와 두덩뼈 사이에서 일어나기 시작해, 8세 무렵이 되면 볼기뼈가 두 부분이 된다. 11~15세에는 마지막으로 엉덩뼈가 엉덩관절hip joint(고관절)의 컵 모양 절구acetabulum에서 합쳐진다. 20~23세 무렵이 되어 뼈 맨 위를 따라 뻗어 있는 능crest이 성장을 멈추면 하나의 볼기뼈가 완성된다.

나이와 성별을 보여주는 뼈

볼기뼈는 법의인류학자에게 많은 정보를 준다. 키나 인종의 기원에 대해서는 별 도움을 주지 않지만, 성별과 사망 당시의 나이를 확인하는 데는 그 가치가 인정된다. 우리에게 검사를 위해 제시된 골격이 전체 골격일 경우, 약 90퍼센트의 정확도로 성별을 맞출 수 있을 것이다. 그러나 이 일을 단 하나의 뼈만 갖고 해야 한다면 항상 볼기뼈를 선택할 것이다. 그러면 알아야 할 내용을 약 80퍼센트는 정확하게 알아낼 수 있다.

또 볼기뼈는 나이를 판단하는 데 최선의 선택이 된다. 20~40세 성인에게서 나타나는 연령 관련 변화는 두덩뼈 두 개 사이에 있는 두덩결합pubic symphysis과 엉치엉덩관절sacroiliac joint의 표면에서 볼 수 있다. 여기에서 발달상 변화와 퇴행적 변화가 있을 수 있다. 이에 대해서는 연구 결과가 잘 기록되어 있어서 이 뼈는 30세보다 훨씬 많은 나이에 사망한 사람의 추정 나이에 대한 지침을 계속 알려줄 수 있다.

골반은 경계가 분명한 테두리에 의해 위에 있는 가골반 또는 큰골반과 아래에 있는 진골반 또는 작은골반으로 구분된다. 가골반이라고 불리는 것은 일반적으로 복강의 일부로 간주되기 때문이다. 이곳은 근육이 부착할 넓고 편평한 공간을 제공하고 복부 내장의 일부가 자리한다. 아래에 있는 진골반은 공간이 훨씬 협소하며, 방광과 직장, 내부 생식기관 같은 조직이 들어가 있다.

가골반과 진골반을 가르는 테두리는 골반가장자리 또는 골반입구라고 한다. 다른 쪽 끝에는 골반출구가 있는데, 뒤에서는 꼬리뼈, 양옆에는 궁둥뼈결절과 접해 있다. 골반입구와 출구는 창자와 신경, 혈관 같은 연조직이 통과하는 골반강의 관문이다. 또 몸에서 배출하고 싶은 물질, 즉 요로와 소화계, 내부 생식기관(남성의 경우 사정액, 여성의 경우 월경물질과 아기)의 산물이 통과하는 경로이기도 하다.

여성의 골반은 출산과 아주 밀접한 관련이 있다는 점에서 유골로 성별을 판별할 때 그 진가를 발휘한다. 여성의 골반은 정식 기능(그 안에 내장을 간수하고 두 다리로 걷게 하는 것)의 수행 능력을 유지해야 할 뿐만 아니라 골반입구로 들어갔다가 골반출구로 나오는 가장 큰 것, 즉 아기의 머리를 수용할 준비가 되어 있어야 한다. 일단 아기의 머리가 골반입구를 통해 내려가면, 가능한 한 신속하게 골반 출구에서 빼내고 싶을 것이다.

사춘기와 관련된 호르몬, 특히 주요 여성 호르몬인 에스트로겐이 크게 작용할 때까지 골반은 남녀 모두 똑같이 유형보유적이다. 즉, 골반 뼈로는 아이의 성별을 판단할 수 없다는 뜻이다. 일반적으로 에스트로겐 수치가 증가하면 여성 골반의 모양은 상당히 극적으로 변화하지만, 남성 골반은 더 어린아이 같은 형태를 유지하고 근육량 증가에 따라 더 커질 뿐이다.

에스트로겐의 영향에 대하여 여성 골반이 보이는 반응은 다리 이음뼈가 산도産道의 역할을 하도록 다양하게 준비시키는 것이다. 예를 들어, 사춘기 성장 중에는 골반 뒤쪽과 엉치뼈가 올라가면서 갈고리 모양의 큰 궁둥패임sciatic notch(골반에서 하지로 궁둥신경이 지나가는 곳)을 쭉 펴서 좀 더 열린 둔각이 된다. 넓어진 엉치뼈의 변화에 힘입어 골반입구와 골반출구가 더 넓어져서 골반강의 공간도 더 넓어진다. 남성의 경우 비교적 삼각형으로 남아 있는 두덩뼈가 여성의 경우에는 더 길어지고 정사각형에 가까워진다. 이 형태는 골반입구와 골반출구 모두의 크기를 키우는 데 도움이 된다. 남성에 비해 여성의 궁둥뼈결절이 더 멀리 떨어지게 된다. 잘 모르겠다면, 구식 자전거의 안장을 살펴보자. 제조사들은 여성 궁둥뼈결절 사이의 간격이 더 넓어서 이에 맞추기 위해 여성용 자전거의 안장을 더 넓게 만들었다.

　여성 골반에서 일어나는 이 모든 사소한 변화는 모두 아기 머리가 성공적으로 통과할 수 있도록 함께 작동하기 위함이다. 그리고 대부분의 경우 그렇게 된다. 그러나 출산에 관해서, 산모의 골반이 이미 내부 기관, 혈관, 내장 등으로 꽉 차 있다는 것에 비해 그 좁은 공간에 큰 머리를 집어넣을 작고 귀한 공간은 여전히 있다. 평균적으로 여성의 골반관pelvic canal은 아기의 머리보다 좀 더 좁기 때문에 머리가 산도를 안전하게 통과하려면 무엇인가를 양보해야 한다고 한다. 사실을 말하자면 결국 약간의 틈만 찾으면 되기 때문에 산모와 아기가 서로 조금씩 타협을 한다는 것이다.

　출산 시기가 다가오면 산모의 난소와 태반에서 릴랙신이라는 호르몬의 생산이 증가한다. 이 호르몬은 태아를 둘러싼 막들을 파열하고 자궁경부를 유연하게 만드는 데 도움이 된다. 또 일반적으로 단단한 골반고리pelvic ring(골반환)를 단단히 잡아주는 인대를 부드럽게 하여 약간 움직일 수 있게 한다는 증거가 있다. 동시에 아기의 두개골이 아직 융합되지 않았기 때문에, 머리가 약간 느슨해진 골반관을 통과할 때 뇌를 아래로 밀어 넣을 수 있다. 그래서 아기가 태어났을 때 머리 모양이 약간 기형인 경우가 드물지 않고, 일반적으로는 태어난 직후 스스로 교정한다. 우리는 골반의 관절 부위, 특히 엉치뼈와 엉덩뼈 사이의 관절, 그리고 앞에 있는 두 개의 두덩뼈 사이의 관절 부위에서 구멍과 홈을 상당히 자주 본다. 과거에는 과학자들이 이것들을 출산의 지표라고 생각해서 '분만의 흉터'라고

까지 불렀다. 심지어 관절 부위에서 보이는 구멍의 수가 출산 횟수와 같다고, 분만할 때마다 구멍이 하나씩 생긴다고 생각한 이들도 있었다. 하지만 시간이 흐르고 연구가 많이 진행되면서 이런 생각은 말도 안 되는 것으로 밝혀졌다. 윌리 삼촌의 형제자매가 모두 살았다면 24명이었을 것이다. 삼촌의 불쌍한 어머니는 사실상 결혼한 이후 내내 임신 상태였다. 그분이 출산 때마다 구멍이 하나씩 생겼다면, 그분의 골반은 구멍이 송송 난 스위스 치즈처럼 보였을 것이다.

이 구멍들은 여성에게서 훨씬 빈번하게 관찰되지만 간혹 남성에게도 발생하므로, 꼭 출산이 원인이라고는 말할 수 없다. 그럼에도 그 구멍들이 보이면 일반적으로 여성임을 알려주는 좋은 지표다. 하지만 여성이 출산했다는 증거보다 관절 표면에서 인대가 늘어나면서 생긴 흉터일 가능성이 더 크다.

골반 속에서 화석이 된 태아들

태아의 뼈가 골격의 골반강 내에서 발견되는 것은 드물지 않으며 그것은 법의인류학자가 일상적으로 찾는 것이다. 출산은 엄마와 아기 모두에게 위험한 시간이며 태아와 산모가 모두 사망할 가능성은 늘 있다. 이와 관련된 희귀 현상도 있다. 바로 뱃속에서 태아가 석회화되어 남아 있는 현상인 '화석태아'다. 1차 복강임신 또는 자궁외임신 후 2차 복강내착상으로 형성될 수 있다.

난자는 일반적으로 나팔관의 높은 곳에서 수정되지만, 난자가 난소와 나팔관 사이의 틈을 가로지를 때 수정이 되면 때때로 복강으로 비껴갈 수 있다. 자궁외임신은 수정란이 자궁까지 도달하지 않고 대신 나팔관에서 착상되는 경우다. 이때 나팔관이 파열되면 배아가 복강으로 이동할 수 있다. 또는 난자가 나팔관에 들어가기 전에 수정되면, 난소면과 자궁관술●사이의 틈을 건너지 못하고 복강에 바로 매몰될 수도 있다.

배아는 진정한 기생생명체이며, 복강면에 잘 착상할 수 있다면 자궁 밖에서 12~14주까지도 생존하며 발달할 수 있다. 이때는 태아가 태반에 착상하기 위해 그 끝을 정상적으로 이동시키는 단계다. 태반은 혈액 공급량을 충분히 보유해야 하는데(자궁을 위해 특별 설계된 기능) 그렇지 못하면, 일반적으로 복강 임신이 실패하고 태아는 사망한다. 그러나 화석태아는 이 임신 주수를 넘어서까지 살아남았다. 가장 오래 생존한 것으로 알려진 화석태아는 30주 동안 살았다.

태아가 자연적으로 배출될 수 없고, 태아가 너무 커서 산모의 몸에 흡수될 수 없는 경우, 석회화되기 시작한다. 뼈로의 전환은 태아가 분해되기 시작할 경우 산모가 감염되지 못하게 방어하기 위한 자가면역 반응일 가능성이 높다. 그렇게 태아는 서서히 화석태아로 변한다.

● 자궁관 깔때기 끝의 술 장식 모양의 돌기.

의학 문헌에 기록된 화석태아 사례는 300건 미만이며, 대부분의 산모는 화석태아가 존재하는지조차 모르고 있다가 골반 검사 중에 연결되지 않은 무언가를 발견하게 되었다. 여성들은 뱃속에 비밀의 아기가 있다는 것을 모른 채 다른 아이들을 계속 낳았다. 화석태아의 무게는 최대 1.8킬로그램까지 될 수 있고, 일부지만 40년 이상 발견되지 않은 채 여성의 몸속에 남아 있던 경우도 있었다.

골반은 특히 낙상이나 으깸손상, 교통사고의 충격으로 골절되기 쉽다. 골반 골절은 보행자가 차량에 치일 때 흔히 일어나는 부상이다. 무릎이 자동차 계기판에 세게 부딪히는 충돌은 특히 위험하다. 넓적다리뼈가 절구에 파고들어 골반이 여러 조각으로 부서질 수 있기 때문이다. 이런 유형의 골절은 신경 손상의 위험이 있어서 몸이 매우 쇠약해질 수 있는데, 이는 실금과 발기부전의 원인이 될 수도 있다. 그러므로 자동차에 앉을 때 무릎이 계기판에 닿지 않도록 주의해야 한다. 좌석을 뒤로 밀고 다리를 펴도록 한다.

골반은 환 구조이기 때문에, 한 부분이 부러지면 종종 이차 골절이나 다른 부분의 추가 손상이 뒤따라 일어난다. 이런 골절을 불안정성골절이라고 하며, 그런 손상과 그 결과는 복합적일 수 있다. 이런 부상을 입은 사람이 생존했을 경우, 뼈에 흉터가 남기 때문에 법의인류학자가 찾아낼 수 있으며 병원 치료를 받아야 하는 것이 거의 확실하므로 일반적으로 비교할 X-레이나 CT, MRI 영상이 있다. 총상의 흔적이 골반에 나타나는 것도 드물지 않다.

생식기에 피어싱을 한 남자들

나는 총을 쏜 사람이 누구인지를 밝혀야 하는 별개의 사건 두 건을 맡게 되었다. 내가 할 일은 발굴한 유골에서 총알을 회수하는 것이었다. 두 남자는 약 40년 전에 사망했다. 그러나 두 사람 모두 총을 쏜 사람에 대한 의문이 사라지지 않았다. 이제 수사를 확대하는 데 상당히 중요한 지점이었다. 두 사람 모두 부검과 탄도증거를 하지 않은 채 매장되었다. 이런 마무리가 오늘날에는 납득할 수 없는 것 같지만, 아마 그들이 살았던 때와 장소에서는 그냥 그것이 특징이었다.

첫 번째 피해자는 18살의 청년으로, 벨파스트의 길모퉁이에 서서 친구와 이야기를 나누다가 다리에 지나가는 자동차에서 쏜 총을 맞았다(전형적인 자동차 총격이었다). 서둘러 병원으로 이송되었지만 수술대에서 사망했다. 의료기록에는 탄도의 진입 상처는 확인되었으나 출구가 없었다. 이는 그의 체내에 총알아 남아 있을 수 있음을 암시한다.

잔재 수사의 일환으로 그의 유해를 발굴하여 탄도증거가 있는지 유골을 조사하기로 결정했다. 그는 가족 중 처음으로 무덤에 묻혔지만 그 위로 친척 3명이 묻혀서 발굴 과정은 길고 복잡할 것 같았다.

이 무자비한 작업은 날씨 때문에 더 힘들어졌다. 항상 발굴을 하려 할 때마다 날씨가 춥고 어둡다. 그리고 꼭 비가 내리는 것 같다. 사람들이 엄청난 강풍과 내리치는 비를 피하기 위해 텐트로 모여든 모습이 불쌍해 보였다. 과거의 쓰라린 경험을 통해 무덤은 침수될 것이고 우리는 곧 진흙탕 속에서 무릎으로 기어 다니게 될 것임을 알았다.

가장 최근에 매장된 것은 아이의 유해였다. 지면에서 아주 가까운 곳에서 면으로 된 수의가 입혀진 유해가 보였다. 흙손을 사용하여 이 유해를 아주 조심스럽게 발굴했다. 그리고 나중에 다시 매장될 수 있도록 시신 가방에 부드럽게 넣었다. 그런 다음 첫 번째 관의 뚜껑이 보일 때까지 굴착기로 흙을 얇게 한 층씩 제거했다.

이 단계에서 필요한 것은 빠르게 무덤으로 뛰어들어 명판의 이름을 확인하고, 뚜껑을 열어 유골을 시신 가방에 옮기고, 관에서 분해되는 MDF(중질 섬유판) 조각을 버리는 것이었다. 두 번째 관의 뚜껑에 도달했을 즈음에는 사다리가 필요했다. 무덤이 깊으면 좁은 공간에서 작업하기가 어렵다. 나이 든 여성, 그리고 내 아버지가 말하곤 했던 표현대로 '넓은 엉덩이'를 가졌다면, 자기보다 젊고 건강하고, 날씬한 동료와 함께 일하는 것이 항상 도움이 된다. 루시나(신의 가호가 있기를!)는 항상 자신이 구덩이에 내려가게 될 것임을 안다.

두 번째 유골을 관에서 무사히 꺼내어 시신 가방으로 옮겼다. 유해가 들어 있는 시신 가방은 실제로 대형 나무 상자인 운송 관이라고 알려진 장소에 보관되었다가 조사가 끝나면 다시 매장되었다.

충격을 받은 젊은 피해자의 관은 묘지 기록에 적혀 있는 그 위치에 정확하게 있었다. 내 경험상 항상 그렇지는 않다. 우리는 명판의 이름을 확인하고 뚜껑을 제거한 뒤 유해를 시신 가방으로 옮겼다. 관이 너무 썩어서 관 채로 들어올리기가 어려웠기 때문이다.

금속 탐지기를 관 위에서 작동시키고 퇴적물이나 파편을 모두 치운 뒤, 다시 금속 탐지기를 무덤 바닥의 흙에서 작동하여 금속으로 된 증거가 누락되지 않았는지 확인했다. 아무것도 발견되지 않았다.

묘지에 가져온 이동식 X-레이 기계로 시신 가방을 방사선 촬영했다. 발굴의 모든 측면을 공개적으로 투명하게 하기 위해, 모든 작업은 가족과 법적 대리인의 입회하에 이루어졌다. 피해자 가족과 경찰 간의 불신은 상당했는데, 그럴 만한 이유가 있었다. 또 가족은 직접 법의인류학자를 구해 작업 감독을 의뢰했다. 이러한 조치가 협력 정신을 고취시키고 치유 과정에 도움이 되기를 희망했다.

금속이 약간 감지되었다. 발견될 때마다 유족, 변호사 및 인류학자와 논의를 했고, 차례로 장례 부속품 조각이나 관 제작에 사용된 못으로 치부되었다. 이번에 나온 금속 기미를 보인 물체는 뼈, 특히 골반과 관련이 있어서 흥미로웠다. 이것은 다음 날 아침에 시신안치소에서 더 자세히 조사할 예정이다. 그 뒤에 경찰 호송인과 참관 유족들이 동반한 가운데, 시신 가방을 안치소 경비부서로 옮겼다.

경찰이 우리를 경찰 차량 하나에 태워 호텔로 데려갔을 때, 솔직히 말해서 머리가 멍해질 정도로 지루했다. 더운 듯해서 왜 창문이 열리지 않느냐고 물었다. 그들은 내가 농담이라도 한 양 쳐다보았다. 내가 진심임을 깨달은 그들은 방탄 창문은 열 수 없다고 참을

성 있게 알려주었다. 그 두 가지 특징이 함께 있을 수는 없다. 최근 북아일랜드의 불안정한 역사를 상기시키는 정신이 번쩍 들게 하는 말이었다.

다음 날 아침은 몹시 추웠고, 냉랭한 안치소 환경은 특히 열악했다. 상의와 양말 몇 겹을 껴입어도 따뜻해지지 않았다. 시신 가방의 사진을 찍고 사이드테이블에서 가방을 열었다. 시린 손으로 유골 평가의 첫 번째 작업에 들어갔다. 또 다른 테이블에 유골들을 펼쳐 놓고 무엇이 있고 무엇이 없는지 목록을 작성했다. 뼈 하나하나를 해부학적으로 올바른 위치에 놓자 뒤죽박죽 섞여 있던 뼈들에서 서서히 골격의 형체가 나타남에 따라, 뼈 주인의 모습이 눈앞에서 구체화되기 시작한다. 그런 혼란 속에서 질서가 나타날 수 있다는 것에 경찰과 법적 참관인들은 항상 놀란다.

이 남자를 재구성하면서 우리는 성별, 나이, 키, 인종을 나타내는 특징에 대해 생각하고 있다. 우리는 처리할 200개 정도의 뼈 하나하나에서 이상이나 손상, 질병의 증거를 찾고 있다. 이 모든 뼈들, 특히 볼기뼈를 통해 이 유골이 젊은이의 것이며 사망 당시 10대 후반 또는 20대 초반이었음을 확인했다. 우리는 그의 갈비뼈와 복장뼈 앞쪽에서 치유되지 않은 골절을 확인했는데, 이는 그를 살리기 위해 가슴을 열어서 직접 심장마사지를 했다는 병원 기록과 일치했다. 오른손 뼈에도 치유되지 않은 골절이 있었다. 의학 보고서에 따르면 오른쪽 사타구니 부위에 사입구°가 있었고 이에 따라 오른쪽 볼기뼈는 궁둥두덩 부위의 위쪽과 아래쪽 부분 모두 부러져서 오른

276

쪽 궁둥뼈가 나머지 골반에서 분리되는 이중골절을 보였다.

우리가 전날 X-레이에서 본 금속 물체가 왼쪽 볼기뼈의 두덩뼈 안쪽 면에 박혀 있었다. 골절의 패턴은 탄도 발사체가 먼저 남성의 오른손을 관통하면서 몇 개의 뼈를 부러뜨린 뒤, 위쪽으로 이동하여 골반 오른쪽을 부순 후 운동량 대부분을 잃고 마침내 왼쪽 두덩뼈에 박히게 된 것을 암시했다.

우리의 일은 총알을 제거하거나 분석하는 것이 아니라 그냥 그것을 찾는 것이었다. 병리학자가 플라스틱 핀셋을 사용하여 총알을 빼냈고 분석을 위해 다른 곳으로 보냈다. 우리가 그 총알을 본 것은 그때가 마지막이었다. 나는 그 사건이 실제로 어떻게 진행되었는지에 대해 더 이상 듣지 못했다. 우리의 임무는 먼저 관을 식별하고 유해를 들어 올리는 것이었고, 두 번째로 총알의 궤적과 마지막으로 박힌 곳의 확인과 관련된 증거를 기록하고 회수하여 제시하는 것이었다. 우리는 임무를 끝냈다.

두 번째 사건도 아주 비슷했다. 같은 지역에 사는 41세의 남성이 오른쪽 다리에 총을 맞았다. 급히 병원으로 이송되었지만 다리를 구하지 못하고 절단해야 했다. 이틀 후 그는 합병증으로 사망했다. 이번 의료 기록에도 총알이 들어왔지만 사출의 증거가 없었는데, 이는 탄도 발사체가 체내에 남아 있을 수도 있음을 가리켰다.

발굴 작업은 이미 진행되었다(이번에 나는 참석하지 않았다). 하지

● 어떤 물체가 뚫고 들어간 구멍.

만 피해자가 두 번 매장되었다는 점에서 이번 조사는 약간 복잡했다. 그의 가족은 시신을 원래 묻혔던 묘지에서 그들의 거주지와 더 가까운 곳으로 옮기고 싶어 했다. 시신이 이미 한 번 옮겨졌기 때문에 경찰은 지금 총알이 발견될 거라고 기대하지 않았는데 발견되었다. 총알은 뒤섞인 유골 더미에서 금속 탐지기에 의해 포착되었고 병리학자가 분석을 위해 빼냈다.

나는 동료인 르네와 함께 북아일랜드 경찰청 본부의 유치장으로 갔다. 관에서 나온 나뭇조각과 관련 물건들이 보관된 그곳에서 밤을 새우며 흥미로울 만한 다른 증거들을 찾았다. 유골은 시신 안치소로 옮겨졌으므로 나중에 검사할 예정이었다. 우리는 유치장의 콘크리트 바닥에 무릎을 꿇고서 큰 나무 판자, 종교적 도상, 금속 못, 문장이 그려진 방패, 코드 조각, 천 조각, 흙, 돌 등 작은 산처럼 쌓인 묘지에서 나온 잡동사니를 체질●했다.

놓쳤던 것들 중에서 우리가 유일하게 발견한 것은 손가락뼈인 손허리뼈metacarpal(중수골)였다. 시신안치소로 가져가기 위해 이 뼈를 봉투에 넣고 이름표를 붙였다. 유골에서 빠진 이 특정 뼈를 우리가 찾은 것일 수 있었다.

시체 안치소에서 우리는 정말로 유골에서 손허리뼈(중수골)가 누락되어 있고 우리가 찾은 것이 피해자에게 맞는 크기라는 사실에 안도했다. 또한 오른쪽 다리는 엉덩관절 아래에서 절단했다는 것도

● 체로 가루나 액체를 거르는 것.

명백했는데, 의료 기록의 내용과 일치했다. 이로써 우리에게 있는 유골이 맞는 것이라는 사실에 가족의 변호사는 안심했다.

두덩뼈 두 개가 골절되어 나머지 볼기뼈에서 분리되었는데, 아마도 총알의 영향을 받은 결과인 것 같았다. 물론 총알 자체는 이미 제거되었지만, 오른쪽 두덩뼈에서 보인 파쇄 골절starburst fracture은 더 낮은 속도로 이동하는 단계를 거쳐 뼈의 상단에 박힌 발사체의 궤적과 일치했다. 골절이 치유되지 않았다는 사실은 골절이 사망 당시에 발생했을 가능성을 뒷받침했다. 이번에도 우리는 임무를 마쳤고 경찰에 보고서를 전달했다.

비슷한 시기에 경험한 이 두 사건이 여러 면에서 비슷했던 것은 우연의 일치일까? 두 사건 모두 피해자가 남성이었고, 오른쪽 다리에 단 한 발의 총을 맞았으며, 골반 뼈에 총알이 박혀 있었다. 둘 다 총상으로 사망했고 사입구는 기록되었으나 사출구는 없었음에도 부검을 받지 않았다. 이 모든 것이 우연인지 아니면 어떤 행동 패턴의 증거였는지 여부는 다른 사람들이 묻고 답해야 할 것이다.

골반 부위에서는 온갖 물건이 발견될 수 있으므로, 몸에서 주의 깊게 살펴보아야 하는 중요한 부위이다. 그리고 유해뿐만 아니라 유해가 놓였던 장소도 금속탐지기로 철저히 조사해야 한다.

생식기 피어싱은 꽤 흔한 일이다. 남녀 모두 생식기를 변형시키거나 피어싱을 하기 위해 다양한 금속 조각을 사용한다. 아마 내가 봤던 가장 특이한 것은 '음낭의 사다리'였다. 음낭의 중앙을 따라 일렬로 피어싱을 하고 거기에 8개의 고리를 끼운 것이었다. 각 고리들에 아주 커다란 안전핀 비슷한 것을 끼워서, 음경 끝에 있는 또 다른 고리에 모두 연결해놓았다. 그 고통은 상상만 할 수 있을 뿐이지만, 법의인류학자의 관점에서 볼 때 도움이 될 정도로 확실히 독특했다.

자주 보이는 다른 이물질에는 방광결석, 다양한 자궁 내 피임 기구, 마약 밀거래 같은 불법 행위와 관련된 수상하고 미심쩍은 것들이 있다. 어떤 사례에서는 항문관에서 칫솔을 회수하기도 했는데, 아무리 생각해봐도 그럴 듯한 해석을 생각해낼 수 없었다.

WRITTEN
IN BONE

THE LONG BONES

8

긴뼈
키와 성장 과정을 유추하는 6개의 뼈

사람에게 있는 상지의 긴뼈와 하지의 긴뼈는 직접적으로 비교할 수 있는 기관, 즉 상동기관이다. 우리가 원래 네 발 동물이었다는 점을 감안하면 놀라운 일이 아니다. 그러나 수백만 년 전에 많은 종의 네 발 동물은 뒷다리의 힘을 유지하기만 하면 네 다리 모두의 힘을 똑같이 가지지 않아도 된다는 것을 알게 되었다. 이로써 자유로워진 앞다리는 다른 일을 할 수 있게 되었다. 예를 들어 다람쥐가 견과류를 움켜쥐거나 나무에 오르는 것을 떠올리면 된다.

일반적으로 육상동물의 앞다리가 변형되면, 뒷다리보다 짧아지는 경향이 있다. 그렇기 때문에 래퍼처럼 옷섶을 내려서 늘어뜨리지 않고는 하반신에 카디건을 입을 수 없다. 어린 시절에는 한번쯤 이렇게 해봤을 것이다.

'제약 가설constraint hypothesis'이라는 논리에 근거하여, 캥거루의 앞다리가 작은 이유에 대하여 최근에 제시된 해석이 있다. 캥거루는 태아 발달의 초기 단계에서 태어났기 때문에 위험을 무릅쓰고 어미의 주머니에 잘 매달려 있으려면 앞다리가 발달해야 했다는 것이다. 이것은 생존에 중요하며 따라서 앞다리는 본래 기능을 수행하는지 확인하는 데 필요했던 조기 성숙에 의해 '제약'을 받는다. 뒷다리는 구속받지 않으므로 계속 성장할 수 있다.

육식 공룡 티라노사우루스의 앞다리가 '흔적 기관'이 된 이유를 둘러싸고 오랫동안 과학적 논쟁이 있어왔다. 아마도 이 앞다리는 짝짓기를 하거나 먹이를 찍어 누르기 위한 갈고랑쇠였거나, 수그린 자세에서 일어날 때 도움을 주는 지렛대로 사용되었을 것이다. 무엇이 사실인지 우리는 절대 모를 것이다.

약 400만 년 전, 인류가 일어서서 두 다리로 걷기로 결정한 시점 이후로 우리는 사지를 설명할 때 앞다리와 뒷다리가 아닌 상지와 하지라고 부른다. 상지는 몸통을 손에 연결하여 복잡한 작업을 수행하고 세상과 상호작용할 수 있게 하고, 하지는 몸통을 발에 연결하여 이동할 수 있게 한다.

해부학자들은 신체 부위의 명칭을 정할 때 어떤 부분을 말하는지 애매하지 않게 아주 구체적으로 짓는다. 몸통에 가장 가까운 상지 부분은 팔이고 해당하는 하지 부분은 넓적다리다. 상지와 하지에는 각각 하나의 긴뼈, 즉 위팔뼈humerus와 넓적다리뼈가 포함된다. 몸통에서 가장 멀리 떨어진 사지 부분은 상지의 아래팔과 하지의 종아리다. 이런 각 분절에는 두 개의 뼈가 있다. 아래팔에는 엄지손가락 쪽의 노뼈radius(요골)와 새끼손가락 쪽의 자뼈ulna(척골)가 있고 종아리에는 엄지발가락 쪽의 정강뼈tibia(경골)와 새끼발가락 쪽의 종아리뼈fibula(비골)가 있다. 아래팔의 노뼈는 종아리뼈의 정강뼈에 해당하고, 자뼈는 종아리뼈에 해당한다. 이렇게 한쪽에 있는 6개의 뼈(위팔뼈, 노뼈, 자뼈, 넓적다리뼈, 정강뼈, 종아리뼈)를 총칭하여 긴뼈라고 한다.

어린 시절에 긴뼈는 상당히 예측 가능한 속도로 성장하므로 우리는 아이가 2~10세일 때 예상되는 키를 합리적으로 정확하게 말할 수 있다. 하지만 그 후에는 자신 있게 예측하기가 힘들어지기 시작한다. 사춘기 동안 대부분 예측할 수 없게 급성장하는데, 이것이 언제 시작해서 언제 끝날지 예측할 수 없다. 일단 긴뼈가 성장을 마치면(보통 여성의 경우 15~16세, 남성의 경우 18~19세) 최대 신장에 이르게 될 것이다.

상지와 하지의 뼈는 서로 조화롭게 그리고 양쪽의 길이가 비슷하게 증가한다. 따라서 오른쪽 팔다리는 긴데 왼쪽 팔다리는 짧다든지, 팔은 긴데 다리는 짧다든지(또는 그 반대) 하는 일은 일어나지 않는다. 즉 모든 것이 정상적으로 발달한다.

우리 중 어느 정도 나이 든 사람들은 1950년대 후반부터 1960년대 초반에 독일 제약 회사에서 만든 약품인 탈리도마이드의 효과를 기억할 것이다. 처음 계획은 임산부의 불안, 불면증, 입덧을 완화시키는 용도였다. 동물 테스트에서는 약품이 인간 태아 발달에 미칠 파괴적인 영향을 예측할 수 없었다. 따라서 산모는 주저하지 않고 임신 첫 3개월 동안 약을 복용했다. 그러던 중에 이 약과 특정한 선천적 결함 간에 직접적인 상관관계가 있음이 드러났다.

이러한 결함의 심각성과 성격은 산모가 이 약을 복용하기 시작한 때가 임신 후 며칠째였는지에 따라 다양했다. 예를 들어, 20일째부터 복용을 시작했다면 탈리도마이드가 아기의 중추신경계 뇌손상을 일으키고 있었다. 긴뼈의 경우에는 약 24일경부터 복용한 경우에는 상지의 성장을, 28일 경부터는 하지의 성장을 방해했다.

변형에 해표지증phocomelia(팔다리짧은증)이 포함되었다. 팔, 아래팔, 넓적다리, 종아리는 많이 짧아지지만, 손과 발의 발달에 미치는 영향은 비교적 덜했다. 영국에서는 내가 태어난 해인 1961년에 약물이 회수되었으며, 그 당시 적어도 2,000명의 아기가 이 약품과 관련하여 이런저런 다른 결함을 갖고 태어났으며 그 중 절반 정도의 아기는 몇 개월밖에 살지 못했다. 변형이 생존할 수 있는 정도였던 아기들은 적응했다. 수업 시간에 발로 글을 쓸 수 있었던 어느 여학생의 재주에 경외감을 느꼈던 것이 기억난다. 그 친구 덕분에 나는 어린 나이에 겪는 역경에는 종종 독창성과 결단력이 수반된다는 것을 배웠다. 또 이런 아이들은 사람들이 자신과 다르게 보이는 이들에게 아주 잔인할 수 있으므로 뛰어난 회복력이 필요했다.

유년기의 긴뼈 성장 속도와 아이의 신장과 나이 사이의 긴밀한 상관관계를 감안하면, 긴뼈의 길이로 아이의 나이를 판단할 수 있다는 것이 놀랍지 않다. 성인의 경우, 동일한 방법으로 신장은 계산할 수 있지만 나이는 추정할 수 없다. 이는 아동의 경우에는 나이에 따라 바지를 구입할 수 있지만 성인의 경우에는 허리 사이즈와 허벅지까지의 다리 길이가 필요하다는 사실을 전형적으로 보여준다.

긴뼈는 사춘기가 끝날 때까지 길이와 너비가 계속 성장하지만, 발달을 늦춰야 하는 일이 발생하면 이러한 중단이 종종 긴뼈의 내부 구조에서 나타날 수 있다. 우리는 뼈를 세로로 성장시킨다. 자라는 뼈는 양 끝에 작은 뚜껑이 있으며, 그 뚜껑이 닫히면 성장이 멈춘다. 그 과정을 방해하는 사건이 있다는 것은 뼈가 정상적으로 놓이지 않았다는 뜻이다.

그러면 이 뚜껑과 평행하는 하얀 선이나 띠가 생긴다. X-레이에서도 볼 수 있는 이 '멈칫 현상stutter'은 정확히 무엇 때문인지는 모르지만, 무언가가 긴뼈의 성장에 일시적으로 영향을 주었음을 알려준다. 그것은 수두나 홍역처럼 흔히 걸리는 단순한 감염병일 수도 있다. 해리스선harris line●이라고 하는 이 표시는 먼쪽노뼈나 먼쪽정강뼈에서 가장 쉽게 볼 수 있지만, 골격 내에서 해면뼈가 많은 다른 뼈들에서도 발견될 수 있다. 영향을 준 요인이 일단 끝나면, 정상적인 성장이 재개되고 시간이 흐르면서 인체는 이런 일이 전혀 없었던 것처럼 이 하얀 평행선을 다시 흡수한다.

● 뼈의 급격한 성장이 일어나면 나타나는 흔적.

친할아버지의 성적 학대와 해리스선

어느 날 시신안치소에서 조사하려고 가져온 이리저리 뒤섞인 뼈들을 보고 있었다. 그 뼈들이 모두 동물의 것임이 어느 정도 분명했고, 그것을 확인한 후 또 다른 부검이 진행 중인 그곳에서 빨리 나갈 준비를 했다.

부검 중인 시신은 기껏해야 10~11세인 어린 소년의 것이었다. 병리학자는 스스로 목을 맨 것이 거의 확실하다고 털어놓았다. 이와 같은 어린이 자살은 다행히도 극히 드물다. 소년을 힘들게 했을 수 있는 질병이나 불안의 징후가 없었기 때문에, 소년의 부모나 친구들은 이 설명을 받아들이는 것을 굉장히 힘들어했다. 소년은 평범하고 행복해 보였으며, 그의 앞날은 창창했다. 경찰은 그가 '좋은' 가정에서 태어났으며, 정신적으로나 신체적, 성적으로 학대받은 증거가 없다고 말했다.

병리학자는 화면에 소년의 상지 X-레이 사진과 하지 사진을 띄웠다. 그는 신체적으로 학대받은 이력이 있는지 확인하기 위해 현재 또는 치유된 과거의 골절을 찾고 있었다. 나는 노뼈와 정강뼈의 아래쪽 끝에서 아주 명확한 해리스선 3~4개를 찾아냈다. 성장이 잠시 중단된 후에 정상적으로 재개되었음을 보여주는 이 선들 사이의 공간은 일종의 성장 장애가 간격을 두고 반복되었을 수 있다는 것을 암시한다.

병리학자는 이 선들이 무엇을 의미하는 것 같으냐고 물었다.

나는 아마도 회귀성 질환 같은 것일지도 모른다고 말할 수밖에 없었다. 나는 그 사건이 어떻게 전개될지 그때 당시에는 상상도 못했고, 실제로 병리학자가 나중에 자세한 이야기를 들려주지 않았다면 결코 알지 못했을 것이다.

경찰은 가족 및 주치의와 이야기를 나누었고, 소년이 눈에 띄게 반복적으로 아프거나 불안하지 않았으며 그런 기록도 없다는 것을 확인했다. 그는 아이의 부모가 휴가를 가기 직전에 자살했기 때문에 이것이 관련성이 있을지를 물었다. 소년의 부모는 바닷가에서 호텔을 운영하다 보니 방학 때 쉬지 못하는 경우가 많아, 지난 5년 동안 매년 학기 중에 며칠 여행을 가곤 했다고 설명했다. 그리고 그동안 친할아버지가 와서 소년을 돌봤다고 했다. 그때 아이의 아버지가 울기 시작했다. 그는 자신이 어렸을 때 아버지로부터 학대를 받았다고 폭로했다. 그는 다 지난 일이라고 믿었지만, 이제 역사가 반복되어 할아버지가 손자를 학대했던 것이 아닌가 하며 두려워했다. 경찰은 할아버지를 조사했고, 그의 집에서 아동 성범죄에 대한 음란 사진들을 발견했다. 소년의 할아버지는 결국 실제 이런 일을 저질렀다고 시인했다.

X-레이 사진에서 보였던 선은 아마도 두려움과 스트레스에 대한 신체 반응이었을 것이다. 소년은 매년 할아버지의 방문과 부모가 없을 때 견뎌야 할 어떤 일이 벌어질 것을 예상해야 했고 두려움에 떨어야 했다. 아마도 그는 너무 괴로워서 다시 트라우마에 직면하거나 자신의 어두운 비밀을 누군가에게 알리느니 밧줄에 목을 감

아 자살했을 것이다.

이 소년의 끔찍한 이야기는 너무 늦게 밝혀졌다. X-레이 사진에서 나타난 긴뼈의 작은 흰색 선들의 증거 덕분에 명백하게 드러났을 뿐이다. 내가 그 사건에 관계했다면, 해리스선의 원인이 학대로 인한 스트레스였다고 증언할 수 있었을까? 아니, 할 수 없었을 것이다. 그러나 그 존재로 경찰은 특정한 수사 경로를 이끌어낼 수 있었고, 그 결과 해명, 자백, 유죄 판결 및 가정 파괴가 일어났다. 때때로 진실은 매우 고통스럽다. 그리고 그 고통스러운 진실의 영향은 굉장히 강하며 광범위하다.

시간이 흐르고 나이를 먹으면서 어떻게 어릴 때의 외상기억*이 뼈에 남을 수 있는지, 보다 냉정하게 숙고하는 시각을 갖게 된다. 생물학적 치유와 개조에는 물리적으로 증거를 제거할 수 있다. 하지만 정신적 상처는 지우기가 훨씬 더 어렵다.

내 인생에 새겨진 가늘고 비스듬한 선

살면서 가끔씩 나는 궁금했다. 내가 9살 때에도 내 다리뼈에 뚜렷한 해리스선 한두 개가 생겼을지. 해리스선이 생겼었다면 나중에 그 선들은 뼈의 성장과 재생에 의해 지워졌을 것이고 물리적 증거

● 사건 이후에도 트라우마가 생기게 된 경험을 계속해서 재경험하는 것.

도 모두 사라졌을 것이라는 사실을 지금은 안다. 정신적인 해리스선은 평생 남겠지만, 나는 그것들을 안고 평화롭게 사는 법과 나의 일부로 받아들이는 법을 배웠다.

방학 중 어느 날이었다. 평소와 다름없이 근심걱정 없던 어느 화창한 날, 내 인생을 영원히 바꿔놓을 일이 곧 일어날 것이라는 사실을 모른 채 나는 더없이 행복하게 하루를 보내고 있었다. 내 어린 시절은 별다른 걱정거리 없이 행복했기 때문에, 나는 그렇게 나쁜 마음을 가진 사람들이 세상에 있다는 것을 잘 몰랐다.

당시 부모님은 스코틀랜드 서해안의 캐런 호수 기슭에서 호텔을 운영했다. 나는 호텔 뒤편에서 문을 지나 바의 일반석으로 가던 것으로 기억한다. 나는 호텔 주방으로 향하고 있었고 전날 기차로 배달된 우유통은 뒷문 옆의 큰 냉장고에 보관되어 있었다. 그 당시 탄산음료는 귀한 사치품이었지만, 신선하고 때로는 살얼음이 낀 차가운 우유는 거부할 수 없을 정도로 좋았다. 덥고 나른한 여름날에 완벽한 음료였다. 나는 지나갈 때 선반에서 유리잔을 꺼내고 우유통의 가장자리에 매달아놓은 금속 국자로 유리잔 가득 우유를 담았다.

호텔 안팎에는 항상 상인들이 있었고, 그날은 과일과 채소가 담긴 상자가 배달되고 있었다. 나는 배달 온 트럭운전수와 한 번도 이야기한 적은 없었지만 전에 여러 번 보았기 때문에 알아보았다. 그가 특별히 친절해 보인 적은 없었다. 나는 차가운 우유에 정신을 집중했다. 통로에서 그의 옆을 스치고 지나갈 생각은 전혀 하지 않았다. 그런데 갑자기 그가 내 팔을 잡고 자갈 섞인 시멘트벽에 나를 세게 밀어붙였다. 내 머리와 어깨뼈가 눌리는 것이 다 느껴질 정도였다.

그는 내가 시끄럽게 굴면 부모님이 아주 큰 어려움을 겪을 것이라고 말했다. 지금도 눈을 감으면, 내 손목을 단단히 쥔 그의 힘을 느낄 수 있다. 조직이 찢어졌을 때의 타는 듯한 고통이 기억난다. 또 빠져나가지 못한 김이 머릿속을 꽉 채운 것처럼 몸에서 솟구쳐 나온 내 안 깊은 곳에서 들려오는 절규가 기억난다. 지금까지도 나는 무시무시한 인내심으로 아픔을 참아내고 아무 소리도 내지 않고 견뎌내는 성향이 있다.

그가 말을 마치고, 얼굴을 내 얼굴 가까이 가져왔다. 아직도 그의 숨결을 기억할 수 있다. 그는 내가 더럽고 수치스러운 것이 내 탓이라고 했다. 그는 누군가에게 이것을 말해도 사람들이 나를 절대 믿지 않을 것이기 때문에 우리 사이에 있었던 일은 비밀로 해야 한다고 말했다. 그것은 어머니를 다치게 할 것이고, 어머니는 나를 거짓말쟁이라 부르며 절대 용서하지 않을 것이다.

1층 화장실로 가서 문을 잠그는 동안 느꼈던 다리를 타고 흘러내리는 뜨거운 피와, 수치심과 공포가 뒤섞인 참담함이 기억난다. 나는 옷을 모두 벗었다. 아무도 알지 못하도록 깨끗해져야 했다. 비밀을 지켜야 했다. 엄마에게 보이지 않기 위해 피 묻은 옷을 정말 열심히 빨아봤지만 핏자국을 다 지우지 못했고 겁이 나기 시작했다. 나는 그 옷들을 '잃어버려야' 하고 어머니가 그 옷들이 어디에 있느냐고 물어보면 변명을 생각해야 한다는 것을 깨달았다. 그는 절대

292

적으로 옳았다. 나는 거짓말쟁이였다.

　욕조에 따뜻한 물을 가득 채우고 그 안에 들어가 누웠을 때 느꼈던 격심한 통증을 기억한다. 거품 목욕이 그렇게 아플 줄은 몰랐다. 나는 거기에 혼자 누워 있었다. 상처를 입었지만 마음을 가다듬고 빠르게 생각했다. 무슨 일이 일어났는지 잘 모르겠지만, 어쨌든 잘못되었다는 것을 확신했고 내가 나쁜 짓을 했다고 완전 확신했다. 그 사실을 다른 사람이 알게 되면 나는 끔찍한 곤경에 처하게 될 것이기 때문에 절대 말할 수 없었다. 울 수도 없었다. 나는 육체적 고통과 정신적 고통을 모두 혼자 감당하기로 했다. 나는 그날 어른이 되었다. 해리스선 한두 개를 얻었을지도 모른다. 아무튼 나는 그 과정에서 어린 시절을 잃었다.

　여러 가지 면에서 그것은 순수한 어린 시절을 뒤로 하는 반사적인 결정이었다. 나는 친구들에게 현명한 사람, 어머니 같은 사람, 조용한 사람, 내성적이고 사색적인 사람의 역할을 맡았고, 거의 10년 동안 그 누구에게도 말하지 않고 나와 내가 사랑하는 사람들을 보호하려고 열심히 노력하면서 비밀을 간직했다. 그런데 어느 날 어머니가 화를 내며 이렇게 말했다. "넌 네 마음대로 하지. 어쨌든 그렇게 할 거 아냐." 그것은 어머니가 가족과 소원하고 경제적으로 자립한 나를 꾸짖는 방식이었다. 이미 나는 성인 여성이었다. 이제 어머니에게 진실을 말할 때라고 결정했다.

　그때 두 번째 고통이 밀려왔다. 그가 내내 옳았다는 것을 냉정하게 받아들였다. 어머니가 내 말을 믿지 않았다. 분명히 어머니는 상처를 받았다. 어머니는 내가 모든 일을 꾸며내는 것이라고 생각했고 나를 나무랐다. 돌이켜보면 어머니가 나를 믿지 않으려고 했던 경우가 좀 더 있었던 것 같다. 어머니로서는 차라리 내가 거짓말을 하는 것이라고 스스로에게 말하는 편이 더 쉬웠을 것이다. 내가 그렇게 어린 나이에 성폭행을 당했고 그 사실을 어머니에게 털어놓는 대신, 내 안에 꽁꽁 묻어두기로 했다는 추악한 진실을 직면하는 것보다 말이다. 솔직히 말하면, 어머니는 삶의 고통을 절대 인정하는 사람이 아니었다.

어머니는 이것이 실제로 내게 일어난 일이라는 것을 여전히 받아들이지 않으려고 하면서, 간접적으로 누가 책임이 있는지 알아내려고 시도했다. 어머니는 이름 하나를 댔다. 아마 그 일이 사실이라면 아마도 '그 사람'일 것이라고 말했다. 그것이 나에게는 큰 충격이었다. 그녀가 말한 남자는 나에게 친절하기만 했었기 때문이었다. 그는 좋은 사람, 친절한 사람, 바람둥이, 좋은 술을 좋아하는 재미있는 사람이었지만, 한 번도 나를 해친 적이 없었다. 나는 다른 사람이 저지른 극악무도한 범죄 때문에 그가 그렇게 교묘하게 비난받을 수 있다는 사실에 그를 대신하여 분노했다. 그 당시에는 그 모든 의미를 인식하지 못했지만, 누군가를 잘못 비난하고 그로 인해 결국 그들의 삶을 파괴할 수 있는 일련의 사건을 일으키는 것이 얼마나 쉬운 일인지를 일찌감치 깨닫게 되었다.

내 이야기를 들은 두 번째 사람의 반응은 완전히 달랐다. 그는 나보다 훨씬 나이가 많은 경찰인 짐이었다. 짐은 나를 설득하여 공격한 사람을 재판하여 처벌할 수 있도록 그 신원을 확인하려고 했다. 그러나 나는 할 수 없었다. 증거가 없는 데다 그의 말은 내 말과 어긋날 것이고, 낯선 사람들에게 그 비참한 경험을 자세히 말하며 회상해야 하는 것을 참을 수 없었다.

그러나 짐은 내게 필요한 존재였다. 온화하고 친절하며, 나를 염려하고 참을성 있고 이해심 있는 아버지의 모습을 보여주었다. 많은 사람들이 우리의 관계를 이해하지 못했고, 25살이라는 나이 차이를 비난했다. 짐은 내가 치유될 때까지 내가 원하는 만큼 내 손과 마음을 잡아준 사람이었다. 그의 진정한 사랑과 보살핌에 늘 감사할 것이다. 그는 몇 년 전에 82살의 나이로 세상을 떠났다. 그가 내 인생을 얼마나 변화시켰는지 말하고 싶다. 한 번만 더 그를 볼 수 있다면 좋겠다.

나는 나이가 들면서 내 경험을 인정하는 데 신경을 덜 쓸 수 있다는 것을 알게 되었다. 책임이 있는 사람은 아마도 오래전에 죽었을 것이고, 나의 부모님도 돌아가셔서 더 이상 상처를 받을 수 없으며, 나는 죄책감이 절대 내 몫이 아니라는 것을 받아들였다.

나는 스코틀랜드 보수당의 전 당수인 루스 데이비슨Ruth Davidson과 인터뷰하면서 처음으로 공개석상에서 그 일에 대해 이야기했다. 루스는 배려심이 아주 깊고 온정적인 여성이었다. 나는 그렇게 오랫동안 내 머리 속의 상자 안에 갇혀 있던 어떤 일에 대하여 그녀에게 공개적으로, 차분하게, 합리적으로 이야기할 수 있는 사실에 깜짝 놀랐다. 9살 때 좀 더 용기를 냈더라면 좋았을 텐데 하고 생각한다.

오랜 시간 동안 짐은 나에게 최고의 정신과 의사이자 카운슬러였다. 그러나 나의 마지막 치유는 거의 반세기가 지난 지금, 이 글을 쓰면서 이루어지는 중이다. 이런 식으로 내 경험을 공유하는 것은 내 의도로 이루어진 결정이다. 오래전에 사라졌지만 결코 잊히지는 않은 해리스선에 경의를 표하며 이야기하고 있다.

루스는 내가 소아성애자 식별을 위해 하는 작업이 내 과거에서 비롯된 것인지 물었다. 나는 이 점에 대해 오랫동안 열심히 생각해 왔다. 그렇지 않다고 확신할 수 있었다. 나는 오랫동안 아내이자 세 아이의 엄마로 지내다 40대를 훌쩍 넘어서야 법의학 분야에 관여하게 되었다. 물론 내가 조사해야 하는 영상들이 괴로운 것이긴 하지만, 그것은 나 개인의 운동이 아니라 일이라는 것을 확인하면서 태연하게 일하고 있다. 나는 일을 하면서 인간이 겪는 온갖 고통의 결과를 보아왔다. 그 일을 효과적으로 하기 위해서는 항상 그 일들을 자신의 생활과 분리시키면서, 그것들을 구분하고, 죽은 시신과 살아 있는 인체 모두 당신에게 말해야 하는 삶의 이야기에 집중할 수 있어야 한다. 범죄수사과의 한 과장은 나에게 이런 말을 한 적이 있다. "죄책감을 갖지 마세요. 당신 때문도 아니고 당신이 책임질 일도 아니에요."

내 개인적인 경험이 관계된 경우는 부당하게, 증거 없이 또는 악의로 비난하는 사람들과 그 과정에서 무고한 사람의 인생과 평판을 망칠 수도 있는 사람들에 의해 입을 수 있는 피해를 잊지 않는 데 있다. 그래서 어쩌면 내 정의감은 이제는 내 기억 외에는 아무것도 없는 그 어둡고 외로운 어린 시절의 배후에 뿌리를 두고 있다. 그러나 나는 법의학의 전반적인 정신은 편견이 없는 것이며, 우리가 애써 이루려 하는 것은 감옥 창살의 옳은 쪽에 있는 올바른 사람들을 보는 것이라고 진심으로 믿는다. 동료 심사원단이 유죄를 입증할 때까지 당신은 결백하다. 그렇게 되어야 한다.

검은 쓰레기봉투 속 토막 난 시체

법의인류학자들은 사지의 긴뼈가 유골 분석에서 중요할 수 있다는 것을 잘 안다. 다른 전문가들은 간과하기 쉬운 부분이다. 간혹 긴뼈가 주목을 받을 때가 있다면 그건 조사에 쓸 수 있는 사망자의 다른 뼈들이 없을 때 정도다.

경찰 잠수부대가 훈련 중에 사지 뼈들 중 하나를 발견했던 적이 있다. 산악 구조와 시신 수색 및 수습을 포함하여 모든 전문 분야에서 일하는 경찰관들은 그들의 기술을 유지하고 확장하기 위해 정기적으로 훈련을 받는데, 이 부대는 스코틀랜드의 로몬드 호수 기슭의 부두에서 잠수 중이었다.

그날의 첫 다이빙에서 그들은 검은색 쓰레기봉투에 싸인 꾸러미 몇 개를 회수했다. 그들은 당연히 지도 강사들이 훈련용으로 호수에 떨어뜨린 것이라고 생각했다. 그러나 육지에 도착한 후 그들은 이것이 훈련과 아무 관련이 없는 것임을 곧 깨달았다.

쓰레기봉투 안에는 사람의 시신이 잘린 채 들어 있었다. 가장 먼저 발견된 것은 잘린 손이었고, 이어서 아래팔에 달린 다른 손이, 그 다음에는 발과 일부 다리가, 마지막으로 넓적다리 부분이 나왔다. 경찰관들은 곧바로 훈련에서 작전 모드로 바뀌었다.

다이빙을 추가로 하여 사지 모두를 찾아냈지만, 아직 머리와 몸통은 없었다. 머리와 몸통은 사망 방식과 원인에 대한 증거가 있는 경우가 자주 있고 신원 확인에 도움이 될 가능성이 높기 때문에 중요하다. 따라서 잠수부들은 수색을 계속할 것이다.

나는 시신안치소로 소환되어 상지와 하지의 절단 부분에서 얻을 수 있는 정보를 추출하는 병리학자를 돕게 되었다. 피해자를 식별하는 것이 가장 먼저였으며, 이 단계에서 찾을 수 있는 증거가 있으면 경찰 수사가 유리할 수도 있었다.

지문과 DNA는 경찰 데이터베이스의 어떤 기록과도 일치하지 않았다. 이는 이 시신 토막이 경찰이 예전에 관계했던 대상자가 아닐 가능성이 있다는 뜻이었다. 그러나 나는 유해가 많이 부패하지 않았기 때문에 이것이 실종자 데이터베이스에 포함된 사람이라면 최근에야 실종 신고가 접수된 사람일 가능성이 높다고 조언할 수 있었다. 이를 통해 경찰은 확보한 시신과 일치하는 특징의 소유자에 대한 수색 범위를 신속하게 좁힐 수 있었다. 그리고 팔다리가 실제로 물속에 잠긴 지는 하루 이틀에 불과하다는 사실이 밝혀졌다.

나는 유해가 남성의 것이고 검은 머리카락을 가졌음을 확인할 수 있었다. 이 점은 아래팔, 손, 넓적다리, 종아리, 발에서 나타난 체모 패턴에서 분명했다. 나는 그의 신발 사이즈를 추정하고 그의 키가 180센티미터를 조금 넘는 것으로 계산할 수 있었다. 긴뼈는 성장을 멈췄지만 다른 부분 사이의 융합이 비교적 최근에 있었으므로, 그는 10대 후반이나 20대 초반일 가능성이 있었다. 손과 발이 잘려있어 살인과 시신 절단이 분명했음에도 불구하고 우리는 마찰 흔적을 광범위하게 발견했다. 이 청년은 강제로 구속을 당해서 버둥댔을까? 시신 절단의 동기 중에는 이 흔적을 감추려는 시도도 일부 있었을 것이다.

실종자 데이터베이스에서 희생자의 이름 후보를 암시하는 데이터가 회신되었다. 실종된 지 며칠 안 되는 배리는 18세에, 머리카락이 검은색이었고, 키가 190센티미터였다. 사지근육에서 DNA를 추출할 수 있었고, 이를 부모의 샘플과 비교한 결과 최악의 악몽이 확인되었다.

배리의 몸통은 며칠 후 호수의 더 깊은 곳에서 발견되었지만, 여기에서도 사망 원인이나 방식에 대한 실마리는 나오지 않았다. 그로부터 며칠 후, 로몬드 호수에서 남쪽으로 멀리 떨어진 에어셔 해변에서 한 여성이 개를 데리고 산책을 하고 있었다. 그때 그 개가 만조선 아래에 있는 비닐봉투에 관심을 보였다. 내용물을 확인하려고 발로 툭 차자 사람의 머리로 보이는 것이 드러났다. 배리의 사지와 DNA를 비교해보니 맞았다. 마침내 배리의 모든 신체 부위가 회수되었다.

지금까지 살인범의 수법에 대해 알게 된 사실로부터 경찰은 유력한 용의자를 확보했다. 범죄학자와 노련한 경찰은 극심한 고통과 고문을 가하는 것을 즐기는 성범죄자 윌리엄 벡스가 연쇄 살인범이 되어 가고 있다는 사실을 받아들였다. 그는 가학적인 살인자와 관련된 행동 패턴과 기호를 모두 보여 주었고, 체포와 수감도 그를 억제하지 못하는 것 같았다. 그의 초기 희생자들 중 다수는 두려움이나 잘못된 수치심으로 인해 목격했거나 겪었던 일을 나서서 신고할 것 같지 않았다.

벡스는 술집과 나이트클럽에서 젊은 남자들을 만나 집으로 데려가는 것을 좋아했다. 그 남자들에게 약물을 투여했을 수도 있다. 피해자 중 한 명은 심한 통증 속에서 깨어나 보니 날카로운 칼로 자기 다리에 기호를 새기고 있는 벡스를 보았다고 말했다. 벡스는 곧 모두 끝나니 걱정하지 말라고 말했다. 피해자는 가해자가 자신을 죽이려는 의도를 갖고 있다고 확신했기 때문에 벌거벗은 채로 1층 창문에서 뛰어내렸다. 그가 어떤 식으로든 죽는다 해도, 최소한 추락사할 경우 사람들이 자기 시신을 발견할 것이고 벡스는 붙잡힐 것이라고 판단했다. 모든 역경에도 불구하고 그는 살아남았으며, 벡스는 정식으로 체포되어 유죄 판결을 받고 6년형을 선고받았다.

벡스는 복역을 했지만 실수를 통해 교훈을 얻었고 계속해서 기술을 향상시키고 잡히는 위험을 줄이기 위해 주의를 기울였다. 연쇄 범죄자에게서 볼 수 있는 패턴의 전형적인 예에서 그의 행동은 점점 잔인해지고 의식은 진화했다. 예를 들어, 그는 피해자들의 손목과 발목 모두에 수갑을 채웠는데, 아마도 성적인 연극을 강화하고 도주를 막기 위해서였을 것이다.

어느 날 밤 그는 술집에서 어린 남학생을 만났고, 자신의 아파트로 데려갔다. 그리고 수갑을 채운 후 성폭행을 하고, 다시 피부에 상처를 냈다. 그다음에 피해자의 목을 베었다. 벡스는 시신을 절단하려고 했지만 아마 생각보다 더 어렵다는 것을 알게 되었을 것이다.

인체는 기본적으로 여섯 부분으로 구성된다. 머리와 몸통은 정중선 축을 형성하고 쌍을 이루는 상지와 하지는 측면에서 튀어 나와 있다. 4개의 팔다리가 있으면 시체를 옮기기 힘들고 무거우며, 숨기기도 어렵다. 따라서 누군가가 시체 처분을 쉽게 하기 위해 잘라내기로 결정할 때, 다섯 부분으로 분리하는 것이 가장 일반적인 방법이다. 여섯 부분으로 절단하려면 머리까지 제거해야 하는데, 일부 사람들은 이것이 너무 힘든 일임을 알게 된다.

대부분의 사람이 그렇지만, 경험 없이 절단하려는 사람은 아마 가장 먼저 긴뼈를 자르려고 할 것이다. 그럴 경우, 이 일이 대단히 어려운 작업임을 정말 빨리 알게 될 것이다. 이 작업에는 적절한 도구와 충분한 시간, 적당한 장소, 상당한 체력이 필요하다.

이 경우, 벡스는 포기하고 시신을 숲에 버려 부패하게 두었다. 그곳에서 일반인이 발견한 것이다. 그는 체포되어 성폭행과 가중살인 외에 다른 많은 혐의에 대해 유죄 판결을 받았다. 과거에 이런 행동 패턴이 있는 사람은 위험인물로 분명하게 확인되어야 했지만, 그는 2년만 복역한 후 세부적인 법 조항에 의거한 항소가 받아들여져서 석방되었다.

감옥에서 출소한 후 그는 인기 많은 10대 소년인 배리를 만났다. 당시 배리는 진로를 고민하는 동안 동네 슈퍼마켓에서 일하고 있었다. 그는 영국해군에 들어가 직업군인이 되는 길을 고려하고 있었다. 크리스마스가 가까웠고 그는 직장 파티에 참석했다. 누가 봐도 그는 즐거운 시간을 보냈고 이미 술을 많이 마셨지만 파티가 끝나길 원하지 않았다. 한 친구가 집에 태워다 주겠다고 했지만, 배리는 나이트클럽에 가기로 결정했다. 그것이 그의 마지막 모습이었다.

처음에 배리의 부모는 그가 고대하던 파티에 간 것을 알았기 때문에 별로 걱정하지 않았다. 그가 너무 많이 취해서 친구 집에서 자나보다 생각했다. 그러나 배리가 다음 날에도 집에 들어오지 않자 걱정이 된 부모는 그의 친구들에게 물어봤지만 찾을 수가 없어서 마침내 실종 신고를 했다.

나이트클럽에서 배리는 여하튼 벡스와 친구가 되었고 함께 벡스의 아파트로 갔다. 그곳에서 배리는 마약을 투약당하고, 손목과 발목에 수갑이 채워져 성폭행을 당한 뒤 살해되었을 가능성이 크다. 이번에는 벡스가 시신을 기술적으로 잘 절단했다. 배리의 시신을 여덟 부분으로 자르고 머리도 잘랐다. 머리를 자르면 목구멍이 잘려 확인이 어려울 수도 있는데, 목이 잘린 상처로 인해 증거가 흐려졌을 수 있기 때문이다. 손과 발을 자른 것은 수갑의 흔적을 가리기 위해서일 수 있다. 벡스는 사지와 몸통을 쓰레기봉투에 싸서 호

302

수에 던졌다. 불과 며칠 후에 경찰 잠수부대가 바로 이곳에서 다이빙 훈련을 했다는 것이 벡스에게는 불행한 일이었다.

그는 배리의 머리는 조금 더 오래 보관했다. 그리고 벨파스트로 가는 여객선의 후미에서 바다에 던졌다. 그렇게 먼 곳에서 머리가 발견된 이유가 설명되는 부분이다. 얼마 후 그는 네덜란드로 도피했다. 본국으로 송환된 그는 영국에서 재판을 받았고 최소 20년은 교도소에 있어야 했다. 그의 형량 만기가 가까워지면서 당연히 그의 석방 가능성에 대한 우려가 있다. 이런 변태 행동 패턴을 보이는 사람이 정말로 갱생될 수 있을까? 진심으로 그의 갱생을 바란다.

이 사건에서, 우리는 팔다리만 있는 상태에서 피해자의 성별, 나이, 키, 신발 사이즈 및 머리 색깔을 판단 결정하고 이와 함께 유해가 물속에 잠겨 있었던 시간을 추정할 수 있었기 때문에 경찰에 충분한 정보를 제공했고, 경찰은 이를 갖고 실종자 데이터베이스에서 일치 가능성이 있는 대상을 찾고 피해자를 재빠르게 식별할 수 있었다. 이는 범인에 대한 신속한 체포로 이어졌다. 팔다리만 갖고 확인할 수 있는 특징이 법원에서 신원 확인을 위한 결정적인 증거가 되지 않을 수도 있지만, 수사 방향을 집중하는 데 필요한 유력한 정보를 제공할 수 있다. 그리고 항상 진짜 팔다리일 필요는 없다.

11월의 어느 캄캄한 밤, 경찰이 도심 한 블록의 아파트에 출동했다. 고함, 비명, 물건 깨지는 소리 등이 들려서 격한 싸움이 벌어지고 있는 것 같다는 신고가 들어왔기 때문이다. 현장에 도착한 경찰은 난장판이 된 아파트 거실 바닥에 쓰러져 있는 남자 한 명을 발견했다. 구급대원들은 그의 생명을 구할 수 없었고 그는 현장에서 사망 선고를 받았다.

카펫과 가구, 벽에는 많은 피가 묻어 있었고, 피해자는 머리를 세게, 여러 번 구타당한 것이 분명한 흔적이 있었다. 부검 결과 사망 원인은 두개골의 다발성 둔기외상으로 인한 광범위한 출혈로 확인되었다.

나에게는 두개골을 조사하고, 두개골 조각들을 재구성하고, 공격에 사용되었을 무기의 종류를 확인해달라는 임무가 주어졌다. 첫 번째 부검이 이미 이루어졌기 때문에, 부서진 두개골 조각들이 추출되었고, 뇌와 뇌막을 검사할 수 있도록 스트라이커 톱으로 머리 덮개뼈를 벗긴 상태였다.

뼈가 젖어 있다면 손상이 사망 당시에 일어난 것이고, 외상이 폭력적이었다면 뼛조각들이 항상 완벽하게 들어맞지는 않는다. 특히 의문의 뼈가 두개골이고 판장골의 층들이 분리되었다면 제대로 맞추기 어렵다. 따라서 거의 식별할 수 없는 작은 파편들이 원래 결합되었던 위치를 파악해내는 데 몇 시간씩 걸릴 수 있다. 우리는 젖은 뼈 조각을 맞추어 붙일 때 초강력 접착제를 사용하는데, 주의하지 않으면 재구성하고 있는 뼈에 장갑이 들러붙는 일이 종종 있다.

실내의 모든 사람이 내가 어떻게든 순식간에 재구성을 해낼 것이라는 기대를 품고 지켜보고 있는 가운데, 조각 맞추기의 처음 두 조각을 생각해내야 하는 압박감은 엄청나다. 그런 TV 방송도 있지 않는가? 그 다음에는 서서히 조각을 맞추다가, 일반적으로 다른 사람들이 흥미를 잃고 차와 비스킷을 먹으러 가버리면, 점점 가속도가 붙기 시작하면서 더 많은 조각을 모은다. 그때서야 타격이 몇 차례, 어떤 순서대로 있었는지 판단하게 해줄 외상 분석을 해석할 수 있다.

이 남자는 머리를 적어도 3번 맞은 것이 분명했다. 첫 번째 타격은 머리 앞쪽에, 두 번째와 세 번째 타격은 왼쪽에 가해졌다. 이때는 아마 이미 바닥에 쓰러졌을 것이다. 타격에는 둔기, 가장자리가 예리한 금속으로 만든 둔기가 이용되었다. 충격점 중 하나의 가장자리가 굽은 것은 쇠지레 같은 도구가 사용되었음을 암시했지만, 칼끝에 더 가까운 더 날카로운 또 다른 접촉점도 있는 것 같았다. 따라서 두 개의 무기가 사용되었을 가능성이 있었는데, 당시에는 잘 이해가 되지 않았다.

살인범이 유죄 판결을 받고 수감생활을 시작한 후 경찰에게서 들은 설명이 너무 기이해서 부검할 때 살인무기를 밝히지 못해도 용서받을 수 있을 것 같았다.

경찰은 사망자가 마이클이라는 사람이라고 알아냈다. 그는 게이 남성 매춘부로 일했기 때문에, 경찰은 그날 저녁 그의 아파트에 누가 있었는지 추적하는 것이 어렵겠다며 걱정했다. 그러나 마이클이 정기적으로 다니는 곳에 정식으로 찾아가서 동료인 성노동자들에게 질문을 했는데, 그 중 두 명이 전에 본 적 없는 남자가 있었다고 했다. 그들은 마이클이 그날 밤 어느 단계에서 동료들과 헤어졌는데, 정확히 언제인지는 모르겠다고 말했다. 이 남자에 대한 그들의 설명은 상당히 포괄적이었다. 그러던 중 한 명이 우연히 꺼낸 말(거의 끝날 무렵에 덧붙인 말이었다)이 귀에 들어왔다. 그의 오른팔이 갈고리가 달린 의수였기 때문에, 그들이 그를 농담으로 '캡틴'이라고 불렀다는 것이다. 분명히 그는 술집 파티에서 의수를 빼서 바의 옆에 있는 고리에 걸어두는 기교를 선보였다.

경찰은 행운이 믿기지 않았다. 그들은 남성 성노동자들의 서비스를 이용하고 술을 마시면 난폭해지는 것으로 알려진 용의자를 알고 있다. 그리고 어렵지 않게 찾아낼 수 있을 것이다. '캡틴'의 위치를 신속하게 파악한 후 심문을 위해 연행해왔다. 그는 자신이 격분하는 것이 군 복무 중 급조폭발물 때문에 부상을 입어 손과 아래팔 일부를 절단하게 된 후 외상 후 스트레스 장애PTSD가 발병한 탓이라고 했다. 그의 독특한 갈고리 의수를 빼서 법의학 조사를 했는데, 갈고리를 끼우는 손목의 오목한 곳에서 마이클의 것과 같은 혈액이 발견되었다.

의수 끝에 있는 스테인리스 스틸로 된 갈고리와 함께 안쪽 표면에 손가락 모양의 빗살 같은 것이 있었는데, 이것은 잡는 능력을 강화하기 위한 것으로 보였다. 법의학 전문가들은 갈고리와 손가락 모양의 빗살이 마이클의 두개골 부상과 일치하고, 의수가 두개골 부상의 원인이었을 가능성이 가장 큰 무기임을 확인할 수 있었다. 범죄자에게 장착된 의수는 사람을 죽일 수 있는 것이다.

간혹 식별에 도움이 되는 것이 뼈 자체가 아니라 뼈와 뼈 사이의 관절일 때가 있다. 뼈와 마찬가지로 사지의 관절 역시 서로 흡사하다. 즉, 어깨는 엉덩이와(둘 다 이음뼈로 연결됨), 팔꿈치는 무릎과(동작 범위가 제한된 사지의 분절간 접합부), 그리고 손목은 발목과(각각 긴뼈와 손 또는 발의 말단기관이 연결되는 곳) 상동相同이다.

이들은 모두 자유롭게 움직일 수 있는 윤활관절synovial joint이지만 차이점이 있다. 엉덩관절과 어깨관절은 모든 방향으로 움직일 수 있지만(굽힘, 폄, 신전, 내전, 외전 및 안쪽돌림과 가쪽돌림), 어깨는 휘돌림circumduction이라고 하는 동작을 부르는 과장하는 추가 능력을 발달시켰다. 이것은 우리가 상지를 풍차처럼 휘두를 수 있다는 뜻이다. 하지만 유연성과 상관없이 하지를 이렇게 움직일 수 있는 사람은 거의 없다. 시도해 봐도 좋다.

어깨 관절의 가동성이 좋아져서 생긴 단점은 엉덩관절보다 탈구 위험이 훨씬 더 높아졌다는 것이다. 직립을 유지하기 위해 엉덩관절은 체중을 지탱할 수 있도록 단단히 잡혀있어야 하며 서 있든 움직이든 항상 안정되게 유지되어야 한다.

무릎과 팔꿈치는 동작 범위가 매우 제한적이다. 특히 팔꿈치는 굽히고 펴는 것을 단일면에서만 하기 때문에 이 관절을 경첩관절이라고 한다. 무릎은 약간 더 유연해서, 서 있을 때 넓적다리뼈와 정강뼈가 서로 약간 회전하여 무릎을 고정한다. 이것은 안정적인 자세를 유지하는 데 도움이 되는 기전이며, 바로 이 때문에 갑자기 누군가가 무릎 뒤를 찌르면 순간적으로 균형을 잃게 된다.

손목과 발목은 조작과 운동이라는 각각의 주요 역할에 맞추어 손과 발이 여러 가지 자세를 취할 수 있게 해주는 다양한 동작을 한다는 점에서 대체로 비슷하다.

관절은 일생 동안 반복적인 사용으로 인해 엄청난 긴장을 받으며, 요즘에는 일상적으로 교체하거나 표면을 갈아 붙일 수 있다. 영국건강보험공단에서 부담하는 관절치환술이 매년 25만 건을 넘는다. 엉덩관절 및 무릎관절 치환이 가장 일반적이지만, 어깨, 발목 및 팔꿈치 관절의 치환도 증가하고 있다. 이런 수술 방법은 특정 위치의 아주 전형적인 흉터 패턴의 형태로 피부 표면에 자국을 남긴다. 그리고 그런 수술 방법들에 대하여 법률을 엄격하게 적용하는 일부 나라들에서는 일반적으로 모든 이식물에 대하여 고유의 조회번호를 붙여야 하며, 환자의 의료 기록에도 이것을 기록해야 한다. 그러므로 우리가 이런 이식물을 발견하면 추적이 상당히 쉬워야 한다. 하지만 인생은 절대 그렇게 단순하지 않다.

그런 정보가 전 세계적으로 등록되지는 않고 있으며, 의료관광이 잘 발달된 국가들(관절치환술이 많이 이루어지는 3대 국가는 인도, 브라질, 말레이시아로, 이들 국가는 수술비가 저렴하고 수술을 신속하게 받을 수 있다)조차 기록이 완전하지 않을 수 있다. 해외에서 비공식적으로 이루어진 엉덩관절 치환술은 환자의 보험공단 기록에 없을 수도 있기 때문에, 수술한 병원을 추적하는 것이 아주 어려울 것이다. 이 산업이 전 세계적으로 번창하고 있는 가운데 다소 부정하게 관리되고 있는 지역에서는 이식물에 고유의 식별 번호를 부여하지 않을 수도 있어서 다수가 동일한 번호인 것으로 알려졌다.

인공 하드웨어 및 호스트의 관련 흉터 손상을 식별하는 능력은 현대 법의인류학자의 기술에서 꼭 필요한 부분이다. 대부분 해부학 교실의 해부실에는 해부용으로 기증된 시신에서 추출한 다양한 정형외과용 이식물을 담아놓은 상자가 있다. 이렇게 보관하는 이유는 학생들이 부패한 유해에서 이런 이식물들을 보게 되었을 때 식별할 수 있게 가르치기 위해서다. 부러진 뼈 및 외과적 개입과 관련된 기타 철기류에는 판, 나사, 철사, 핀, 막대, 못, 와셔 등이 있다. 때때로 우리가 찾은 것을 목록으로 작성해놓은 것을 보면 정형외과의 외과적 관심에 대한 평가라기보다 DIY 매장의 재고조사표처럼 보일 수 있다.

인체에 삽입된 자잘한 인공물은 물론 자연적 구성요소를 이해하는 것이 중요하다. 이런 이물질들은 그 사람이 어떤 종류의 치료를 받았는지 알려주며, 그것은 그의 신원이나 그가 당한 일을 확인하는 열쇠일 수 있다.

긴뼈는 우리가 주변 환경과 상호 작용하는 수단이기 때문에 골절되기 쉬운 것은 그리 놀랍지 않다. 그러므로 가능하다면 병력을 확인하는 것이 중요하다. 이전에 치유된 골절이나 정형외과 이식물이 있다면 의료 기록을 철저하게 조사해볼 가치가 있다는 좋은 표시다. 이 글을 쓰다 보니 우리 아버지의 엉덩관절 치환물이 어머니의 엄지발가락 관절 치환물과 함께 장의사 사무실에 있는 상자에 있지는 않을까 하는 생각이 문득 든다. 두 분의 몸에 삽입된 그런 부품이 한 상자에 뒤섞여 있을 수도 있다고 생각하니 참 묘하다. 두

분 모두 시신을 화장했는데 이런 이식물은 타지 않기 때문에 분명 장의사가 수습했을 것이다. 장의사에게 물어볼 생각은 하지도 않았다.

앞에서 보았듯이 골절은 부검에서 수집된 정보와 증거에서 중요한 역할을 할 수 있다. 따라서 법의인류학자는 골절이 사망 전, 사망 당시, 아니면 사후에 발생했는지를 판단할 수 있어야 한다. 사망 전 골절은 과거 학대 가능성의 증거처럼 일부 경우를 제외하고는 일반적으로 사망 자체와 관련이 없다. 그런 골절은 종종 의료 기록에 남아 있을 수 있으며, 골절이 언제 있었는지는 치유 정도와 가골 형성 시기를 보고 추산할 수 있다. 사후 골절은 사망에는 중요하지 않을 수도 있지만, 시신의 처분 또는 은닉에 사용된 방법에 대한 그림을 그리는 데 도움이 될 수 있다. 따라서 사망 방식과 관련될 수 있고 법의학의 가장 본질적인 가치가 있는 것은 사망 당시 골절이다.

긴뼈를 부러뜨리는 원인이 되는 부상은 어떤 종류의 것인가? 위팔뼈는 자주 골절되지는 않지만, 골절이 된다면 대개 낙상이나 스포츠 부상에 기인한다. 노뼈와 자뼈는 뼈사이막으로 연결되어 있기 때문에, 이 중 하나가 골절되면 다른 뼈도 따라서 골절될 수 있다. 노뼈의 골절은 넘어질 때 손을 뻗은 결과인 경우가 많다. 손바닥 끝이 지면에 닿을 때 충격이 노뼈를 따라 뼈사이막을 건너 자뼈까지 전해질 것이다. 이것을 콜리스골절Colles' fracture이라고 하는데, 19세기 초 아일랜드의 저명한 해부학교수로 이 주제로 논문을 썼던 에이브러햄 콜리스Abraham Colles의 이름을 딴 것이다. 콜리스 골절은 특히 뼈가 부러지기 쉽고 골다공증 때문에 약해질 수 있는 노인들이 넘어질 때 흔하게 발생한다.

또 방어골절인지를 조사할 때 노뼈와 자뼈를 조사한다. 누군가가 당신의 머리에 마구 주먹질을 하고 있을 때, 당신은 공격을 피하기 위해 아래팔을 들어 올릴 가능성이 있다. 대개 이 행동은 노뼈나 자뼈 혹은 두 뼈 모두의 뼈몸통 골절로 이어진다. 그 예가 제4장에서 아버지의 손에 사망한 어린 해리에게서 보였던 부상이다. 이러한 상황에서는 뼈가 부러지는 위치가 낙상으로 인한 것과 다르다. 따라서 이것은 우연한 낙상과 범죄 공격을 구별하는 데 중요하다.

노뼈와 자뼈의 사후 골절은 화재로 사망한 사람들에게서 흔히 볼 수 있다. 근육이 뜨거운 열기에 반응하면서 상당히 광범위하게 수축하고, 인체는 사지를 구부리고 주먹을 쥐는 권투선수의 자세를 취한다. 근육부착부위에 긴장이 가해져서 결국 손목뼈carpal bone의 골절로 이어질 수 있다. 특히 화재 때문에 뼈가 더 약해진 경우에는 더하다. 쉽게 부서지는 불에 탄 뼛조각을 식별하는 것은 대단히 전문적인 기술이며 이 조각들은 현장을 치우기 전에 반드시 회수되어야 한다.

집 화재 현장에 동행하여 사망한 노신사의 유해를 수습하게 되었다. 화재 현장의 유해를 조사하는 것 또한 법의인류학자들의 전형적인 일이다. 그는 홀로 살면서 담배와 술을 좋아하는 것으로 알려졌으며 경찰과 소방당국은 수상한 정황이 없다고 상당히 확신하고 있었다.

화재가 발생한 건물에서는 일반적으로 안전 문제 때문에 전기가 차단되므로, 발전기를 가져오지 않는 한 배터리로 작동하는 조명기구를 켜고 작업하게 된다. 또 마스크와 고글을 착용하고서 온통 검은색과 회색뿐인 흑백 세상을 탐색하게 된다. 바닥은 파편들로 뒤덮여 있을 가능성이 큰데, 특히 천장에서 떨어진 것이 많고 간혹 위층 바닥에 있던 것들도 있다. 그중에서 불에 그을린 작은 뼛조각을 찾기는 쉽지 않다.

노신사는 거실의 안락의자에서 사망했으며, 주변에는 신문 더미와 위스키병들이 있었다. 술병에는 소변이 들어 있는 것이 많았다. 천장은 그 위로 무너져내렸다. 소방당국은 불이 난 자리가 그의 의자 부근에 있었던 것으로 보았고, 따라서 담배가 화재의 원인이었을 가능성이 크다.

사람의 몸은 아주 많은 수분으로 이루어져 있기 때문에, 몸은 잘 타지 않고 대부분 우리 눈에 보이는 것은 특히 입고 있는 옷에 불이 붙었을 때 피부가 그을리는 것이다. 옷으로 덮이지 않은 부위, 일반적으로 머리와 손, 간혹 발은 최악의 결과를 내는 경향이 있다. 이 사건의 경우, 노신사의 발은 생각보다 덜 손상되었는데, 발에 신겨 있던 슬리퍼가 녹아 어느 정도 보호해주었기 때문이다.

그의 손목과 아래팔은 화상을 더 심하게 입었다. 때는 한여름이었으므로 그는 아마 티셔츠를 입고 있었을 것이고 아래팔 이하가 불에 노출되었다. 우리는 화상과 근육 수축으로 인한 외상 때문에 노뼈와 자뼈가 골절되었음을 볼 수 있었다. 그리고 손의 일부는 여전히 긴뼈에 붙어있었지만 일부 손가락뼈는 유실되고 없었다. 유실된 뼈를 찾아서 수거하는 것이 우리 책임이었으므로 정확히 어떤 것이 없는지 확인해야 했다.

이 일을 하기까지는 여러 해가 걸리고 새끼손가락 손톱만 한 불에 탄 뼛조각을 식별하여 시신의 특정 부위를 정확하게 지정할 수 있으려면 해부학 지식을 완벽하게 갖추어야 한다. 그럼에도 이 일을 해야 하는 것은 시신 일부를 남겨두었다가는 나중에 우연히 발견되거나 더 나쁜 경우 청소할 때 불에 탄 잔해들과 함께 버려지기 때문이다.

가장 먼저 녹아버린 안락의자에서 시신을 들어 올려 방에서 꺼내야 했다. 의자의 천이 신체의 부위에 달라붙었을 때는 이 작업이 쉽지 않으므로 남은 천이나 충전재를 잘라내서 분리시켜야 한다. 화재 피해자는 종종 경직되어 있고 권투선수 자세로 고정되어 있어서, 시신을 들어 올려 시신 가방에 넣기가 힘들다. 시신 가방은 사지를 편 채로 반듯하게 누운 자세의 시신을 넣도록 디자인되어 있기 때문이다. 그러나 일단 피해자를 들어 올려 실내에서 시신 가방에 눕혀 놓고 나면, 사지의 끝을 조사하여 사후 골절이 일어난 곳과 행방불명된 해부학적 부위가 어디인지를 판단하기가 쉬워진다.

목록을 작성한 후 이것을 기억해두고, 잔해 속에서 유실된 뼈를 찾아야 한다. 우리는 이렇게 고된 방법으로 힘들게 상지 긴뼈의 아랫부분과 모든 손가락뼈를 찾았고, 시신과 함께 시신 가방에 넣어 시신안치소로 보냈다.

앞에서 이야기했듯이, 넓적다리뼈는 자동차 사고가 나서 차량 계기판에 무릎이 부딪힐 때 종종 골절된다. 또 나이가 들수록 골절이 자주 일어나는데, 이 때문에 엉덩관절 골절은 노인에게 또 다른 위험이 된다. 엉덩관절 골절은 침대에서 몸을 뒤집는 것 같은 아무것도 아닌 일로도 발생할 수 있다. 영국에서는 매년 7만~7만 5천 명의 엉덩관절 골절 환자가 발생하는데, 이 중 75퍼센트가 평균 연령 거의 80세의 여성 환자다. 엉덩관절 골절과 사망률 간의 연관성은 크다. 이 환자는 엉덩관절 골절 때문에 넘어진 것인가 아니면 넘어져서 엉덩관절이 부러졌는가? 이러한 경우, 손상이 사망 전인지 사망 후인지를 확실하게 말하기가 아주 어려울 수 있다.

우리 아버지는 알츠하이머병이 진행되어 정신병원에 입원한 후에 엉덩관절이 부러졌다. 그 당시 아버지는 서 있는 것이 불안정했고, 간호사들은 아버지가 혼자 넘어졌는지 아니면 다른 환자에게 부딪혔거나 밀린 것인지 잘 모르겠다고 편안한 태도로 솔직하게 말했다. 살아 있는 사람에게서 이 둘을 구별하지 못한다면, 사망자에 대해서도 거의 확신을 가질 수 없는 것이 당연하다.

무릎뼈 또는 슬개골은 신체에서 가장 큰 종자뼈다. '참깨씨 sesame seed'와 관련된 'sesamoid'라는 용어는 일반적으로 근육의 힘줄에서 발생하는 작은 결절 모양의 뼈에 사용된다. 무릎뼈는 분명 참깨씨처럼 보이지 않으므로 약간 잘못 붙여진 이름이다.

무릎 관절 주변에서 발견될 수 있는 종자뼈가 또 하나 있는데,

장딴지 상단에 있는 장딴지근의 가쪽 갈래 힘줄에 형성될 수 있는 장딴지근머리종자뼈fabella다. 이 뼈를 갖고 있는 사람은 40퍼센트 미만이며, 다른 어떤 그룹보다 노인 남성에게서 가장 흔하다. 따라서 이 장딴지근머리종자뼈를 발견하면, 비교를 위해 사망 전 X-레이 사진이 있는지 찾아볼 가치가 있다. 그런 사진이 있다면 사망자의 신원을 확인하는 데 직접적인 도움이 될 수 있다. 이 뼈가 어떤 기능을 하는지는 잘 알려져 있지 않다. 이 뼈는 유전적 요인과 환경적 요인이 복합적으로 작용하여 다시 나타난 진화적 특징이라는 의견이 있었다. 이 가설이 나한테는 다소 억지스럽게 느껴지지만, 나는 유전학자가 아니다.

영어 명칭인 'patella'는 그 이름이 작고 얕은 접시 또는 팬을 뜻하는 라틴어에서 유래하는데, 넓적다리 앞쪽에 있는 넙다리네갈래근(대퇴사두근)의 힘줄에 자리하고, 만 3살 정도부터 형성되기 시작한다. 그 목적은 무릎의 생체역학적 효율성을 높이는 것이다. 무릎뼈는 돌출한 위치에 있어서 일반적으로 무릎에 직접적인 충격을 가하거나 물체가 높은 곳에서 뼈에 떨어지면 골절의 위험이 있다. 무릎뼈가 너무 많은 조각으로 산산조각 난 경우 제거하는 방법도 있지만, 요즘 외과의사들은 일반적으로 당겨서 와이어로 고정시키는 방법(뼛조각들을 함께 묶는 방법)으로 재건 수술을 선택할 가능성이 더 높다. 따라서 법의인류학자들은 여기에서 항상 와이어 조각을 찾으며, 와이어가 있을 경우 정형외과의 개입이 있었다는 표시일 수도 있다.

무릎뼈는 신경종말이 많은 민감한 부위이기 때문에 통증을 가하는 부위로 많이 이용된다. 고문이나 형벌의 한 형태인 '무릎쏘기'는 일반적으로 권총을 쏘거나 야구방망이나 그 비슷한 무기를 과도하게 휘둘러서 일으키는 고의적인 부상이다. 그러나 사실 고의에 의해서든 사고에 의해서든 충격은 무릎뼈를 완전히 빗나가서 넓적다리뼈의 하단이나 정강뼈나 종아리뼈의 상단을 부러뜨리는 경우가 많다.

무릎쏘기는 1970년대와 1980년대에 이탈리아에서 테러집단인 '붉은 여단'이 사용한 처벌법이다. 또한 북아일랜드 분쟁 기간에 왕당파와 공화국 지지 준군사 조직이 여러 가지 위배 행위에 대한 처벌로 사용했다. 북아일랜드 내전 과정에서 이 처벌을 받았다고 기록된 건수가 약 2,500건이라고 한다. 최악의 처벌은 양쪽 팔꿈치, 무릎, 발목에 각각 총을 쏘는 '식스팩'이었다. 최근에는 이슬람 근본주의 조직인 하마스와 방글라데시 경찰이 이 처벌을 사용했다고 보고되었다.

우발적인 정강이뼈와 종아리뼈 골절은 대부분 스포츠와 관련된 접촉 손상이나 이동차량과의 충돌(간혹 '범퍼' 골절이라고도 함)에서 볼 수 있다. 팔다리, 특히 하지의 긴뼈 골절은 양쪽 팔다리의 길이가 거의 동일하게 유지되는 방식으로 발생되어야 한다. 한쪽 사지가 다른 쪽 사지보다 짧게 되면, 신체의 나머지 부분들에서 해부학적으로 온갖 종류의 보상적 변화가 발생한다. 다리의 길이가 다르면 사지 자체는 물론 골반과 척주도 영향을 받는다. 시신에서 제대로 붙지 않은 하지 골절의 증거가 발견되면, 그 사람이 평생 절뚝거렸거나 아니면 적어도 걸음걸이의 균형이 맞지 않았을 가능성이 있다고 어느 정도 자신 있게 말할 수 있다.

사람은 긴뼈의 대칭 정도가 사람마다 다르며 이것은 개인의 '쪽치우침 laterality'●의 증거가 된다. 이것을 판단하는 기준은 일반적으로 일상생활에서 글씨 쓰는 손이 오른손인지 왼손인지이지만, 물론 공을 차는 발 그리고 대개 상대적으로 우세를 보이는 쪽과도 관련이 있다. 그리고 글씨를 왼손으로 쓴다고 해서 반드시 모든 활동을 왼손으로 한다는 뜻은 아니다. 예를 들어 음식을 먹을 때나 악기를 연주할 때 또는 스포츠를 할 때는 오른손을 선호할 수도 있다. 크리켓 선수들 중 다수가 배팅이나 투구를 할 때 글씨 쓰지 않는 손을 사용한다.

그러나 인간의 약 90퍼센트가 오른손잡이이며, 우세한 쪽이 오른쪽이라면 우세한 발도 오른발일 가능성이 아주 높다. 쪽치우침의 정도는 개인마다 다르지만, 진정한 양손잡이 즉 양손을 똑같이 능숙하게 사용할 수 있는 사람은 아주 드물다. 오른손잡이는 뇌의 왼쪽에 있는 운동 피질과 감각 피질의 강도가 센 것 같다. 신경은 시작점(뇌)과 목적지(각 기관)가 서로 교차하면서 반대쪽에 있기 때문에 오른쪽 사지가 우세한 사람들은 좌뇌의 운동 및 감각 기능이 우세하다. 쪽치우침은 인간에게만 있는 것이 아니고 동물계 전체에 광

● 우리 몸의 한쪽이 다른 쪽에 비해 우선하는 편향성.

범위하게 있으며 대부분의 영장류, 갯과 동물, 조류, 설치류에서 확인되었다.

오른손잡이는 어느 정도 유전적일 수 있지만, 과거에 흔한 관행이었던 어린아이에게 오른손을 사용하라고 강요하는 것과 일상에서 사용하는 거의 모든 도구가 오른손잡이를 위해 디자인되었다는 사실은 오른손잡이가 지배하는 세상에 순응하라고 강제하는 것일 수 있다.

역사적으로 신체의 오른쪽은 '옳은' 것으로 여겨졌으며, 왼손으로 글씨 쓰기를 하는 사람들은 신뢰할 수 없는 사람 또는 완전히 사악한 사람으로 간주되었다. 이 믿음의 근원은 많은 고대 문화와 종교의 건국 신화에 있으며 대부분의 언어에서 '오른쪽'과 '왼쪽'이라는 단어의 어원에 반영되어 있다. 오른쪽은 적절하고 정확하거나 정직한 것과 같다고 여겨지며, 왼쪽은 불길하고 서투르거나 약한 것과 동일시된다.

오른손잡이와 왼손잡이에 대하여 유전적 영향, 태아에게서 나타나는 지표, 출생시 체중과 지능, 소득 및 기타 여러 문제에 미치는 영향을 포함하여 상당히 많은 과학적 연구가 진행되었다. 연구 결과는 태어날 때부터 사지 뼈의 치수에서 오른쪽이 왼쪽보다 더 길고 더 튼튼한 경향을 보여 우세한 쪽의 증거가 있음을 암시한다. 개인이 발달함에 따라 한쪽에 의존하게 되면 그에 상응하여 근육량이 증가하게 되고, 이에 상응하는 좌우 뼈의 크기 차이도 커진다.

예를 들어 오른쪽 위팔뼈는 혈액 공급이 많아지고 근육 발달이 향상되어 왼쪽보다 더 길고 넓으며 강하다. 이런 현상은 손가락에서도 볼 수 있다. 반지를 오른손 손가락에 끼면 왼손 손가락에 낄 때보다 더 조인다. 왼쪽이 우세한 사람들의 경우, 몸의 오른쪽에 있는 뼈가 여전히 약간 더 길고 넓으며 더 튼튼한 것이 유지되는 경향이 있지만 양쪽의 차이가 줄어든다.

우리는 보통 우세를 손과 발로 설명하지만, 상지와 하지를 움직이게 하는 실제 힘의 근육은 팔과 허벅지, 아래팔과 종아리에 있다. 따라서 뼈 치수의 차이는 힘줄이 부착되는 손이나 발의 짧은 뼈보다는 사지의 긴뼈에 있는 근육량의 영향을 받을 가능성이 더 크다.

긴뼈의 크기 변화를 측정할 수는 있지만, 뼈만 갖고 오른손잡이 또는 왼손잡이를 판단할 수 있다고 주장하는 것은 위험할 수 있다. 하지만 과거에 신중하지 못한 일부 인류학자가 그런 주장을 하는 것을 막지는 못했다. 과거에 우리는 부검실에서 글씨 쓰기를 주로 하는 손을 가리키는 표시로 손가락에 박인 굳은살을 찾았을지도 모르지만, 키보드와 키패드를 사용하는 오늘날에는 그런 표시가 지배적인 필기 손일 수 있다는 표시로 손가락의 굳은살을 찾았을지도 모르지만 오늘날의 키보드와 키패드의 세계에서는 그러한 표시가 관련성이 없거나 쓸모없게 빨리 바뀌고 있다.

물론 우리가 개인이 오른손잡이였을 가능성이 있다고 제시한다면 확률은 우리에게 유리하다. 실제로 신원 확인 목적에 더 유용한 것은 더 드문 왼손잡이를 식별하는 것이다. 하지만 그런 견해를 제시하는 것은 위험하다.

시체를 먹는 동물들

부패하거나 파괴된 유골을 다룰 때, 이미 살펴보았듯이 사망한 사람에게 언제, 어떤 일이 생겼는지에 관하여 뼈에 대한 이야기를 추적하는 것은 힘든 일이다. 긴뼈는 시체를 먹는 동물들에게 훌륭한 칼슘 공급원이 된다. 뼛속의 골수는 맛있고 영양가가 높다. 그 결과 유골이 야생 동물에 노출되면 갉아 먹힐 가능성이 아주 높다. 우리는 때때로 뼈 표면에 남아 있는 이빨자국을 보고 시체를 먹은 동물이 작은 설치류인지 아니면 큰 육식동물인지, 그 동물의 종류를 제시할 수 있다.

그러나 모든 시체가 동물의 먹이가 되는 것은 아니며, 때로는 육식동물의 활동이 없다는 것이 그 존재만큼이나 조사자들을 혼란스럽게 만들 수 있다. 특히 동물의 행동을 잘 알지 못하는 조사자는 많이 혼란스러울 것이다. 동물의 행동을 이해하려면 그들의 수명 주기를 전체적으로 살펴볼 필요가 있다.

예를 들어 여우는 먹이를 가려 먹는 육식동물이다. 여우는 일 년 중 특정 시기가 되면 인간의 시체 같은 큰 사체를 완전히 무시하고 한입에 먹을 수 있는 작은 먹이를 선호한다. 더 풍부하고, 처리하기가 쉬우며, 직접 죽일 경우 더 신선하기 때문이다.

그들은 먹이에 대해 까다로울 수 있으며 부패의 중간 액화 단계에 있는 인간의 유해는 일반적으로 그들에게 맛이 없다. 우리는 유해가 더 부패할수록 모든 포식자가 더 좋아할 것이라고 생각할지도 모르지만 이는 사실이 아니다. 여우는 비교적 신선한 사체를 먹기를 좋아하고 칼로리가 풍부한 골수를 먹기 위해 뼈를 쪼갠다. 그리고 일단 부패 정도가 중간 액화점을 지나면 돌아와서 칼슘 섭취를 위해 뼈를 갉아먹을 것이다. 그러나 먹이가 부족하지 않는 한, 그렇게 될 때까지 그냥 내버려두는 일이 종종 있다.

스코틀랜드 중앙 벨트 일부 농지의 한쪽 구석에서 시신 한 구가 발견되었다. 그 지역에 여우가 많고 시신의 부패 진행 단계를 감안했을 때, 동물 포식의 징후가 놀라울 정도로 거의 없었다. 경찰은 시신이 다른 곳에 보관되었다가 현장에 버려졌을 가능성이 있다고 추측했다. 그러나 살인의 증거는 없었다.

우리는 시체가 그곳에 놓인 시기에 따라 여우의 관심이 달라진다는 것을 알고 있었다. 그 때가 일 년 중 먹이가 풍족할 때였는가 또는 먹여 키워야 하는 새끼가 없던 때였는가? 그래서 경찰에게서 의견 요청을 받았을 때 여우 전문가와 사냥터지기들의 견해를 바탕으로, 다른 동물 사체와 마찬가지로 야외에 버려진 사람의 유해에도 육식 동물이 먹었다는 청소 활동의 흔적이 항상 남아 있는 것은 아니며, 이 경우 이러한 흔적이 없다고 해서 유해가 현장에 놓인 것이 꼭 최근의 일이라는 뜻은 아니라고 경찰을 설득할 수 있었다.

손이 없었지만 이것은 여우의 먹이를 저장하는 습관으로 설명할 수 있다. 여우는 다음에 먹이가 언제 생길지 모르기 때문에 먹이를 저장한다. 그래서 나중에 먹기 위해 가장 먼저 손처럼 옮길 수 있는 부위를 떼어 내어 다른 곳에 파묻어둔다. 이런 행동을 '저식행동'

이라고 한다.

　유실된 신체 부위는 종종 여우의 흔적을 따라가거나 어지럽혀진 땅을 찾으면 발견할 수 있다. 여우는 먹이 저장장소에 대해 아주 보호적인 행동을 보일 수 있다. 그래서 먹이를 한 군데에 모두 묻으면 다른 동물에게 발견될 위험이 있으므로, 그보다는 일종의 보험처럼 남겨둘 음식의 일부를 숨기는 '분산 저식'하는 경향이 있다. 물론 그렇게 해도 숨겨둔 먹이를 찾아내어 훔치는 동물들이 있는데, 주범은 오소리다.

　시체의 주인은 결국 나이 많은 떠돌이로 밝혀졌다. 그가 밤에 덤불 아래로 기어들어가 잠을 자다가 그냥 죽었을 가능성이 아주 컸다. 그러면 사라진 손은 어떻게 된 것일까? 손은 나중에 시체에서 약간 떨어진 곳에서 회수되었는데, 각각 작은 저장 장소에 묻혀 있었다. 뼈에는 여우의 송곳니에 찔린 상처가 분명하게 있었다.

연조직과 피부 위에 남겨진 증거

　사지의 뼈는 물론 그 위의 연조직과 피부도 신원 확인에 도움이 될 수 있다. 일반적으로 사람들이 가장 많이 문신을 새기는 부위는 남성의 경우 아래팔, 여성의 경우 어깨나 엉덩이다. 디자인 자체에 관하여, 우리는 문신을 새기는 것이 독특하다고 생각하고 싶지만 실제로 대부분의 사람들은 문신 시술소에 가서 카탈로그에서 하나를 선택하거나 다른 사람이 문신한 디자인을 말하며 그대로 해달라고 요구한다.

준군사 조직의 일원이 될 자격이 있다는 것을 증명하고 싶었던 한 청년은 자신의 총기 능력을 보여주기 위해 권총을 분해하고 재조립하는 동영상을 만들기로 결심했다. 그는 총의 분해와 재조립은 능숙하게 잘 했지만, 다른 측면에서는 분명 그다지 영리하지 못했다. 동영상을 자기 집 부엌에서 촬영했기 때문에, 경찰이 관여하자 그 동영상을 통해 진실이 드러났다.

그는 TV에서 법의학 프로그램을 많이 봤기 때문에, 자신의 얼굴이나 눈에 띄는 옷이 동영상에 노출되거나 총기에 지문을 남기면 안 된다는 것을 아는 것 같았다. 그래서 그는 허리 위에는 아무것도 입지 않고 목 아래부터만 보이는 각도에서 동영상을 촬영했으며 노란색 고무장갑을 꼈다. 그러나 그 장갑 위의 아래팔 부분에서 충분히 식별할 수 있는 문신이 영상을 통해 보였다.

나는 영상 속 문신과 피고인의 문신을 비교했다. 그의 왼쪽 아래팔에 새겨진 인기 있는 문신 '장미를 든 마돈나'가 영상 속 노란색 고무장갑 위에서도 보였다. 오른쪽 아래팔에 있는 켈트 십자가 문신의 바로 옆에는 아주 눈에 띄는 모반이 있었는데, 십자가와 모반의 위쪽 부분이 오른쪽 장갑 위로 보였다. 그래서 우리는 그 뻔뻔한 영웅의 문신뿐만 아니라 모반까지 찾아내어 맞출 수 있었다. 이는 대담한 영웅의 문신뿐만 아니라 그의 모반도 일치시킬 수 있었고, 이로 인해 그는 종신형을 선고받았다.

많은 사람이 점이나 주근깨, 검버섯이 생기는 것에 예민하다. 통칭하여 점 모양 색소침착punctate pigmentation이라고 하는 이런 것들은 피부의 기저층에 존재하며 눈과 피부, 머리카락에 색을 부여하는 멜라닌 색소가 증가된 부위에서 나타나는 표시다. 멜라닌은 자외선을 흡수하기 때문에, 이것이 증가한 부위는 햇빛을 받으면 색이 짙어진다. 또 나이가 들면서 증가하기도 한다. 이러한 표시는 무작위로 나타나고 사람마다 특이하기 때문에, 용의자 또는 피해자의 해부학적 구조를 동일인으로 의심되는 추정 피의자 또는 피해자의 영상에 나타난 이미지와 비교할 때 유용하다.

우리가 착수하는 대부분의 사건은 성적 학대 관련 사진이나 동영상에서 해부학적 특징을 찾아 맞추어야 하는데, 아동이 연루된 경우가 빈번하다. 여자 초등학생 두 명이 초등학교의 수위인 피터 라이얼을 고발했다. 전화로 음란한 메시지를 보내고 자신들을 부적절하게 만졌다는 내용이었다. 경찰은 라이얼을 체포하고 그의 전화와 컴퓨터를 압수했다. 그가 갖고 있는 많은 영상 중에서, 경찰은 침대에서 자고 있는 또 다른 여성을 휴대전화로 촬영한 짧은 동영상을 발견했다. 영상에서 여성의 브래지어가 올라가 있고 노출된 가슴이 보였다.

경찰은 추가로 라이얼과 그의 아내 게일과 친한 10대 소녀를 조사하고 면담했다. 그녀는 어느 날 저녁에 라이얼 부부와 술을 많이 마신 후 그들의 집에서 머무르며 남는 방에서 잠을 잤다고 확인해주었다. 그녀는 촬영되고 있다는 사실을 알지 못했지만 영상 속 여성이 자신이라고 말했다. 얼굴은 보이지 않았으나 자신의 브래지어를 알아보았다.

게일 라이얼은 영상들을 보고 충격을 받았다고 경찰에게 말했다. 그러나 재판이 시작되자 그녀는 증언을 바꾸어, 남편이 촬영한 영상 속 여성이 자신이라고 말하면서 역할극을 하고 있었다고 주장했다.

법원은 난관에 부딪혔고 판사는 재심을 명령하면서 경찰에게는 해부학적으로 10대 소녀와 게일 라이얼을 구별할 수 있는 전문가를 찾으라고 지시했다.

그래서 경찰은 나에게 그 영상을 조사해달라고 부탁했다. 영상의 화질은 상당히 괜찮았다. 우리 팀은 영상을 개개의 스틸로 나누었고, 해당 여성의 어깨와 팔에 있는 점들의 패턴을 그릴 수 있었다. 그다음에 게일 라이얼과 10대 소녀의 사진으로 동일 작업을 한 뒤, 그것들과 휴대전화 속 영상 패턴 그림을 비교했다.

이 사건에서 우리가 받은 질문은 명확했다. 영상의 여인이 추정 대상 중 한 명과 일치할 가능성이 얼마나 되는지 평가해달라는 것이 아니라 직설적으로 말해서 영상 속 여성이 게일 라이얼인지 아니면 10대 소녀인지를 알려달라는 것이었다. 게일은 주근깨는 많았지만 점은 없었기 때문에 그녀를 사진 증거와 일치시킬 수 없었다. 10대 소녀는 점은 있고 주근깨는 없었으며, 영상에 있는 것과 완벽하게 똑같았다. 따라서 법원이 요구한 질문에 대해 간단하게 대답했다.

나는 재심에서 증언을 위해 소환되었다. 피터 라이얼의 변호사는 내가 피부과 의사가 아니기 때문에 주근깨와 점을 구별하는 적임자가 아니라는 것을 시도하려고 했는데 그것이 그의 유일한 변호 입장인 것 같았고, 그런 그에게 판사는 점점 답답해했다. 결국 판사는 변호인의 말을 중지시켰다. 당연히 요점은 법의학 목적을 위해 당신이 그것을 무엇이라고 불렀는지는 중요하지 않다는 것이었다. 둘 중 한 사람의 피부와 일치하는 임의의 점 모양 색소침착 패턴이었다.

배심원단이 짧게 심의한 후, 라이얼은 미성년자 성폭행과 아동의 음란 이미지 제작 혐의로 유죄 판결을 받았다. 게일 라이얼이 이후에 위증죄로 기소되었는지 여부는 모르지만, 남편인 피터는 징역 18개월을 선고받고 10년 동안 성범죄자 명단에 등재되었다. 그는 감옥에서도 계속 무죄를 주장했기 때문에 성범죄자 치료에 적합하지 않다고 간주되었다.

어린 피해자가 가족과 함께 와서 증인실에 앉아 있던 모습이 기억난다. 어린 소녀는 이미 한 번의 재판에서 증언을 했기 때문에, 정신이 너무 없고 떨려서 다시는 법정에 돌아가지 않겠다며 울었다. 낯선 사람들 앞에서 자신의 트라우마를 되풀이하여 이야기하는 것은 누구에게나 특히 아주 어린 사람에게는 힘든 일이다. 지켜보는 사람들 중에는 자신이 거짓말쟁이임을 증명하는 데 여념이 없다. 강간이나 성폭행 사건 중에 신고도 되지 않고 재판도 받지 않는 경우가 아주 많다는 것은 놀라운 일이 아니다.

그러나 법의인류학은 그런 사람들에게 다양한 방식으로 도움을 주어 범죄자를 재판에 회부할 수 있다. 나는 우리가 하는 일 때문에 범죄자들이 더 용의주도해지지 않느냐는 질문을 자주 받는데, 내 대답은 그렇지 않다는 것이다. 인체해부학에서 피해자의 신원 확인이나 범죄자 기소, 결백한 사람의 면죄를 위해 가치 없는 부분은 없다고 굳게 믿고 있다. 우리의 일은 뼈에서 알아낼 수 있는 것에 국한되지 않는다. 그리고 기법과 기술이 계속 발전함에 따라 우리 몸에서 밝혀낼 수 있는 증거도 증가할 것이다.

THE HAND

9

손

가장 완전하고 섬세한,
진화의 상징

내 손은 안타깝게도 어머니의 섬세하고 여성스러운 손을 닮지 않았다. 아버지의 아주 크고 매우 크고 유능한 삽처럼 생겼다. 내 손은 아마도 강건하다는 표현이 가장 잘 어울릴 것 같다. 물론 핸드크림 광고나 보그 표지 장식용으로는 절대 선택될 일이 없을 것이다. 그래도 이 손은 내 손이고, 지금까지 내가 요구한 일을 모두 해주었다. 시체 수백 구를 해부했고, 내 생각을 글로 옮겼으며, 아기를 안아주고, 눈물과 바닥을 닦고, 1월의 몹시 추웠던 날 정화조에서 시체를 파냈다. 믿을 만하고 귀중한 이 봉사자들이 이따금 쑤시는 듯한 통증과 함께 이제야 불평하기 시작했다.

인간의 손은 공학과 조화를 이루는 진화의 기적이다. 미국의 고생물학자이자 생물학자인 스티븐 J. 굴드Stephen J. Gould가 동료 과학자들에게 진화의 증거를 분석하고 제시할 때 인간 두개골의 변화에 너무 많은 관심을 기울이는 것은 위험하다고 주의를 주는 것은 옳았다. 그는 그들이 잘못된 곳을 보고 있다, 손을 보고 있어야 한다고 믿었다. 우리가 능숙한 조작자가 될 수 있었던 것은 지능과 큰 두뇌 때문이었는가? 아니면 두 다리로 일어서서 손이 자유로워졌을 때 마침내 두뇌가 손의 잠재력에 부응하고 손재주와 보조를 맞추도록 도전할 수 있었는가?

아마도 우리는 무언가를 잃어버린 후에야 비로소 그 가치를 진정으로 알게 되는 것 같다. 한쪽 손 또는 양쪽 손이 모두 없는 삶을 상상해보라. 그것은 전 세계의 전투 지역에서 복무하는 사람들의 몫이라고 생각할지도 모르겠다. 길가에서 폭탄이나 사제폭발물이 터지는 끊임없는 위협 속에서 신체 일부를 잃을까 봐 걱정해야 하는 사람들만 해당된다고 말이다. 그러나 스스로를 위험에 빠뜨리기 위해 현역으로 복무할 필요는 없다. 그냥 아무것도 안 해도 된다. 영국건강보험공단에 보고되는 제2형 당뇨병으로 인한 상지 및 하지 절단이 매년 약 6천 건에 달하기 때문이다.

우리는 실용적인 목적뿐만 아니라 껴안고, 애무하고, 인사할 때도 손을 사용한다. 손은 접촉과 따뜻함을 뇌에 직접 전달하는 수많은 신경 종말에 의해 움직인다. 신체 감각 능력의 거의 사분의 일이 손에 배당된다는 사실을 보면 손이 감각탐구기관의 지위를 갖게 되는 것은 거의 당연하다.

현대 기술로 제작된 의수는 손의 운동 기능 중 일부를 대체할 수 있어 절단 환자가 기본적인 작업은 수행할 수 있지만, 타고난 예민한 감각이나 살아 있는 진짜 손으로 형성되는 인간관계(만지는 사람이나 만져지는 사람 모두에게)를 재현할 수 있는 기술은 없다. 현대의 의수와 기초적인 형태의 예전 의수를 비교하면 놀라운 일일 수도 있지만, 의사소통에 사용하는 복잡하고 잠재의식적인 몸짓을 의수가 그대로 따라 하는 것조차 대체 사지가 할 수 있는 일의 범위 이상의 것이다.

대부분의 사람들은 특정 요점을 직접 전달하거나 강조할 때 무의식적인 것으로 보이는 손동작을 하기 때문에, 이런 동작을 하지 않고 이야기를 하는 것이 대단히 어렵다는 것을 알게 된다. 우리는 목소리를 사용할 수 없을 때, 자신을 표현하기 위해 손과 입에 의존하여 몸짓과 모양을 만드는 법을 배웠다. 이제 기술의 발달로 시력을 잃은 사람들에게는 새로운 선택권이 있지만, 점자(약간 솟아오른 점들을 구별하고 그 패턴에 들어 있는 지식을 해석해야 함)를 읽는 기술은 손가락 끝에 있는 많은 신경종말의 가치를 제대로 보여준다.

해부학적으로 복잡하고 그 복잡함이 손동작에서 아주 자주 보인다는 사실 때문에 손은 예술가가 정확하게 표현하기 어려운 신체 부위다.

아주 훌륭한 레오나르도 다 빈치의 자세한 인체 그림도 정맥, 힘줄, 주름진 피부가 거의 만져질 듯한 알브레히트 뒤러Albrecht Durer●의 손 그림 앞에서는 무색해진다. 노년에 건강이 나빴던 영국의 조각가 헨리 무어는 늙어가는 몸의 표현으로 자기 손을 그리면

●　르네상스 시대 독일의 유명한 화가.

서 이렇게 말했다. '손은 많은 것을 전달할 수 있다. 간청하거나 거절할 수 있으며, 받거나 줄 수 있고, 만족 또는 걱정을 보여줄 수 있다. 젊거나 늙을 수 있으며, 아름답거나 볼품없을 수도 있다.'

손 공학의 기적이 무엇인지 이해하기 위해 간단한 동작 하나를 해보자. 펜을 집어 잡고서, 그 동작을 하기 위해 우리 몸이 해낸 것을 살펴보자.

우선, 인체는 다섯 손가락을 발달시켜야 했다. 자궁내생활 약 26일째가 되면 인간 배아의 목 부분에서 한 쌍의 융기 또는 팔다리 싹이 형성되기 시작한다. 33일경이면, 상지 끝에서 알아볼 수 있는 손판hand plate이 생긴다. 이 시점에서는 아직 손가락이 분리되지 않았기 때문에 약간 노paddle처럼 보인다. 5일이 지나면, 손가락 사이 공간의 세포가 죽기 시작하고 손가락 끝이 나오기 시작하면서 노의 가장자리가 무딘 톱니 모양으로 변한다. 손가락 사이의 세포가 계속 죽으면서 손가락은 점점 더 뚜렷해진다.

손가락 사이의 세포들이 죽는 것이 예정된 위치까지 이루어지지 않으면, 결국 물갈퀴처럼 생긴 손가락이 된다. 때때로 손가락이 제대로 분리되지 않는 경우가 있는데, 이를 합지증이라고 하며 두 개 이상의 손가락(또는 더 흔하게 발가락)이 붙어 있는 상태로 남아 있게 된다. 이 기형은 비교적 간단한 분리수술로 해결될 수 있으며, 그 결과 제대로 기능하는 두 개의 손가락이 생긴다.

41일경에는, 신경혈관 구조가 손판 깊숙이 침투하여 미래의 연조직에 혈액과 신경 공급이 가능하게 하고, 각 손을 움직이는 데 필요한 34개(또는 그 이상)의 모든 근육이 제 기능을 하게 한다. 47일이 되면, 손이 회전할 수 있고 그다음 날 뼈의 전구체인 연골이 형성되기 시작한다. 다음 8일 동안 연골 덩어리의 미리 프로그래밍된 위치에서 세포가 죽어 미래의 뼈 사이에 관절 공간을 만든다. 손이 유연한 다기능 도구가 되기 위해서는 이 발달이 아주 중요하다.

56일경에는, 아직은 '패드' 상태인 엄지손가락이 나머지 손가락들과 다른 면으로 회전하여 손을 꽉 쥘 수 있게 된다. 엄지손가락 패드를 나머지 모든 손가락 패드와 접촉시키는 능력은 영장류를 나머지 동물계와 구분 짓는 특징이다. 보통의 개나 고양이, 말, 카피바라는 이렇게 할 수 없다.

이제 손가락 끝에 있는 패드가 볼록해지기 시작했다. 여기에는 탐색 도구로서 손의 민감도에 정말 중요한 신경종말이 꽉 차 있다. 또 이곳은 지문이 형성되는 곳이기도 하다.

그렇게 모든 일이 잘 되어 발달 6주차가 되면, 완벽하게 움직이는 양손을 갖게 된다. 그 사실에서 금세 마음이 편안해질 것이다(임신 초기부터 초음파 영상에서 엄지손가락이나 다른 손가락을 빠는 아기를 볼 수 있다). 출생 후 손을 거리낌 없이 정확하게 사용하는 법을 배우게 되기까지 시간이 조금 걸리지만, '손 뻗기'와 '잡기' 반사 능력은 신생아에게서 강할 수 있다. 고생물학자들 중에 일부는 이것이 예전에 영장류가 나무에서 생활할 때 어머니에게 단단히 매달려 있어야 했던 필요성의 잔재라고 생각한다.

이와 같이 우리에게는 필요한 한 쌍의 손이 있다. 우리가 펜을 집으려면 손을 어떻게 해야 하는가? 첫째, 뇌가 그것을 펜으로 인식하고, 그것을 집어 들도록 동기를 부여하는 생각을 갖는다. 펜에 손을 뻗기 위해, 뇌는 중심앞 피질precentral cortex에서 척수를 거쳐 상지를 담당하는 척수 신경(사지가 처음 형성된 목 부위에 위치)을 통해 자극을 보내야 한다. 자극은 겨드랑이에서 신경이 복잡하게 얽혀 있는 팔신경얼기brachial plexus를 통과한 후 행동 수행을 위해 움직여야 한다고 결정한 근육으로 뻗어나간다. 그리고 삼각근을 구부려 팔을 들어 올리고, 앞톱니근serratus anterior을 구부려 팔을 앞으로 내밀고, 아래팔에 있는 최소 6개의 근육을 수축시켜서 손목과 집게손가락과 엄지손가락을 활성화시켜야 한다. 동작이 부드러운지 확인하기 위해 뇌 기저부에 있는 소뇌가 조작을 감독하고 잠재적으로 거친 조작을 조정한다.

이제 우리는 손가락 끝에 있는 감각신경을 통해 엄지손가락과 집게손가락으로 펜을 느낄 수 있는데, 이것은 펜이 손에 있다는 신호를 감각신경이 뇌의 중심뒤 부위로 보냈기 때문이다. 동시에 눈도 보고 있는 것을 확인한다. 우리는 엄지손가락과 집게손가락으로 집는 동작으로 펜을 지각하고 있다고 생각하지만, 실제로 지각은 뇌에서 일어나고 있다.

펜을 원하는 위치에서 잡기 위해, 아래팔에 있는 근육들을 사용하여 손목을 비스듬하게 돌리고, 엄지는 두 관절에서 구부려지게, 집게손가락은 두 관절에서는 구부리고 세 번째 관절에서는 펴지게 자세를 취한다. 다른 손가락들은 편안하면서 수축된 자세를 취하여 방해가 되지 않도록 손바닥에 당겨 놓으면 된다.

이 모든 일이 우리가 무엇을 쓸지 생각하기도 전에 일어난다. 인간의 몸은 참으로 경이롭고 몸으로 하는 성취 중에서 손으로 수행하는 섬세한 손동작보다 더 놀라운 것은 없다. 우리는 태어나기 훨씬 전부터 각자의 역할을 되풀이하여 익혀온 중요한 조연, 손에 전적으로 의존한다. 우리는 이 모든 동작을 아무 생각 없이 하는데, 그냥 당연히 모든 것이 적절히 잘될 것이라고 여기는 것이다.

분명히 그렇게 빼어난 재주에는 복잡한 기본 구조가 필요하므로, 성인의 골격을 이루는 200개 이상의 뼈 중에서 사분의 일이 넘는 최소 54개의 뼈가 양손에 있다는 것이 당연하게 느껴진다. 다양하고 유연한 손동작을 하려면 근육이 부착되어야 하는 분절이 짧아야 하기 때문에 손에 있는 뼈는 작다. 일반적으로 한쪽 손에 손목 부위에 손목뼈 8개, 손바닥을 이루는 손허리뼈 5개, 손가락뼈 14개(엄지에 2개, 나머지 손가락에 3개씩), 엄지손가락과 연관된 근육의 힘줄에 추가된 작은 종자뼈 2개가 있다.

뼈의 크기가 작기 때문에 나머지 골격을 벗어나 있으면 알아보기가 어렵다. 특히 어린이 손의 경우 이것은 확실한 사실이다. 뼈가 너무 작아서 렌즈콩이나 쌀알, 작은 돌 같은 것으로 오인될 수 있기 때문이다. 그리고 시신이 부패하면서 뼈의 각 부분이 떨어져 나갈 수 있으므로 법의인류학자들이 손뼈를 수색해야 하는 것은 드문 일이 아니다. 인간의 손은 겉으로 드러나 있는 경향이 있고 소매 밑단에서 튀어나와 있어 시신을 먹는 동물들이 옮겨가기 쉬운 먹이가 된다. 따라서 앞에서 살펴보았듯이, 손이 없는 시신이 발견되면 우리는 손이 없는 것이 범죄 행위 때문이라고 바로 걱정하지는 않는다. 물론 만일의 경우를 대비하여, 남아 있는 뼈에 잘린 흔적이 있는지 항상 확인하기는 한다. 대부분의 상황에서 우리가 발견하게 되는 것은 여우 때로는 오소리의 송곳니가 남긴 흔적이다. 또한 야생고양이와 개도 손을 노릴 것이다.

손이 없는 시신이 발견되는 것은 꽤 흔한 일이지만, 시신 없이 손만 발견되는 일은 흔하지 않다. 물론, 그런 일이 발생했다고 해서 손의 주인이 반드시 사망한 것은 아니다. 우발적이든 고의적이든 절단의 결과일 수 있기 때문이다. 그리고 범죄소설과 영화에 비해 현실에서는 드문 일이지만, 몸값을 받아내기 위해 납치 피해자에게서 손가락을 잘라내는 일도 있다.

해변에서 발견되는 손뼈들

분리된 손이나 손가락이 발견되면 그것이 인간의 것인지 어떻게 알 수 있는가? 나와 동료들은 해변에서 손이 발견되었다는 경찰의 전화를 받는 데 익숙하다. 그래서 사실 우리의 첫 반응은 거의 무관심에 가깝다. 우리는 경찰에게 보내달라고 요청할 영상을 보기도 전에, 아마 그것이 바다표범의 물갈퀴일 가능성이 있다는 의견을 제시할 것이다. 썩어가는 바다표범의 물갈퀴가 사람의 손과 얼마나 비슷한지 놀라울 정도다. 사람의 손처럼 바다표범의 물갈퀴도 다섯 손가락의 말단 부속기다. 다섯 손가락의 진화에 대하여 상당한 논쟁이 있지만, 그것은 양서류와 파충류, 조류, 포유류를 포함하는 모든 네발 동물의 특징이다.

이러한 부속기는 원시 물고기의 지느러미 한 쌍이 육지에서 움직여야 하는 필요에 적응하기 위해 진화했을 가능성이 있다. 기본 형태는 종마다 다양하게 수정되었는데, 주로 '발' 또는 '손'에 있는 뼈가 사라지거나 융합되었다. 발 끝에 발굽이 있는 동물인 유제류가 그 좋은 예다. 유제류의 다섯 손가락은 그들의 이동 형태의 특정 요구 사항에 맞추기 위해 발굽으로 진화했다. 유제류에는 말처럼 발굽이 홀수인 기제류perissodactyl와 낙타처럼 발굽이 짝수인 우제류artiodactyl가 있다. 또 아유제류paenungulata가 있는데, 이는 '거의 유제류'라는 뜻이며 코끼리가 포함된다.

이렇게 '해변에서 발견된 손'에 대한 전화를 일상적으로 받는 가운데, 하루는 스코틀랜드 서해안에서 경찰관이 전화를 걸어왔다. 우리는 평소대로 사진을 보내달라고 하면서, 물론 확인하겠지만 바다표범의 물갈퀴일 가능성이 크니 너무 걱정하지 말라고 했다. 그렇게 안심시키는 말을 해주면 경찰의 부담은 바로 줄어든다. 절단된 사람 손의 출처를 조사하는 것은 육해공 수색과 검시관, 검찰이 포함된 대규모 작전을 준비해야 한다는 뜻이다. 섣부르게 착수하는 것은 바람직하지 않다.

그러나 사진을 받고 보니 그것은 물갈퀴가 아니라 확실히 손,

인간의 손에 아주 가까웠다. 하지만 완전하지는 않았다. 부패가 많이 진행되어 볼 수 있는 피부는 남아 있지 않았지만 비율이 완전 이상했다. 엄지손가락이 아주 짧았고 다른 손가락들은 아주 길었다. 이것은 인간이 아닌 영장류, 아마 침팬지의 손이었다. 날이 있는 도구로 잘라냈다는 것을 암시하는 절단 흔적의 증거도 없었고, 다른 동물에게 잡아먹힌 명백한 표시도 없었다. 어떻게 스코틀랜드 해변에서 침팬지의 손을 얻을 수 있는가?

아마도 그것은 야생동물원이나 인간이 아닌 영장류 구하기를 전문으로 하는 자연보호구역에서 왔거나 반려동물 매장지에서 왔을 수도 있다. 아니면 유사요법이나 흑마술 시술에 필요한 동물의 부위들을 불법적으로 운송하는 배에서 바다에 내버린 것일 수도 있었다. 우리는 그 출처를 알아내지 못했지만, 다시는 바닷가에서 발견되는 손이 모두 물갈퀴라고 섣부르게 생각하지 않았다. 그리고 제대로 보기 전에 무심하게 발언하는 것에 대하여 재고하게 되었다.

• • •

8장에서 살펴본 것처럼, 화재 사망자들은 손, 특히 손가락이 없는 일이 종종 있다. 손을 감싼 연조직이나 지방도 거의 없기 때문에, 오래지 않아 다 타서 뼈만 남고 또 뼈는 재로 남는다. 따라서 화재 현장에서 시신을 회수할 때는 아래팔 바닥 주변을 철저하게 수색하여 재가 된 조각들을 모두 회수하는 것이 중요하다. 이들을 식별하는 것은 아주 어렵다는 점을 감안하여, 무서운 화재 사건에 대한 회수와 추가 수사 단계에서 수사팀에 법의인류학자를 포함시키는 것이 점점 필수가 되고 있는 것 같다.

우리 법의인류학자의 기술과 해부학적인 지식은 경찰관과 화재 조사관에게 진정한 도움이 되는 것으로 판명되었다. 우리가 불에 탄 물체들에서 작은 조각을 집어 들고 그것이 손가락뼈 또는 손목뼈라고 말하면 그들은 항상 놀란다. 그들에게는 그것이 그냥 숯이 된 나뭇조각 또는 작은 돌멩이처럼 보이기 때문이다.

하지만 불행히도, 법의인류학의 투입이 이러한 수사에서 항상 중요한 것으로 보이지는 않았다. 실수를 저지른 후에야 절차가 개선되는 일이 흔한 것이 세상사 이치다. 한 번의 비극적인 사건에서도 이 일이 그대로 일어났다. 당시에 경찰은 처음에만 내 의견을 구했는데, 현지의 법의병리학자가 우연히 휴가차 그곳에 있었기 때문이다.

고양이와 어린아이의 뼈를 구별하는 법

스코틀랜드 북부의 하일랜드 오지에서 발생한 화재로 가슴 아프게도 어린 소년 두 명이 사망했다. 빅토리아 시대풍의 목가적인 농가에서 누전으로 인해 불꽃이 튀었고, 송진이 나는 소나무를 자재로 썼기에 그 집은 부싯깃처럼 활활 타버렸다. 멀리서부터 구불구불한 일차선 도로를 달려 소방차가 드디어 도착했다. 소방대가 도착할 때까지 어느 누구의 도움도 받지 못한 채, 부모는 침실에서 빠져나오지 못한 아들들을 구하려고 불길과 싸웠지만 맹렬한 화염과 자욱한 검은 연기 때문에 뒤로 물러나야 했다. 다행히도 어린 아들들은 침대에서 잠자다가 연기에 질식하여 죽은 것으로 여겨졌다. 집이 활활 타고 있고 그 안에는 자녀가 있는데, 그들을 구하지 못하고 무력하게 지켜보는 그 고통을 나는 상상도 할 수 없다.

결국 소방당국은 화재를 진압했고, 드디어 건물이 안전하다고 공표되자, 소방대원들이 암울하게 두 소년의 시신을 수색하기 시작했다. 지붕이 무너지고 서까래와 슬레이트가 집안으로 떨어졌기 때문에 방마다 건물의 외장재들을 뒤지면서 모든 것을 일일이 손으로 들어 올려야 했다. 무거운 서까래를 조심스럽게 빼내어 집 밖에 쌓았다. 계속 침대에 있던 소년들은 슬레이트와 목재 밑에 깔린 채로 발견되었다. 일단 잔해를 치우고, 심하게 불탄 시신들을 검사를 위해 시신안치소로 옮겼다.

동생은 온전한 상태로 발견되었지만, 형은 중요한 부분들이 실종된 것이 분명했다. 가족에게 시신의 남은 부분들은 완전히 불에 타 회수될 수 없을 것이라고 설명했다. 조문객들이 모든 것을 잃은 부모의 냉철함과 위엄에 놀라움을 표하는 동안, 아이들은 하얀색 작은 관에 입관되어 매장되었다.

부부는 정기적으로 농가로 돌아가서 아들들을 잃었다는 사실을 받아들이려고 애쓰는 한편, 폐허가 된 그 집을 이용하여 무엇을 할 수 있을까 고민했다. 어쩌면 행복했던 시절의 기념관이 될 수도 있을 것 같았다. 화재가 발생하고 2주 후, 그들은 늘 그랬듯이 그곳에 꽃을 갖다 놓다가 정원의 잔디밭에서 작은 뼈 더미를 발견했다.

그들은 경찰에 연락했고, 조사를 나온 경찰관은 뼈를 보고 동물의 뼈일 가능성이 높다고 하면서 부부를 안심시켰다. 시골출신의 현지인이었던 그는 아마 고양이 뼈일 것이라고 생각했다. 그는 부부에게 걱정하지 말라고 말하고 뼈를 증거 가방에 담아 안치소로 가져갔다. 법의병리학자가 휴가를 갔기 때문에 경찰은 나에게 연락했다. 그 뼈들이 진짜 고양이 유골이라고 그 가족을 안심시켜야 하니 나에게 안치소에 가서 고양이 유골을 대충 봐달라고 요청했다.

이런 종류의 검사가 형식적이고 그냥 하는 통과의례일 것이라고 예상될 때, 정말 관심을 갖고 그 일을 하는 사람은 없고 안치소의 지원도 최소한에 그쳤다. 그러나 불행히도, 이것은 내가 문제를 일으킨 사건들 중 하나였다. 왜냐하면 내가 전혀 상상할 수 없는 말을 했기 때문이다. 이 작은 고양이 '뼈'들이 의심의 여지도 없이 사람, 그것도 4~6세 어린아이의 뼈라고 말이다.

그곳에는 척주 일부, 작은 갈비뼈 조각, 작은 손목뼈 일부를 포함하여 다양한 뼈가 있었다. 그중 일부에는 이빨 자국도 있었다. 경찰에게는 그것들이 무엇이든 될 수 있는 작은 상아색 쪼가리들에 불과했다. 그러한 상황에서 가장 쉬운 조처는 인류학자에게 이의를 제기하는 것이다. 특히 내 말이 그들에게는 듣기 좋지 않은 말이었기 때문이다.

그들은 내게 확신하느냐고 물었고 나는 틀림없다고 확인해주었다. 그럼에도 불구하고 그들은 어떻게 그렇게 자신하느냐고 여러 번 물었다. 나는 어린이 뼈의 식별에 대한 교과서를 썼다고 대답했다. 뿐만 아니라 이 뼈가 어느 부위의 뼈인지, 어느 쪽 뼈인지, 하나하나 이름까지 말해줄 수 있고 나이도 추정해줄 수 있다고 말했다.

안치소의 온도가 10도는 더 떨어진 것처럼 싸늘해졌다. 나의 달갑지 않은 의견이 옳은 것보다는 전문가인 내가 틀렸다는 것이 더 용인되는 것 같았다. 경찰은 내가 기록을 마치도록 두었고, 나는 내 보고서가 필요하냐고 물었다. 놀랍게도 그들은 아니라고 말했다. 그들은 차라리 법의병리학자가 휴가에서 돌아올 때까지 기다렸다.

나는 집으로 돌아갔다. 내가 절대적으로 사실이라고 알고 있는 것이 사람들의 의심을 사고 그것에 대해 내가 할 수 있는 일이 아무것도 없다는 것 때문에 마음이 아주 불편했다. 나는 그 아이와 그 가족, 그리고 화재에 대해 생각했다. 그 뼈들은 어떻게 정원으로 유출되었을까 하는 의문이 생겼다. 나는 해야 할 말을 하지 않았을 때의 결과에 대해 생각했고, 어쨌든 내 마음의 평화를 위해서라도 보고서를 쓰기로 했다. 나는 아무리 기억하자고 많이 생각해도 그 당시에 기록하지 않으면 세세한 내용은 금세 잊게 된다는 것을 경험에서 배웠다. 또 서면으로 기록해두지 않으면 그 일이 일어났다는 증거도 없게 된다는 것을 안다.

몇 주 후, 아주 우연히 그 가족의 변호사로부터 연락을 받았다. 병리학자가 휴가를 마치고 돌아와서 뼈를 보고 내가 옳다고 확인해주었다. 경찰은 유족에게 연락해서 정원에서 발견된 유골이 사실 큰아들의 시신 중 없어졌던 일부 부위와 일치한다고 알린 것 같았다. 그 부모는 또 다른 의견을 구하고 있었고, 나와 아는 사이였던 그들의 변호사는 내 도움을 받고 싶어 했다. 내가 이미 그 사건에 대한 보고서를 작성해놓았다고 말했을 때 그가 얼마나 놀랐을지 상상해보라.

내가 그 유골을 조사했다는 사실을 그는 몰랐다. 안치소에 내가 참석했다는 사실이 경찰 기록에서 지워진 것 같았기 때문이다. 보고서가 없었기 때문에 가능한 일이었다. 내가 보고서 제출을 요청받았다면, 내 조사 결과는 밝혀졌어야 했다. 나는 이번에는 가족을 대신하여 안치소로 돌아가서 조사한 유골이 가족에게 반환되고 있는 것임에 안심했다. 뼈는 모두 일치했으며, 어린아이의 것이었고, 일부는 동물에게 먹힌 흔적이 있었다. 있어야 할 것들은 모두 있었고, 나는 원래 작성했던 보고서에 두 번째 안치소 방문 내용을 추가로 기재하여 변호사에게 주었다.

그 일은 그렇게 끝났다. 그리고 얼마 후, 남쪽 지방에 있는 다른 경찰대에서 전화가 왔다. 외견상으로 원래 경찰력의 사건 처리 과정을 조사하고 무엇이 잘못되었고 어떤 교훈을 얻을 수 있었는지를 확인하려고 투입된 것 같았다. 선임수사관은 자신의 집이 우리 집에서 멀지 않고 집에서 이야기하는 것이 더 마음 편하고 격식을 덜 차려도 될 것 같다면서, 내 사무실보다는 우리 집에서 이야기하는 것이 어떻겠냐고 제안했다. 그는 동료와 함께 왔고, 우리는 주방에 함께 앉아 커피와 비스킷을 들면서 아직 갈 길이 먼 심문에 들어갔다. 선임수사관이 질문을 했고 후임 경찰관이 내 대답을 모두 녹음했다.

나는 보고서 작성을 요청받지 않은 이유에 대해서 대답할 수 없었다. 거기에 대해서는 현지 경찰에 물어야 할 것이다.

그나저나 나는 왜 보고서를 작성했을까? 그들이 내 전문적인 조언을 구했고 나는 요청받은 작업을 수행했기 때문이다. 보고서 작성비를 받든 받지 않든, 내가 알아낸 내용을 기록하는 것은 내 의무였다.

당시에 그 유골이 사람의 것임을 어떻게 알았는가? 적어도 뼈에 대한 DNA 검사가 이루어졌고 그 뼈가 그 어린 소년의 것임이 확인되었다. 따라서 어린이 유골 확인에 대한 내 능력을 의심하는 사람은 아무도 없었다. 그저 다른 사람들이 왜 내 의견을 수용하지 않는지에 대해서 이해해보려는 사람들은 일부 있었다.

어떻게 그 변호사는 나에게 조언을 구하러 왔을까? 그에 대한 답은 쉬웠다. 순전히 우연이었다. 그는 직업적으로나 개인적으로 나를 알고 있었지만, 나한테 연락했을 때는 내가 이미 관련되어 있다는 사실을 몰랐다.

그다음은 내가 기다리던 질문이었다. 어떻게 화재 발생 2주 후, 정원 한가운데서 그 아이의 유골이 발견된 것이라고 생각했는가? 물론 나는 대답할 수 없었다. 나는 현장에 가본 적도 없었고, 최초로 시신 회수할 때도 이후 뼈가 발견되었을 때도 현장에 없었다.

내가 할 수 있는 것은 추측밖에 없었기 때문에, 선임수사관에게 내 추측을 원하는지 물었다. 그는 그렇다고 했다. 나는 머릿속에서 퍼즐을 검토한 후 가설 하나를 생각해냈다. 그것은 완전히 빗나간 것일 수도 있고, 일부만 맞을 수도 있고, 사실일 수도 있다. 무엇이 맞는지 우리는 절대 모를 것이다. 그러나 적어도 어떤 일이 일어났는지 그럴듯하게 설명할 수는 있다.

집이 불타는 동안, 지붕이 소년들의 침실로 무너져 내렸다. 아이들은 그 잔해에 묻혔고, 목재 서까래가 아이들의 침대에 떨어졌다고 알려졌다. 그래서 큰아들의 몸과 불타는 서까래 아랫면이 맞닿았을 가능성이 있었다.

불타는 나뭇조각은 사람의 피부를 그을리고 피부에 달라붙을 것이고, 그렇게 함으로써 추가 손상으로부터 신체 부위를 어느 정도 보호할 수 있다. 나무가 불에 다 타버리지 않는다면, 나중에 나무를 들어 올릴 때도 인체 조직이 달라붙어 있을 수 있다.

소방대가 불길을 진압하고 시신을 찾기 위해 잔해를 치운 뒤, 그들은 붕괴된 서까래를 침실에서 힘들게 빼냈다. 아마도 그들은 그것을 뒤집어서 밑면을 검사하지 않은 것 같다. 그래서 거기에 달라붙어 있는 아이 신체의 작은 일부를 알아채지 못했을 것이다. 그러고는 서까래를 다른 잔해들과 함께 집 밖에 쌓아놓았다.

여기에서 부패하던 조직을 동물들이 발견했을 것이다. 특히 고양이와 여우는 후각이 뛰어나다. 동물들은 유해를 찾아내서 나중에 먹기 위해 다른 곳, 더 멀리 뼈가 발견된 정원으로 옮겼을 것이다. 내가 뼈에서 본 이빨 자국이 이 추측을 뒷받침한다.

선임수사관은 왜 그때 경찰에 이 추측을 가능성으로 제시하지 않았느냐고 캐물었다. 대답은 간단했다. 아무도 물어보지 않았기 때문이다. 경찰은 오래전 일도 잘 기억하고 있고, 내가 그 특정 경찰대와 일한 기간은 10년이 넘지 않았다. 이 화재는 30년 전에 일어났고, 그 이후로 시대도 경찰 절차도 많이 바뀌었다. 이것은 다행일 수밖에 없다. 이제는 무서운 가정 화재에서 법의인류학의 역할이 널리 인식되고 있지만, 여전히 우리 기술을 인정받기 위해 고군분투해야 할 때가 있다.

• • •

불에 타서 산산이 조각난 성인의 시신을 회수할 때 우리가 찾는 것은 총 27개의 손뼈 또는 그 나머지 부분이다. 27개의 마법 공식은 8:5:14로, 손목뼈 8개, 손허리뼈 5개, 손가락뼈 14개다. 그러나 모든 손이 똑같이 전체 27개의 뼈를 갖고 있는 것은 아니며, 우리는 엄지와 4개의 손가락이 모두 올바른 위치에 올바른 비율로 있으리라 기대하지만 항상 그런 것은 아니다. 선천적으로 또는 우발적인 변형에 의해 손의 구조 변이가 있을 수 있다.

이미 논의한 바와 같이, 손의 미래 모습 대부분은 태아 성장의 4~6주에 정해진다. 이 시점에서 정상적인 발달을 방해하는 것은 무엇이든 손의 최종 모습에서 나타날 수 있지만, 유전적 특질 역시 인간의 변이에서 중요한 역할을 할 것이다. 아마도 손에서 보이는 가장 흔한 선천적 상태는 손가락 개수일 것이다.

손가락 배열 또는 발가락 배열을 영어로는 'dactyly'라고 한다.[*] 너무 많으면 가락과다증(다지증)이라고 하며, 이는 가장 흔하게 새끼 손가락의 안쪽에 또 다른 흔적 손가락이 있는 것으로 나타난다. 이 증상은 비교적 간단한 수술로 잘라내어 치료할 수 있다. 일반적으로 흔적 손가락은 단순히 연조직으로 이루어져 있지만 간혹 완전한 뼈가 형성된 경우도 있다. 가락과다증은 중요하지 않은 유전적 돌연변이의 결과이므로 가족의 세대를 통해 유전될 수 있다. 드문 일이 아니며 출생아 1,000명 중 1명의 비율로 발생한다.

2016년 중국에서 가락과다증을 가진 한 여성(양손에 손가락이 6개씩)이 더 심한 증상을 보인 아들을 낳았다. 아기는 두 손에 손바닥이 두 개씩이고, 오른손에 7개, 왼손에 8개의 손가락이 있었다. 손가락은 총 15개인데, 엄지는 없었다. 또 발에는 각 8개의 발가락을 갖고 있었다. 놀랍게도 모두 31개의 손, 발가락 중 11개가 추가된 것이다. 그러나 이것도 세계 기록은 아니다. 지금까지 세계 최고 기록은 2010년에 인도에서 태어난 남아의 34개인데, 양발에 발가락이 10개씩, 양손에 손가락이 7개씩 있었다. 나중에 이 소년이 일부 제거 수술을 받은 후, 살아 있는 가락과다증 환자의 공식 세계 기록 역시 인도인이다. 데벤드라 수타르라는 이 남성은 각 손과 발에 7개씩, 모두 28개의 손, 발가락을 갖고 있었다. 목수 직업을 갖고 있는 이 남성은 나무를 자를 때 손가락이 잘리지 않도록 특별히 주의해야 한다고 말했다.

결핍지증은 그 반대 증상으로, 일반적인 예상보다 손가락 개수가 적다. 이 증상은 대개 다양한 임상증후군과 연관이 있다. 가락결손증 또는 갈림손/갈림발 형성은 중앙의 손가락들이 하나 이상 없는 상태다. 이 경우 손가락 또는 발가락 개수가 짝수(4개 또는 2개)가 되어 집게발처럼 보인다. 보이는 손가락이 두 개만 있는 사람들에게는 손가락이 융합된 가락붙음증(합지증)이 발생할 가능성이 있다.

드물게 나타나는 큰가락증(대지증)은 손가락이나 발가락이 비정상적으로 커지는 증상이다. 이 증상은 한 손에만 나타나는 경향이 있으며 집게손가락이 커지는 것이 가장 일반적이다. 원인은 잘 알려져 있지 않다. 이와 반대로, 짧은가락증(단지증)은 손가락이 아주 작게 생기는데, 주로 짧은 뼈가 원인이다. 유전증인 짧은가락증은 일반적으로 태어날 때부터 나타나지만 일부 손가락이 자라기 시작하는데, 나머지 손가락이 그것을 따라가지 못할 때에야 눈에 띄게 된다.

이러한 조건에서 가장 특이한 변형은 손가락이 중복되는 경우다duplication polydactyly. 토마스 해리스는 소설 《양들의 침묵》에서 주인공 한니발 렉터의 왼손 중지를 중복 손가락으로 만들었다. 그러나 영화에서는 이 특징이 나오지 않았다. 다른 희귀한 변형으로 손가락의 자리가 바뀌는 경우transposed finger가 있다. 어느 날 저녁, 나는 술집에서 손 식별에 대한 내 연구에 대하여 강의를 하고 있었다 (펍이나 카페에서 과학자와의 만남을 갖는 행사Pint of Science 같았다). 행사후에 한 젊은 여성이 자기는 태어날 때부터 중지와 약지의 자리가 바뀌었는데 자신의 손 사진을 찍겠냐고 나에게 물었다. 그리고 최근에는 또 다른 여성이 자기 손의 사진을 찍게 해주었는데, 그녀의 새끼손가락에는 관절과 일치하지 않는 가로 주름이 더 있었다. 그녀는 그것을 이상하게 생각했고, 그런 일은 인구의 1퍼센트도 안 되는 비율로 발생하기 때문에 나는 아주 흥미롭다고 생각했다. 나는 손을 사랑한다. 손은 정말 별난 변형이 많다.

물론 사람이 살아가는 동안 또 다른 손 변형이 생길 수도 있다. 사고나 종교의식, 외과 수술, 세계의 일부 지역에서 이루어지는 범죄에 대한 처벌 등으로 인한 절단은 흔히 있는 기형이다. 자가 절단(또는 자절)은 거의 볼 수 없으며, 일반적으로 덫에 걸려서 빠져나오기 위해 그리고 목숨을 구하기 위해 스스로 자른 결과다. 또 신체통합정체성장애body identity disorder 환자에게서도 보고되는데, 이들은 자기 몸의 일부를 자기 몸으로 인식하지 못하고 공격 대상으로 받아들여 없애야 한다고 느낀다.

또 절단은 자궁 내에서 양막대amniotic constricting bands 때문에 발생할 수도 있다. 이 역시 아주 드물게 발생하지만, 처음 부모가 되는 사람들에게는 상당한 충격이다.

따라서 법의인류학자는 이런 증상이나 결과 중 하나가 발현될 가능성을 경계해야 한다. 절단의 경우 우리는 그 사람이 죽기 전에 절단되었음을 암시하는 치유의 흔적이 있는지 보기 위하여 항상 뼈의 끝을 확인한다. 절단된 끝은 사망 중에 또는 사망 후에 절단이 이루어졌음을 가리키며, 우리는 일반적으로 절단에 사용된 도구의 흔적을 찾아낼 수 있다.

육체노동자의 건강과 안전에 주의를 기울이지 않던 시대에는, 손가락 유실이 직업상의 위험이었다. 최근에 스코틀랜드 퍼스에 있는 HM 일반 교도소에서 석방을 앞둔 죄수들을 찍은 사진 약 900장이 전시되었는데, 그 죄수 중 삼분의 일이 여성이었다. 이 사진들은 기본적으로 19세기 머그샷(스코틀랜드 전역을 돌아다니는 범죄자들을 추적하는 법 집행관에게 도움을 주기 위해 촬영된 사진)이었다. 대개 신중하게 배치한 거울에 비친 옆모습이 함께 찍힌 얼굴 정면 사진이었다. 그러나 정말 흥미로웠던 것은 그들 중 다수가 손도 같이 찍었다는 점이다. 외관상 이 사진은 그들이 석방될 때는 아직 손가락을 모두 갖고 있다는 것을 기록하기 위한 것이었다(또는 일부 경우에는 그렇지 않음). 산업 재해로 인한 절단이 너무 흔해서 손가락 유실은 얼굴 못지않은 신원 확인 특징이 되었기 때문이다.

요즘 영국에서는 손가락이 없거나 때로는 손 전체가 없음을 인정하는 '절단 문신'이 유행이다. 예를 들어, 손가락 관절들에 'Good uck'을 문신할 때, 'L'의 자리에 손가락이 절단되어 없기 때문에 'L'을 빼고 문신하는 것이다. 또 내가 본 것 중에 한 남자가 오른손의 손가락 관절들에 'Love'를 문신하고, 손가락이 모두 절단된 왼손의 손등에는 'No room for hate'*을 새겨 넣었다.

●   미워할 틈이 없다는 뜻.

우리 모두는 특히 핼러윈이 다가오면 가짜 절단 손가락과 관련된 농담을 많이 주고받는다. 내가 어렸을 때, 매년 10월이 되면 급식으로 나온 누군가의 라이스 푸딩에서 가짜 손가락 하나가 불쑥 나타나곤 했다.

그런데 요즘에는 고무 손가락으로는 충분하지 않은 것 같다. 지금은 고고학 발굴 현장에서 나왔다고 하는 뼈로 만든 기괴한 고트족풍의 장신구가 인터넷에서 사고팔린다. 어떤 사람들은 진짜 사람의 손가락뼈로 만든 목걸이에 15달러를 쓰는 것이다. 그들이 인터넷에 단 댓글을 보면, 이런 사람들에 대해 거의 다 알 수 있다.

'뼈는 깨끗했다. 골다공증이나 관절염을 앓은 흔적이 보였다. 친구에게 좋은 선물이 될 것이다.'

또는 Q&A 코너를 보자.

'Q: 3개의 뼈가 한 손가락에서 나온 건가요?'

'A: 3개의 뼈는 다른 사람들의 것입니다. 하지만 한 사람의 것이었던 것들을 고르도록 최선을 다하겠습니다.'

죽은 사람의 유골 조각을 구입해 장신구로 팔아도 정말 괜찮은 걸까?

자신의 손가락을 끓이는 남자

어느 날 사무실에서 일하고 있었는데, 비서인 비브가 경찰에서

온 또 다른 전화를 연결해주었다. '봐주셨으면 하는 특이한 것이 있습니다. 갖고 가도 될까요?'

이번에는 분명 바다표범의 물갈퀴가 아닐 것이다. 경찰관 두 명이 작은 증거 가방을 들고 사무실에 도착했다. 여기는 스코틀랜드이기 때문에 경찰은 항상 두 명씩 다니고 업무에 들어가기 전에 차를 마신다.

가방 안에는 은색 열쇠고리가 있었는데, 한 남자가 자신의 개를 산책시키는 숲속 작은 길가의 덤불에서 발견한 것이라고 했다(그는 항상 개를 산책시키는 사람이다). 열쇠고리에 열쇠는 없었다. 특별히 이상할 것은 없었는데, 키링에 달랑거리는 것이 눈에 띄었다. 그것은 완벽하게 연결된 사람 손가락뼈 세 개였다. 뼈들은 관절 공간을 연결한 은색 철사에 매달려 있었다. 나는 경찰을 바라보았고 그들도 나를 보았다. 그들은 그것이 참신한 모조품이라고 말해달라는 듯 애원하는 눈으로 나를 쳐다보았지만 나는 그들의 하루를 망치려 하고 있었다.

이 뼈들은 청년 남성의 왼쪽 집게손가락의 첫마디뼈, 중간마디뼈, 끝마디뼈였다. 세척된(아마 끓이고 표백했을 것이다) 뼈에서는 부패의 냄새가 나지 않으므로, 손의 다른 부분들과 분리된 지 꽤 오래된 것 같았다. 첫마디뼈의 몸쪽 끝에 있는 절단 자국은 이 손가락을 자른 도구가 톱임을 알려주었다. 그 톱은 절단 자국의 간격과 규칙성을 볼 때, 아마 손으로 켜는 톱이 아니라 전기톱인 것 같았다.

이제 경찰은 수사를 해야 했다. 그들은 그 물건이 발견된 지역

일대에서 집집마다 다니며 질문을 하기 시작했다. 우리가 찾는 대상이 왼쪽 집게손가락을 상실한 젊은 남성임을 알고 있었기 때문에, 그가 현지에 거주한다면 찾기가 어렵지 않았을 것이다. 아니나 다를까 경찰은 당연히 집게손가락을 잃은 젊은 남성(아직 살아 있을 가능성이 높음)을 찾고 있다는 것을 알고 있었기 때문에 그가 현지에서 살았다면 찾기가 어렵지 않았을 것이다. 물론 경찰은 곧 그를 찾아냈다.

그 열쇠고리는 사지절단 수술을 받은 데이비드의 것이었다. 그는 어릴 때부터 아버지의 사업체에서 목수로 일해 왔다. 어느 날 급하게 나무를 잘라야 했던 그는 필요한 안전 덮개와 보호 장구를 무시하고 급하게 원형 톱을 사용하다가 사고를 당해 손가락이 잘렸다. 그는 서둘러 손가락을 갖고 병원으로 이송되었다. 하지만 그 손가락을 다시 붙일 수는 없었다. 그는 자기가 손가락을 가져도 되냐고 물어봤고 허락을 받았다.

절단된 신체 부위에 일어난 일에 적용되는 규칙이 있고, 대부분은 당연히 의료 폐기물로 소각된다. 그러나 환자가 담석과 치아 같은 것을 본인이 보관하게 해달라고 요청하면 재량권이 있을 수 있다. 병원마다 자체 방침이 있지만, 공중 보건에 위험이 되지 않는 한 자기 신체 조직을 보유하는 것을 금지하는 법은 없다. 따라서 사지절단 수술을 받은 사람은 다양한 신체 부위를 돌려달라고 요청할 수 있다. 조직에 대한 것을 허가해주는 영국의 정부기관인 인간조직관리기관Human Tissue Authority은 이것이 허용될 경우 추적성 보장을 위해 병원 기록을 보관해야 한다는 의견을 갖고 있다.

절단 수술을 받은 일부 환자는 종교적 또는 개인적 이유로 사후에 자기의 전신이 재결합되기를 원하기 때문에, 자기 몸에서 잘라낸 신체 부위를 보관했다가 자신이 사망했을 때 함께 매장되거나 화장되기를 원한다. 역사적으로 사지 없이 살았던 사람들이 자기 사지를 무덤에 매장했던 일도 종종 있었다. 그중 하나가 워털루 전투에서 대포를 맞고 부러진 억스브리지 경Lord Uxbridge의 다리였다. 그는 '한 발은 무덤 안에one foot in the grave'●라는 표현을 만들었다고 추정되는 사람이다. 최근에 영국 북부에 있는 한 이슬람 병원의 목사가 절단된 사지를 위한 공공 매장지를 별도로 마련함으로써 이 관습이 되살아났다.

절단 수술을 받은 사람이 평생 그 부위를 갖고 하면 안 되는 일은 아이러니하게도 화장이다. 2008년 화장법Cremations Acts 2008에서 살아 있는 사람의 인체 조직은 화장을 허용하지 않기 때문이다. 그러나 사람들이 모닥불을 피워놓고 태우는 것까지 못 하게 할 방법은 없다.

어떤 사람들은 절단한 자기 사지의 과학 연구 목적을 위한 사용을 거절한 후 이상한 선택을 한다. 한 미국 여성은 발 하나를 절단했는데, 돈을 주고 그 발을 해골화했고 그 발의 인스타그램 계정도 만들었다. 무슨 말을 해야 할지 모르겠다.

● '죽음의 문턱에서'라는 뜻으로 쓰인다.

환자가 자기 몸에서 잘라낸 신체 부위를 간직하고 싶어 하는 것을 납득하기 어려울 수도 있지만 우리에게는 뭐라 말할 권리가 없다. 그리고 그들은 자신의 트라우마를 치료하는 데 가장 도움이 되는 일은 무엇이든 할 권리가 있어야 한다고 주장할 수 있다.

우리 모두는 붙어 있든 떨어져 있든 자신의 몸에 대하여 권리를 가져야 하는가? 그것은 논의의 여지가 있지만, 사람 뼈로 만든 장신구의 불쾌한 거래에서 알 수 있듯이, 작은 조각이라도 다른 사람의 신체를 존중하지 않는 것에 대해서는 한계를 분명히 해야 한다고 생각한다.

그럼에도 불구하고 데이비드가 자신의 절단된 손가락으로 한 일은 어떤 기준으로 보아도 도무지 이해할 수 없었다. 그는 손가락을 집으로 가져와 연조직이 모두 떨어져 나갈 때까지 팬에 넣고 끓였다. 어머니가 뼈로 수프를 만들 때 오래 끓이는 것을 보았기 때문에 아마 그렇게 하면 될 것이라고 생각했다고 말했다. 연조직과 손톱은 버리고 손가락뼈만 표백제가 담긴 용기에 넣고 뼈가 하얘질 때까지 기다렸다. 그런데 뼈에서 아직도 기름이 조금 나오는 것을 보고는 다시 끓이기로 했다. 이번에는 생물학적 세제를 넣었는데, 어머니가 식탁보에서 기름얼룩을 빼고 싶을 때 하던 방식이었다. 맹세하는데, 지금까지 한 말은 모두 사실이다. 그런 다음 자기 침실 창턱 위에 종이타월을 깔고 그 위에 뼈를 올려놓아 햇볕에 말렸다. 이제 냄새도 안 나고 기름도 안 나오자 뼈를 작은 유리병에 넣고 책장에 보관했다.

그는 그 뼈들이 '멋있다'고 생각했기 때문에 간직하고 싶었지만, 한동안은 그걸로 어떻게 해야 할지 정말 생각이 나지 않았다. 가끔, 특히 핼러윈에 동네 술집에 가져가서 친구들에게 자랑하곤 했다. 종종 언젠가 그걸로 장신구를 만들지도 모른다고 말했는데, 드디어 이것이 자기가 원하는 바라고 결정했다.

그는 각 손가락뼈에 세로로 꿰뚫는 구멍을 뚫고 은색 철사를 꿰어서 서로 연결한 뒤, 끝마디뼈의 끝에서 매듭을 짓고, 첫마디뼈의 잘린 끝에 은색 캡을 씌워서 열쇠고리에 장착했다. 그리고 그것으로도 모자란단 듯이, 새로 사귄 여자친구에게 영원한 사랑의 표시로 발렌타인데이에 선물하기로 했다.

그의 여자 친구는 장미나 초콜릿, 아마 다이아몬드 반지까지도 바랐을지 모른다. 어쨌든 그녀는 너무 불쾌해하며 열쇠고리를 덤불로 던져버렸다. 데이비드는 몇 시간을 뒤지며 찾았지만 찾을 수 없어서 많이 당황했다. 둘의 관계는 끝났다고만 말하겠다. 그가 법을 위반한 것은 아니었고, 유일한 죄라면 선물에 대한 끔찍한 취향일 것이다. 이 이야기가 온갖 이야기가 다 들어가서 나만 재미있지 여러분에게는 지루하게 들릴지도 모르지만, 손가락 9개의 대담한 로미오를 추적한 경찰관들로부터 직접 들은 이야기다.

손가락뼈가 성인, 젊은 남성의 것이라는 사실을 어떻게 알았는가? 다시 말하지만 그것은 뼈의 발달에 의해 알 수 있다. 태아의 손 형성 과정에 대해서는 이미 살펴보았다. 출생 시 태아의 손에는 식별 가능한 뼈가 19개 있고, 2개월에는 손목에 뼈가 나타나기 시작한다. 마지막으로 콩알뼈pisiform가 여아는 8세, 남아는 10세경에 형성된다. 그 후 7년 동안 손은 계속 성장하다가 각 뼈의 끝에 있는 성장판growth cap이 결국 융합되고 손은 더 이상 커지지 않는다.

불행한 목수 데이비드는 열여섯 살에 손가락을 잃었다. 우리는 열쇠고리에 달린 뼈의 X-레이 사진에서 중간마디뼈와 끝마디뼈의 바닥이 각각 뼈몸통에 융합된 것을 볼 수 있었다. 하지만 융합 부위에서 '유령' 성장선이 아직 보였으므로 융합이 완전히 완료되지는 않은 것 같았다. 그래서 융합이 비교적 최근에 이루어졌다는 것을 알았다. 손뼈는 혈중 스테로이드 수치에 영향을 받는데, 사춘기에는 그 수준이 내내 변동하고 따라서 손뼈도 그에 따라 반응한다. 테스토스테론은 뼈를 더 튼튼하고 크게 만드는데, 소년의 성장은 소녀보다 2년 더 늦게 끝나기 때문에 이 호르몬의 영향으로 남성의 손은 표준 여성의 손보다 더 크게 된다. 이 점을 보고 우리는 그 뼈가 남성의 것이라는 의견을 제시할 수 있었다.

그러나 데이비드 손가락의 X-레이 사진으로 알 수 있는 것은 손가락이 절단되었을 당시의 그의 나이뿐, 그 일이 일어난 지 얼마나 되었는지는 알 수 없었다. 유리병에 있다가 나중에 열쇠고리에 달리게 된 그 손가락은 영원히 16세였지만, 이제 경찰에 체포된 그는 당시보다 8살을 더 먹었다(그러나 더 현명해진 것 같지는 않았다).

손에는 뼈가 아주 많이 있고 모두 각자의 속도대로 성장하고 성숙하기 때문에, 손의 방사선 사진은 종종 젊은 사람의 현재 나이를 판단하는 수단으로 이용된다.

입증 서류가 없는 어린 난민 또는 망명자가 비동반 소아로 영국에 입국할 때는 그들의 추정 연령을 판단해야 한다. 그들 중 다수가 정확한 자기 나이를 모르는데, 그들의 모국이 그런 기록을 보관하지 않기 때문이다. 아니면 그 나라에서 탈출할 때 서류를 챙기지 못했거나 도중에 분실했을 수도 있으므로, 그들이 주장하는 나이를 입증해주는 확실한 증거가 없다.

사회복지사는 일반적으로 이들에게 다양한 질문을 해서 답을 듣고, 이들의 외모나 일반적인 성숙도를 보고 가장 가능성 있는 나이를 추정한다. 18세 미만으로 인정받을 경우, 가장 적절한 연도의 1월 1일이 새로운 출생일이 된다. 가능한 한 누군가를 아동으로 분류할지 아니면 성인으로 분류할지 여부를 결정하는 것은 아동 보호의 목적을 위해 중요하다. 영국은 유엔아동권리협약의 가입국이기 때문에, 협약에 따라 18세 미만으로 정의되는 아동으로 여겨지는 사람에 대해서는 성인이 될 때까지 무엇보다도 주거, 교육, 식량, 보호와 돌봄을 제공해야 한다. 그리고 아동은 성년에 달할 때까지 지역 당국의 책임 하에 있게 된다.

다른 모든 시스템과 마찬가지로, 이 제도 역시 부도덕한 사람들이 조작할 수 있다. 이 경우 부정행위는 성인이 실제 나이보다 어려보이는 외모를 이용하여 아동이 받는 권리 혜택을 받으려는 것과 고의로 입증 서류 없이 영국으로 가는 것이다. 이들이 성인 연령 미만의 출생일을 받을 경우, 세간의 이목을 피하고 법을 위반하지만 않는다면, 진실은 절대 밝혀지지 않을 수도 있다.

우리 사법 시스템에는 다양한 연령 기준과 관련하여 영국 고유의 기준이 있다. 예를 들어, 10세 미만의 아동은 형사책임 연령 미만으로 간주되며, 범죄를 저지른 청소년(10~17세 사이의 아동)에 대하여 경찰과 법원은 성인과 다른 절차로 처리한다. 법에 따르면 18세 이상은 누구나 성인으로 간주되지만, 교도소에 수감되는 최저 나이는 21세다. 따라서 21세 미만으로 구금형을 선고받으면, 소년원에서 복역하게 된다.

형사사법체제에 의한 분류 방식과 관계가 있는 범죄자의 나이에 대해 의심이 될 경우, 당연히 법원은 사회복지사가 단순하게 판단한 나이보다 더 명확한 증거를 요구한다. 따라서 어린 난민이나 망명자가 법의인류학이 관여하는 법을 위반했을 때도 마찬가지다.

지문은 언제부터 범죄 수사에 사용되었을까?

아프가니스탄 출신의 난민인 마지드는 영국에 비동반 소아로 도착하여 사회복지사로부터 16세로 인정받았다. 그는 성인이 될 때까지 2년 동안 지역 당국 산하의 보육원에서 지내게 되었다. 이곳에서 그는 어린 소녀들을 길들이기 시작했다. 2년 후 보육원을 떠난 그는 여자친구의 가장 친한 친구를 성폭행하고 살해한 혐의로 체포되어 법정에 서게 되었다.

마지드의 기록에 따르면 그는 이제 20세다. 그러나 그의 여자

친구는 수사관에게 그가 사실 24살이며 당국을 속인 일을 자랑했다고 진술했다. 이 말은 그가 24세라면 보육원에 들어갈 때 20세였고, 보호를 받아야 하는 취약한 아이들이 아동으로 가장한 난폭한 어른에게 노출되었다는 의미였다.

당연히 법원은 이 남자의 진짜 나이 또는 가능한 한 가까운 나이를 알아야 했기 때문에, 우리에게 그를 조사해달라고 요청했다. 이 사건은 루시나가 담당했다. 먼저 그의 손의 방사선 사진을 찍었는데, 뼈가 모두 융합되었음을 분명히 볼 수 있었다. 이는 이 시점에서 그의 나이가 확실히 17세보다 많다는 증거다. 빗장뼈의 CT 영상으로는 그가 25세에 가깝다고 나타났다.

그 결과 마지드는 정식으로 유죄 판결을 받았을 때 소년원이 아닌 교도소에서 복역하게 되었다. 그는 범죄를 저질렀을 때는 말할 것도 없고, 영국에 처음 입국했을 때부터 소아가 아니었다. 성인이 입국한 것이었다. 따라서 그는 출소하게 되면 추방될 것이다.

이 사건은 비록 극단적이기는 하지만 살아 있는 사람의 연령 판단을 과학적으로 하는 것이 중요한 이유를 잘 보여주는 사례다. 이 일은 너무 중요해서 평가 대상자의 권리뿐만 아니라 다른 사람들의 권리 보호를 위해서도 추측에 맡길 수 없다. 우리는 이 일을 하는 데 필요한 전문 지식을 갖추고 있다. 대부분 손의 뼈에서 알아낼 수 있는 정보 덕분이다. 나는 살아 있는 사람의 연령 판단에 사용되는 절차를 전체적으로 철저하게 조사해야 한다고 굳게 믿고 있다. 손에 대한 의료 영상은 연령을 알려주는 믿을 수 있는 지표이며 어쩌면 더욱 일상적으로 사용되어야 한다. X-레이 방사선 사진이 인체에 해로울 수 있다는 우려는 쉽게 해소될 수 있다. 대신에 이온화 방사선이 수반되지 않는 MRI 영상을 사용하면 된다. 마지드가 영국에 처음에 도착했을 때 당국이 그의 손을 촬영했다면 그가 거짓말을 하고 있다는 것이 분명히 밝혀졌을 것이다.

물론 신원 확인에 있어서 손의 가치는 엄청나다. 손에는 표재 정맥의 수지상 패턴과 손가락 관절 위의 주름진 피부의 패턴부터 흉터의 위치와 방향, 크기, 모양, 주근깨나 점, 검버섯의 개수와 분포까지 아주 많은 정보가 있다. 그리고 수세기 동안 신원 확인 수단으로 인정된 생체정보가 있는 위치는 손, 정확히는 손이 남기는 지문이다. 지문은 고대 점토판에서도 발견되었는데, 점토판을 만든 사람의 서명을 나타냈다. 그리고 중국 상인들이 계약 체결을 확인하는 데도 사용되었다.

지문의 패턴은 1686년경에 이탈리아의 해부학자 마르셀로 말피기Marcello Malpighi가 처음으로 기술했다. 그리고 약 100년 후, 독일의 해부학자 요한 크리스토프 안드레아스 마이어Johann Christoph Andreas Mayer는 사람마다 지문이 다르다는 사실을 관찰했다. 19세기에 스코틀랜드의 의사이자 선교사인 헨리 폴즈Henry Faulds는 지문을 범죄 수사에 사용할 수 있다는 논문을 발표했다. 이어서 지문을 연구한 사람은 탐험가이자 인류학자인 프랜시스 갈튼Francis Galton이었다. 그는 1892년에 지문 식별에 관한 중요한 교재를 출판했다. 그리고 그 후의 이야기는 이른바 우리가 아는 그대로다.

우리 모두는 생물 시간에 배워서 손금과 지문이 다 다르고 심지어 일란성쌍둥이도 같지 않아 각각이 하나밖에 없는 고유한 것이라는 사실을 알고 있다. 그러나 이 사실을 증명할 수는 없기 때문에, 우리는 증거 목적을 위해 두 개의 지문이 한 사람에게서 또는 다른 두 사람에게서 나왔을 수 있다는 진술을 할 때는 절대적인 확신보다는 통계 확률을 사용해야 한다. 전 세계가 지문 식별은 절대적으로 옳다고 가정하는 지경이 되었다. 그런데 1997년에 스코틀랜드의 경찰관인 DC 셜리 맥키가 살인사건이 일어난 집에 있었다는 혐의로 기소되는 사건이 벌어졌다.

모든 경찰과 과학전문가들은 배제 목적을 위해 자신의 지문과 DNA를 등록했기 때문에 맥키의 데이터도 파일에 있었다. 그 집의 침실 문틀에서 발견된 엄지 지문을 시스템에 넣어 돌렸을 때 맥키의 지문과 일치한다는 결과가 나왔다. 그녀는 그곳에 있었다는 사실을 부인했지만 정직 처분을 당한 후 해임되었다. 그리고 이어서 체포되어 재판을 받았다. 재판 결과, 그녀는 범죄 현장에 없었으므로 모든 혐의에 대해 무죄 판결을 받았다.

스코틀랜드 범죄 기록청과 경찰의 불법 행위가 있었다는 주장이 제기된 가운데, 2008년 스코틀랜드 정부는 '지문 조회Fingerprint Inquiry'라는 조직을 설립했다. 이 소식은 법의학 식별학계forensic identification를 뒤흔들어 지문 자체는 유일한 것이지만, 그것들을 비교하는 데 이용되는 방법론은 때때로 충분히 탄탄하지 않을 수도 있다는 인식을 하게 했다. '지문 조회' 보고서는 지문 비교가 본질적으로 신뢰할 수 없는 것이라고 볼 이유는 없지만 실무자와 사실조사원은 그 한계를 충분히 고려해야 한다고 경고했다.

이 결과는 모든 식별 기술은 틀릴 수 있다는 사실을 심각하게 상기시켰다. 식별은 확실성의 문제가 아니라 확률의 문제다. 그런 이유로 모든 과학자는 통계를 뒷받침하는 원칙을 이해할 수 있어야 한다.

람두안의 결혼반지

손은 공격을 피하기 위해 가장 먼저 사용하는 신체 부위인 경우가 많기 때문에, 어떤 사람의 사망 경위를 확인하려고 할 때 우리가 자세히 살펴보는 부위이기도 하다. 방어흔이 있다는 것은 공격자와 피해자 사이에 무슨 일이 있었다는 의심을 불러일으킨다. 몇 년 동안 신원을 확인하지 못했던 한 여성의 경우가 그랬다.

힐 워킹*을 하던 사람들이 요크셔 골짜기의 외진 곳에 있는 개울에서 반쯤 벗은 채 엎드린 여성의 시신을 발견했다. 청바지와 양말을 신고 있었고 브래지어는 풀려서 한쪽 팔에 걸려 있었다. 약간 떨어진 곳에서 티셔츠를 발견했지만, 신발이나 핸드백, 그 외 소지품의 흔적은 없었다. 사망한 지 1~2주 정도밖에 안 되었고 차갑게

● 완만한 구릉이나 산과 들을 가볍게 걸으며 즐기는 것.

흐르는 물 때문에 부패는 느리게 진행되었다.

부검을 했지만 명백한 사인은 밝혀지지 않았고, 경찰은 부패가 더 심해지거나 벌레가 꼬이지 않도록 시신을 동결시키고 수사를 계속했다. 몇 주 후 그들은 법의인류학계에 도움을 구했다. 두 번째 부검이 요청되었고 우리는 남쪽 지방으로 가서 시신에서 더 정보를 찾아낼 수 있을지 살펴보았다. 간과되었거나 잘못 기록된 내용이 드러날지도 모른다. 더 드러나는 것이 없다 해도, 최소한 첫 부검의 내용을 경찰에 확인할 수 있을 것이다.

그 여성은 25~35세이고 키는 150센티미터 정도였다. 얼굴 모양, 머리카락의 색과 유형, 치아를 봤을 때, 동남아시아계(아마 한국이나 대만, 베트남, 캄보디아, 말레이시아, 태국, 필리핀, 인도네시아 등)일 가능성이 있었다. 청바지 사이즈는 12, 티셔츠 사이즈는 10이었다. 신발 사이즈는 아마 205~215밀리미터 정도였을 것이다. 그녀는 양쪽 귓불에 피어싱을 했고, 왼손에는 동남아시아산일 가능성이 있는 금으로 된 결혼반지를 끼고 있었다.

우리는 두 군데의 부상만 발견했고, 둘 다 오른손에 있었다. 첫 번째 손상은 다섯 번째 손허리뼈의 나선형 골절이었다. 손허리뼈는 골절이 자주 일어나는 뼈 중 하나로 응급실 방문 환자의 5~10퍼센트를 차지하며 그 대부분은 젊은 남성이다. 골절 원인은 일반적으로 낙상, 교통사고, 둔기 외상, 폭행(때린 사람과 맞은 사람 모두)이다. 손허리뼈 머리와 목의 골절은 흔히 주먹으로 쳤을 때 발생하는 반면, 기저부의 골절은 그보다 드물고 일반적으로 강한 충격을 받아 발생한다. 골절의 원인이 손을 때린 것 때문인지 아니면 손이 무언가를 때려서인지 구분하지 못할 수 있다.

두 번째 외상은 여성의 오른쪽 중지의 몸쪽손가락뼈사이관절 proximal interphalangeal joint, PIP의 탈구였는데, 이 손상은 그녀의 새끼 손가락을 다치게 한 것과 동일한 사건에서 입었을 수 있다. 이 역시 낙상을 원인으로 설명할 수 있지만 쉽게 방어 부상일 수 있다.

이 여성에 대한 설명과 일치하는 사람이 실종자 명단에는 없었으며 범죄 기록이 있는 전과자 중에도 그녀의 DNA와 지문이 일치하는 사람은 없었다. 식생활에 대한 정보를 주는 뼈에 대한 동위원소 분석 결과, 그녀는 발견된 곳과 가까운 지역에서 상당히 오랫동안 거주했을 가능성이 있음을 확인했다. 법의학 예술가가 그녀의 얼굴을 그려서 지역 신문에 게재했지만, 그녀를 안다고 앞에 나서는 사람은 여전히 없었다.

결국 그녀는 무연고자로 시골의 작은 묘지에 묻혔다. 장례비용은 지역 사회에서 모금을 하여 충당했다. 그들은 그녀가 나중에 자신의 이름을 찾고 사랑하는 사람들이 나타나는 날이 올 때까지 그녀를 자신들의 일원으로 돌보아주었다. 그동안 묘비에는 '언덕의 여인'으로 새겨져 있었다.

시신의 신원이 밝혀지지 않은 경우, 경찰은 사망자의 마지막 행적을 추적할 수 있는 수단이 없기 때문에 사망 수사가 극도로 어렵다. 은행 계좌나 휴대 전화 기록 또는 컴퓨터를 확인할 수도, 물어볼 친척이나 친구, 동료를 찾을 수도 없다. 그러나 그렇게 단서가 없는데도, 이런 사건은 잊히지 않는다. 미해결 사건은 정기적으로 재검토된다. 과학적 분석에 크게 의존하면 해결할 가능성이 있기 때문에, 토론은 처음 사건 당시 수사에서는 사용할 수 없었지만 이제 새로운 수사 방법을 열 수도 있는 최근의 과학 또는 기술 발달을 중심으로 이루어지는 경우가 많다.

이 젊은 여성이 발견되었던 2000년 초에는 소셜 미디어가 소개된 지 얼마 되지 않은 초창기였다. 전 세계적으로 이런 네트워크가 확장됨에 따라, 수사관들은 새로운 단서를 얻을 수 있는지 알아보기 위해 동남아시아의 소셜 미디어에 그녀에 대한 설명과 법의학 예술가가 그린 얼굴 그림을 풀어볼 가치가 있다고 생각했다. 그리고 정말 믿을 수 없지만, 효과가 있었다. 그녀가 사망한 지 15년 후, 영국 경찰은 '언덕의 여인'의 친척으로 여겨지는 태국의 누군가로부터 연락을 받았다.

이와 같은 새로운 단서가 나타나면 미해결 사건에 대한 수사가 재개된다. 이제 경찰은 수사 대상자의 이름을 알게 되자, 새로운 수사팀을 배정해 태국으로 보냈다. 수사팀은 태국에서 친척일 가능성이 있는 사람들과 이야기하고 가족 DNA를 수집하고 여성의 신분증을 발급한 지방 당국으로부터 지문을 채취했다. DNA와 지문 모두 일치했다. 드디어 그녀의 이름을 말할 수 있었다.

람두안은 영국으로 이주해서 한 영국인 교사와 결혼했다. 그녀에게는 영국에 올 때 함께 온 남자에게서 낳은 큰아들이 있었고, 현재 남편과의 사이에서 낳은 두 자녀가 있었다. 그녀의 시신이 발견되기 직전에, 큰아들이 어머니를 보러 왔는데 계부에게서 어머니가 자신과 두 자녀를 버리고 태국으로 돌아갔다는 말을 들었다.

이 부부는 항상 자기들끼리만 생활했고 친구도 거의 없었다. 태국에 있는 람두안의 가족은 그녀가 사망할 즈음에 연락이 끊겼지만, 당시 그들 역시 그녀가 남편과 아이들을 버렸다는 이야기를 듣고 그녀를 나쁘게 생각했기 때문에, 연락이 끊겼다는 것이 전혀 놀랍지 않았다. 그것은 그녀가 실종되었어도 그들은 불안하지 않았다는 뜻이었다. 모두가 단순히 남편의 이야기를 믿고 그녀가 다른 사람과 도망쳤다고 생각했다. 그래서 영국이나 태국의 어느 누구도 실종 신고를 하거나 의심을 제기하지 않았다.

람두안의 죽음은 여전히 해명되지 않은 상태이고, 사건은 아직 종결되지 않았다. 해부학적으로 우리가 해야 할 일은 그녀의 오른손에 있는 손상 두 곳을 설명하는 것이다. 그러나 그녀는 여하튼 신발이나 핸드백 없이 옷을 일부만 걸친 채 황무지의 개울에 얼굴을 처박은 상태로 죽었다. 손의 부상은 넘어지면서 생겼을까 아니면 방어하다가 생겼을까? 그렇다면 누가 밀었을까? 그곳에 누군가와 함께 있었는가? 언젠가는 이런 질문에 대답할 수 있으리라는 희망을 절대 버려서는 안 된다.

손 장신구는 시신의 신원을 확인해야 할 때 심문을 특정 방향으로 끌고 가는 데 도움이 될 수 있다. 예를 들면 람두안의 결혼반지와 2장에서 논의한 사건에서 아일랜드 여성에게서 발견된 클라다 링처럼 말이다. 그래서 우리는 항상 손에 장신구가 있는지 또는 장신구를 착용했던 흔적이 있는지 확인한다.

또 손은 문신을 하는 흔한 부위이기도 하다. 문신만큼은 아니지만 이제 유행하기 시작한 피어싱도 한다. 피어싱은 일반적으로 엄지손가락과 집게손가락 사이 또는 나란히 있는 두 손가락 사이에 스터드를 박는 물갈퀴 피어싱을 한다. 그러나 때때로 손목이나 손가락, 사실상 손 어디에서나 피부 또는 한 지점에서 피어싱을 볼 수 있다.

미래에 법의인류학자들의 체크리스트에는 항목이 더 많아질 것이다. 현재 사람들의 손에 개인 정보가 담긴 마이크로칩을 이식하여 신분증이나 은행계좌, 직장의 카드키 등을 뒤질 필요 없이 그들의 일상 업무를 알아볼 수 있게 한다는 보고서가 있다. 경우에 따라 건강 정보도 담을 수 있다.

언젠가는 우리의 신원 전체가 손, 또는 실제로 신체 어느 부위엔가 이식되어 여권을 휴대할 필요가 없게 될지도 모른다. 그런 기술이 법의인류학자의 일부 업무에 조종을 울리게 될지도 모른다. 하지만 내가 살아 있는 동안에는 그럴 일이 없을 것이다.

WRITTEN IN BONE

THE FOOT

10

발
수많은 동물과 구별되는,
가장 인간적인 부위

· · ·

나는 항상 발을 싫어했다. 살아 있는 사람의 발이든 죽은 시신의 발이든 다 싫었다. 발을 해부하는 것도 싫었고, 뼈 발가락을 구성하는 기형의 작은 결절 모양의 돌출물을 모두 식별해야 하는 것도 싫었다. 발에는 엄지건막류,˚ 티눈, 굳은 살, 사마귀, 통풍이 생긴다. 발에서는 하루에 최대 0.3리터의 땀이 날 수 있고 심지어 때도 나온다. 부패된 시신을 부검해야 할 때, 시신의 양말을 뒤집으면 황갈색의 끈적끈적한 점액질을 샅샅이 뒤지면서 뼈를 찾아야 한다는 것을 알고 있다는 사실이 싫다. 발이 썩은 이 점액질에서 떠다니는 발톱을 발견할지도 모른다(등골이 오싹해진다). 마디가 많고, 기형에, 곰팡이가 가득 피고, 두꺼운 발톱이 안쪽으로 파고드는 등 발이 정말 싫다.

사실 부검이 진행되는 동안 발은 종종 간과되는 경우가 있다.

● 무지외반증이라고도 한다. 엄지발가락의 발허리뼈가 몸의 정중선을 향해 틀어지고 심하게 튀어나온 것을 말한다.

드라마속의 CSI 법의학 세계에서는 하얀 시트 아래로 툭 튀어나온 발에 인상적인 발가락 꼬리표가 달린 영상이 큰 의미를 갖고 큰 역할을 한다는 점을 생각하면 아이러니한 일이다. 사실 이 또한 실수다. 발의 아치 안쪽에 많은 정보가 숨겨져 있기 때문이다. 그래서 나는 약간이나마 발을 중시한다.

발의 진가를 알려면 먼저 발의 용도를 알아야 한다. 현대에 들어와 알려진 발의 두 가지 주요 기능은 똑바로 섰을 때 체중을 지탱한다는 것과 움직이고 싶을 때 추진 메커니즘으로 작용한다는 것이다. 그 외에 다른 기능은 거의 없다.

20세기 초의 박물학자이자 해부학자인 프레더릭 우드 존스 Frederic Wood Jones는 발에 대하여 다음과 같이 열정적으로 말했다. '인간의 발은 독특하다. 다른 발과는 다르다. 해부학적 구성에서 가장 두드러지게 인간적인 부분이다. 발은 인간의 분화기관이며, 우리가 자랑스러워하든 아니든 인간의 특징이다. 인간이 인간인 한 그리고 인간으로 남아 있는 한, 인간을 동물계의 다른 구성원들과 구별 짓는 것은 발이다.'

그의 말이 옳았다. 동물계에는 인간의 발처럼 생긴 것은 없다. 그 때문에 고생물학자들은 선사시대 인간의 발 뼈가 발견되었을 때 아주 흥분했다.

에티오피아의 하다르 지역에서 발굴된 화석화된 표본은 약 320만 년 전에 우리 인간의 조상들이 이족 보행을 하고 현대인의 발처럼 보이는 발로 걸었음을 보여주었다.

이 발견을 뒷받침하는 다른 발견도 많이 있었다. 그중 가장 중요한 것은 AL 333-160 발굴지에서 발견된 오스트랄로피테쿠스 아파렌시스Australopithecus afarensis의 발뼈였다. 우리 인류의 조상으로 여겨지는 이 종은 호미닌 종족의 오스트랄로피테쿠스속 Australopithecus genus에 속하며, 발견된 발뼈 표본은 왼쪽 네 번째 발허리뼈metatarsal bone(중족골)로, 현대인에게만 나타나는 아치형이다.

인간 배아의 하지는 수정 후 약 28일경, 상지의 발달이 시작되고 며칠 후부터 형성되기 시작한다. 37일째가 되면 하지 끝에서 노를 닮은 발판footplate이 나타나며 4일이 지나면 손가락이 보인다. 뼈는 임신 2개월 말부터 형성되기 시작한다. 태어날 때는 발의 앞쪽과 중간 부분에 있는 19개의 뼈와 발꿈치뼈(종골), 목말뼈(거골, 발꿈치뼈 위에 놓여 발목을 만듦)가 형성된다. 성장이 끝난 성인의 발에는 한쪽에 총 26개 정도의 뼈가 있다.

발꿈치뼈는 임신 5~6개월에 X-레이에서 가장 먼저 보이는 발뼈이고, 목말뼈는 6~7개월에 볼 수 있다. 발목뼈(족근골)의 가장 가쪽에 있는 입방뼈cuboid는 출생 직전 또는 생후 몇 개월 이내에 뼈 형성이 보일 수 있다. 과거에는 태아의 나이를 판단할 때 이 세 뼈의 발달 단계를 보는 것이 가장 간단한 방법이었고, 일찍이 병리학자들은 이 방법으로 사용하여 조산이나 유산으로 사산된 아기가 의료 지원 없이 생존할 수 있었는지 여부를 판단했다. 물론 요즈음에는 아기가 훨씬 이른 나이부터 생존할 수 있지만, 과거에는 종종 이 정보에 의거하여 산모에게 법적 조치를 취할지 여부를 결정했다.

발과 마찬가지로 우리의 발자국은 의심할 여지없이 인간적이 며 비슷한 발자국을 만드는 다른 동물은 없다. 우리가 맨발로 기층 을 내딛을 때, 밟은 표면이나 물질의 성질에 따라 달라지긴 하지만 발뒤꿈치의 일부 또는 전체, 발의 바깥쪽 가장자리, 발볼 및 발가락 패드는 뚜렷한 자국 또는 흔적을 남길 수 있다. 안쪽 가장자리는 자 국을 남기지 않는데, 이는 발의 내부 구조상 이 부분이 연달아 있는 아치로 끌어 올려지기 때문이다. 인간 발의 특징인 이 아치들이 있 음으로 우리 발은 탄력성과 안정성을 갖게 된다.

아기 발의 발자국은 표면적이 더 넓다. 일반적으로 아치는 생 후 2세까지 발달하지 않는다고 여겨진다. 하지만 사실 아치는 상당 히 일찍 형성되기 시작한다. 어린아이의 발이 더 평평하게 보이는 것은 연조직으로 된 패드가 있기 때문이다.

오랜 시간 보존된 고대의 발자국은 습관적으로 두 발로 움직이 는 인간의 추진력이 확립된 최초의 시기를 고고학자와 고생물학자 들이 확인하는 데 도움이 되었다. 수백만 년 전에 또 다른 오스트랄 로피테쿠스 3명은 지상을 걸어 다니며 화산재 위에 아주 놀라운 증 거를 남겼다. 탄자니아의 라에톨리 지방에서 찍힌 약 70개의 이 발 자국은 이후 또 다른 화산 폭발로 내린 화산재에 뒤덮여 360만 년 동안 감춰져 있다가 1976년에 영국의 저명한 고인류학자 메리 리키 Mary Leakey에 의해 발견되었다.

오스트랄로피테쿠스인들은 현대인처럼 발뒤꿈치를 딛고 발가 락을 떼는 방식으로 걸었다. 보폭은 짧은 것으로 보아 현대인보다 키가 작았던 것으로 암시되는데, 이 가설은 다른 뼈들에 의해 확인되었다. 그들의 발자국은 부인할 수 없는 '인간의 것'이었고, 능숙한 이족보행이 우선적인 이동 방식으로 출현한 최초의 시기를 알려주었다. 또한 이 발자국의 등장으로 큰 뇌와 이족보행 중 어느 것이 먼저인가에 대한 논쟁이 드디어 해결되었다. 오스트랄로피테쿠스의 두개골과 팔다리에 대한 연구와 함께 이 발자국을 면밀히 조사한 결과, 논의의 여지없이 두 다리로 걷게 되면서 상지는 탐험에 자유롭게 사용할 수 있게 된 것이 처음으로 우리를 인간으로 규정짓게 했다는 것이 확인되었다. 그때서야 우리는 큰 뇌를 연구하기 시작했다. 직립은 우리 종과 다른 종, 지구의 미래를 바꾼 중추적인 행동이었다. 우드 존스의 주장처럼 우리의 이 모든 것은 저 밑에 있는 발 덕분이다.

다른 나라들은 고생물학적 보물이 풍부한 아프리카에 비견할 수 없을지 모르지만, 지금까지 아프리카 외의 지역에서 가장 오래된 유인원의 발자국이 발견된 곳은 영국이다. 2013년 노퍽에서 헤이즈버러 발자국이 모습을 드러냈다. 성인과 아이들로 이루어진 집단이 고대 강어귀 진흙에 남긴 이 발자국은 85만~95만 년 전의 것이다. 이 발자국은 그해 가을에 어마어마한 태풍 세인트 주드가 닥쳐와 그 위를 덮고 있던 모래층이 씻겨 나가면서 다른 프로젝트에 참여하던 과학자 팀에 의해 우연히 발견되었다.

퇴적층은 만조 표시 아래에 있었기 때문에 과학자들은 이 발자국이 바다에 영원히 침식되기 전에 이것을 기록하려면 다시 만조가 되기 전에 서둘러야 한다는 것을 알고 있었다. 재빠른 판단 덕분에 그들이 찍은 사진은 나중에 자연사박물관에 전시되었고 '올해의 발굴구조상'을 수상했다. 모습을 드러낸 지 두 주 만에 발자국은 영원히 사라졌다.

발자국과 거기에서 알아낼 수 있는 것에 매료되는 과학자들의 분야는 다양하다. 임상의는 그것을 보고 고칠 수 있는 기형이 있는지를 보고, 법의학발전문가는 법원에 제출할 증거를 수집하기 위해 면밀히 조사한다. 범죄 현장에는 아마 피 묻은 발자국이 또는 창밖의 흙에 발자국이 남았을 수도 있고, 이것이 용의자와 일치할 가능성이 있다. 확실히 이런 조사 방식은 사람들이 습관적으로 맨발로 다니는 상황에서 그 가치가 더 크다. 기후가 서늘한 곳에서, 그리고 야외에서는 신발자국을 발견할 가능성이 훨씬 높다.

그러나 이런 신발자국도 유용할 수 있다. 신발은 특히 양말이나 스타킹 없이 맨발로 신었을 때 신발 주인과 일치할 수 있다. 신발 속을 들여다보면, 발자국과 똑같은 자국을 볼 수 있다. 발전문가는 신발과 신발 속 발자국이 당신의 것일 가능성을 판단하기 위해 그 발자국 또는 최소한 그것에 대한 소견을 당신의 발과 비교할 수 있을 것이다.

발자국은 발자국을 남긴 사람 또는 사람들에 대하여 많은 정보를 알려줄 수 있다. 예를 들어, 우리는 오스트랄로피테쿠스의 발자국으로 추정할 수 있었던 것처럼, 그 사람의 보폭과 그에 따른 키를 추산할 수 있다. 그리고 그들의 신발 사이즈를 알아낼 수 있다. 현장에 얼마나 많은 사람들이 있었는지, 그들이 서 있었는지 아니면 걸었는지, 뛰었는지도 알 수 있다.

맨발자국이 선명하다면, 손가락지문처럼 발가락지문도 채취할 수 있다. 발가락지문은 2004년 아시아에서 발생한 쓰나미 이후 아이들의 시신을 식별하는 데 도움이 되었다. 예를 들어 가구처럼 아이들이 집에서 맨발로 올라섰을지도 모르는 곳에서 발가락 지문을 채취하여 시신의 것과 비교할 수 있을 것이다. 최근에 일본은 손가락지문 데이터베이스와 함께 발자국 등록의 설정을 고려하고 있었다. 이 생각이 이상하게 여겨질 수도 있지만, 거기에는 논리가 있다. 발은 신발의 보호를 받는 경우가 많기 때문에 대형 사망 사고 상황에서 신체의 다른 부위보다 다치지 않을 가능성이 더 높다. 이 때문에 일부 군항공 인력의 기록에 비행기 추락 사고시 잠재적인 추가 신원 확인 수단으로 맨발자국이 포함될 수 있다.

발자국과 메레디스 커처 살인사건

최근 발자국 증거와 관련된 가장 악명 높은 사건은 2007년 이탈리아 페루자에서 발생한 메레디스 커처 살인사건일 것이다. 영국 교환 학생인 21세의 메레디스는 동료 학생 3명과 아파트에서 함께 살았는데, 자신의 침실 바닥에서 시신으로 발견되었다. 함께 살던 아만다 녹스와 그녀의 남자친구 라파엘 솔레시토가 메레디스 살인 혐의로 기소되었고, 이웃 아파트에 자주 방문하던 루디 게데 역시 제3의 관련자로 나중에 체포되었다.

피고인이 3명이나 되었기 때문에, 진실과 추측을 구별하는 것이 항상 어려웠고, 많이 혼란스러운 상황에서 현장의 욕실 매트에 찍힌 피 묻은 일부 발자국을 포함하여 신뢰도가 떨어지는 법의학 증거가 일부 있었다. 혈액을 DNA 분석한 결과 메레디스의 것으로 확인되었다. 발자국의 주인은 판단하기가 쉽지 않았다.

검찰은 이 발자국이 솔레시토의 오른발과는 '거의 완벽하게' 일치했지만 녹스나 게데와는 다르다고 주장했다. 그러나 솔레시토 측에서 신청한 전문가 증인들은 검찰의 전문가 증언에 중요한 오류가 있다고 지적하고 그 발자국이 게데의 것일 가능성이 더 높다는 증거를 제시했다. 검찰 측 증인은 해부학자가 아니라 물리학자였다. 해부학적 특징과 관련된 과학적 증거를 다른 분야의 전문가가 해석할 때면 항상 애를 먹기 마련이다.

현장의 발자국과 비교하기 위해 찍은 발자국은 고정된 것이고 종이에 잉크로 기록된 것이다. 발자국 원본이 찍힌 두툼한 원단 및 혈액과는 많이 다른 재료였다. 흡수성이 훨씬 큰 욕실 매트나 혈액의 농도를 효과를 복제하려는 시도는 이루어지지 않았다.

게데는 신속처리 재판을 선택했고, 메레디스 성폭행과 살인 혐의로 유죄 판결을 받고, 징역 30년형을 선고받았다. 형은 나중에 16년형으로 감형 받았다. 녹스와 솔레시토는 살인 혐의에 대해 유죄 판결을 받았고 둘 다 교도소에서 거의 4년을 복역하다가 항소심에서 무죄 판결을 받았다. 그 다음에 항소심이 파기되었고 둘 다 두 번째로 유죄 판결을 받았는데, 최고 법원인 파기원이 합리적인 의심을 근거로 이 판결을 또다시 파기했다. 이 판결로 사건은 확실히 종결되었고, 녹스와 솔레시토는 자유의 몸이 되었다.

보행 분석과 범인의 이동 방식 추적

발자국의 패턴을 보면 발자국을 남긴 사람이 서 있었는지 이동하고 있었는지를 알 수 있다. 우리는 다른 단서도 동시에 처리하긴 하지만, 걸음걸이를 보고 그 사람을 알아볼 수 있다. 나는 시력이 좋지 않은데도 남편이 서 있는 방식과 걷는 방식을 보고 멀리서도 그를 구별할 수 있다. 또한 남편의 몸집 크기, 체형, 입고 있는 옷으로도 판단하고, 약간 흐릿하게 보여도 내가 예상하는 장소에 그가 있기 때문에 알아보는 일도 자주 있다.

우리가 걷는 방식을 연구하는 보행 분석은 이러한 종류의 일상적인 인식과 상당히 다르다. 이 분야의 법의학 전문가들은 이상한 각도에서 찍힌 아주 조악한 CCTV 영상 정도의 흐릿한 범죄자의 동작 패턴을 보고 경찰서 유치장에 갇힌 용의자 앞에서 용의자의 패턴과 일치시킬 수 있다고 주장한다. 범죄자와 용의자가 사실다른 사람이라면, 두 사람은 일반적으로 법의학 전문가에게 알려지지 않을 것이고 아마 다른 옷을 입고 있을 것이다. 따라서 판단 근거는 보행 패턴만으로 이루어진 비교다. 그러나 아주 다른 두 상황에서 용의자의 걸음걸이가 달라질 수 있다. 첫 번째는 자신이 감시당하고 있다는 것을 용의자가 모르는 상황이다. 두 번째는 자신의 걸음걸이가 면밀히 조사되고 있음을 용의자가 아는 상황이다.

사람의 걸음걸이는 각자 고유하다고 하지만 이 가설을 뒷받침할 확실한 증거는 없다. 물론, 누군가가 특히 특이한 걸음걸이를 가지고 있다면 그러한 분석의 신뢰성이 더 높아질 수 있겠지만, 신체 이동 방식이 반드시 항상 같지는 않을 것이다. 하이힐을 신고 걸을 때와 플랫 슈즈를 신고 걸을 때가 다르고, 신발이 편할 때와 불편할 때가 다르다. 또 무거운 가방을 한쪽 어깨에 멨을 때와 양손에 들었을 때가 다르고, 자갈길을 올라갈 때와 평탄한 길을 내려갈 때도 다르게 걷는다. 여러 가지 다른 조건들이 보행에 어떤 영향을 미칠 수 있는지에 대하여 아직 확실한 정보가 많지 않다.

피고인의 유죄를 입증하기 위해 법원에 보행 분석을 제출했지만, 그 방법론이 비교적 새롭기 때문에 증거의 안전성에 주의를 기울여야 한다. 영국 법원의 판사인 브라이언 레비슨 경Rt Hon Sir Brian Leveson은 법의학 보행 분석을 '등장한 지 얼마 안 되고 과학적으로 신뢰성이 부족한 영역'이라고 설명하면서 주의가 필요하다고 요약했다. 이제 영국의 모든 판사는 '재판입문서'를 받는데, 이는 보행 분석에 활용되는 과학이 합리적으로 시도되고 테스트되는 분야는 무엇이고 아직 많은 연구가 필요한 분야는 어디인지를 명확하게 밝히기 위한 것이다.

2013년에 한 재판에서 피고 측은 법의학발전문가가 제출한 전문가 증거를 살인 유죄 판결에 대한 항소의 근거로 사용했다. 2006년 위센쇼에 있는 한 맥도날드 매장 밖에서 언쟁을 벌인 25세의 남성이 총에 맞아 사망했다. 용의자에게 불리한 소송은 종결되었고 그는 무죄 석방되었다. 그러나 당신이 살인에 관계했다면, 기소되기 위해 방아쇠를 당긴 사람일 필요가 없고 총을 쏜 남자를 태우고 도주 차량을 운전한 혐의로 기소된 엘로이 오트웨이일 필요는 없다. 오트웨이는 2009년에 '공동기업'을 근거로 유죄 판결을 받고 최소 27년의 징역형을 선고받았다.

　　차량이 확인되었고, 주유소의 CCTV 영상에는 살인 직전에 주유를 하는 남성의 모습이 보였다. 전문가 증거 제출을 위해 소환된 법의학발전문가는 유치장에 있는 오트웨이의 걸음걸이와 CCTV 영상 속 남성의 걸음걸이를 비교했다.

　　항소심에서 피고 측 변호인은 보행 분석이 증거로 인정될 수 있는 방법론으로 충분히 발전하지 않았다고 주장하며, 검찰 측의 발전문가를 유능한 법의학 전문가로 인정하지 않았다. 그들은 보행 분석이 정황적 증거라고 주장했다. 그러나 런던에서 항소를 심리한 세 명의 판사는 그 증거를 전체적으로 고려하고 항소 근거를 기각했다. 그들은 그 증거를 인정할 수 있는 것으로 결정하고 법원이 발전문가의 의견을 듣도록 허용할 수 있는 권한이 예심판사에게 있다고 말하면서, 법의학 보행 분석의 타당성에 대한 논란의 여지를 남겼다. 하지만 그들은 일반적으로 발전문가의 증거 사용에 찬성하지 않는다고 덧붙였다. 과학자들과 사법부가 협력하여 법원에 제출되어 배심원단이 들을 내용은 검증 가능하고 반복성과 신뢰성, 정확성에 대한 정해진 기준을 충족하는 과학에 기반을 두도록 하고, 입증이 가능하게 하는 것이 중요하다.

인간이 달릴 때의 모양과 발자국은 걷거나 서 있을 때와는 다른 특징을 갖고 있다. 서 있는 자세는 두 발이 지면에 닿아 있어야 하고, 걸을 때는 한 번에 한 발씩 지면과 떨어진다. 한편 빠른 달리기가 최고조에 달했을 때는, 두 발 모두 지면과 떨어져 있고 주자가 기술적으로 공중에 떠 있는 단계가 있다. 걷기와 달리기의 구별은 달리기가 금지된 경보의 규칙에서 중요하다. 따라서 경보라는 스포츠와 동의어처럼 사용되는 '이상한 걸음'은 선수들이 대단히 빨리 걸으면서도 한 발은 항상 지면에 닿아 있게 해준다.

인간의 보행은 보행 주기라고 하는 이중 진자 작용을 하는데, 이것은 각 다리가 시간을 달리하여 입각기와 유각기를 갖는 것이다. 보행 주기에서 입각기는 약 60퍼센트를 차지하고 유각기는 나머지 40퍼센트를 차지한다. 보행은 두 단계가 연달아 일어나는 움직임의 조합이다. 어느 한 시점에서 하지는 발뒤꿈치 딛기, 발바닥 닿기, 발바닥 전체로 체중 받치기, 발뒤꿈치 떼기, 발끝 떼기, 유각기 중 한 단계에 있게 된다. 한 번 해보길 바란다. 천천히 걸으면서 양쪽 하지가 각각 보행 주기의 어떤 단계에 있는지 확인해보라.

입각기는 발뒤꿈치 딛기로, 유각기는 발끝 떼기로 시작된다. 발뒤꿈치부터 앞에 있는 엄지발가락까지 발 전체가 걷기 동작에 관여한다. 그렇기 때문에 걸을 때의 발자국에서는 발뒤꿈치를 딛을 때 발뒤꿈치에 의해, 발끝을 뗄 때 엄지발가락에 의해 가장 깊은 자국이 만들어진다. 그냥 서 있을 때의 발자국에는 발뒤꿈치나 엄지발가락과 관련된 '땅 파기dig in'가 없다.

손 대신 발을 사용하는 사람들

발의 주요 기능은 서 있게 하기와 이동하기의 두 가지밖에 없지만, 훈련을 하면 필요할 때 손처럼 능숙하게 사용할 수 있다.

실제로 19세기 버밍엄 출신의 해부학자이자 외과의였던 루터 홀든Luther Holden은 발을 'pas altera manus'라고 기술했는데, 대충 번역하면 '다른 손'이다. 발뼈는 손뼈와 상동체로, 각 발에 있는 7개의 발목뼈는 8개 손목뼈에 해당하고, 5개 발허리뼈는 5개 손허리뼈에 해당한다. 손과 마찬가지로 각 발에 있는 14개 발가락뼈에도 손가락뼈와 그 이름과 위치가 같은 끝마디뼈, 중간마디뼈, 첫마디뼈가 있다. 발가락 이름은 엄지발가락hallux와 새끼발가락digiti minimi을 제외하고는 특별히 이름을 붙이지 않고 1번(엄지발가락)부터 5번(새끼발가락)까지 번호로 부른다.

분명 발은 손처럼 완벽하게 민첩하지 않다. 발에는 엄지맞섬근(무지대립근)에 해당하는 근육이 없기 때문에, 발가락으로는 손가락처럼 집는 행동을 할 수 없다. 따라서 엄지발가락의 위치는 엄지손가락과 아주 다르다. 그럼에도 발의 다른 모든 근육과 뼈는 손에 상당하는 수준으로, 필요할 때 손을 대신하여 발을 사용할 수 있도록 해준다.

역사적으로 질병이나 사고, 선천적 장애로 손을 잃었지만 그 장벽을 뛰어넘어 창작 예술의 재능을 펼친 사람들이 많다. 14세기 독일의 유명한 화가이자 캘리그래퍼인 토마스 슈바이커Thomas Schweicker는 한 여성의 환심을 사기 위해 결투를 벌인 결과 두 팔을 모두 잃었다. 그는 잃은 팔을 대신하여 발로 그림을 그리고 글씨를 쓰는 기술을 갈고닦았다. 결국 신성로마제국의 막시밀리안 2세의 관심을 끄는 데 성공하여 왕실 궁정에까지 불려오게 되었다. 그의 작품 중에 자화상은 그가 왼발을 가이드로 하면서 오른발의 첫 번째와 두 번째 발가락 사이에 붓을 끼우고 글씨를 쓰는 자신의 모습을 담았다.

1957년에 영국과 유럽 8개국의 손을 사용하지 않고 그림을 그리는 화가들이 모여 영국구족화가협회British Mouth and Foot Painting Artists의 자립 파트너십을 만들었다. 이 그룹은 지금도 활발하게 활동하고 있다. 나중에 영화로 제작되어 오스카상까지 수상한 책《나의 왼발My Left Foot》의 작가 크리스티 브라운Christy Brown도 이 그룹의 초기 멤버였다. 아마도 현재 영국에서 가장 유명한 구족화가는 톰 옌델Tom Yendell일 것이다. 그는 팔이 없는 '탈리도마이드 아기'●로 태어났다. 그는 자신에 대하여 '나는 적응하는 법을 배웠다'라고

● 임산부가 진정수면제의 일종인 탈리도마이드를 복용하여 출산한 기형아.

간단히 말했다. 거의 리셋이라고 할 만큼 자기 몸을 재창조하는 인간의 놀라운 능력을 아름답고 간결하게 요약한 표현이다. 하나의 종으로서 그런 정도까지 적응할 수 있는 능력을 우리 몸에서 찾을 수 있다는 것은 기적이나 마찬가지다.

그러나 엄지발가락과 엄지손가락이 모두 있는 대부분의 운 좋은 사람들의 경우, 당연히 항상 엄지발가락이 엄지손가락보다 못한 취급을 받을 것이다. 엄지손가락을 잃는 것은 엄지발가락을 잃는 것보다 일상생활에 훨씬 큰 영향을 미친다. 그래서 엄지발가락을 이식하여 절단된 엄지손가락을 대체하는 수술은 공인된 외과 수술 방법이 되었다.

발에서 손으로 이식하는 최초의 수술은 1968년 영국에서 시행되었다. 직업이 목수인 환자는 원형 톱으로 작업을 하다가 사고로 엄지손가락과 처음 두 손가락이 잘렸다. 상실한 엄지손가락을 자신의 엄지발가락으로 대체하여 목수로서의 솜씨는 어느 정도 회복되었다. 외과의사는 일반적으로 해당하는 혈관과 근육, 힘줄, 피부와 함께 최소 두 개의 신경을 연결하며, 이식된 손가락(간혹 thumb+toe를 줄여 'thoe'라고 함)은 인공 손가락에 비해 매우 효과적이라고 입증되었다. 하지만 진짜 피부와 뼈의 미묘한 동작과 민감도는 따라가지 못한다.

이 환자들은 엄지발가락 없이 생활하는 법을 배우지만, 그것을 참을 수 없는 상실로 받아들이는 사람들도 있을 것이다. 지금까지 알려진 최초의 인공 발가락은 경첩이 달린 나무와 가죽 세 조각으로 만든 것이며 여기에 손톱을 조각하여 심어 놓았다. '카이로 발가락'이라는 별명이 있는 이 발가락은 기원전 1069~664년에 제작되었고, 룩소르 서쪽의 네크로폴리스(묘지)에서 이집트 미라 타바케텐무트Tabaketenmut의 유해와 함께 발견되었다. 세 조각이 연결되어 주인에게 꼭 맞게 제작되었으며, 주인이 나이를 먹음에 따라 여러 번 다시 손보았을 가능성이 있다.

사제의 딸인 타바케텐무트는 55~60세의 나이로 사망한 것으로 보인다. 그녀는 인생에서 초년에 아마 괴저나 당뇨병 때문에 오른쪽 엄지발가락이 절단되는 고통을 겪었던 것 같다. 발은 완전히 치유되었지만, 어떤 이유에선지 그녀는 기형이 된 발가락을 숨기고 싶었다. 단순히 허영심 때문이었을까? 엄지발가락은 균형을 잡는 데 도움이 된다고 여겨졌지만, 없어도 균형을 잡는 데 큰 문제가 되지 않는다. 포블의 발가락 절단(발허리발가락관절 전체의 탈구, 발가락 모두를 제거함)도 균형 잡기나 걷기, 서기에 미친 영향은 얼마 되지 않았다. 어렵다고 입증된 것은 달리기 같은 빠른 동작밖에 없었다. 그리고 사제의 딸인 타바케텐무트가 단거리 선수였을 것 같지는 않다.

물론 이집트에서는 내세에서 사용하기 위해 모든 종류의 물품을 미라와 함께 무덤에 묻었기 때문에, 타바케텐무트가 불완전한 상태에서 사후 세계에 가지 않도록 인공 발가락을 매장이나 의식 목적으로만 만들었을 가능성도 있다. 그러나 한 번 이상 변경되었을 가능성이 있다는 것과 마모된 흔적은 이것이 단순한 부장품만은 아니었음을 암시한다. 어쩌면 그녀는 샌들을 꼭 맞게 신기 위해 인공 발가락을 착용했는지도 모른다.

　좀 더 후대로 오면 이집트에도 또 다른 인공 발가락이 있었다. 이것은 그레빌 체스터Greville Chester 발가락인데, 1881년에 대영 박물관을 위해 수집한 수집가의 이름을 따서 명명되었다. 이 발가락의 연대는 기원전 600년 이전으로 거슬러 올라간다. 이 발가락은 미라 관을 만들 때 주로 사용된 복합재인 까또나주(여러 겹의 린넨이나 파피루스에 동물성 접착제를 침투시켜서 두껍게 만든 물질)로 만들었다. 그렌빌 체스터 발가락은 구부러지지 않기 때문에, 순전히 장식용이었을 수 있다. 손톱이 있어야 하는 자리는 비어 있는데, 아마 다른 재질로 만든 손톱을 박아 넣었을 것이다. 손톱은 진짜 손톱에 가까운 형태나 화려한 네일 아트의 초기 모습이었을 것이다.

• • •

　출생 시 아기의 평균 발 길이는 약 7.5센티미터다. 발은 그 기능적 역할을 수행하기 위해 빨리 발달해야 하기 때문에 5살이 될 때까지 빠르게 성장할 것이다. 태어난 지 1년이 지날 무렵에는 벌써 성인 발 길이의 거의 절반이 될 것이고, 5년이 지날 무렵에는 약 15센티미터가 될 것이다.

　대부분의 아이들은 생후 약 10~16개월이 되면 불안정하긴 하지만 이족보행을 하게 되고, 약 6세가 되어서야 완전하게 발달한 보행에 숙달해질 것이다. 발은 여아의 경우 약 13세, 남아의 경우 약

15세까지 계속 자란다. 흥미롭게도 배아에서 상지와 손이 하지와 발보다 먼저 나타나지만, 성인의 크기로 먼저 자라는 것은 손이 아니라 발이다. 이 때문에 안정적인 발의 발달이 우선이다.

부모가 가장 중요한 아기의 첫 신발을 구매하는 것은 주로 아기가 혼자서 첫 발걸음을 떼고 6~8주 안이다. 그러나 알다시피 건강한 발 발달을 위해서는 신발을 신기지 않고 맨발로 놔둘수록 더 좋다. 인구의 약 5퍼센트가 발과 관련된 불편한 점 때문에 해마다 발전문가나 손발치료전문의를 찾는데, 대부분 그 원인은 잘 맞지 않는 신발이다. 특히 여성은 발을 못살게 굴기로 최악이다. 여성은 편안함이나 건강보다는 아름다움을 위해 또는 패션의 완성을 위해 신발을 사는 경우가 잦다. 플랫폼, 웨지, 스틸레토, 발끝이 뾰족한 구두, 플랫슈즈, 플립플롭 등 유행하는 많은 스타일이 모두 기본적으로 발에게는 고문실이나 다름없다.

장기적으로 잘 안 맞거나 부적절한 신발을 신거나 발에 무리가 가는 행동을 했을 때의 영향은 냉정할 수 있다. 한번은 내 딸이 손발치료전문의에게 지금까지 본 가장 심각한 발이 무엇인지 물었고 그는 주저 없이 나이 든 발레리나의 발이라고 대답했다. 그 발은 라이스푸딩 두 접시처럼 보였다고 했다. 이것은 내 말이 아니라 그의 말이다.

키와 신발 사이즈 사이에는 상관관계가 있으며 키가 클수록 발도 큰 경향이 있다. 따라서 세계에서 가장 큰 발의 주인공이 농구선수인 것은 놀라운 일이 아니다. 베네수엘라의 헤이슨 에르난데스의 키는 220센티미터이고, 22세였던 2018년에 왼발 길이는 40.47센티미터, 오른발 길이는 40.55센티미터였다. 신발 사이즈는 410밀리미터였다. 가장 작은 성인의 발은 인도의 젊은 여성 조티 암지의 발이다. 조티는 키가 62.8센티미터이고, 발 길이는 9센티미터다. 거의 한 살 된 아기의 발과 비슷한 크기다.

물론 발에 관하여, 작은 발이 예쁘다는 개념을 중국은 아주 극단적으로 받아들였다. 10세기부터 20세기 초까지 중국에서는 여성의 발이 크지 못하도록 묶어두는 전족의 풍습이 있었다. 전족이 예전에는 지위의 상징이자 이상적인 아름다움으로 여겨졌다. 일부에서는 '전족 신발'에 감싸인 '전족'을 여성의 신체 중에서 가장 은밀하고 에로틱한 부위로 보는 사람들도 있었다.

상류층 여성들은 더 매력적으로 보이기 위해 발을 물에 담근 뒤, 발톱을 자르고 발가락을 발바닥에 단단히 묶는다. 발가락이 아래로 말려 있는 상태에서 발은 굉장한 압력을 받다가 발가락과 아치가 부러진다. 결국 부러진 뼈는 비정상적인 자세로 치유된다.

그렇게 하면 발의 볼과 뒤꿈치가 함께 모아져서 발의 중간 부분이 올라가는 효과가 있었다. 묶었던 발은 매일 풀었다가 다시 묶어서 괴사한 조직을 없애고 부러졌다가 치유된 뼈가 외관상 보기 좋지 않으면 뼈를 다시 부러뜨려야 했을 수도 있다. 팽팽하게 동여맨 결과 혈액순환이 안 되고 감염과 만성 통증이 생겼다. 가끔씩 발톱이 완전히 제거되기도 했다. 그리고 괴저로 인해 발가락이 떨어져 나가면 이것은 보너스로 여겨졌다. 완벽한 전족은 그 길이가 유아의 평균 크기인 10센티미터를 넘지 않는다.

이런 여성들에게는 어떤 형태의 신체 이동도 어려운 일이었다는 것은 말할 필요도 없다. 서 있는 것 역시 마찬가지였다. 발 패드가 정상적인 크기일 때도 장시간 똑바로 서 있으려면 어렵다. 이는 넘어지지 않게 하기 위해 근골격계 전반에 걸쳐 엄청난 조정이 필요하기 때문이다. 업무현장 조언에 따르면 앉아 있을 때보다 서 있을 때의 에너지 소비가 약 20퍼센트 더 많으므로 연속하여 8분 이상 가만히 서 있지 말 것을 권고한다.

상당 시간 동안 한 발로 서 있어보면 실제로 서서 균형을 잡기가 얼마나 불안정한지 아주 분명해진다. 여기에 취기가 더해지면 평형 상태 유지에 필요한 복잡한 조정 제어 능력에 영향을 미쳐 쉽게 균형을 잃게 된다. 인체의 균형이 잡혔을 때, 중력선은 척추 앞에서 엉덩이 뒤로, 무릎과 발목 바로 앞으로, 양발 사이의 지지 기반(면적으로 몇 제곱센티미터)으로 흘러 내려간다.

발을 보호하고 따뜻하게 하기 위해 양말과 신발을 신는 것은 아주 인간적인 특징이다. 인류학자에게는 이런 피복이 대단히 유용할 수 있다. 신발 소재로는 양모, 피혁, 가죽 같은 전통적인 천연소재에 지금은 현대적인 합성소재가 추가되었다. 시신의 다른 부분들이 분해되기 시작할 때에도, 신발은 발의 구성 부분들이 분해되는 것을 막는 데 도움이 되고 때로는 더 잘 보존시켜주기까지 한다. 또한 동물들이 발을 잘라가기 어렵게 만든다. 또 시신이 물에 빠진 경우 부양 장치 기능도 할 수 있다.

신발을 신은 채 잘린 발들

2007년부터 2012년 사이에 캐나다와 미국을 가르는 조지아 해협에서 이상한 일련의 사건이 발생했다. 이 5~6년 동안 신발을 신은 채 잘린 발 20개가 해안가로 밀려 왔다. 신발을 신은 발은 수천 킬로미터를 부유할 수 있으며 1000마일을 떠 있을 수 있으며, 차가운 수온 때문에 발에 있는 지방이 시체밀랍(혐기성 가수분해에 의해 형성된 왁스 형태의 물질)으로 바뀌어 발에는 부력이 더 생기고 연조직 보존에 도움이 된다. 이렇게 밀려온 발들 중 일부는 실종자와 일치했지만, 당연히 이 현상을 둘러싸고 터무니없는 이야기와 상상 속의 가공된 이야기가 점점 커져서 인터넷을 휩쓸었다.

광란이 최고조에 달했을 때, 한 무리의 학생들이 부패한 동물의 발을 양말에 넣고, 이것과 해초를 운동화에 넣어 누군가가 발견하도록 해변에 놔두었다. 그러나 우리 모두 알다시피 인간의 발은 다른 동물의 발과 다르기 때문에, 인류학자들이 이 속임수를 간파하기까지 오래 걸리지 않았다.

사람들은 보트 사고, 비행기 추락 또는 그 밖의 대량 사망 사건으로 바다에 침몰하거나 고의로 바다에 수장될 수 있다. 시신이 물에서 분해되면서 자연적으로 부분별로 분리될 수 있다. 발에 자체 부력이 있는 수단(신발)이 있어서 물에 뜰 수 있을 경우, 발이 조수에 따라 이동하여 결국 해안선에 밀려오게 되는 것은 놀랍지 않다.

섬을 제외한 영국의 해안선 길이는 약 12,430킬로미터로, 그

중 절반이 왕실 소유지다. 따라서 영국 해변이나 강기슭, 호숫가, 운하에서 잘린 발을 발견하는 일이 드물지 않게 있다.

잉글랜드 동해안으로 흐르는 강에서 운동화가 신겨진 오른발 하나가 발견되었고, 곧이어 같은 강 상류에서 왼발이 발견되었다. 이 왼발에는 갈색 부츠가 신겨져 있었다. 부츠를 신은 발은 같은 해에 실종된 남성의 것이었고, 운동화를 신은 오른발은 2년 전에 실종된 다른 신사의 것이었다. 신사의 왼발은 결국 북해 너머 네덜란드 북해안의 서프리지안 제도에 부속된 테르스헬링 섬의 해변에서 발견되었다.

이와 같은 한쪽 발에서도 법의인류학자는 발이 붙어 있던 시신의 성별(발 크기, 털 등으로부터), 나이, 키, 신발 사이즈를 판단할 수 있으며, 때때로 이 정도의 정보만으로도 추정 인물의 대상 범위를 좁히는 데 도움이 될 광범위한 신원 프로필을 만들 수 있다. 하지만 그 자체만으로 실재하는 이름을 가진 신원을 정확하게 찾아내기에는 충분하지 않다.

흥미롭게도, 잘린 발 한 쪽이 발견되었다고 해서 그것이 사망의 표시가 될 수는 없기 때문에 일반적으로 검시를 개시하기에는 충분한 근거가 되지 못한다고 간주된다. 발이 잘린 것은 사망 사건일 가능성이 상당히 높지만, 그런 절단에서도 살아남는 것이 가능하다.

발뼈가 조사의 유일한 증거가 되는 경우는 드물지만, 오래전 아직 런던에서 일하던 때 사건 하나가 기억난다. 케임브리지의 한 경찰관에게서 전화를 받았는데, 그는 늪지에서 발견된 제2차 세계

대전에 참전한 폴란드인 조종사와 그가 몰던 항공기의 잔해와 관련된 사건을 담당하고 있었다. 기억에 착오가 없다면 조종사는 1944년경 북해 너머까지 출격했다가 영국으로 돌아오던 중이었다. 그때 그가 조종하던 스피트파이어가 엔진에 직격탄을 맞았고 결국 동해안을 통과하면서 엔진이 멈추었다. 그는 탈출할 시간이 없었다. 전투기는 펼쳐진 늪지에 기수부터 곤두박질했다. 날개는 찢어졌고, 기체는 금속 시가 케이스처럼 납작해져서 늪지에 파묻혔다.

이러한 비행기 추락 사건들의 현장은 잘 기록되어 있으며 당국은 대부분의 장소를 알고 있다. 해마다 농지를 경작할 때마다 가끔씩 비행기 조각이나 실제로 조종사가 지표면에 나타났다. 내 기억으로 이 요청 전화는 2월 말, 3월 초쯤 왔다. 농부들이 밭에 새로운 작물을 파종할 준비를 생각하기 시작할 때였다.

난파선 인양에는 큰 사업이 걸려 있으며, 제2차 세계 대전 항공기 유물로 많은 돈을 벌 수 있다. 경찰은 인양 사냥꾼들이 이 지역을 몇 년 동안 수색하고 있다는 것을 알고 있었고 군 당국도 여기에서 자잘한 것들이 많이 발견되었다는 사실을 알고 있었다. 그러나 늪지대에서 보존된 온전한 스피트파이어 동체를 발굴할 가능성으로 인해 이 밭은 역사적 중요성이나 전쟁 무덤의 신성함보다는 금전적 가치에 더 관심이 있는 사람들의 주요 표적이 되었을 것이다.

경찰에 연락한 것은 이러한 인양 사냥팀 중 하나였다. 그들은 이 스피트파이어가 추락했다고 여겨지는 들판을 걸어 다니다가 인간의 것일 수도 있는 뼈를 발견했다고 말했다. 그들은 그 자리를 뜨면서 발견 장소에 깃발을 꽂아 표시해두었다. 그 발견이 중요할 수도 있다는 것을 깨닫고 뼈를 옮기면 안 된다고 느꼈다.

경찰은 의심스러워했다. 전에 이 그룹을 상대한 적이 있었고 이들이 이전에 뼈 몇 개가 들어 있는 비행사의 부츠를 발견했던 것을 알고 있었다. 그래서 내게 말하길 이 뼈(이기라도 하다면)가 이전과 같은 출처에서 나왔고 그들이 찾던 동체와 거의 관계가 없다 해도 놀라지 않을 것이라고 했다. 인양 사냥꾼들은 사람의 유해가 발견되면 현장을 고고학적, 인류학적으로 조사하고 평가해야 하며, 이는 본격적인 발굴로 이어질 수 있고, 자신들이 인양을 요구할 기회를 가질 수 있다는 점을 완벽하게 잘 알고 있었다.

몹시 추운 아침, 나는 수색대원들과 함께 그 주변을 돌아보기 위해 경찰차를 타고 새로 갈아엎은 들판 옆에 도착했다. 이 뼈가 발견된 것으로 추정되는 지점을 표시하는 주황색 캠핑 깃발이 들판에 남겨져 있었다. 우리는 먼저 그곳으로 향했다. 다른 일을 하기 전에 그 뼈가 정말 인간의 것인지 확인하기 위해서였다.

그것에 대해서는 의심의 여지가 없었다. 왼쪽 다섯 번째 발허리뼈, 즉 새끼발가락의 기저부에 있는 뼈였다. 내가 꺼림칙했던 것은 그것이 일부 땅에 묻힌 것이 아니라 흙 위에 올라와 있었다는 점이었다. 심지어 그것이 놓인 젖은 땅에 눌려 있지도 않았다. 흙이나 먼지, 진흙 하나 없이 깨끗했다. 누군가가 일부러 그곳에 갖다 놓은 것 같았다. 우리는 그 뼈를 사진 찍고, 들어 올려서 증거로 봉투에 넣었다. 그다음에 들판의 가장자리부터 시작하여 모든 이랑을 걸으면서 안쪽을 향해 갔다. 부츠나 신발의 흔적이나 잔해의 자취는 없었다. 동물 뼈도 없었다.

다섯 번째 발허리뼈가 발견된 곳을 중심으로 반경 약 2.5미터 안에서 우리가 발견한 것은 또 다른 인간의 뼈 네 개였는데 모두 왼발의 뼈였다. 발허리뼈와 비교했을 때, 크기와 색깔, 모양 면에서 모두 같은 발에서 나온 것 같았다. 그러나 모든 뼈가 이랑 바로 위에 놓여 있었다. 발허리뼈와 마찬가지로 흙에 파묻혀 있지도 않았고, 흙이 묻어 있지도 않았다. 내가 보기에는 우리의 관심을 끌려고 그냥 이랑 위에 놓여 있는 것이었다.

당연히 인양팀 직원들은 여기에 대해서 그리고 이 뼈들의 출처에 대해 아무것도 모른다고 주장했다. 그러나 우리가 발굴하게 만드는 것이 그들의 의도였다면, 그들은 실패했다. 나는 그 뼈들이 아마 발견될 목적으로 일부러 거기에 놓인 것 같다는 의견과 함께 이를 근거로 발굴을 하기에는 타당하지 않다는 조언을 했고, 경찰과 군 당국은 이를 수용했다.

나는 조종사의 친척 중 하나와 일치를 확인할 수 있다면, 뼈에서 DNA를 추출해보자고 제안했다. 그러나 그 당시에는 DNA 추출 기술이 지금처럼 정교하지 않았고, 뼈가 너무 많이 풍화되어 실험실에서는 유전 물질을 충분히 얻을 수 없었다. 나머지는 확인되지 않은 채 묻혀있다고 생각한다. 그리고 스피트파이어의 잔해와 조종사 유해는 적어도 당분간은 조용한 늪지에 그대로 남아 있다.

발톱도 죽은 사람이 살아 있을 때에 대한 정보를 줄 수 있다.

발톱은 한 달에 1밀리미터 정도의 속도(손톱보다 훨씬 더 느리다)로 자라며 완전히 다시 자라는 데 약 12~18개월이 걸린다. 따라서 일반적으로 발톱에는 그 사람의 최근 2년 정도의 기록이 반영되는데, 발톱바닥에는 최신 정보가, 발톱 끝에는 가장 오래된 정보가 담겨 있다. 그 사람이 거주했던 곳, 먹고 마신 식음료에 관해 발톱에서 알아낼 수 있는 과학적인 정보가 어마어마하다.

볼프람 마이어 아우겐스타인Wolfram Meier-Augenstein 교수와 연구팀의 '인간 식별에서 안정동위원소 분석의 역할과 법의학적 응용'에 대한 연구는 획기적이었다. 한 어린 소년의 사망 사건에서 아우겐스타인 교수의 전문 지식은 아이 아버지의 유죄를 입증하는 데 도움이 되었다.

그 마르고 작은 불쌍한 소년이 반응을 보이지 않는다는 신고를 받고 응급구조대가 출동했다. 그들은 계단 난간의 핏자국과 회반죽 외장에 움푹 팬 자국을 발견하고 경찰에 신고했다. 아이는 병원에서 사망했고 부검보고서에는 뇌와 내부 장기에 다수의 손상이 확인되었다고 기록되었다. 또 예전의 부상 목록도 있었다. 소년의 아버지는 아들을 때린 적도 없고 아들의 죽음에 어떤 식으로든 관여하지 않았다며 부인했다. 자신은 아들을 사랑하는 부모라고 주장했다.

뼛조각, 엄지발톱과 엄지손톱, 근육 등이 포함된 조직 샘플의 분석을 보냈다. 엄지발톱은 이전 해의 아이 영양상태에 대한 정보를 순서적으로 알려주었다.

아우구스타인 교수는 아이의 생전 식생활에서 세 번의 기간과 두 번의 변화를 확인할 수 있었다. 가장 오래된 기간(4~12개월 전)은 영양학적으로 안정기였고, 어린 소년은 정상적으로 가리지 않고 다 먹었다. 사망하기 4개월 전에는 식단이 약간 다르게 바뀌어 C4 종류(옥수수, 사탕수수, 기장)가 아닌 C3 종류(밀, 호밀, 귀리, 쌀 등)의 채식 위주가 되었다. 이런 변화에 대하여 덥고 건조한 기후 지역에서 보다 온화한 기후 지역으로 이사했을 것이라는 설명이 가능하다. 마지막 두 달 동안은 다양한 음식 섭취를 확실히 그만두고 사실상 동물성 단백질이 포함되지 않은 식단으로 바뀌었다.

경찰은 조사를 통해 소년이 사망하기 약 4개월 전까지는 아버지와 연락 없이 어머니와 파키스탄에서 살았다는 사실을 알게 되었다. 그 후 아이는 아버지의 양육권 주장으로 영국으로 왔지만 처음에는 대부분 조부모와 지냈다. 하지만 마지막 두 달 동안은 아버지 혼자서 아이를 돌보았다. 조부모는 아이의 멍과 부상이 우발적으로 생긴 것이라는 말을 들었고 손자에게 무슨 일이 있다고는 전혀 의심하지 않았다. 결국 소년의 아버지는 과실치사를 시인했고 19년의 징역형을 선고받았다.

인체는 거짓말을 하지 않지만, 때로는 그 속에서 진실을 알아내려면 전문가가 필요하다. 심지어 발톱에서도 알아낼 진실이 있다.

발에는 우리의 생활 방식에 대한 다른 정보도 담겨 있을 수 있다. 예를 들어 핀으로 찌른 것 같은 작은 구멍이 있으면 법의인류학자는 정맥주사용 마약의 사용을 의심해야 한다. 물론 발은 일반적으로 주사를 놓는 부위가 아니지만(주로 상지에 놓는다), 4년 정도 집중적으로 남용하면 정맥이 터지기 시작하여 주사를 놓을 수 없기 때문에, 습관적인 중독자는 주사 부위를 종종 다리와 발로 바꾼다. 발등에는 덮고 있는 연조직이 거의 없기 때문에, 정맥이 아주 잘 보이고 찾기도 쉽다. 또 양말과 신발을 신으면 습관적인 주사 흔적도 쉽게 숨길 수 있다.

많은 정맥주사용 마약 사용자들은 엄지발가락과 둘째 발가락 사이의 정맥을 선택하지만, 이곳에 주사하면 치유가 늦어지고 농양, 감염, 정맥 터짐, 혈전증 및 다리궤양 같은 합병증의 위험이 높아진다. 발의 정맥은 가늘고 주입 압력으로 인해 파열되기 쉽다.

헤로인 중독자들은 종종 주사 부위와 흔적을 숨기기 위해 문신을 사용하기 때문에, 발에 특히 엄지발가락과 둘째 발가락 사이에 문신이 있는 사람이 있다면 발을 좀 더 자세히 검사할 필요가 있다는 표시다.

발에 있는 신경 종말의 양 때문에(발이 간지럼을 얼마나 잘 타는지 생각해보라), 여기에서 우리가 경험하는 통증은 격심하고 심신을 약화시킬 수 있다. 그래서 사람들은 발을 표적으로 하여 고통을 가하고 싶어 한다. 발을 채찍질하는 고대의 풍습인 팔랑가는 현재 유럽 인권재판소European Court of human Rights가 일종의 고문이라고 인정하고 있으며, 전 세계 여러 곳 주로 중동과 극동 아시아의 국가들에서 행해졌던 것으로 기록되어 있다. 이것은 보행 장애를 일으키고 때때로 발뼈의 골절을 초래할 수 있다.

고문의 흔적과 시리아 대량 학살

2014년 1월에 런던에 있는 국제 법률 회사로부터 갑자기 연락이 왔다. 그들은 국제적인 기소자와 법의학 전문가가 포함된 독립적인 탐사팀을 꾸렸다. '카타르로 날아가 영상을 조사할 준비를 할 수 있나요?' 나는 일주일 이내로 머물 예정이었고, 모든 비용과 경비는 회사에서 부담하기로 했다. 나는 지정된 날짜에 히드로 공항에서 내 이름으로 된 항공권을 받게 되어 있었다. 그곳에서 볼 이미지가 어떤 내용인지, 그 팀에 누가 있는지에 대해 전혀 들은 바가 없었다.

조심스러운 성격인 나는 그 회사에 대해 알아보았다. 회사는 완전히 합법적인 것처럼 보였고, 나에게 연락한 남성은 높이 평가받는 국제변호사였다. 또 외무부의 아는 사람에게도 확인해봤는데, 그는 그들의 방법에 우려되는 점은 보지 못했다고 나를 안심시켰다.

하지만 내가 아는 것은 여기까지였다. 그 외에 나는 혼자였고, 잠재적으로 다른 사람의 지지 없이 나 혼자 있을 가능성이 있었다. 로펌으로부터 더 이상 아무 말도 듣지 못한 나는 운명에 맡기기로 했다. 어쨌든 런던에 있었기 때문에 히드로 공항에 갔다. 데스크에 항공권이 없으면 할 수 없고, 있다면⋯ 음, 아마 새로운 모험의 시간이 될 것이다.

내 항공권은 준비되어 있었다. 게다가 일등석이었다. 안심해야 할지 걱정해야 할지 확신이 들지 않았다. 그러나 비행기에 탈 때 몸을 왼쪽으로 돌릴 수 있다는 것은 멋진 일이라는 것을 인정해야 했다. 간혹 비즈니스 클래스를 타는 호사를 누리기도 했지만 일등석은 전혀 차원이 다르다는 것을 곧 알게 되었다.

불행히도, 나는 지난 한 달 동안 특히 몸을 쇠약하게 하는 미로염(내이감염)을 앓다가 완전히 회복되지 않은 상태였기 때문에 비행기를 타는 것이 불안했다. 더욱이 약을 먹고 있었기 때문에 알코올은 손도 대지 않았고, 미로염으로 인해 심한 멀미가 도질까 봐 겁나서 먹는 것도 아주 조심했다. 그렇게 나는 넓은 일등석 자리에 앉았다. 내 인생에서 처음이자 유일한 기회일 것이라고 생각하면서 샴페인, 고급 와인, 관자, 스테이크, 초콜릿은 모두 거절하고 물과 빵만 받았다. 하지만 그래도 멋진 경험이었다. 침대는 아주 편안했고, 승무원들은 아주 친절했고 디올의 무료 선물도 받았다. 그럼에도 내가 어느 순간 잡힐지도 모르는 사기꾼이라는 느낌에서 벗어나지 못했다.

비행기가 카타르의 수도인 도하의 하마드국제공항에 착륙했고, 일등석 승객은 모두 기내에 남아달라는 요청을 받았다. 승객마다 터미널에 태워다줄 리무진이 배정된 것 같았다. '이런 여행에 익숙해질 수 있겠다'라고 속으로 생각했다. 그때 내 이름이 불렸고 나는 마지막까지 머무르라는 요청을 받았다. 이제 나는 창피하게 터미널까지 혼자 걸어가야 한다는 것을 마지막 순간에 깨달았다.

그러나 아니었다. 알고 보니 고위 정치인과 함께 나를 공항을 거쳐 호텔까지 데려다 줄 특별 리무진이 준비되어 있었다. 그는 내

여권을 가져가서 이민국에 이야기하고, 여권에 입국도장을 찍고, 내 짐을 찾았다. 그동안 나는 차 안에서 편히 쉬고 있었다. 하지만 불안함에 목 안이 따끔따끔했다. 정부가 이렇게까지 한다는 것은 내가 치러야 할 대가가 있을 수 있다는 뜻이기 때문이다. 그러므로 방심하지 말아야 한다. 사람들 말처럼 공짜 점심은 없고, 이런 대우는 말할 것도 없이 아주 이례적이었다.

나는 믿기지 않을 정도로 좋은 호텔의 개인 스위트룸으로 안내받았다. 우리 팀이 한 층을 모두 사용했기 때문에 우리는 그곳에서 비밀리에 일할 수 있었다. 우리가 이곳에서 하는 일이 무엇이든지 간에 카타르 정부의 전폭적인 지원을 받는다는 것이 아주 분명해졌다. 우리 팀은 6명이었다. 그중 3명은 세계에서 가장 유명한 국제 형사 전문 변호사였다. 또 참석자 중에는 변호사 한 명도 있었는데 그는 일행 중에서 나에게 맨 처음 다가왔고 매력적인 신사였다. 또 영국에서 온 병리학자를 만났는데 내 친구여서 아주 안심했다. 그리고 내가 있었다. 우리는 정부 관계자로부터 브리핑을 받았다.

2011년 아랍의 봄 시위로 시리아에서는 바샤르 알아사드Bashar al-Assad 대통령 정부에 대한 불만이 상당히 크게 일어났다. 많은 시위가 폭력적으로 진압되었고 많은 사람들이 행방불명되거나 구금되었다. 〈파이낸셜 타임스〉는 카타르가 그 후 시리아 내전의 처음 2년 동안 반군에게 '최대 30억 달러'를 지원했으며 시리아 망명자와 그 가족에게 연간 약 5만 달러의 난민 패키지를 제공하고 있다고 보도했다. 그러한 망명자 중에 암호명 '시저'로만 알려진 사람이 있었다.

시저는 자신이 아랍의 봄 이전에는 법의학 수사관이었다고 전쟁범죄 수사관들에게 말했다. 시리아 반란이 시작되자 그는 시리아 헌병에서 사진작가로 일했다. 그의 일은 다마스쿠스에 있는 두 개의 군 병원에서 '죽은 수감자들의 사진'을 찍으면서, 시리아 군 교도소에서 사망한 군인들의 시신을 기록하는 것이었다. 그는 사형이나 고문을 목격한 적은 없다고 주장했지만, 사망을 기록하는 아주 체계적인 시스템에 대해 설명해주었다.

그는 병원으로 옮겨진 모든 시신에는 두 개의 숫자가 표시되어 있다고 진술했다. 하나는 병원 수용과 관련된 것이고 다른 하나는 수용소 번호였다. 그는 사망자의 얼굴 옆에 병원 번호를 놓고 사진을 찍어야 했다. 사망자의 가족은 그 사진과 함께, 그들의 아들(또는 남편, 아버지)이 병원에서 자연사했다는 사실을 알리는 애도의 메시지를 받았다. 그리고 그 사진은 사망확인서 발급에 필요한 증거였다.

그는 사망자들의 얼굴에서는 고문의 흔적을 본 적이 없었다. 고문의 흔적은 모두 턱 아래에 있었다. 이런 손상들 역시 사진을 찍어두어야 했는데, 이번에는 수용소 번호와 함께 찍었다. 이것은 죄수를 고문하라는 명령이 수행되었다는 증거였다.

시저는 눈앞에 펼쳐지는 작전의 규모에 점점 더 감명을 받았고, 카타르가 제공하는 저항하기 힘든 난민 패키지에서 탈출구를 보고 반군 단체와 대화하기 시작했다. 설득된 그는 큰 개인적 위험을 무릅쓰고 사진 증거물을 복사했다. 그는 매일 양말 발가락에 USB 장치를 숨겨와 반군 단체에게 건넸다.

그들은 이 USB 장치들을 시리아 밖으로 밀반출하는 데 성공했고, 2013년 8월에 시저는 비극적인 교통사고로 사망했다. 실제로 슬픔에 잠긴 가족들이 참석한 그의 장례식이 행해지는 동안, 그는 비밀리에 시리아 밖으로 빠져나오고 있었다. 2014년 1월 우리가 도하에서 시저를 만났을 즈음에는 그의 가족도 안전하게 시리아를 빠져나와 그와 재회했다.

그는 1만 1천 구가 넘는다고 주장되는 시신의 사진을 5만 5천 장 넘게 복사했는데, 모든 사진에는 굶주림, 잔인한 구타, 교살 및 그 외 형태의 고문과 살해의 증거가 담겨 있었다. 우리 팀 변호사들의 임무는 시저를 인터뷰하여 그가 믿을 만한 증인인지 확인하는 것이었다. 한편 법의병리학자와 나는 그 사진들이 조작되었는지, 복제된 사진은 아닌지, 원본인지 여부를 확인하기 위해 최대한 많은 사진을 조사해야 했다.

조사팀은 증거를 평가하는 업무를 신중하게 처리했다. 우리는 모두 특정 정치적 관점을 선전하는 수단으로 이용되지 않아야 한다는 필요성에 대해 경각심을 갖고 있었다. 팀이 자체 결론을 내리고, 우리 일에 다른 당사자의 간섭이 없고, 조사 결과가 편향되지 않고 타당한 것이 중요했다.

병리학자와 나는 차를 타고 호텔을 떠나 길을 많이 우회하여 도하 시내의 아파트 단지에 갔다. 우리는 그 아파트를 세 차례에 걸쳐 방문했지만, 세 번 다 다른 길로 갔다. 시저의 위치를 비밀로 유지하기 위해 카타르 특수 요원들이 우리 뒤를 좇고 있다는 것을 우리는 알고 있었다.

우리는 건물에 들어와도 좋다는 허가를 받을 때까지 차에 앉아 있었다. 아파트 문에서 보안요원의 점검을 받은 후, 우리는 가구가 거의 없는 거실로 안내를 받았다. 한동안 그곳에는 우리뿐이었다. 드디어 시저가 들어왔고 우리에 대한 소개를 받았다. 그는 조용하고 호감 가는 사람이었다. 노트북이 들어왔고, 노트북을 켜고 폴더를 여는 것이 허용되었다. 그 안에는 수많은 사진, 모두 죽은 남성의 사진이 들어 있었다. 처음 한 시간은 사진들을 죽 훑어보면서 사진 속 내용에 익숙해졌고 복제나 연출한 흔적이 있는지 찾아보았다.

시저는 당연히 처음에는 우리를 아주 경계했지만, 함께 시간을 보내면서 우리의 질문에 의심스러운 안건이 없는 것에 안심하고 긴장을 풀었다. 우리는 그에게 모든 사진을 직접 찍었느냐고 물었고, 그는 아니라고 말했다. 또 살인을 목격한 적이 있는지 물었고 그는 없다고 확인해주었다. 그의 대답을 들었을 때 그가 자기주장을 과장하려는 것 같지는 않았다.

한 장의 사진에 사진을 찍은 사람의 엄지손가락이 선명하게 나와 있었다. 나는 시저의 옆에 앉아 그의 손 구조를 살펴보았기 때문에 그것이 시저의 손가락이 아닌 것을 알고 있었지만, 그에게 그의 것인지 물었다. 그는 아니라고 대답했다. 몇 번이고 다른 관점에서 질문을 던졌지만, 그는 항상 일관되고 분명하게 대답했다. 그리고 모르는 질문에는 그냥 모른다고 대답했다.

우리는 우리가 작성하게 될 보고서에 대해 이야기했다. 당시에는 그 보고서의 궁극적인 목적도 모르고 말이다. 시저를 둘러싸고 있는 남자들은 어떤 사진도 보고서에 넣을 수 없다고 주장했지만, 나는 그들에게 우리가 보고 있는 것의 시각적 효과가 특히 중요하다고 설득하면서 재고할 것을 촉구했다. 나는 그들에게 복사 사용이 허용된 사진에서 다시는 되살릴 수 없게 얼굴과 숫자를 지우는 방식으로 개인 식별 요소를 없애는 법을 보여주었다. 많은 토론과 논쟁 끝에 결국 그들은 피사체를 완전히 식별할 수 없게 한다면, 10개 이하의 사진을 사용하는 데 동의했다. 이는 보고서의 영향력과 가치를 변화시켰기 때문에 의미 있는 승리였다.

파일에 있는 사진을 모두 조사하기에는 시간이 충분하지 않을 것이 분명했기 때문에, 우리는 손상의 특성을 보여주는 것들을 광범위하게 모으기 위해 모든 폴더를 딥 샘플dip-sample 하기로 했다. 전체적으로 우리는 거의 5,500장의 사진을 보고 범주별로 분류했다.

시저와 마찬가지로 우리는 시신의 턱 위 부위에서 고문의 흔적을 보지 못했다. 그러나 샘플의 16퍼센트에서 목 주위에 가로로 묶인 흔적이 보였다. 교수형은 매달렸을 때 남는 자국이 일반적으로 뒤쪽으로 갈수록 위를 향하기 때문에 이 흔적과 일치하지 않았다. 이것은 목을 조른 흔적이고 고문과 일치한다는 것이 우리 의견이었다. 끈이 사용된 사진들 중에, 목에 아직 자동차 팬 벨트가 둘러져 있는 사진이 있었다. 묶인 흔적이 손목과 발목에 있는 사진도 일부 있었고, 어떤 사진에서는 플라스틱 케이블타이도 보였다.

5퍼센트의 사진에서는 전차궤도 모양의 타박상이 보였다. 쇠막

대나 플라스틱 막대처럼 긴 원통형 물체에 맞으면, 맞은 곳의 피부 표면이 파열되고 선형의 타박상이 생긴다. 이렇게 뚜렷하게 나란히 생긴 자국들이 어떤 사진에서는 몸통에서 보이고, 다른 사진에서는 사지에서도 보이기도 했다. 특히 한 시신에서는 몸통 여기저기에 타박상이 너무 많아서(50개 이상) 피해자가 당시에 묶여 있었던 것이 틀림없었다. 그렇지 않다면 그는 자신의 몸을 보호하려고 몸을 웅크렸을 테니 말이다.

샘플의 60퍼센트 이상은 많이 여윈 시신을 담고 있었다. 많은 시신이 너무 마른 상태라 마치 제2차 세계대전 때 강제수용소의 사진을 보는 것 같았다. 뼈가 다 드러나서 갈비뼈가 하나하나 다 보였고 얼굴은 움푹 패고 홀쭉했다.

우리가 분석한 특정 외상의 마지막 범주는 하지, 특히 정강이 및 발과 관련이 있었다. 55퍼센트 이상이 이곳에 광범위한 궤양이 있었다. 정확한 원인은 불분명했고 시저는 고문의 여파만 보았기 때문에 우리에게 원인을 알려줄 수 없었다. 가능성 있는 원인으로는 압박 효과(욕창), 혈관 기능 부전, 뜨거운 물체나 차가운 물체를 가하는 것 같은 가해성 손상, 영양부족으로 인한 조직 파괴 등이 있다. 그러나 이 샘플에서는 궤양성 병변의 대부분이 젊은 남성들에게서 발생했기 때문에, 그 모든 원인이 자연적인 것일 가능성은 희박했다.

가장 가능성 있는 설명은 정맥기능부전이었다. 끈으로 무릎 주위를 꽁꽁 묶어 하지의 혈액 이동을 심각하게 제한하여 심한 고통을 주는 고문의 결과로 인한 것이다. 압력이 증가하면 혈관이 파열되고 피부에 궤양이 생긴다. 우리가 샘플로 뽑은 남성의 절반 이상이 다리와 발에 이 증상이 있었고, 이는 고문법과 패턴의 증거였다.

이런 고문 손상을 정확하게 진단하려는 법의학 과학자의 시각에서 봤을 때 사진이 항상 가장 좋은 각도에서 찍힌 것은 아니며, 발채찍질 처벌을 배제할 수 없었다. 시리아에서 보고되었던 발 채찍질 구타는 발뒤꿈치나 발볼이 아닌 발바닥 가운데의 연한 아치 부분에 집중된다. 그리고 고문자들 사이의 협력이나 피해자를 움직이지 못하게 하는 것이 필요한데, 일부 사진에서 피해자를 꼼짝 못 하게 한 방식은 다른 부상을 가하는 동안 사용되었다.

우리는 시저가 신뢰할 수 있고 설득력 있는 증인이며 사진들은 진짜라는 것을 알게 되었다. 우리는 다실바Da Silva 보고서를 카타르에서 완성했다.

그다음 주에는 전 세계 신문사와 방송국들이 이 보고서를 보도할 예정이었다. 영국의 〈가디언〉지를 포함하여 보도 매체의 다수는 이 보고서 전체를 재생산했다. 유엔의 후원으로 시리아 내전의 종식을 목표로 하는 국제 평화회의인 제네바 2차 시리아 회의와 시기가 일치했다. 평화 회담 전날 보고서가 발표되자 아사드 정부는 뒤로 물러섰고 대량 학살에 대한 국제적인 분노와 비난이 촉발되었다. 그러나 지금까지도 뚜렷한 해결책은 나오지 않았다.

마지막 말은 시저에게 맡기는 것이 적절할 것 같다. 그는 미국 오바마 전 대통령에게 이렇게 말했다. "내가 내 목숨과 가족의 목

숨을 걸고, 친척들까지 그렇게 큰 위험에 노출시킨 것은 시리아 정
권이 수감자들을 대상으로 자행하던 조직적인 고문을 막고 싶어서
였다."

WRITTEN IN BONE

여전히 마음속에 남아 있는 이야기

'옷장 속 해골에 대하여 이야기해야 할지 모르잖아요.'
마크 맥과이어 _야구선수

미국의 전염병학자 낸시 크리거Nancy Krieger는 몸이 들려주는 이야기가 우리의 존재 상태와 어떻게 분리될 수 없는지에 대해 썼다. 우리 몸과 우리 자신, 세계 간의 관계를 나보다 더 잘 요약했다. 그 이야기는 항상은 아니지만 종종 우리 자신과 다른 사람들의 진술과 일치한다. 우리 몸이 들려주는 이야기를 다른 사람들은 할 수도 없고, 하지도 않을 것이다. 왜냐하면 그들은 그렇게 할 수 없고, 그렇게 하는 것이 금지되어 있고, 그렇게 하지 않기로 선택했기 때문이다.

2018년에 내 전작인《남아 있는 모든 것들》이 첫 출간된 후, 정말 많은 사람들로부터 자신의 몸에 대해 쓴 편지를 받았다. 그들은 지난 몇 년 동안 자신의 몸에 무슨 문제가 있었는지, 자신의 몸에 나타난 이상하고 놀라운 해부학적 변형, 마지막 숨을 거둔 후 자신의 유해가 어떻게 보일지 등등에 대하여 썼다. 이 이야기들은 모두 모여서 인체해부학의 내용을 아주 풍성하게 해주며, 사람들이 이 문제에 대하여 얼마나 솔직하게 말할 수 있는지를 보여준다.

《나는 매일 죽은 자의 이름을 묻는다Written in Bone》는 법의인류학자가 일하는 방식대로 인체의 부위에 중점을 두고 부위별로 이야기하고 있다. 우리는 인체의 어떤 부위가 식별을 위해 우리 앞에 제시될지, 그 상태가 보존된 상태인지 아니면 파편 상태인지 전혀 알지 못한다. 이 책의 모든 사례에서 알 수 있듯이, 우리의 임무는 시신의 신원, 삶과 죽음에 대한 질문에 답을 찾기 위해 제시된 모든 인체 부위에서 단 하나도 빠짐없이 모든 정보를 알아내는 것이다.

사실상 내가 이 분야에서 일하는 계기가 된 사건이 있다. 그 사건은 나에게 법의인류학자의 역할과 그것을 사법 절차에 어떻게 적용하는지를 잘 보여주었다. 그것은 모든 법의학 병리학자, 해부학자, 경찰관, 변호사, 판사는 물론 모든 법의인류학자에게 꼭 필요한 이야기임에 틀림없다. 이 사건은 나의 집과 일터가 있는 랭커스터와 내 나라인 스코틀랜드를 이어주었다. 경찰과 해부학자의 협력을 보여주고 나와 동시대의 과학자와 수사관들에게 길을 열어준 획기적인 수사기술과 법의학 기술을 설명한다. 또한 우리가 열린 태도로 모든 가능성을 받아들이고, 끊임없이 기술을 향상시키고 진실에 다가갈 새로운 방법을 모색해야 할 필요성을 강조한다.

또한 이 이야기는 어떤 사람에게 무슨 일이 일어났는지 확인하려면, 때때로 깊숙이 들어가 관여해야 한다는 통찰을 준다. 그리고 모든 살인사건 수사의 끝에는 진실과 정의가 있음을 일깨워준다.

그것은 잘라진 채 발견된 신체의 한 부분으로 무엇을 밝혀낼 수 있을지를 정확히 예상해야 하는 이유를 설명해준다. 아마도 그건 우리 모두가 해야 하는 흥미로운 과제일 것이다. 당신이 누구인지, 당신의 삶은 어땠는지를 확인하려는 나를 위해 당신은 자신의 몸에서 무엇을 찾아야 하는가? 이 책의 내용처럼 머리부터 발끝까지 살펴보면, 기록될 수 있는 자잘한 특징이 얼마나 많은지 놀랄 것이다. 그것들을 결합하면 당신의 가족과 친구들이 알아볼 당신과 당신의 삶과 유사한 결과가 나올 것이다.

• • •

이 사건의 중심에는 부크티아르 루스톰지 라탄지 하킴이 있었다. 그는 1899년에 부유한 중산층 프랑스계 인도인 가정에서 태어났다. 그는 내·외과의사 자격증을 취득한 후 봄베이의 한 병원에서 일했고 나중에는 인도의료서비스Indian Medical Service에서 근무했다. 그는 시야를 넓히기 위해 1926년에 런던으로 이주했다. 그는 야망이 컸지만, 대도시 런던에는 포부에 찬 의사들이 가득했고 그는 자신이 큰물에서 놀기엔 평범하고 작은 물고기에 불과하다는 사실을 깨달았다. 그래서 다시 에든버러로 자리를 옮겼다. 내·외과의사들이 존경받는 그곳에서 그는 왕립외과의협회의 회원이 되기 위한 공부를 하고 세 차례 시험을 봤지만 모두 떨어졌다.

그는 자신의 인도 이름이 발목을 잡고 있다고 느껴서, 주변인들에게 의견을 물어본 뒤 훨씬 영국적인 이름, 벅 럭스턴으로 개명했다. 정중한 닥터 벅 럭스턴은 에든버러의 한 레스토랑에서 매니저를 하던 이사벨라 커를 만났다. 비참했던 짧은 결혼 생활을 끝내고 이혼한 벨라는 유쾌하고 이국적인 이 의사를 풍족한 삶을 살게 해줄 수단으로 보았다.

벨라는 임신을 했고, 스캔들을 피하기 위해 런던으로 도망친 그들은 자신들을 결혼한 부부로 소개했고 벨라는 딸을 낳았다. 럭스턴은 런던에서 성공하기는 힘들다는 것을 다시 깨달았다. 그는 마침내 외과의사가 자신에게 맞지 않다고 판단해서 경쟁이 심하지 않은 지역에서 일반개업의로 자리를 잡으면 적당하게 벌며 생활할 수 있는 더 나은 기회를 가질 수 있겠다고 결정했다.

그래서 1930년에 럭스턴의 가족 세 명은 랭커스터로 이주했다. 인구 대비 의사가 부족했던 이 가난한 북부 도시는 새로 개업한 의사가 자리 잡고 성공하기에 딱 좋은 곳이었다. 부동산이 비싸지 않았기 때문에 럭스턴은 대출을 받아 달튼 스퀘어 2번지에 있는 조지 왕조시대의 타운하우스를 구입했다. 그곳에서 벨라와 함께 가정을 꾸리고 진료소를 열었다.

오래지 않아 진료소는 번창했다. 럭스턴은 인기 있는 개업의였고 환자들로부터 좋은 평가를 받았다. 특히 임산부와 유아 사망률이 높았던 당시에 그의 훌륭한 부인과 기술은 큰 명성을 얻었다. 국가 보험이 없어서 환자가 약과 진찰료를 모두 부담해야 했던 시절에, 그는 지불 능력이 없는 가난한 환자들에게 비용을 면제해주는 것으로 알려졌다.

　말쑥한 외모와 의사라는 전문직, 친절한 태도를 겸비한 벅과 매력 넘치고 사교적인 벨라 부부는 지역 상류층에 빠르게 받아들여졌다. 5년 만에 두 아이가 더 생겼고 표면적으로 이 가족의 삶은 행복해 보였다. 그들의 집은 편안하게 꾸며져 있었고 1930년대에 부자의 상징이었던 차를 각자 소유하고 있었다. 또 요리와 청소를 담당하는 하녀들과 함께, 인근 바닷가 마을인 모어캠브 출신의 메리 로저슨이라는 입주가정부도 있었다.

　그러나 반짝이는 동화 같은 겉모습과 달리 두 사람의 사이는 좋지 않았다. 벨라는 야심차고 고집이 셌다. 의사의 아내 역할에 만족하지 않고 자신이 직접 사업을 하여 돈을 벌기로 했다. 벅은 벨라를 통제하고 싶어 했고 그녀는 자유를 원했기 때문에, 종종 시끄러운 말다툼이 났고 그 결과를 누구나 볼 수 있었다. 벨라는 목에 멍이 들었고 여러 차례 출두한 경찰에게 남편이 폭력적이라고 말했다. 그의 폭력 행사에 그녀는 아이들을 데리고 한 차례 이상을 집을 나갔지만, 항상 돌아왔다. 가정 폭력에 대한 당시의 태도는 가장인 남편이 가계를 꾸리고 아내를 관리하기로 선택하는 것은 그의 일이지 다른 사람이 참견할 수 없다는 것이었다.

　처음에 럭스턴을 매혹시켰던 벨라의 모든 성격이 이제는 근심과 괴로움의 근원이 되었다. 그는 그녀의 독립적인 성격과 그녀의 헤픈 씀씀이에 분개했다. 벨라는 굉장한 미인은 아니었지만 젊은 남성들을 매료시키는 카리스마가 있었고, 벅스턴은 미칠 듯이 질투

했다. 그는 그녀에게 애인이 있고 자신을 영원히 떠날 것이라고 확신하게 되었다.

1935년 9월 14일 주말에 결국 모든 것이 터져버렸다. 벨라는 토요일 밤 블랙풀에 가서 두 자매를 방문하고 세계적으로 유명한 전광식을 보기로 여행 계획을 세웠지만, 럭스턴은 그 계획이 마음에 들지 않았다. 그녀는 계획과 달리 하룻밤을 묵지 않고 조용한 생활을 위해 당일 저녁에 랭커스터로 돌아가기로 했다. 그러나 그녀는 새벽 1시가 넘도록 집에 들어오지 않았고, 그는 그녀가 다른 남자를 만나고 있다고 확증하게 되었다.

9월 15일 일요일 아침 일찍, 그녀가 집에 들어왔을 때 럭스턴은 그녀를 기다리고 있었을 것이다. 그는 그녀의 목을 졸랐을 수도 있고(전에 이런 공격을 한 적이 있기 때문이다), 부지깽이로 내리쳤을 수도 있다. 증인은 없으므로 우리는 진상을 절대 알지 못할 것이다. 사건의 전후관계가 어찌되었든 벨라는 죽었다. 어쩌면 그 소란을 듣고 계단참에 나온 하녀 메리 로저슨도 같은 운명을 맞았을 것이다. 어떤 식이었든 그녀 역시 그날 아침에 목숨을 잃었다. 이후 계단에서 발견된 혈액의 양으로 볼 때 두 여성 모두 또는 한 명은 칼에 찔렸을 수 있다.

럭스턴은 작정하고 사실혼 관계의 부인과 하녀를 살해한 것일까? 아마 아니겠지만, 어쨌든 그들은 사망했고, 이제 그는 처리 방법을 정해야 했다. 커리어와 명성을 버릴 각오를 하고 자백을 할까? 그냥 가방을 싸고 도망가야 할까? 아니면 은폐 시도를 해야 하나?

그는 마지막 방법을 선택했다. 그는 분명 영리한 사람이었지만, 오만하기 쉽고 자기 머리를 지나치게 믿었고 경찰의 능력을 약간 얕잡아 보았을 수도 있다. 그는 그럴듯한 이야기를 꾸며내야 했지만, 그보다 더 급한 것은 계단참의 카펫을 피와 체액으로 흠뻑 적시고 있는 시신 두 구를 처리할 방법을 찾는 것이었다.

그에게는 시신 절단이 논리적인 해결책으로 여겨졌을 것이 분명하다. 필요한 해부학적 지식도 갖고 있었고, 법의학도 공부했으며, 외과 도구도 있었다. 그러나 전문 지식만 갖고 시신을 자르기는 쉽지 않다. 준비를 하고, 절단한 부분들을 폐기할 장소, 지저분해진 현장을 치울 방법 등을 생각해야 한다. 럭스턴은 시신을 절단하고, 집에서 잠들어 있는 세 아이를 하녀들의 도움 없이 돌보는 한편 시신을 처리하고 집을 청소하고 조작된 이야기를 꾸며내야 했다.

그는 시신들을 계단참에서 욕실로 끌고 갔다. 욕실에는 크기도 적절하고 인체 모양의 욕조가 있고 배관도 갖추어져 있어서 시신의 모든 체액을 씻어낼 수 있기 때문에 절단 작업을 하기에 좋았다. 집에 핏자국을 남길 수 없으므로 시신에서 피를 빼야 한다는 것과, 피가 응고되기 시작해서 일이 더 어려워지기 전에 빨리 해야 한다는 것을 알았을 것이다. 또 당장 신원을 확인하기 어렵게 만들기 위해 시신을 변형시켜야 했을 것이다. 나머지 작업은 시간이 지나면 시신이 부패되어 저절로 될 것이다.

적절한 장비와 적절한 기술을 사용하면, 사실상 시신 절단에는 많은 시간이 걸리지 않는다. 그는 사실혼 부인인 벨라부터 시작했다. 그녀를 욕조에 던져 놓고, 옷을 벗긴 뒤, 몸통의 피부를 벗기고 가슴을 제거했다. 그는 튀어나온 후두 융기가 남녀 구별의 지표라는 것을 알았기 때문에 후두를 잘라냈다. 또 내부와 외부 생식기를 제거하고, 입술과 귀, 눈, 두피, 머리카락을 잘라냈다. 그런 다음 머리를 잘라냈다. 뺨을 잘라내고, 앞니를 비롯하여 신원 확인에 도움이 될 충전이나 진료를 받은 이를 모두 뽑았다. 그녀의 발목이 두꺼워 상당히 특이했기 때문에 골반 전체를 절단하고 하지의 살을 벗겨냈다. 그리고 지문 비교를 못 하도록 손가락 끝을 잘라냈다. 그는 노련하고 정확하게 그녀의 주요 관절을 절단했다. 그가 유일하지만 중대하게 차질을 빚은 것은, 오른발에 있는 엄지건막류의 흔적을 제거하는 동안 칼이 미끄러져서 자신의 손이 심하게 벤 것이다. 이 때문에 작업 속도가 느려졌고, 메리에게는 벨라만큼 철저하게 작업하지 못할 것 같았다.

이 즈음에서 그는 아마 상당히 지쳤을 것이다. 처음에 마구 샘솟던 아드레날린은 하락 주기에 이르렀고, 부상을 당했으며, 도구들은 무뎌지고 잡는 곳이 미끄러웠을 것이다. 그는 메리를 식별할 수 있는 얼굴의 많은 특징을 제거하는 한편 모반을 없애기 위해 허벅지 피부를 벗겼지만, 손과 발은 그대로 두었다. 몸통은 발견되지 않았기 때문에 어느 정도까지 절단했는지 우리는 알 수 없었다.

그는 피해자들의 신원을 은폐하는 일을 훌륭하게 해냈다. 아마 너무 잘해서 탈이었을 것이다. 그 과정에서 자신의 단서를 남겼기 때문이다. 메리의 어깨와 엉덩이를 깔끔하게 잘라낸 것은 이 일을 한 사람이 해부학적 지식과 필요한 외과 기술을 갖고 있다는 분명한 표시였다. 그리고 그가 제거한 특정 신체 부분은 현대 법의학의 신원 확인에서 무엇이 중요한지를 아주 잘 안다는 것을 가리켰다.

시신들을 잘라낸 럭스턴은 욕실 문을 잠그고, 계단참의 카펫과 벽을 최대한 깨끗이 치우고, 피에 흠뻑 젖었을 옷을 갈아입었다. 그날 아침 느지막하게 그는 아이들과 아침식사를 하고, 청소 담당자에게 들려 다음 날까지 청소할 필요가 없다고 말했다. 그리고 집에서 그를 기다리고 있는 일을 계속 다른 사람들이 보지 못하도록 아이들을 친구들 집에 데려다 주었다.

그는 낡은 옷과 신문을 섞어서 큰 시신 조각들을 감쌌다. 그에게는 이제 따로 처분해야 하는 큰 시신 더미와 옷가지들, 신원을 확인할 수 있는 절단된 신체 부위, 따로 처분해야 하는 조직 잔여물이 있었다. 그는 휘발유를 구입하여, 며칠 동안 밤마다 뒤뜰에 있는 낡고 오래된 통에서 이것들을 태웠다.

그는 벨라와 메리의 부재를 설명하기 위해 여러 가지 이야기들을 생각해냈다. 그중에 하나를 메리의 부모에게 말했다. 메리가 임신을 해서 벨라가 메리를 데리고 낙태시키러 갔다고 했다. 낙태는 불법이기 때문에 이렇게 하면 경찰에 연락하지 않을 것이라고 바라면서 말이다. 그는 그 꾸러미들의 처리 방안을 충분히 오래 생각하는 동안 어떻게든 대부분의 사람들을 접근하지 못하게 했다. 일하는 사람들과 환자들로부터 집에서 이상한 냄새가 난다, 카펫은 어디 갔느냐 등등의 집 상태와 그가 흐트러지고 지친 모습이라는 이야기들이 나왔다. 그는 집을 다시 꾸미기 위해 준비했던 이야기를 일부 사람들에게 했고, 다른 사람들에게는 자신이 스트레스와 걱정 때문에 상태가 단정치 않아 벨라가 그를 또 떠났다고 말했다. 붕대가 감긴 손은 문에 끼어 다쳤다고 했다. 그렇게 거짓말은 또 다른 거짓말을 낳았다.

럭스턴은 시신을 처리하려면 자기 차를 써서는 안 된다는 것을 깨달았다. 그는 그 지역에서 너무 유명했기 때문이다. 그래서 그는 지역의 한 회사로부터 눈에 띄지 않고 트렁크가 큰 차를 빌려서 북쪽 스코틀랜드로 가서 시신을 버리기로 했다. 국경을 건널 때 스코틀랜드 경찰이 영국 경찰에 연락을 취할 가능성은 아마 없을 것이다. 에든버러에 살았던 적이 있기 때문에 그는 길을 잘 알았다.

9월 17일 화요일 이른 아침에 그는 빌린 차에 어린 아들을 태우고 150킬로미터 이상을 운전하여 국경 근처 모팻이라는 마을로 갔다. 오늘날의 고속도로와 더 빠른 자동차를 이용하면 두 시간도 안 걸리는 거리지만, 1935년에는 당연히 훨씬 오래 걸렸다. 모팻에서 북쪽으로 몇 킬로미터 더 올라가 덤프리셔에 있는 가든홈 린 개울의 오래된 돌다리에서 차를 멈추었다. 큰 비가 내려서 개울은 홍수가 났다. 그는 트렁크에 싣고 온 물건들을 다리 난간 너머로 빠르게 흐르는 물에 던졌다.

오후 12시 25분에, 어떤 사람이 자전거를 타다가 켄달에서 남쪽으로 가는 과속 차량에 치였다며 경찰에 신고했다. 그는 기록해 둔 자동차 등록번호도 알려주었다. 신고 전화는 그 길을 따라 있는

다음 도시인 밀른토프의 경찰서에 접수되었다. 럭스턴이 밀른토프를 통과할 때 경찰관 한 명이 럭스턴의 차를 세웠다. 다친 사람이 없었기 때문에 그 사건은 경미한 사건으로 기록되었고, 럭스턴은 자신이 의사인데 랭커스터에 있는 환자를 보러 가는 길이라 과속했다는 이유를 들었고 가던 길을 계속 가도 좋다고 허락을 받았다. 그러나 이는 럭스턴의 큰 실책이었고 그도 그것을 알았을 것이다. 국경에서 돌아오는 길에, 컴브리아 주에서 그의 존재와 빌린 차의 존재가 날짜, 시간과 함께 공식적으로 기록되었다.

이틀 후, 그는 남은 꾸러미를 갖고 다시 왕복 여행을 했다. 이번에는 더 조심스러웠고 아마 애넌강과 그 지류의 여러 곳에서 보이지 않게 시신 나머지를 처리했을 것이다.

9월 25일경에 메리 로저슨의 가족은 소식 없는 메리가 너무 걱정스러워 경찰에 신고했다. 그녀의 고용주인 럭스턴은 경찰의 질문을 받고 미리 준비한 답변을 했다.

9월 29일 일요일 벨라와 메리가 살해된 지 14일째, 모팻 근처에서 산책을 하던 한 젊은 여성이 다리 너머로 가든홈 린 개울을 보면서 물 위로 올라온 팔 하나와 손 하나를 본 것 같다고 생각했다. 그 동네 남자들이 나와 좀 더 자세히 살펴보고는 바위에 걸려 있는 꾸러미 하나를 발견했다. 그 안에는 사람의 머리와 팔이 들어 있었다. 덤프리셔 경찰대의 경찰관들이 자전거를 타고 신속하게 출두했다.

가든홈 린 개울과 주변 개울과 계곡, 애넌강을 모두 수색한 결과 두 번째 머리를 포함하여 수십 개의 신체 부위를 찾아냈다. 천이나 옷가지에 싸인 것도 있었고 젖은 신문지에 싸인 것도 있었다. 물론 당시는 범죄 현장 수사관, DNA, 법의학 사진, 심야에 현장을 밝혀줄 발전기 등이 없던 시절이었다. 하지만 경찰관들은 행동이 빠른데다 빈틈없고 유능했다. 그들은 찾을 수 있는 모든 것을 회수했고 세부 사항까지 꼼꼼하게 많은 기록을 남겼다. 시신의 신체 부위들은 의사의 정밀 조사를 받기 위해 모팻 공동묘지의 한쪽 구석에 있는 시신안치소로 옮겨졌다.

다음 날, 지금 우리가 하는 것과 거의 같은 방식으로 목록이 작성되었다. 지금까지 팔 두 개, 위팔뼈 두 개, 넓적다리뼈 두 개, 종아리뼈 두 개, 상부 몸통, 두 다리의 아랫부분(발 포함), 골반 한 개, 변형된 머리 두 개 등 모두 합하여 약 70개의 신체 부위가 있었다. 그것들을 싸고 있던 천과 신문지를 모두 벗겨서 세척한 뒤 조심스럽게 말렸다.

이 유해들은 자연사로 인한 것이 아니며 적어도 두 사람의 것임이 분명했다. 또한 전문적인 기술로 절단 작업이 이루어진 것이 확실했다. 경찰은 이 일이 어느 의사가 저지른 짓인지, 전체가 사기일 수 있는지 궁금했다. 어쩌면 의대생이 해부실에서 가져다가 버린 것일 수도 있었다. 피해자가 지역 사람인지, 시신을 외지에서 모팻으로 들여온 것인지는 분명하지 않았다. 오늘날과 마찬가지로 이 단계에서는 살인범을 찾고 그들의 사연을 밝히기 위해, 두 시신의 신원을 확인하는 것이 가장 중요했다.

목록을 보면 여전히 누락된 신체 부위가 있다는 것이 분명했기에, 개를 끌고 추가 수색을 벌였다. 그 결과 몇 개가 더 나왔지만 그래도 현재까지 확보한 부위들로는 완전한 시신 두 구가 되지 않았다. 초기 평가에서 피해자들이 나이 든 남성과 젊은 여성일 수 있다고 제시되었다. 이렇게 잘못된 방향으로 수사를 했기 때문에, 실종 여성 두 명을 찾는 사람은 전혀 나타나지 않았다. 현지에는 유사 실종자들도 없어서 수사를 확대해야 했다. 특히 유해가 영국이 아닌 스코틀랜드에서 발견되었고 남쪽보다는 북쪽으로 가는 것이 더 편했기 때문에 글래스고 경찰이 투입되었다. 글래스고와 에든버러의 오래된 대학들의 해부학자와 법의학 의사들 역시 개입했다.

해부학자들의 팀장은 에든버러대학교의 제임스 브래쉬James Brash 교수였고, 에든버러대학교 법의학 교수인 시드니 스미스Sydney Smith와 글래스고대학교의 법의학 교수인 존 글라이스터John Glaister도 있었다. 세 사람 모두 세계적으로 저명한 학자들이었고, 아이러니하게도 럭스턴이 존경하는 교수들이었다. 브래쉬 교수와 스미스 교수는 그가 외과 의사 시험을 공부할 때 가르치기도 했을 것이다.

그들은 단순히 시신 1과 시신 2라고 이름을 붙이고, 부위를 맞추기 시작했다. 그들은 시신을 절단한 사람이 외과적 또는 해부학적 경험이 있고, 일부 부위를 제거한 이유가 시신의 신원을 확인할 수 있는 것을 파괴하기 위해서가 아닌가 하고 의심했다. 그들은 시신을 훼손한 목적이 성별과 신분을 숨기기 위한 것임을 알고 있었지만, 여전히 나이가 많은 남성과 젊은 여성의 시신이라는 전제 하

422

에 작업하고 있었다. 시신당 하나씩, 방부액 탱크 두 개가 건설되었고, 더 이상 부패하지 못하도록 부위들을 방부액에 넣었다.

9월 30일, 신문에 모팻에서의 섬뜩한 발견에 대한 기사가 실렸지만, 피해자는 여전히 남성 한 명과 여성 한 명으로 보도되었다. 럭스턴은 크게 안도했을 것이다. 그러나 경찰에게 필요한 행운의 분기점을 제공한 것은 바로 그 신문이었다. 시신 부위들을 싸는 데 사용되었던 신문지 중에 1935년 9월 15일자 〈선데이 그래픽Sunday Graphic〉의 기사가 있었다. 신문 일련번호는 1067이었다. 이로써 가능성 있는 가장 이른 시신 투기 날짜를 알게 되었다. 게다가 이 신문은 랭커스터 지역의 지역 신문일 뿐만 아니라 발행부수도 더욱 좁혀질 수 있었다. 그것은 랭커스터와 모어컴 일대만 소량 배포되는 한정 '슬립에디션slip edition'이었기 때문이다.

이 신문을 조사하면서 경찰은 글래스고에서 랭커스터와 모어컴으로 갔다. 이곳에도 시신 묘사에 맞는 실종 남녀는 없었다. 하지만 실종 여성 두 명이 있었다. 특히 그 중 한 여성의 남편이 외과의사 출신의 개업의라는 사실을 알게 되었을 때, 경찰에게는 번뜩 하는 직관적 통찰의 순간이었음이 분명하다. 수사가 시작되고 처음 12일 동안 경찰은 막다른 골목으로 몰렸다. 이는 사건의 초기 단계에서 경찰에 정확한 정보를 제공하는 것이 얼마나 중요한지를 보여주는 고전적인 사례다.

저명한 학자들은 자신들이 틀렸을 수 있다고 쉽게 인정했다. 여기에서 얻은 또 다른 중요한 교훈은 자존심 때문에 막다른 골목에서 더 이상 수사 진행이 이루어지지 않을 수 있다는 것이다. 10월 13일 일요일, 럭스턴은 메리 살인혐의로 기소되었다. 메리의 가족은 시신 부위들을 싼 옷가지 일부를 알아보았다.

그런 다음 완전히 새로운 법의학의 첫 번째 조각이 나왔다. 벨라의 손가락 끝은 잘렸고 회수되지 않았지만, 메리의 손가락 끝은 온전했다. 시신 1의 손에 있는 표피의 바깥층은 '벗겨진' 상태였다. '세탁부의 손'으로 알려진 이 증상은 물속에 너무 오래 있었기 때문에 생긴다. 그러나 더 깊이 있는 진피 지문이 보였다. 지문 전문가는 시신에서 진피 지문을 채취하여 달튼 스퀘어 2번지에 있는 메리의 방에서 발견된 표피 지문과 비교할 수 있었다. 사실 그녀는 유리를 포함하여 청소를 도왔기 때문에 집안 곳곳에서 그녀의 지문이 발견되었다.

진피 지문은 더 미세하고 덜 선명하지만, 융기 부분이 바깥쪽의 표피 지문과 유사하며 신원 확인 목적으로 유효하다. 영국에서 발생한 사건에서 진피 지문이 중요한 역할을 한 것은 이 사건이 처음이었으며, 그 증거를 법원이 인정한 것도 이 사건이 처음이었다.

시신 1의 손과 발에 했던 고무 캐스트를 뺐는데, 메리의 장갑과 신발에는 딱 맞았지만 벨라의 것에는 맞지 않았다. 모반이 있던 메리의 다리에서 베어낸 피부는 신원을 알려주는 것이 아니라 신원 확인을 방해하려는 시도를 확증하는 소극적인 증거였다. 시신의 특정 부분을 훼손하는 행위를 하는 경우, 누군가가 거기에서 숨기려던 것이 무엇인지 의문이 생긴다.

럭스턴은 처음에는 메리 살해 혐의로 기소되었다. 그녀의 신원과 관련된 증거(성별, 나이, 키, 의복, 지문, 중요 부위의 증거 부재, 손과 발에 맞는 장갑과 신발)가 머리에 가해진 다발성 둔기 외상을 입은 18~25세로 추정되는 여성으로 설명된 시신 1에 부합했었기 때문이다. 시신 2는 35세에서 45세 사이의 여성으로 가슴에 찔린 상처 5개와 목뿔뼈 골절이 있었다. 럭스턴은 신원을 확인해주는 특징들을 제거하는 데 훨씬 더 철저했기 때문에 이 시신이 벨라임을 입증하는 것은 훨씬 더 어려울 것이다.

과학자들은 두 여성의 사진에 관심을 돌렸다. 메리가 나온 사진들은 화질이 좋지 않았지만 벨라가 아주 잘 나온, 다이아몬드 티아라를 쓴 사진이 있었다. 그들은 얼굴 사진에 두개골 사진을 중첩시키는 시도를 해보기로 했다. 한 번도 시도해본 적 없는 방법이었다. 제2장에서 설명한 것처럼, 그로부터 60년 후에도 우리가 테라초의 괴물에게 희생된 피해자 두 명의 신원을 확인할 때 사용했던 기술은 이렇게 처음 선보였다.

그것은 사진작가의 입장에서는 탁월한 아이디어이자 인내와 끈기가 이룬 놀라운 위업이었다. 메리의 사진에 중첩을 한 것은 설득력이 없었지만, 벨라의 경우에는 성과가 있었고 그 결과는 오늘날까지도 법의학의 상징적인 영상으로 남아 있다.

11월 5일에 럭스턴은 사실혼 관계의 부인을 살해한 혐의로 기소되었다. '합리적 의심의 여지가 없는' 수준이 되려면 충분한 증거를 확보할 필요가 있었고 폭행에 대한 목격자가 없고 살인 무기도 발견되지 않았으며 자백도 나오지 않았다는 사실에도 불구하고, 검찰은 아마 충분하다고 판단한 것 같다. 이 사건은 거의 전적으로 정황적이었기 때문에, 검사와 경찰, 과학자들은 완전히 새롭고 테스트조차 없었으며 처음 시도되는 법의학 기술에 크게 의존하면서 이 기술이 법정에서 받아들여지기를 바랄 수밖에 없었다.

재판에서 검찰은 메리 살인에 대한 기소는 취하했고, 소송은 벨라와 관련된 증거에만 의거하여 진행되었다. 이런 경우는 확실한 유죄 판결을 받기 위해 최선의 전략을 채택해야 하는 법정 사건에서 발생한다. 메리의 가족은 럭스턴이 딸의 생명을 앗아간 것에 대한 처벌을 받지 않는다는 사실에 당연히 비통해했다.

1936년 3월 2일 맨체스터법원에서 시작된 재판에서 럭스턴은 결백을 주장했고, 검찰은 증인 11명과 증거자료 209건을 준비했다. 1차 수사를 한 경찰과 전문가들이 스코틀랜드인이었고 유해가 스코틀랜드에서 발견됐지만, 범죄가 발생한 곳이 영국이기 때문에 재판은 영국에서 열렸다. 소송의 심리는 랭커스터 성에서 이루어졌어야 했지만, 피고가 작은 마을의 유명인사여서 재판이 공정하게 진행되지 못할 수도 있다는 우려 때문에 맨체스터로 바뀌었다.

재판은 11일 동안 지속되었는데, 이는 영국 법원 기록상 손꼽히는 장기 살인 재판 가운데 하나였다. 법의학 증거가 인정되어, 살인사건이 벌어진 시간과 그 직후에 대한 증인의 증언과 함께 법의학 증거가 증거의 대부분을 차지했다. 재판 마지막 날인 3월 13일 금요일은 럭스턴에게 확실히 불운한 날이었다. 오후 4시에 법정을 나간 배심원단은 불과 한 시간 만에 돌아와 만장일치로 유죄 평결을 내렸고 존 싱글턴 판사는 사형을 선고했다. 벅 럭스턴은 법정에서 스트레인지웨이 교도소로 이송되었고, 그곳에서 교수형에 처해질 예정이었다.

럭스턴은 당연히 항소했고, 항소심은 4월 27일에 베리의 휴어트 남작이 수석재판관이 주재했지만 받아들여지지 않았다. 만 명이 넘는 랭커스터 사람들이 선처를 호소하는 탄원서에 서명을 했지만, 이 역시 거부되었고 1936년 5월 12일에 형이 집행되었다. 럭스턴은 겨우 36세에 여섯 살, 네 살, 두 살의 세 자녀를 남기고 사망했다.

이처럼 악명 높은 사건의 결과로 온갖 혐오스러운 일들이 일어난다. 벨라와 메리의 시신은 결국 매장되었지만, 그들의 두개골은 에든버러대학교에 보관되었다. 협잡꾼들은 저승에서 온 메시지라며 떠들어댔다. 술집과 놀이터에서 추잡한 노래들이 불렸다. 시신이 발견된 지역은 현지에서 '럭스턴의 폐기장'으로 알려졌다. 달튼 스퀘어의 집은 두 여성의 피를 빼고 절단된 욕조를 포함하여 과학자들이 테스트를 한다고 해서 대부분 해체되었다. 결국 이 욕조는 허턴에서 랭커셔 기마경찰대의 말 먹이그릇(구유)으로 사용되었다.

오늘날 우리도 1930년대의 경찰과 과학자들처럼 수사에 많은 노력을 기울일까? 확실히 그렇게 되기를 바란다. 우리의 전임자들은 사건 해결을 위해 백방으로 손을 썼다. 이 사건은 증거를 세심하게 보존하고, 혁신적인 중첩과 진피 지문을 적용했을 뿐만 아니라 추정 사망 시간의 범위를 더욱 좁히기 위해 유해에서 발견된 번데기를 분석하려고(아직 걸음마 단계였던 또 다른 기술) 글래스고 곤충학자 알렉산더 먼스Alexander Mearns 박사를 초빙하기도 했다. 이 수사에는 모든 것이 담겨 있기 때문에, 전체 이야기에 관심이 있으면 톰 우드의 책 《럭스턴: 최초의 현대적인 살인사건Ruxton: The First Modern Murder》을 읽어보라고 강력하게 권한다.

물론 오늘날 우리는 신체 부위의 DNA 샘플을 채취하여 맞는 사람에게 지정하고 메리의 부모, 그리고 벨라의 자녀나 자매에게서 일치하는 DNA를 채취할 것이다. 그러나 우리는 위험을 감수하고 핵심 기술을 잃었다. 이 기술을 언제 소환해야 할지 모른다. 최신 기술이라고 해서 항상 답을 줄 수 있는 것은 아니다.

우리는 DNA에 지나치게 의존하게 되었고, 너무 민감한 검사 방법 때문에 법정에서 오염 가능성에 대한 질문을 받는 경험을 하기 시작했다. DNA가 어떤 반응을 하는지에 대해 법의학적으로 여전히 모르는 것들이 있다. 예를 들어 DNA가 다른 물질로 어떻게 옮겨가는지 또는 그곳에서 얼마나 오래 머무르는지 모른다. 한 표면에서 다른 표면으로 옮겨가는 것이 얼마나 쉬운지 또는 어려운지 모르며 혼합 프로파일 샘플을 풀어내는 데 어려움을 겪고 있다.

DNA 증거가 신원을 입증하기에 충분할지도 모르나 법원에서 유죄 또는 무죄를 입증하기에는 충분하지 않을 수도 있다. 따라서 가능한 한 많은 보강 증거로 뒷받침하는 것이 중요하다. 그리고 DNA가 도움이 되지 않는 사건에서는 다양한 분야의 과학적 기술과 지식에 의존하고, 수사관과 과학자가 한 팀으로 협력할 때 사건을 훌륭하게 해결할 수 있다는 상호 인정을 기대해야 한다.

신속하게 해결할 수 있다면 당연히 우리는 그렇게 할 것이며, 때로는 분명한 답이 정답일 것이다. 하지만 우리 마음속에 남아 있는 사건들은 잘 해결된 사건들이 아니라 가장 어렵고 가장 많이 고민해야 했던 사건들이다. 우리가 항상 기억해야 하는 것은 우리가 보는 모든 신체 부위가 실제로 살았던 사람의 것이라는 사실이다. 그 사람에게도 어머니, 아버지, 형제자매나 자녀, 그리고 그를 돌봐주었던 친구와 동료가 있었다.

지금까지 인체를 통한 여정에서 보았듯이, 법의인류학자의 임무는 삶의 이야기를 만드는 것이 아니라 뼈, 근육, 피부, 힘줄, 섬유 조직에 이미 상세히 기록된 이야기를 찾아서 이해하는 것이다. 우리는 끔찍하거나 비극적이거나, 아니면 그냥 슬픈 사건으로 최후를 맞은 사람, 그 시신들을 사랑하는 사람들에게 돌려보내 시신과 그의 이야기가 영면하도록 연결시키는 다리가 되어야 한다.

그것은 고도의 지능이 필요한 일이 아니며, 간혹 매력적으로 묘사될 수 있지만 실제로는 그렇지 않다. 육체적으로, 지적으로, 감정적으로 나를 시험하는 힘든 일이지만, 수사 과정에서 때때로 아주 작은 역할을 하고 내가 한 일이 어딘가의 누군가에게 영향을 미쳤다는 사실을 아는 것은 영광이자 특권이다.

머지않아 나는 육체적으로 힘든 이 일에서 물러나 더 적합하고 아주 유능한 내 후임 세대에게 지휘봉을 넘겨주어야 할 것이다. 전문 할머니로서의 나를 상상해본 적은 없지만, 뼈를 자세히 보고 있지 않을 때의 내 모습이 얼핏 떠올랐다. 최근에 범죄학자인 데이비드 윌슨과 녹화한 인터뷰에서 텔레비전에 나온 나를 보았을 때, 이미 나 자신에 대해 알고 있는 많은 것들을 인식했다. 그러나 화면 속 여성을 '나'와 분리시켜서 그녀를 다른 사람으로 보면, 그녀에 대하여 더 많은 것을 알아낼 수 있다고 생각한다.

내 얼굴에서는 어머니와 아버지가 보이지만, 말하는 방식에서는 두 분의 모습이 없다. 두 분의 말하는 버릇이나 억양이 나에게는 없다. 나는 아버지처럼 내가 받은 질문에 꼭 대답하지 않고도 이야기를 할 수 있다. 지금도 내 생각은 입보다 빨라서, 말하는 내용보다 두 단계는 앞서서 생각하는 나 자신을 볼 수 있다. 몸짓과 목소리 톤으로 내가 불편한 때와 편안하고 확신하는 때를 상대에게 알릴 수 있다. 나는 진짜 미소와 눈은 웃지 않는 가짜 미소를 지을 수 있다. 이런 특징들은 내가 나를 알아볼 수 있는 모든 특징이다. 하지만 만약 내가 죽은 후에 내 뼈나 몸을 법의인류학자들이 자세히 보게 된다고 해도 그들은 결코 알아볼 수 없는 것들이다.

따라서 우리는 낯선 사람이 우리 몸에서 알아낼 수 있는 것에 대하여 그리고 그 정보가 시신을 식별하는 데 얼마나 가치가 있는지 또는 그렇지 않은지에 대해 현실적일 필요가 있다. 내가 죽은 후, 내게 무엇이 남아 있든 그것을 보고 훌륭한 법의인류학자가 내가 여성이고, 죽었을 때 내 나이와 키, 그리고 빨간 머리카락(그때까지도 여전히 빨간색이라면)을 판단할 수 있기를 바란다. 그렇게 하지 못한다

해도, 그들은 언제라도 내 유전자 구성에서 빨간색을 찾을 수 있으며, 내 피부색과 주근깨가 있는지 없는지까지(주근깨가 있다) 알아낼 것이다. 또 내 조상이 백인, 전형적인 켈트족이라는 것을 확인할 수 있기를 바란다.

그들은 내게 문신도 없고, (내가 알고 있는) 선천적 기형도 없고, (아직 올 수 있지만) 기형도 없으며, 변형이나 절단된 곳도, 큰 부상도 없다는 것을 알게 될 것이다. 사고로 생긴 흉터는 몇 개 있는데, 대표적인 것은 10대일 때 콘비프 통조림 뚜껑을 열면서 손을 베어 오른쪽 손가락 반지 아래에 생긴 흉터다. 수술 흉터는 단 하나인데, 예전에 했던 부인과 불임수술을 되돌리는 수술을 했을 때 생긴 것이다. 골반에는 내가 예쁜 아기 세 명을 낳았다는 표시가 있을 수 있다. 치아를 보면 충전 치료를 한 이가 더 많고 일부는 발치한 스코틀랜드 사람임을 금세 알 수 있을 것이다. 편도는 없다. 목과 등, 엉덩이, 엄지발가락은 관절염 초기 단계다. 몇 년 전에 오토바이를 타다가 빙판에서 넘어져서 빗장뼈가 부러졌다.

내 몸에 이식된 수술 장치는 없었다. 총에 맞거나 칼에 찔린 적도 없다. (적어도 내가 아는 한) 불법 약물은 어떤 형태도 복용한 적이 없으며, 규칙적으로 먹는 약도 없다. 모든 것을 고려할 때, 실제로 꽤 지루하고 지극히 평범한 몸이다. 그래서 흥미로운 것이 있을까 해서 무언가를 찾으려고 내 뼈들을 샅샅이 뒤져야 하는 사람에게는 미안하다고 사과할 수밖에 없다.

나는 예전에 내가 죽으면 던디대학교 해부학과에 해부용으로 내 몸을 기증하고 싶다는 말을 했다. 내 몸이 우리 부서가 영국에서 선도하고 있는 티엘Thiel 방법으로 방부처리 되기를 원한다. 아주 평범한 내 유해를 통해 나는 말없는 훌륭한 교사가 될 것이다. 나는 나에게 배운 학생들이 의사나 치과의사보다는 과학자가 되기를 원한다. 과학을 전공하는 학생들은 커리큘럼에서 해부학 시간이 더 많기 때문에 해부학에 대해 훨씬 자세히 배운다. 그들과 나와의 관계가 끝나면, 나는 내 뼈를 모두 모아 삶아서 지방을 모두 제거한 뒤, 다시 연결하여 교수용 해골로 만들어서 설계부터 참여했던 해부실에 걸리고 싶다. 그렇게 죽어서도 계속 가르치고 싶다.

화장되어 연기로 날아가거나 쓸데없이 땅속에 묻히는 것은 큰 낭비다. 해부학자이자 법의인류학자로서 나중에 관절로 연결된 해골이 되고 싶다는 것보다 더 적합한 소망이 무엇이 있겠는가?

감사한 분이 너무 많으면 감사의 글을 쓰기가 어렵습니다. 한 권의 책을 제작하기 위해서는 팀의 진정한 노력이 필요하며, 작가는 그저 팀원 중 한 사람일 뿐입니다. 남편과 예쁜 딸들이 감사한 분들 명단의 맨 위에 있다는 것은 말할 필요도 없습니다. 내가 한 번에 몇 시간씩, 며칠씩, 심지어 몇 주씩 다락방에 틀어박혀 있어도 우리 가족은 너그럽게 봐주었죠. 다락방 안으로 음식과 차를 넣어주었고 내가 한 번씩 좌절과 회의감을 표출하는 일이 잦아도 잘 참아주었습니다. 그들이 없는 내 인생은 아무 의미도 없습니다.

　그리고 두 번째 가족이 있습니다. 그들은 오랫동안 나를 아주 잘 보살펴주었어요. 내가 그들을 얼마나 사랑하는지를 말하고 싶은데 적절한 표현이 잘 생각나지 않네요. 사랑스럽고 믿기지 않을 정도로 열정적인 수재나 웨이드슨과 침착하고 말솜씨가 좋은 마이클 알콕에게, 웰컴 카페테리아에서 차와 케이크를 대접하며 할 말이 정말 많아요. 어떻게 나를 설득해 이 일을 하게 만들었는지 나는 절대 알 수 없겠지만, 감사합니다.

스스로를 나의 '흑막'이라고 멋있게 표현한 캐롤라인 노스 맥실배니에게, 당신은 절대 그림자 속에 있지 않아요, 사랑스러운 아가씨. 페이지마다 자세히 그려져 있지요. 당신의 재능에 경외감을 갖고 있고 영원히 감사합니다.

우리 이야기에 잠깐 들어온 스테픈 던컨, 당신의 깜짝 등장은 재미있었습니다. 전문가로서 우리를 올바른 방향으로 이끌어 준 것에 감사드립니다.

이제 세 번째 가족이 있습니다. 창의적이고 재주 많은 사람들, 한두 번밖에 만나지 못했지만 뒤에서 열심히 일하면서 이 모든 일이 이루어지도록 아주 멋지게 도와준 분들은 케이트 사마노, 샤리카 틸와, 카트리나 원, 캣 힐러튼, 타비타 펠리, 엠마 버튼, 그리고 트랜스월드 팀의 모든 멤버입니다. 또 끊임없이 안전하게 길을 안내해준 불굴의 전설 팻시 어윈, 뛰어난 재능과 예술적 감각이 돋보이는 리처드 샤일러에게 큰 은혜를 입었습니다. 진심에서 우러나는 감사를 드립니다.

해부학자들과 법의인류학자들의 아주 작은 모임에 진심어린 경의를 표하고 싶습니다. 그분들로부터 많은 가르침을 받았고 우리는 여러 해 동안 아주 많은 모험을 함께 했죠.

처음 해부학을 가르쳐주신 교수님들은 세상을 떠나셨지만 저에게 열정을 불어넣어 주셨습니다. 그 덕분에 저는 보람 있는 직업을 갖게 되었습니다. 존 클레그 교수님과 마이클 데이 교수님, 그분들이 보여주신 믿음에 뒤늦게나마 감사드립니다.

루이즈 쉐어르 교수님과 로저 솜스 교수님, 우리는 놀라운 시간을 함께했고, 당신들에게서 많이 배웠습니다. 항상 듣지는 않았지만요, 미안해요!

마지막으로 나의 윙맨에게. 내 마음 속 특별한 자리를 차지하고 있고 많은 경험을 함께 한 법의인류학자, 우리의 경험은 너무 엉뚱해서 절대, 결코 출판되면 안 돼요. 루시나 해크먼은 모든 사람이 1인 1루시나 갖기를 해야 할 정도로 좋은 동료입니다. 오리지널 루시나와 교제하고 함께 일할 수 있는 축복을 받은 것에 감사드립니다. 동료이며 범죄 현장의 파트너인 친구여!

뼈의 증언

초판 1쇄 발행 2022년 2월 20일
　　　2쇄 발행 2022년 4월 18일
개정판 1쇄 발행 2023년 8월 5일

지은이 수 블랙
옮긴이 조진경
펴낸이 오세인　|　펴낸곳 세종서적㈜

주간 정소연
편집 이다희　|　표지디자인 디자인규　|　본문디자인 김진희
마케팅 임종호　|　경영지원 홍성우
인쇄 천광인쇄　|　종이 화인페이퍼

출판등록　1992년 3월 4일 제4-172호
주소　　　서울시 광진구 천호대로132길 15, 세종 SMS 빌딩 3층
전화　　　경영지원 (02)778-4179, 마케팅 (02)775-7011　|　팩스 (02)776-4013

홈페이지　www.sejongbooks.co.kr　|　네이버 포스트 post.naver.com/sejongbook
페이스북　www.facebook.com/sejongbooks　|　원고 모집 sejong.edit@gmail.com

ISBN 978-89-8407-819-2   03300